明 哲 文 选

动态竞争
后波特时代的竞争优势

COMPETITIVE DYNAMICS
Competitive Advantage in the
Post-Porter Era

[美] 陈明哲 著

机械工业出版社
China Machine Press

图书在版编目（CIP）数据

动态竞争：后波特时代的竞争优势 /（美）陈明哲著 . —北京：机械工业出版社，
2020.12
（明哲文选）

ISBN 978-7-111-66932-6

I. 动…　II. 陈…　III. 企业竞争 – 研究　IV. F271.3

中国版本图书馆 CIP 数据核字（2020）第 240712 号

本书版权登记号：图字　01-2020-4289

动态竞争：后波特时代的竞争优势

出版发行：机械工业出版社（北京市西城区百万庄大街 22 号　邮政编码：100037）

责任编辑：刘新艳　闫广文　　　　　　　　责任校对：殷　虹

印　刷：北京诚信伟业印刷有限公司　　　　版　次：2021 年 1 月第 1 版第 1 次印刷

开　本：170mm×230mm　1/16　　　　　　印　张：36

书　号：ISBN 978-7-111-66932-6　　　　　定　价：159.00 元

客服电话：（010）88361066　88379833　68326294　　　投稿热线：（010）88379007

华章网站：www.hzbook.com　　　　　　　　读者信箱：hzjg@hzbook.com

谨以此书敬献给生我养我育我的父母

| 目 录 |

学为人师 行为世范

古今中外，概莫能外。弟子为老师记录言行并编纂流播是一种美德，正是感于明哲先生的弟子的诚意，写点对《明哲文选》的读后感。

我与明哲先生有缘当面交流。2013 年，在时任国际管理学会（AOM）主席的明哲先生的推动下，我出席了第 73 届 AOM 年会并做了有关海尔人单合一模式探索的演讲。通过 AOM 的顶级学术平台，人单合一模式得到国际知名管理学者的关注和热议。年会期间的研讨交流，对年轻的人单合一模式的发展和完善作用匪浅。这是一场管理学界的盛会，之前，鲜有企业家获邀发表主题演讲，即使有，也是小范围的。选择让我做年会的主题演讲，体现了明哲先生的理念。他说，"AOM 年会要做的事就是追求典范的力量，海尔无疑是商业模式创新与变革的鲜明代表"。也是在那次会议上，我对明哲先生的"动态竞争""文化双融"理论体系有了深入的了解。

管理，作为一门学问，源于发生工业革命的西方。在相当长的时间里，管理的理论和方法基本上就是西方管理的代名词。全球企业遵循的经典管理模式也来自西方，比如福特模式、丰田模式。丰田虽然是日本企业，但丰田模式的管理理论源于美国管理学家戴明的"全面质量管理"。海尔在创业初期也曾学习美国企业、日本企业的管理方法，但在互联网时代，西方经典管理模式暴露出致命的缺陷：工具理性肆意泛滥，完全压倒了价值理性，以理性经济人为假设前提的主客二分体系禁锢了员工的创造力，许多显赫一时的企业巨头也并非大而不倒。我一直在思考这个问题，从管理学领域没找到答案，却在文化范畴发现了曙光。西方固有的线性思维和"原子论"观念体系，可能是导致经典管理模式走入死胡同的根源，而中国传统文化的"系统论"基因正是突破这一困境的良药。从 2005 年起，我们就在探索一种全新的人单合一模式。这种新的管理模式以"人的价值第一"为出发点，相对于西方企业普遍奉行的"股东第一"，完全是颠覆性的，所以我们在探索的过程中找不到现成的借鉴，一度备受质疑。我也曾遍访"竞争战略之父"迈克尔·波特、IBM 前 CEO 郭士纳等学界、企业界泰斗，希望得到理论和实践方面的指导，但除了对海尔挑战传统管理的勇气的嘉许，所获甚微。这是两个时代，就像两条道上跑的车，没有可比性。直到遇到明哲先生，我的信心才更加坚定。"动态竞争"和"文化双融"挣脱了工具理性的牢笼，它对人的价值的根本性关心，为管理学在新时代的发展提供了新的可能。

也许是遍尝探索人单合一模式的艰辛，我对明哲先生独创两个新的研究领域心生尊敬，也心有戚戚。我们知道，任何一种思想上的创新体系都必然同时受到外部环境和自身主观性两种因素的作用与影响。明哲先生刚到美国投身管理研究的 20 世纪 80 年代，正是美国管理理论和企业实践最活跃的时期。也就是说，明哲先生在大师云集的时间和地点入行，学而优则创，直至开宗立派，其艰难程度可想而知，其坚韧可想而知。这或许就是哲学家福柯所描绘的一种境界——从被动依赖权威中走出，运用自我的理性来进行主动思考。这是极不容易做到的，福柯将其定义为"启蒙"。追溯明哲先生管理思想的渊源，儒家思想是源头，但不仅如此，明哲先生在管理学领域的勇猛精进也大有"知其不可为而为之"的精神。《明哲文选》为读者提供了藏在文字背后的答案。这套书就好在全景、全视角地再现了一位管理大家的成长历程和新研究领域的形成过程。很少见到这样的个案，他的学术创业、实践创业与他的个人经历、思想演变完美融合。

　　所学即所教，所知即所行，无怪乎他的学生无论课堂内外始终追随他。书中有这样一段话令人印象深刻：东方学者的首要职责是树立道德、伦理规范，"传承"祖制及先贤智慧，传播知识，弘扬文化。也许，正是由于东方学者的这种使命感，国际管理界的智慧清单里才会出现源于东方智慧的贡献。在互联网和物联网时代，东方智慧正在创造具有普适性的解决方案。正如书中所说，文化双融理论的核心在于回答这样一个问题：管理人员和企业如何在纷乱却又互联，甚至有些自相矛盾的全球化世界中应对商业的复杂性。这是一个正确的问题，答案未必单一绝对，但过去的答案一定不适应现在的挑战。当下，全世界正面临着新冠疫情的困扰，更需要这样思考，更需要这样行动。

　　值得欣慰的是，从 7 年前人单合一模式正式登上国际管理学会的殿堂起，国际学术界、企业界对人单合一模式越来越认可，不少欧美企业也放弃原来的模式，转而学习人单合一。文化双融理论也在广泛的实践领域得到进一步验证。在我们并购的欧美企业中也是如此，我称之为"沙拉式文化融合"，不同国家的文化都得到尊重，就像蔬菜各不相同，但沙拉酱是一样的，那就是基于"人的价值第一"的人单合一模式。

　　最后，引用明哲先生的一句话作为结语，并与本书的读者共勉：

　　我们只有一个竞争者，即我们自己。

张瑞敏

海尔集团董事局主席、首席执行官

2020 年 3 月

明哲老师："精一"与"双融"

也许是因为动态竞争战略贯穿着文化、系统性知识、直接面向应用的独特魅力，第一次遇见它时，我就被深深折服，并因此在理论中认识了明哲老师。作为动态竞争理论的创始人和国际管理学会前主席，明哲老师享誉海内外，是全球著名的管理学者，更是华人管理学界的榜样和骄傲。

最让我想不到的是，2017年7月接到明哲老师发来的邮件，我们约定9月在他主持的论坛上相见。9月如期而至，明哲老师早早在酒店门口等我到来，他的平易近人令我非常感动。完整聆听完他讲授的"文化－战略－执行三环链"，我真正理解了明哲老师所强调的"精一"，即战略必须有一致性和连贯性，其关键就是专注；我感知到"双融"，即融合东西文化。我内心暗暗钦佩明哲老师深厚的中华文化的根基，以及对西方文化的融通。此后，明哲老师和我有了更多近距离的交流，只要明哲老师来京的时候有时间，我们就会进行深入的讨论，那是一种纯粹的对话，令我受益匪浅。

明哲老师自己就是"精一"与"双融"的典范，他不仅在研究中独创了动态竞争理论，还将其应用于自己的管理教学和企业咨询之中，实现了理论与实践的真正统一。他不仅倡导文化双融，更将这一理念贯穿于自己的研究和教学之中，使自己成为学贯中西、融通古今的学者典范。他将中国传统智慧运用于当代管理理论的构建，引领了战略管理研究的国际潮流。他强调"立人立群"，创立和领导各种国际学术社群，倾尽全力培养适合未来的管理研究者和管理实践者。

面对这样一位做出如此卓越贡献的学者，我一直很想向明哲老师请教，他究竟是如何走过来的？他开创的理论体系为何能够影响全球？他坚持的思维习惯和处世哲学是什么？他对管理研究、管理教育以及企业实践分别有哪些忠告和建议？

当被邀请为《明哲文选》作序时，我第一时间通读了这套文选，我发现我想要的答案全部呈现在这套文选里，而且其内容远远超出这些答案本身，从而使我更深地感知到一位前辈学者的拳拳之心。透过这些文字，明哲老师将自己关于工作和人生的全部智慧倾囊相授。我相信，每位阅读这套文选的人，一定会有属于自己的启示。

如果你是一位管理研究者，明哲老师的学术创业历程会对你极具启发意义，这也是让我尤为感动的。从无到有地开创一个全新的研究领域，引领这一领域不断发展，并最终形成一套完整的理论体系，这样的学术经历，不仅在华人世界，而且在全球范围内都较为罕见，而明哲老师做到了。他创立了著名的动态竞争理论，并使之成为当代最重要的战略管理理论之一。《明哲文选》详细地介绍了这一学术创业的全过程，以及每一阶段的关键成功要素。驱动这一过程的核心力量，源于明哲老师对现实中动态而复杂的竞争现象的深刻体察，以及对"竞争是什么"这一基本问题的不断追问。

《明哲文选》也汇集了明哲老师关于动态竞争理论的学术著作，能够帮助对此感兴趣的学者深入了解这一重要理论体系及其发展动态，也可以作为随时查阅的案头工具书。文选还包含了大量明哲老师对于研究和教学的心得体会。例如，他介绍了自己在研究中如何进行构思、管理写作时间以及处理审稿意见，在 MBA 教学中如何安排课程内容、了解学生背景以及设计课堂互动，并总结出"明哲方法与心法"。这些"成功诀窍"的分享细致且深入，非常有借鉴意义。

　　如果你是一位企业管理者，《明哲文选》包含的大量对企业实践具有指导意义的理论和建议，会让你受益良多。因为贴近现实中的管理现象，并受中国传统智慧的影响，明哲老师的研究和理论更易于为中国企业管理者所理解和接受。他关于动态竞争的一系列研究，为管理者洞察竞争的本质、多层面地理解竞争行为、准确地预测竞争对手的响应、构建更具可持续性的竞争合作战略，提供了直接又极具价值的指导。当前，如何在东方与西方文化、微观与宏观管理、长期与短期经营、竞争与合作及全球化与本土化等可能的矛盾中找到平衡甚至超越对立，是中国企业管理者面临的巨大挑战。明哲老师提出的"文化双融"理念，对如何应对这些重要挑战给出了答案，是当代管理者必须理解和具备的。

　　如果你是一位初学者，也可以从这套文选中受益颇多。明哲老师的成长历程，对于任何追求卓越和突破极限的人都极具启发意义。正如他为自己的导师威廉·纽曼教授写的纪念文所言，明哲老师从导师纽曼教授那里秉承的"对很多事情坚持却和顺"的秉性，是一个优秀者内在的定力。

　　透过《明哲文选》，读者可以感受到明哲老师身上所彰显的学者风范，也可以更好地理解"坚持却和顺"的"中和"之道。孔子认为"君子和而不流，强哉矫"（《中庸》）是"强"的最高境界，明哲老师便是践行的典范，正如明哲老师在给我的邮件中所言，"其实，文化双融只不过是中庸之道的现代英文白话版。从我的角度来看，'中'的运用，不管是对中国人还是对中国企业而言，都可能是华夏智慧与现代中国管理对世界文明的最大价值。"明哲老师做到了，期待更多的中国学者和中国企业管理者也能够做到。

陈春花

2020 年 4 月 3 日于上海

陈明哲教授文选推荐序[⊖]

这套重要的系列作品代表了国际知名企业战略学者、美国弗吉尼亚大学达顿商学院讲座教授陈明哲博士毕生的深远贡献。在这套文选中，陈明哲教授对战略管理学术研究与企业实践方面的核心议题提供了诸多洞见。更重要的是，他透过这套文选告诉我们，他如何身体力行地成为一位具有社会责任感与人文关怀的学者和老师，以及一名"反求诸己"、有德性的管理实务行践者。

明哲终其一生严于律己，致力于成为诸多领域中的典范。他的许多开创性研究与思想贡献都一一呈现在这套文选中，这套文选无疑将会成为企业战略管理领域的经典著作，在今后的历史长河中影响管理学学者和企业管理者。让我对这套文选中的三本书分别略抒己见。

在系列之一《承传行践：全方位管理学者的淬炼》中，陈教授指出了现今管理学领域中狭隘地、过度地聚焦于研究、教学或实践单一领域的贫瘠。他强调研究、教学与实践三者之间整合与融合的必要性。更重要的是，他展示了自己如何从三者的本质来进行互补与协同。其中，诸多示例的展示生动地描述了学者若仅专注于对任何单一路径的追求，可能会阻碍管理学的学术严谨性、实践相关性与深度。事实上，研究、教学与实践的整合一直以来被

管理学者所忽视，管理学者将自己关在象牙塔内，对于现实中管理实践的挑战与发展漠不关心。这使得他们错失了许多机会，比如大学课堂或高管教育能够将管理学研究、教学与实践加以整合的机会。同样地，企业管理者日复一日地投身管理事务，忽略了从现状中跳脱出来，汲取管理学理论层面与理论洞察中的养分，因而陷入"见树不见林"的情境之中。在这套文选中，陈教授通过自身经历以及诸多发人深省的经典示例，向我们呈现出如何进行"全方位管理学者的淬炼"，并通过这些"淬炼"去更好地整合与联结当下研究、教学与实践之间的割裂，进而启发这三个领域的发展。这也对我们这些投身于学术研究、教学与实践的学术工作者提出了更高的要求。

在系列之二《动态竞争：后波特时代的竞争优势》中，陈教授作为动态竞争理论的主要创始人之一，系统地回顾了动态竞争理论的演化与发展。在动态竞争理论提出之前，战略管理的主要理论都采用静态的视角，这一视角使得企业战略管理研究脱离企业经营现实，特别是当分析企业之间你来我往的竞争行为时，这种静态视角的局限性尤为明显。在战略管理中开创性地提出动态竞争理论的这一过程中，陈教授和他的同事对企业战略管理思想的形成与实践发挥了极为重要的影响与推进作用。比如，陈教授首次在研究中提出"竞争决策组合"这个概念，在这个概念之下，竞争行为的简化、惯性以及一致性的起源和影响都得到了更全面的探讨。通过"竞争决策组合"等一系列研究，陈教授和他的同事让管理学者以及企业管理者得以更好地理解那些有效和无效的组织学习、组织模仿与组织变革的行为。

在后续研究中，陈教授基于期望－效价理论中的部分观点，开创性地提出"察觉－动机－能力"这一动态竞争理论的基本分析框架。这一分析框架几乎成为所有动态竞争理论学者的研究基石，其影响不仅源于它的理论内涵以及强大的预测能力，更重要的是，它将企业战略管理领域中两个极为重要却看似难以融合的理论（资源基础理论和波特的竞争理论）进行了完美的整合。

在"察觉－动机－能力"这一理论分析框架的基础上，陈教授提出了更具洞见的"关系视角"。他将动态竞争理论中从交易出发、两两对立的竞争视角，引向更为长期导向的关系视角。在关系视角中，更为广义的利益相关者（包括员工、客户、供应商和社群等）都被纳入分析框架当中。可以说，陈教授在动态竞争理论领域的一系列研究，是那些想要探寻与理解企业竞争行为的学者与实践者的必读经典之作。

从世界范围来看，管理学研究一直以来都被西方的管理学观点与视角所主宰。比如，西方的管理学研究视角重视竞争、破坏性创新与精英统治，强调对手而忽视伙伴，强调交易而忽视合作，强调短期思维而忽视长期思维。简言之，西方的管理学研究视角是一种狭隘的、赢者通吃的逻辑。与此相反，东方管理学研究与实践采用的是一种海纳式的、长远的、更为强调利益相关者之间联系的视角，当然这其中也包含着家长式管理、家族绑定、信任亲信等一些极具东方色彩的元素。

在系列之三《文化双融：执两用中的战略新思维》中，陈教授将他近年来开创性提出的文化双融理论及其应用做了翔实的呈现。文化双融理论强调整合看似对立或不兼容的两方（或多方）的优点，同时最大限度地摒弃各自的缺点。事实上，文化双融理论源自东方哲学思维中的"执两用中"，陈教授由此指出我们应当更好地整合东西方思想中的精华，从而避免二者取其一的极端，这种文化双融的思维不仅可以应用到企业的战略思考中，还可以应用到我们每个人的生活中。我们不难看出，陈教授始终在深思与反思人类行为与人文社会学领域的一些基本问题，始终"精一"地推动各种矛盾的协调与整合。陈教授毕生都在推动东西方管理学思想的"双融"，这对于管理学学术与实践的发展有着深远的影响与贡献。

我强烈推荐陈教授的这套书给大家，这套书将会帮助从学生、教授到企业管理者等各个行业与领域的人，更为有效地理解企业战略管理，并将这些理解应用于实践当中。

丹尼·米勒[⊖]

2020 年 3 月于蒙特利尔高等商学院

附

Preface of "Selected Works of Ming-Jer Chen"

This vital series of works marks a lifetime of profound contribution by Professor Ming-Jer Chen of the Darden School of the University of Virginia, one of the world's great scholars of strategy. In this collection, Ming-Jer Chen has provided insight into vital topics in strategic management scholarship and practice. More importantly, he tells us what it takes to lead a life of socially responsible academic research and teaching, and lays bare the core elements of what it takes to become a reflective and moral business practitioner.

Ming-Jer has devoted his life to and served as a role model in all of these spheres. Happily, his pathbreaking contributions are highlighted in each of the

---

⊖ 丹尼·米勒教授是全球最为高产且极具影响力的战略管理学者（陈明哲教授曾说，作为战略管理学者，米勒教授是目前全球顶尖者中的顶尖者）。这里有一个有趣的小故事：陈明哲教授之前从未和米勒教授提到这三本中文书，但当米勒教授收到这套中文书稿并受邀撰写推荐序后，他很快就发来了这篇推荐序。从他的推荐序中可以看出，他不仅非常了解书中的内容和思路，而且似乎他也懂中文！

three thematic works in this important collection, which no doubt will serve as classics in strategic wisdom for scholars and managers alike for many decades to come. Please let me say a little about each of the volumes in the collection.

In the first volume of this series *Passing the Baton: Becoming a Renaissance Management Scholar*, Professor Chen highlights the poverty of an exclusive and excessive focus only on research, teaching, or practice. He argues for the integral connections among these vital areas of society, namely, scholarship, instruction and the conduct of management. More importantly, he demonstrates their essential complementary and synergy among these domains. In so doing, he vividly demonstrates that the pursuit of any one single path hobbles its relevance, rigour and depth. The importance of complementarity has been neglected by too many academics who have failed to become informed by real world challenges and developments, and have failed thereby to enrich and in turn become enriched by their university classroom and executive education experiences. It has also been ignored by too many managers who are so focussed on the day to day tasks at hand that they neglect to learn from more conceptually fundamental strategic insights and thereby fail to " see the forest for the trees " . Using poignant real-world and personal examples and deep perspective, Ming-Jer Chen shows how " becoming a Renaissance management scholar " can bridge the current chasms that exist between teaching and research, and research and practice, thereby enlightening all three domains. In so doing he raises the bar for all of us working in academic research, instruction, and executive practice.

In the second volume of this series, *Competitive Dynamics: Competitive Advantage in the Post-Porter Era*, Professor Chen traces a scholarly trajectory of evolution, beginning with his roots as one of the primary founders of competitive dynamics. Before the advent of the competitive dynamics perspective, research in strategy was static, too far removed from the realities and give and take of true rivalry—of competitive action and response. In pioneering this critical area of research, Professor Chen, along with his colleagues, significantly advanced strategic thinking and practice. He initiated research into hitherto neglected competitive repertoires—and the contextual sources and performance consequences the simplicity, inertia, and conformity characterizing such multifaceted repertoires. In so doing, he and his colleagues have derived important insights into the nature of functional and dysfunctional organizational learning, imitation, and change.

In later work, based in part on an expectancy-valence perspective, Professor Chen developed his Awareness-Motivation-Capability model which was to serve as a foundational framework for legions of competitive dynamics scholars. The widespread influence of this model stemmed not only from its elegance and predictive power, but also because it reconciled the two dominant, but seemingly disparate, strategic perspectives of the day: Porterian competitive analysis and the ever-popular resource-based-view.

Ming-Jer then worked to update this model by proposing a more long-term oriented relational approach, taking the field of head-to-head competition from a transactional portrayal of dual opponents, to a longer-term relational perspective encompassing a far wider range of stakeholders—employees, customers, suppliers, and the community at large. At the present time, Ming-Jer's work in competitive dynamics is indispensable to those who wish to be both scholars and practitioners of effective strategic competition.

The field of management scholarship in much of the world has been dominated by a Western viewpoint and perspective—one of supposed competition, creative destruction and meritocracy, but also one of rivalry over cooperation, transactions over relationships, and short-term versus long-term thinking—in short, a rather narrow, winner-takes all logic. At an opposite end of the spectrum, Asian management scholarship and practice has tended towards a broader, longer-term, more relational perspective—but also sometimes one of paternalism, familial favoritism, and even cronyism.

In the third volume of this series, *Ambiculturalism: Strategic Middle-Way Thinking for the Modern World*, Ming-Jer Chen presents a model that embraces the best of both worlds while avoiding its less salutary aspects. He outlines in revealing detail a middle way that avoids the excesses, but exploits the advantages, of both Eastern and Western thought as they apply not only to strategic thinking, but to life itself. In so doing he celebrates the " power of one " —the necessity to integrate, reflect, reconcile, and think more deeply about the underlying multifaceted tensions and characteristics underlying human conduct, and fundamental humanity. Ming-Jer Chen thereby brings to Asian and Western scholars alike, a foundation for enriching their scholarly and practical contributions.

I cannot recommend this work more highly for students, professors, and managers at all levels to help them become more effective and more relevant in their lifelong strategic pursuits, very broadly defined.

Danny Miller

HEC Montreal

Montreal, March 2020

| 自 序 |

感恩·惜福·惜缘[⊖]

《明哲文选》收录了我过去 30 年来发表的文章，其中多篇是从英文翻译过来的：既有在全球顶尖学术期刊发表的严谨论文，也有解决实际管理问题、培养企业家战略思维的应用型文章；既有我忆父怀师的真情抒怀，也有我服务社群的心得反思；还有中外学者、企业家对文章的点评，以及媒体的采访报道。所以严格来讲，它可以说是"杂集"。

文选是杂集，这篇自序也很另类，因为它着力颇深、篇幅较长。一来，如同学术论文，有众多的脚注说明；[⊜]二来，因为各类文章不少，自然有许多想说的话，内容不仅包括一般自序所涵盖的缘起、动机、对读者群的关照等，也包括了全套书，尤其是《明哲文选》系列之一《承传行践：全方位管理学者的淬炼》的介绍。因为系列之二《动态竞争：后波特时代的竞争优势》、系列之三《文化双融：执两用中的战略新思维》自成理论体系，从传统中国读书人的角度来讲，是某种程度"成一家之言"的"学问"，所以不需要着墨太多。

⊖ 感谢陈宇平、关健、何波、雷勇、林豪杰、刘刚、吕玉华、庞大龙、施黑妮、孙中兴、武珩、谢岚、张宏亮和钟达荣（依姓氏拼音字母顺序排列）给予本文初稿的宝贵意见。感恩蔡嘉麟博士在自序撰写中的鼎力相助，惜缘奉元同门之谊，惜福共学适道之乐。特别感谢庞大龙、连婉茜、林文琛、何波、张宏亮和谢岚，与你们六位共学共事，包括本书的出版和自传的撰写以及未来更多有意义的工作，乃我人生一乐也。
⊜ 脚注不少，可能降低阅读的流畅度，然而依我保守的个性，经常会把"看点"放在脚注里。

第一本书的内容较为宽泛，虽然有不少文章曾发表在英文学术期刊上，但如果从纯西方主流学界的角度来看，恐怕仍然难登"学术"大雅之堂。[⊖]即使如此，对我而言，第一本书实为第二本书与第三本书的基础，更是我学术研究、教学育人核心理念的真实呈现。第一本书主要写"人"：写深深影响过我的长辈恩师；写我如何在西方学术界走出自己的一条路；写我如何琢磨出一套心法和方法，在课堂教学、学术活动、咨询培训中与人互动，相互启迪，群智共享。这些是我作为管理学者的淬炼过程，也是我"承传行践"的具体展现。将书名定为《承传行践》，并且使用"承传"一词，而不是一般惯用的"传承"，意在彰显"先承而后传"——"承前启后，薪火相传"，大明终始，大易生生之精义。[⊜]因为数十年来我的一步一履，都是在众多福缘中有幸不断承蒙恩泽、成长提升，在感恩中分享回馈，传道授业，立人立群。因此，第一本是根基，第二本和第三本则是由此展开的枝干，分别讲述我的两大管理思想及其实际应用。

文如其人：这套书就是我，我就是这套书

我从"学术"的角度切入，阐述第一本书的重要性，其实想要表达我多年坚信的理念。虽然我在西方主流学术的核心待了三四十年，但由于我在年轻时幸遇明师，引领我学习华夏经典，进而深受中国传统思维的影响，我对"学术"或"学问"的见解恐怕与目前的主流看法大相径庭。一如中国传

⊖ 关于具备什么样的条件才符合"学术"研究的标准，因人因校而异，而且差别很大。以我在美国任教的第一所大学哥伦比亚大学商学院为例，当时在战略管理领域，我们只把发表在四个顶级期刊上的文章视为学术研究，登载于其他刊物的科研文章一概不算数。当然，这代表一个极端，一个最精确（恐怕也是最"狭隘"）的标准或定义。

⊜ "承"有敬受、接续、担当的意思（《说文解字》：承，奉也、受也），我敬受了许多恩惠，必须有所承担，延续下去；"传"有教授、交与、流布、表达等意思（《字汇》：传，授也、续也、布也），我也期勉自己在如同跑接力的世代传递中，能有韩愈所说的"传道"的智慧与精神（《师说》："师者，所以传道授业解惑也"）。

统重视进德修业的读书人，我始终认为读书是为了改变器质，知行合一才是"学"，"世路人情皆学问"（《毓老师说易经·坤卦第二》），[一]"经纬天地谓之文"（《尚书·尧典》马融、郑玄注）。如此，才是真正的"学术"和"学问"。所以，即使我长期身处西方学术象牙塔中，内心始终依循这个准则，坚持不懈、真诚如实地行践着。

我想经由这套书来表达传统读书人所追求的最高目标与境界："其文如其为人。"（苏轼《答张文潜书》）对于一个毕生追求"精一执中"的现代管理学者来说，这套书所要传达的"一"点，就是"文如其人"。或者说，犹如孔子删述《春秋》时所表明的心意："我欲载之空言，不如见之于行事之深切著明也。"（《史记·太史公自序》）"凡走过必留下痕迹"（"法证之父"埃德蒙·罗卡），这套书就是我"行事"的总结，也是我一路走来的行迹。简单来说，这套书就是我，我就是这套书。

因此，这一系列文选（目前先出版三本）在某种程度上就是我的"自传"，是我学术生涯 30 年所思、所言、所行、所写，一步一脚印的痕迹，回答了每个人一生中必须面对的三个基本问题：我是谁（Who am I）？我做了什么事（What have I done）？这（些）事有什么意义（What does it mean）？[二]

我始终认为做人、做事、做学问，[三]其实是一件事。做人是本，是源

[一] 朱熹认为，"学问根本在日用间"（《答潘叔恭》）；曹雪芹在《红楼梦》中也表达了类似的看法："世事洞明皆学问，人情练达即文章。"毓老师则说："什么叫文章？即内圣外王之道，大块文章。"（《毓老师讲论语》）

[二] 当然，要如何回答这三个基本的人生问题，每个人都有着不同的价值观与个性，对人生的看法也不相同，所以会做出不同的选择。这三个问题其实与我过去 30 年每次上课在黑板上写下的三个问题有异曲同工的意味："Why are we here(我们为什么来这里）""Why should we care（我们为什么要关心这件事情）"和"How much do we know（我们了解多少）"。

[三] 因为我这套书不仅是为管理或其它领域的学术工作者而写，也是为企（创）业家、专业人士，乃至仍在寻找人生意义或方向的一般人而写，因此，所以很多用字与用意皆可模拟到相应的情境。例如：对学术界谈的做人、做事、做学问，延伸到企（创）业家和专业人士，就是做人、做事、办企业；对一般人而言，则是做人、做事、干活。

（原、元），做事与做学问是做人的延伸与反映。在此，我想稍微修改河南康百万庄园中我很喜欢的一副楹联[⊖]，来表达这个想法："学道无形，学道即人道；作品有形，作品即人品。"中国自古以来强调道德文章，从做人到做事，再到做学问、写文章，或者经商、办企业，甚至大到治国理政，小到干活办事，一以贯之。遗憾的是，或许是过去一二百年来受西方思潮的影响，竟有些本末倒置，分不清楚先后顺序、孰轻孰重了。做人不仅和做学问、写文章无关，甚至为了争取文章的发表，不择手段，放弃原则。学术界如此，企业界也不遑多让，抄短线、求快钱，为了商业利益牺牲道德底线，甚至朋友情谊与家族亲情。

这套书彰显了我个人面对人生三大基本问题时所做的选择，也代表了一个出身草根却有机会领略传统中华文化、从事现代管理研究的我，长期面对中西文化冲击、"人心惟危，道心惟微"[⊜]（《尚书·大禹谟》），以及科技速变、时局动荡的情势，在对时、势、道、术的思考判断下做出的连续选择。

感恩、惜福、惜缘

这套书的出版，我确实很感恩、惜福、惜缘——这句话是我多年来用中文上课时始终如一的开场白。[⊝]

回顾过往，我首先感恩我的出生与成长背景。年纪越大、阅历越多，我越是感恩我在台东出生成长到17岁的这段经历。[⊗]以整个台湾地区而言，

⊖ 这副楹联原先是写给一个商贾世家的，原句为"商道无形商道即人道，商品有形商品即人品"（《河南康百万庄园匾额楹联撷珍》），是针对企业家与商人而言。

⊜ 这句话是舜传给禹的16字心法的前8个字，意思是，人心是非常不安的，道德心是非常微弱的。这也多少反映了现今全球的态势，是当下时局最好的写照。这16字心法的后8个字"惟精惟一，允执厥中"也是面对人心不安、道德式微的环境，老祖宗给我们的最好解方。"精一执中"始终是我一生奉为圭臬，指导我做人行事的最高准则。

⊝ 感恩、惜福、惜缘看起来像是三件事情，但是因为它们彼此环环相扣、相互影响，可以当成一件事。

⊗ 这可能是我个人的地缘（域）优势（locational advantage），别人难以复制。

台东是名副其实的"偏乡"，相对于台湾的其他城市，它既落后，又资源（尤其是教育资源）匮乏，但不理想的成长环境始终是驱动我不断向上求进的动力。动态竞争理论体系的创建，⊖从无到有，从边缘走到主流，与我出生成长的背景有直接关系，文化双融视角的形成也是如此。⊜过去30年有幸身处国际学术主流的核心，但是在台东出生成长所形成的边缘思维，始终使我的所思所行与我周遭的精英甚至权贵大不相同。由此，它让我领悟到"和而不流"的中庸思想精髓，并启迪我创建和践行"文化双融"这一学术思想。

我很怀念和珍惜自己亲历的20世纪70年代的台湾。当时，台湾民风朴实、群贤齐聚，承传文化与勤苦奋斗之风浓厚，培育出众多优秀的青年与创业家，后来在海内外不同的行业中发光发热，例如，我所尊敬的或为人所熟知的林怀民⊜、李安（享誉国际的导演）、裴正康®、施振荣（宏碁集团创始人）、郑崇华（台达集团创始人）、温世仁®（已故英业达创始人）、"文化双融"专

⊖ 请参见《明哲文选》系列之二：《动态竞争：后波特时代的竞争优势》。

⊜ 请参见《明哲文选》系列之三：《文化双融：执两用中的战略新思维》。

⊜ 林怀民是现代舞蹈表演团体"云门舞集"的创办人，他经常从亚洲传统文化与美学中汲取灵感，编创充满当代意识的舞蹈作品，是受到国际推崇的编舞家。1973年，林怀民创办台湾第一个专业舞团"云门舞集"时，引用《吕氏春秋》："黄帝时，大容作云门"（"云门"是5000年前黄帝时代的舞蹈，但舞容舞步均已失传），希望用中国人写的音乐，让中国舞者跳给中国人看。

⊙ 裴正康医师1976年毕业于台湾大学医学院，后赴美行医，是全球最权威的儿童血癌（白血病）专家之一，数年前当选为中国工程院外籍院士。过去近20年我有幸与裴医师深切交往，他重新定义了我对"专业"的看法，以及对于专业标准的要求。他可以说是一位医疗领域"专业士"的模范（关于"专业士"的概念，请见本书第XXXIII-XXXIV页）。裴医师为人谦逊低调，近年才得知他是唐朝名相裴度的后人，他的家族是中国历史上的名门望族，历朝历代出了59位宰相与59位大将军。

⑤ 温世仁（1948—2003）是我"天德黉舍"的师兄，深获毓老师赞赏，只可惜他英年早逝。温世仁希望利用科技力量协助偏远贫困乡村的发展，生前在甘肃武威古浪县的黄羊川发起公益项目"千乡万才"计划，经由英业达公司与黄羊川职业中学合作，用网络协助村民与外界沟通，促成农产品电子商务，并达到"西才东用"的远距雇用。温师兄曾向毓老师立下豪言："东北有老师关照，西北就交给我了！"如今思之，不胜感叹！

业经理的代表张孝威⊖等人。那个年代，正是我在大学受教养成的时期。《周易·蒙卦》说"蒙以养正"，求学期间我有幸受教于许士军、司徒达贤和姜占魁（已故）等第一批在美取得管理学博士学位并返回中国台湾任教的前辈师长，他们的学养风范，让我得以在来美求学之前就完成了基础的准备。对此，我既惜福也感恩。⊜

我更感谢赴美深造的机缘，因为当初在中国台湾时并没有出色的成绩与显赫的学历，却幸运地拿到了我唯一的博士班入学许可。在马里兰大学完成学业后，我有幸任教于当年大家梦寐以求的哥伦比亚大学商学院⊜，为我后来成为全方位管理学者打下了扎实的基础。我更惜福，过去30年我先后任教于哥伦比亚大学商学院、宾夕法尼亚大学沃顿商学院与弗吉尼亚大学达顿商学院⑭，前两者是全美顶尖的研究型商学院，后者则是最具代表性的教学型商学院。两种完全不同的组织文化、截然不同的思维、大相径庭的考核标准，提供了我极富挑战性的学术生涯，是淬炼我文化双融、执两用中的最佳人生实验场。

⊖ 张孝威毕业于台湾大学，是宾夕法尼亚大学沃顿商学院 MBA 台湾最早一批的留学生（1976年毕业）。他是台湾企业界极少数横跨金融、高科技、电信和媒体的职业经理人，以及台湾的公司治理先驱，也可说是一位企业管理领域的"专业士"。他强调企业必须有良好的公司治理、永续经营的价值观，以及要有成为"企业公民"典范的企图心。他是曾国藩家族的后代，现已退休，全心投入学习声乐及意大利文，展开他的乐活人生的下半场。

⊜ 正因为故乡对我的栽培养育之恩，每次回台湾时我的心情总是特别激动，家乡的一景一物都在提醒我作为一个边缘人的责任。除了向来与故乡台湾的学者有深切的联系，2004、2006 与 2007 年，我三度受邀回台湾培训管理学教师。2009 年 7 月中旬，我在台湾大学开启了我在美国以外 EMBA 及企业高管培训之门。此后，我不时返台湾举办相关课程与交流活动，回馈桑梓。

⊜ 当年哥伦比亚大学商学院这一职缺，被全美战略新科博士认为是年度教职市场排名第一的职缺，在此之前，哥伦比亚大学战略领域已经连续三年在市场求才，但始终未发出聘书。哥伦比亚大学除了注重研究与教学，也重视与企业家的互动，我还没有在 MBA 教室上课之前，就已经被学校安排至它在全美久负盛名的 Arden House（培训中心）去"教"企业家了，这在美国各主要大学院校实在是极少有的。

⑭ 弗吉尼亚大学达顿商学院创办于 1954 年，它是美国少数以教学与企业培训为创院使命的商学院，长期以来，在各项 MBA 教育的评比中，不管是教学还是师资方面，始终排名第一，院里的同事也以"我们是全世界最棒的教师"（We are the best teaching faculty in the world）而自豪。

我还有太多的人、太多的事要感恩。书中我介绍了几位影响我至深的师长，如启蒙恩师姜占魁先生。在我离台前的一段学习时光中，姜老师带着我一本本地"啃"组织学、管理学领域最经典的英文原著。当时我的英文不太好，大部分书读不懂，但姜老师从不嫌弃我，从不浇我冷水，他只是默默地带领我、鼓励我这个出身偏乡、不知天高地厚的穷小子勇敢负笈美国求学深造。⊖

又如，中西文化双融的人生导师爱新觉罗·毓鋆⊜与威廉·纽曼（William H. Newman）教授。⊜毓老师的身份与经历相当特殊，他是清朝宗室礼亲王后裔，幼年进宫，为末代皇帝溥仪的伴读；青年时，他留学日本、德国学习军事。1947年迁居中国台湾后，毓老师毅然决定以传承华夏智慧、弘扬中华文化作为后半生的志业，开始了60余年"潜龙勿用"⊛的讲学与教育生涯。在毓老师的"天德黉舍"求学期间，我从老师的言传与身教中，见到了活的、真的儒家精神，以及经世致用的实学。同时期，我在学院中修读企业管理，接受"西学"专业教育，两处的学习看似彼此"矛盾"，实际上毫无干扰，那是我扎根双融、修习基本功的时期，由此我深刻了解到生命的核心价值，找到了人生的方向与意义。回顾这段殊胜的经历，我恍然大悟，原来在我赴美迈向人生下一个阶段前，最重要的准备就是进

⊖ 我永远记得姜老师位于台北中和南势角小小的家，我时常埋头读一两个星期后，就去他家坐坐，读到什么都和他聊，有很多话题。其实在我来美国之前，我并没有长远的"愿景"，初心只是想多学一点新的东西，更多的是来自姜老师的鼓励与期许。他在我赴美时送给我的两个词"determination"（决心）与"persistence"（坚持），在过去的40年始终伴随着我。

⊜ 爱新觉罗·毓鋆（1906—2011，人称"毓老师"）早年跟随晚清皇帝，师从20世纪早期中国久负盛名的学者和哲学家。毓老师在中国台湾传道授业60余载，直至106岁逝世。毓老师在台湾的学生包括数百位学者和其他专业人士（其中包括一位前任高官），此外，他还指导了美国不少知名的汉学家，如已故的加利福尼亚大学伯克利分校的魏斐德教授、宾夕法尼亚大学的席文教授、芝加哥大学的孟旦教授，还有哈佛大学的包弼德教授。

⊜ 请参见《明哲文选》系列之一《承传行践：全方位管理学者的淬炼》第一篇"忆父怀师"中的第3章、第4章，第一篇还介绍了许多深刻影响我的师长。

⊛ "潜龙勿用"语出《周易·乾卦》，意思是一个人具有高深的智慧与德行，但因时空限制，不为当世所用，只能潜藏民间，默默推展自己的理念抱负。

入"天德奉元之门"⊖!

威廉·纽曼教授是我亦师亦友的忘年交。在1988年的国际管理学会会议上，我只是个刚进入哥伦比亚大学任教的年轻学者，通过介绍，有缘与他这位已退休20多年且有丰富实战经验的管理学泰斗相识。纽曼教授是一位非常有远见的智者，他在20世纪90年代初就预见了美国2008年的金融危机、北极的重要战略位置、中国在世界上的重要性等。在中国改革开放后的80年代初，他是首批进入中国开展管理教育的四位美国教授之一。当时，他协助余凯成教授在中国工业科技管理大连培训中心教授现代管理，他们共同开启了中国现代管理教育的先河。纽曼教授学术地位很高，但他时刻怀着赤子之心，始终沉稳而谦逊地著述与行事。他让我知道，在美国这个非常市场化的环境中，仍然能够成为一位极具人文关怀的学者，做真正的自己；他赋予我超越当下，看见别人所看不见的事物的能力；他更时刻让我提醒自己身上所具有的中华文化底蕴。我很怀念和他在一起的时光。⊖

除了师长的教诲，朋友、学生也深深影响着我，我珍惜这些人际联结与缘分。我从小受父母影响，很喜欢交朋友，把情义看得特别重。虽然长期"忝寄儒林"（毓老师语）、久居学术界，因研究的需要，必须经常过着"出

⊖ 1947年，因国民政府的安排，毓老师只身远赴台湾。在台湾民风纯朴、民间活力涌升的20世纪70年代初，毓老师开办了"天德黉舍"，传授四书五经及道家、法家、兵家要籍等华夏经典，我有幸在同学的介绍下，于70年代末成为入门弟子。1987年，"天德黉舍"改名为"奉元书院"。一直到2009年2月，毓老师才不再授课。请参见《明哲文选》系列之一《承传行践：全方位管理学者的淬炼》第一篇"忆父怀师"中的第3章"有教无类：恩师爱新觉罗·毓鋆教育理念的承传行践"。

⊖ 纽曼教授是哥伦比亚大学历史上第一位校级讲座教授，1954年由艾森豪威尔总统在担任校长时亲自颁证。他早年担任老麦肯锡在芝加哥大学的助教，后来成为其在麦肯锡咨询公司的特别助理。过去，纽曼教授到纽约时，经常与我在哥伦比亚大学教授俱乐部共进午餐和晚餐，有谈不完的话题。我们也常常在百老汇散步，在116大街上进行漫长的饭后讨论。纽曼老当益壮，乐于探索未知，他87岁到印度尼西亚，88岁到西藏，89岁到丝绸之路，90岁时甚至远赴北极。还记得他要开始北极之旅前我去拜访他，他正蹲在地上查看地图。我问他："你千里迢迢到北极想要做什么？"他回答："全世界有40%的石油在那里，我想去看一看。"

世"的生活，以便专心基础科研，求真尽善。然而，杏坛、教室却是与人结缘的最好地方，30 年来有幸与中美企业领袖、专业精英结缘，教授过的企业领导者至少有 1 万人。[⊖]因为在学术界长期服务学术社群并曾担任国际管理学会（该学会在全球 100 多个国家有两万多名会员）第 68 届主席[⊜]，这让我能接触到为数众多的全球学者、专家。此外，我也不忘育人的初衷，立人立群，先后创立了全球华人管理学者社群（Chinese Management Scholars Community, CMSC）、中国管理学者交流营（Chinese Management Scholars Workshop, CMSW）、动态竞争国际论坛（Competitive Dynamics International Conferences, CDIC），以及精一学堂（The Oneness Academy）、王道薪传班（Wangdao Management Program）、夏商全球领袖班（Xiashang Global Business Program）等各类企业高管培训项目，传授知识，作育英才。[⊜]

因缘际会，我在 1997 年夏天受中国国家教育委员会与全国 MBA 教育指导委员会邀请来北京，在清华大学为中国第一批管理学教师（当时中国有 MBA 项目的学校共 54 所，每校派一人）培训 11 天。[⊗]1997 年中国尚未加入

⊖ 我从 2009 年开始，先后在台湾大学、上海国家会计学院、复旦大学、北京大学（光华管理学院、汇丰商学院）、清华大学（经济管理学院、五道口金融学院、苏世民书院）、长江商学院与台湾政治大学教授 EMBA、DBA 及后 EMBA 课程。

⊜ 我不是第一位被选为这个全球管理学领域最有影响力组织主席的华人，但我是这个组织 70 年来第一位没有在美国接受大学本科教育的主席。这件事对该学会和主流学术界意义深远。

⊜ 请参见《明哲文选》系列之一《承传行践：全方位管理学者的淬炼》第七篇"立人立群"，很多社群的核心成员都在书中"以文会友"部分分享了他们的观点与经验。这些社群有些是针对管理学者设立的，有些是针对企业家设立的；有些是与高校合办，有些则与企业家合作。例如，"王道薪传班"与宏碁集团创始人施振荣先生合办，"夏商全球领袖班"则是与复旦大学管理学院院长陆雄文教授合办。

⊗ 当时清华大学经济管理学院的院长是朱镕基，常务副院长是赵纯钧，课程结束时，赵老师还把朱镕基书架上四卷六册《清华大学史料选编》赠送给我，表达他对我远从美国义务赴华授课的感谢。《明哲文选》系列之一《承传行践：全方位管理学者的淬炼》第五篇"动态竞争"中的第 20 章"学术创业：动态竞争理论从无到有的历程"是特别敬献给赵纯钧院长，以及另一位对中国早期管理教育有着巨大贡献的复旦大学管理学院前院长郑绍镰的，以表达对两位管理前辈最大的敬意。

WTO，当时的名义 GDP 只有 79 715 亿元人民币，2019 年的名义 GDP 为 990 865 亿元人民币，消除价格变动因素后，1997 年的实际 GDP 占 2019 年实际 GDP 的 15.4%，也就是说，中国在过去这段时间中 GDP 实际整整增长了 549.6%。我有幸从清华园开始，以小观大、以管窥天，在过去的 22 年间，见证了整个中国大环境的改变，[○]尤其是企业管理教育在中国的茁壮发展。一般人都会强调中国改革开放 40 多年取得的各种统计指标上的成就，然而，我从一个教育者的角度来看，自我 1984 年在美国接触中国第一个 MBA 学生开始，中国改革开放最大的成就，就是造就了一个又一个人才。

清华园这 11 天的教学相长，影响了我日后所做的很多事情，不论是教学、研究，还是社群的建立。2013 年我们这批 1997 年共学的教师好友，在清华园重聚并发起成立了中国管理学者交流营，每年轮流在国内各高校与从事管理教学及研究的高校教师和研究者开会聚叙，目前年会主办学校已经排到 2026 年。对我个人而言，清华大学国学院时期（1925 ~ 1929 年）的四大导师（王国维[○]、梁启超、陈寅恪与赵元任），更是我私淑心仪的典范。这是多大的缘、多大的福，我感恩。

最后，我最大的感恩与珍惜是能够将自己从小就喜欢的"竞争"（年少时喜欢各式各样的竞赛，篮球比赛曾有一场得到 44 分的纪录），变成学术研究的主题，把我喜欢助人、与人为善的个性变成教学育人的志业。"尽己之谓忠"（朱熹《论语集注》），30 年来，我始终忠于我的专业，忠于我的研究，

○ 对此我是很有体会的，因为我 1997 年在沃顿商学院开设的第一门选修课 " Global Chinese Business Seminar "，经过 20 年的发展，现在已经变成了三门课：" East-West Strategy Seminar " " Cases in Global Strategy Seminar " 与 " Ambicultural Strategic Thinking "。细节请参见《承传行践：全方位管理学者的淬炼》第二篇 "教研育人" 中的第 12 章。

○ 严格来说，王国维应该是我的太老师，因为我在离开台湾之前，有机会师从爱新觉罗·毓鋆先生，接受最为传统的私塾教育（见《承传行践：全方位管理学者的淬炼》第一篇 "忆父怀师" 中的第 3 章），毓老师则是王国维（静安公）的入室弟子。

更重要的是忠于自己，未曾辜负"文如其人""尽己之性"[○]的传统中国人的人生追求。

立言出书的初心

介绍了此系列书的性质，感恩我一路走来所接受的众多缘分与福气后，还要向读者坦言叙明我编著这套书的初心，其实很单纯，只有"一"个：我只是想为我中文 EMBA、DBA 的"学生"或企（创）业家、专业人员提供一套完整的"教本"，希望他们从中能找到一些对他们经营企业或做人行事有所帮助的洞见与方法。

首先，作为一个作育英才的学者，我的想法可能有些另类，因为 20 多年来我已经没有了视"学生"为学生的观念，始终将我的身份定义为他们的"伴读"[○]。我始终认为，在"没有学生哪有老师"这句话中，所谓的学生其实是我"共学适道"（参见《论语·子罕》）的伙伴。正所谓教学相长，"闻道有先后，术业有专攻"[○]，对我来说，他们都是与我互相切磋、共同成长的"学友"[○]。我惜福、惜缘，感恩这些学友把目前这个世界最稀缺的"诚信"给了我，这恐怕是我创立的各种学术、企业社群或"明哲平台"这个统合性大社群的独特之处。[○]

○ 《中庸》："唯天下至诚，为能尽其性。"尽其性，就是尽己之性。
○ 毓老师六岁时成为末代皇帝溥仪的伴读，老师"伴读"的观念给我很大启发，对我影响深远。
○ 出自唐朝韩愈《师说》："是故弟子不必不如师，师不必贤于弟子，闻道有先后，术业有专攻，如是而已。"
○ 《明哲文选》系列之一《承传行践：全方位管理学者的淬炼》中有个非常特殊的部分叫"以文会友"，"学友"的观念就是从《论语·颜渊》"以文会友，以友辅仁"这句话来的。又联想到《水浒传》108 条好汉情义相结，我很有福气，也非常幸运，能够跟我那么多的企（创）业家学生成为真诚交往、共学适道、互勉互励、进德修业的学友。
○ 请参见《明哲文选》系列之一《承传行践：全方位管理学者的淬炼》第七篇"立人立群"。

其次，我要让我的"宝贝"[⊖]学生们知道，这套书中的每一句话或给企业的每一个建议，都是有凭有据的。它们也许是学术研究的发现，也许是我长期观察世界各国企业的心得、多年实践的经验，而且最好的实践来自最好理论的指导。我要让大家知道，我讲的是"实学"，是一套可用、好用的学问。更重要的是，这套书整合了中西两种文化与企业管理的优势，并将文化、系统化知识、经验与案例以及应用性工具，一以贯之地融合。

再者，"远近大小若一"（《春秋公羊经传解诂·隐公元年》），对于我个人而言，虽然我不能改变大环境，但我希望能改变小教室（小研究室），由"小我"逐步影响"大我"。我希望这套书经由"小教室"，可以在一定程度上提升中国学术界的学风[⊜]，照亮中国乃至全球华人企业的大未来。

检视当今中国企业，不论大小，虽然凭借市场的需要多年来快速成长而开枝散叶甚至业大财大，然而很多"基本功"仍然有待加强。许多公司仍然采取且战且走、游击队突进的方法，欠缺正规军的系统化经营、全球性思维，经常追求投机式快速扩张，而非致力于创造长期价值的终极理想。我一向认为，中国企业的发展除了要吸收西方企业制度的精华，更要联结中华传统文化的源头，善用华夏智慧的底蕴，左右开弓，中西合璧，永续经营，以造福桑梓，美利天下[⊜]。

中国企业应当往前多走一步，寻找企业的"魂"。虽然中外企业都强调企业文化，但中国企业应当顺着文化的脉络，善用华夏智慧，以此为基础，思考如何培养企业的"魂"，如何从源远流长的中华文化中找回未来可以依托的精神。有此依托，可以从中深思：身为中国企业，哪些才是留给中国经

⊖ 基于"有教无类"的理念，我始终把我每个学生当成"瑰宝"，我对他们也是抱着欣赏、佩服、爱护、期许的态度，与他们交往互动。

⊜ 这也是我 2019 年 9 月 27 日于清华大学经济管理学院动态竞争与创新战略研究中心成立时，对该中心的一个期许，我希望它能成为导正中国学术风气的一盏明灯。该研究中心由李纪珍教授与林文琛负责，我则以荣誉主任的身份提供精神上的支持。

⊜ 《周易·乾卦·文言》："乾始，能以'美利'利天下，不言所利，大矣哉！"

济、社会和历史的永恒遗产？如何才能为人类文明或世界的永续发展做出最大的贡献？[⊖]哪些只是风光一时、如梦幻泡影？这套书或许还可以直击一些中国企业家的内心，使他们回归他们想要成为"法大行小"[⊜]、全方位整合型"将才"的目标。

再从全球化思维的层面来讲，中国企业应当思考，如何平衡本土化与全球化的经营，如何整合长远目标与短期目标，如何从一个令西方畏惧的竞争对手，变成令西方尊敬的竞争对手等。对于中国企业家来说，这套书有助于启迪他们进一步理解西方系统性的战略思维与完整的管理知识体系，并且在经验与方法的层面参考、借鉴西方发达国家诸多实践经验，找到可作为自身依据的参照标杆。虽然目前的大环境瞬息万变，未来的挑战非常多，但是从长期永续的发展来看，中国企业现在更要勇敢地思考怎么成为"百年企业"。

在企业家之外，我也希望这套书能对广大专业人士有所帮助。我在书中透过自身经历，展示了职业的意义如何真正地源于生活，如何将职（专、志）业融入人生，以及职业、专业与志业在意义与境界上的不同。这套书可以示范如何在专业和人文方面达到理想的平衡，如何将自身的发展融入专业群体，特别是行业领先的群体，并与群体实现多赢。

"企业士"的观念是过去我对中国企业家与专业人士的最大期望，并且长年阐述推广。[⊜]然而，面对环境剧变、价值混淆的时代，中国以至于全球

⊖ 最近我经常想起毓老师的训诲"以夏学奥质，寻拯世真文"，并有许多深刻的体会。

⊜ "大"者，天也。法大就是法天，"唯天为大，唯尧则之"（《论语·泰伯》）。"小"字的意思与《老子》"治大国若烹小鲜"以及曾国藩"不苟不懈，克勤小物"（《曾国藩日记》）相同。"法大行小"这四个字是毓老师对同门颜铨颖的开示，与"远近大小若一"一样都是老师讲学的核心理念。请参见台湾中山大学中文系吴孟谦教授的《真人与真知：管窥毓老师的人格与学问》（《夏学论集（二）爱新觉罗·毓鋆先生逝世八周年纪念》，台北：中华奉元学会，2019年，页37-46）。我用白话来说，"法大行小"就是大事小事都是一件事。

⊜ "士"是传统中国的特定群体或阶层，概指读书人、公务人员。从字义来看，"士，抱十合一，是读书、开始做事时"（《毓老师讲论语》（上），页156）。抱十合一，就是大事、小事，"一"以贯之。所谓"企业士"，则指基于华夏智慧，拥有文化双融思维与动态竞争能力的现代企业家，一方面蕴藏执两用中的文化素养，另一方面具备纵览全局、与时俱进的战略格局，同时拥有一以贯之的执行力。

的百工百业、不同阶层，迫切需要各种类型的品性正直、才具卓越、胸襟开阔的人士，以实际的"行"来树立各行各业的典范。因此，我更想以包括企业士、公务士、医务士、教育士等，涵盖所有职业的"专业士"一词来阐述我的想法。其实，"专业士"就是"人人皆有士君子之行"（《春秋繁露·俞序》）理念在当代的一种展现。士大夫是古代中国稳定社会、安定人心的主体，士大夫也多以此自我期许、承担责任。由此来看，"专业士"是新时代的士大夫，是"群士"，不同位置上的人士都能够为人类社会带来安定与升华的力量。此时此刻，尤其是在全球经历新冠肺炎疫情后的再生与重建过程中，扮演旋转乾坤的角色。

"专业士"不是空泛高远的倡议。细察我们生活、工作乃至于社会的各个角落，不难见到完全恪尽本分、脚踏实地、做事用心，勤勉于保身安家、敬业乐群的"小人物"身影，他们都是维持社会安定的沉默力量！坦白说，我也是这样的"小人物"中的一员，因为我每天所思考的，只是如何在我的"小教室""小研究室"（小书房）中，把该做的事做好，如此而已。你我都是社会中的一颗小螺丝钉，不要小看"一"的力量，只需要找回你的心，"素其位而行"（《中庸》），在自己的工作与生活中真诚落实，就能成为一位利他益世的"专业士"。

这套书同样可以为普罗大众提供参考。从成长的起点来讲，我和绝大多数普通人一样，与那些在"平凡"岗位上一生兢兢业业、恪守正道的普通人无本质上的区别，只是多了一分坚持，多了一分努力，多了一分幸运。从这个意义上来讲，这套书更多的是让人们了解"什么是可能的"（What's possible），不要自我设限，只要跨出第一步，你不知道自己可以走多远。因此，无论是想改变自己命运的人，还是知足常乐的人，都可以从我对自己与师长的介绍、学友的回馈中领略到人性的真善美，感受到来自专业的尊重与乐趣，并获得面对明天的动力。

献给探索自己、活出自己的你

总体而言，这套书其实是写给所有想了解自己，思考如何真诚面对自己、活出自己，在意自己心"魂"的人。

我一生追求的就是如何顺己之"性"[⊖]，作为一个缺点不少、年轻时训练不够扎实也不够努力的我，作为一个本来应该被这个社会淘汰的"边缘人"[⊖]，一如常人却把我的个性（好的也好，不完美的也罢）发挥到极致。一个人的一生结果如何，是"成"是"败"（每个人定义不同），有太多的环境因素与运气，非个人所能决定。但是，我的做法是选择每天认真地面对我自己，真诚地"求阙（缺）"（曾文正公语），做自己，对我自己负责。尽管这只是一个"小我"的选择，然而一个人只要能够真诚地面对自己，至少可以保护自己，顾及家庭，和睦亲友，甚至在专业上小有所成。

每个人的"心"大小有所不同，对于一些公心比较大的人，"小我"的选择可能产生造就"大我"的贡献。或者说，世界是一个大宇宙，个人是一个小宇宙，从我这个小宇宙来看世界这个大宇宙，只要一个人"诚意正心"（《大学》），也就是只要意念真诚无妄、心地干净纯正，做事就有正向力量，看世间诸事万物，虽然纷纷扰扰，也能一目了然。这或许就是中国人素来追求的天人合一的境界，因此千万不要低估自己、小看"小我"。归根结底，一个人首先要学会如何面对自己，在生活中找寻自己，甚至于实现自己。这套书我以自己为案例，将我有限的经验与这个世界所有的"人"或是想学

⊖ 《中庸》："率性之谓道。""率"读作"朔"，也就是"顺"的意思；率性，顺着自己的本性、个性。

⊖ 很多学友常问我手上戴了20年的黄色手环是做什么的，是不是为了增强气场或带来好运的。其实它什么都不是，只是一个普通的塑料环。这类手环是环法自行车冠军赛选手兰斯·阿姆斯特朗在罹患癌症以后，全世界车迷为他打气，纷纷戴起的黄色手环，后来也被广泛用于对罹癌家人的精神支持。作为一个当初可能被社会淘汰的边缘人——我始终是以边缘人（"乡下人""草根"）自居，我则是用它来提醒自己作为一个幸存者应承担的责任。

"做人"的人互励共勉。⊖

结语：感谢与愿景

2020 年年初，在这套书临近付梓之时，恰是整个世界面临最大挑战的时候，全世界的企业都在面临着百年以来最大的"一变"。⊜在这个环境剧变、高度不确定的时代中，我们每个人（或企业）如何安身立命？如何在变中求定、定中求静、静中求安、安中求虑、虑中求得？这套书记录了我一步一脚印，"终日乾乾"（《周易·乾卦》），面对挑战，不断超越、不断回归、不断关照初心的努力。能够把初心变成愿景，把专业变成志业⊜，这个过程本身就是一种学习，一种享受。从这个意义上来讲，这套书或许能成为治疗当今中国经济社会缺失"本源"痼疾的一剂良方。

《明哲文选》目前出版的这三本书，某种程度上只是我"鲤山又一村"⊛的第一小步。我一直心仪曾国藩（文正公），从年轻的时候就喜欢阅读曾文正

⊖ 我最近常在思考，也想写一本书，书名姑且叫作《好生，好活，好死》。生，我们每个人都没有太多的选择，有些人生下来断了一只手（或脚），有些人天生鲁钝，有些人天生丽质——我们都没得选择。死，我们也没得选择，时候到了，我们就应该走了，当然每个人怎么走要看造化，有些人卧床多年，有些人自然坐化（像毓老师）。但是，怎么活，每天怎么活在这个世界上，我们每个人，其实都有选择。活得好，活得坏，活得成，活得败，往往都是个人选择的结果。这套书其实是想分享我个人这一辈子（至少是过去 30 年）怎么活，作为一个科研人员，作为一个学者，作为一个老师，作为一个作者，作为一个儿子，作为一个父亲，作为一个丈夫，作为一个朋友，作为一个平平凡凡的人，我怎么做人、做事，怎么度过我的一生。

⊜ 世界商业领袖沃伦·巴菲特（1959 年毕业于哥伦比亚大学管理学院，可以说是哥伦比亚大学最出名的校友）表示，这一变局为其平生（他现在 89 岁）所未见。请参见 https://www.marketwatch.com/story/warren-buffett-on-the-one-two-punch-market-panic-it-took-me-89-years-to-experience-something-like-this-2020-03-11。

⊜ 《孟子·尽心上》："士尚志。"志（志=士+心）者，心之所主。

⊛ "鲤山"就是我故乡台东的"鲤鱼山"，由于毓老师当年曾以"长白又一村"明志，受老师的启迪，改换老师的用语来自勉。毓老师的"长白"是连绵东北三省的长白山，我年少时常去、多年来空存怀想的鲤鱼山只是台东市区里一座小小的丘陵。山的大小虽然有异，但我与老师溯源思乡的情怀则是相同的。

公的文集，除了在做人、做事、做学问的方方面面师法他，力求一以贯之，也注重用文字记录人生点滴，可以说他的言行事迹是我这个入世之人的范本。作为《明哲文选》的后续，将来还有一系列的出版计划，[一]甚至还想整理出版我平常往来的文书信件，尤其英文书信更是反映了平日在美面对中西文化冲突、学术实务碰撞时，我个人如何执两用中，做出适时适当的选择，也就是我如何"做自己"的具体做法与"真""实"的功夫等。我愿意毫无保留地将自己多年的所做、所为、所思、所写的"全集"公之于世[二]。

首先出版的这三本书共收录了60余篇文章，从翻译、校对、编辑与整理，到最终出版，都是团队成员共同努力与贡献的结果。尤其感谢连婉茜（新罕布什尔大学）负责领导整个团队，从整套选集的架构安排到书中内容的选取，从最初的想法到后期的付梓，付出了非常多的心力与时间。她对这套书的"用心深细"（熊十力语）[三]，让我感动。感谢刘刚（国住人居工程顾问有限公司）协调整套书的出版事宜，以及林豪杰教授（台湾"中山大学"）对此书的形成提出诸多具有启发性的建议。感谢谢岚为多章内容进行整理与撰稿，武珩为本套书的整体结构提供宝贵的建议，以及庞大龙（西安交通大学）、谭畅（西南大学）、张国义教授（台湾"东华大学"）、黄怡华在翻译与校对工作上的投入。同时感谢路江涌教授、林道谧教授所带领的北京大学团

[一] 在这三本书之后，还有：动态竞争在企业应用的文章选集；用更通俗的体例整合前三本书，记录中西企业全球化以及中西企业交流的典范案例集（我正在撰写双汇、闻泰科技的海外推广以及希尔顿在中国的相关案例）；整理我多年来上课时为学生（友）手写的笔记与板书；分享我多年来在管理学术顶级期刊上所发文章的投稿与修改过程，以及投稿被拒的经验教训。以上所述为《明哲文选》后续的预定内容，未来将陆续出版。

[二] 最后我也希望在我百年以后，有人能为我出版一本类似"生说师语"的书。"以文会友"这个栏目是《明哲文选》系列之一《承传行践：全方位管理学者的淬炼》的特色，它也可以说是"师说生语"。多年来我养成观察学生课上和课下的言行举止、企业的成长以及各方面的表现，做笔记、留下记录的习惯。将来我人生"毕业"以后，我会留给我的这些"宝贝"学生或学友一些人生箴（诤）言，为每个人留下"一"个字，或是"一"句话、"一"个观念，作为我对于他个人、企业所作所为的遗（传）世"忠"（尽己、真诚）言与惕厉。

[三] 连婉茜博士跟我一样出身台湾乡下（苗栗），也是从无到有，过去10年，我有幸看着她一路成长，她把10年来的学习历程写成了《细谈"用心深细"：明哲老师助教的一线观察》一文，请参见《明哲文选》系列之一《承传行践：全方位管理学者的淬炼》第三篇"方法心法"的第15章。

队；台湾政治大学许牧彦教授所带领的姜占魁薪传学者团队，他们支持了部分章节早期版本的翻译工作；清华大学经济管理学院李纪珍教授与林文琛所带领的"动态竞争与创新战略研究中心"团队、西南科技大学何波与张宏亮教授所带领的明哲钻石俱乐部与"凉山小朋友"为本书提供支持，在此敬申谢枕。感谢机械工业出版社出版这套书，协助我将30年来的为文与行事的成果呈献给世人。由于时间有限，在英文文章翻译、校对的过程中，难免会出现转译上不尽理想的地方，在此谨向读者表示歉意，文责当然由本人自负。

感恩，惜福，惜缘。这么多位好友、学友的努力，让我有机会把众多分散在中英文各类期刊中的文章汇聚在一处。[○]这套书以《明哲文选》命名，既感念父母养育之恩，更想借由"明""哲"二字的深刻含义彰显华夏智慧的精华。"明"="日"+"月"，日起月落，月起日落，体现了大易"生生之道"，它有薪火相传的底蕴，也和终始之道若合符节。"大学之道，在明明德，在亲（新）民，在止于至善"（《大学》），"明"字也有自明（"明德"）与新民的意思，己立立人，己达达人。"哲"关乎人生，拆解此字，表示思考折中，能用中道，也就是"执两用中"的意思。"哲"也有头脑缜密、内心清明如镜的含义，犹如《尔雅·释言》所说，"哲者，智也"。"明哲"二字蕴含我的中华情怀，代表我对故乡台湾、大陆、旅居全球各地的华人企业家与专业人士，乃至全球各国、各种文化背景下的企业家与专业人士最大的期许：自觉觉人、己立立人；洞悉天下，永续经营；共同延续并创造崭新的华夏与世界文明。

陈明哲

美国弗吉尼亚州夏洛茨维尔

2020 年 6 月

○ 有些学友知道我在写这一系列书，非常希望我能早日完成，但他们不一定是想要立即细读深思，只是想把它们放在书架上，当作一面"镜子"，每天审视、提醒自己。

|导　读|

　　《明哲文选》系列，目前已成书三册，分别为《承传行践：全方位管理学者的淬炼》《动态竞争：后波特时代的竞争优势》《文化双融：执两用中的战略新思维》。这部文选既是陈明哲老师个人知与行的论著，也是他与众多友人共学适道的成果，汇聚了陈明哲老师在为人处世、洞见理论与教书育人等诸多层面的方法和心法。本文名为导读，实则是笔者的学习体会，谨供有志于研读这部文选的同好参考。

系列之一《承传行践：全方位管理学者的淬炼》

　　我是谁？我该去哪里？我如何前往，如何到达？

　　从成书逻辑上看，系列之一《承传行践：全方位管理学者的淬炼》是整部《明哲文选》的总纲。该书从"忆父怀师"（第一篇）开始，在浓浓的人文情怀背后，暗藏了"承传"二字的家学与师承。"教研育人"（第二篇）与"精一执中"（第四篇）两篇，分别从学者和企业家的视角，深入诠释了"行践"一词。"方法心法"（第三篇）则在阐述"明哲"方法与心法的同时，进一步明晰了薪火相传的行文主旨。陈明哲老师以自身的教学情境作为讲述"明哲"方法与心法的载体，一方面体现了他作为教师的职（志）业责任感，另一方面也与后文的学术创业相得益彰。

　　学术创业部分由理论、思想和社群服务三个层面构成，是陈明哲老师承传行践具体行动的展现。理论部分，陈明哲老师总结了"动态竞争"（第五篇）从无到有的过程，归纳出动态竞争理论体系的六个研究主题，为系列之二《动态竞争：后波特时代的竞争优势》奠定了基础；思想部分，陈明哲老师进一步对动态竞争理论背后的"文化双融"（第六篇）的思想内核进行了剖析，并一如既往地从学者和企业家的双重视角提出自己的见解和建议，为系列之三《文化双融：执两用中的战略新思维》做铺垫；社群服务部分，陈明哲老师以"立人立群"（第七篇）为题，介绍了他创立各种社群的目的和动机，描述了他20多年来有目的地培养教育家和企业士的社会行践之路。

除了成书的逻辑体系外，系列之一《承传行践：全方位管理学者的淬炼》还有三个关键词值得读者关注和体会。第一个关键词是"边缘人思维"。陈明哲老师出生在相对落后的台东，并在那里度过了他的青少年时期，这一特殊的成长背景使得他在之后的学术研究和教学育人过程中，始终秉持"边缘人"的视角与思维，倡导发现被主流所掩盖或忽视的问题。第二个关键词是"过程导向"。无论是在动态竞争理论创建过程中由差异化到合法性的构建，还是在案例教学过程中的问题引导性布局，都深刻体现出陈明哲老师对于实现目标的过程的把控。第三个关键词是"顺己之心、顺性而为"。每个人都有自己的初心，在书中陈明哲老师不仅表露了自己的初心，更展现出了在环境剧变的压力下真诚面对自己和活出自己的"精一执守"。顺己之心、顺性而为，强调做人先于做事，在做好自己的同时，融入人群，融入社会，由此方能和睦亲友乃至推动事业长期发展。

系列之二《动态竞争：后波特时代的竞争优势》

竞争是什么？与谁竞争？如何竞争，如何实现可持续发展？

从成书逻辑上看，系列之二《动态竞争：后波特时代的竞争优势》是整部《明哲文选》的学术担当。全书由陈明哲老师所撰写的15篇"动态竞争理论"主题论文翻译组合而成。这些论文已经刊载于各类主流管理学术期刊，既是陈明哲老师入世实学的体现，也是他对于当今管理学研究的理论贡献之所在，展现了陈明哲老师学贯中西的深厚功底。

该书从动态竞争理论的综述（第一篇）开始，细数动态竞争理论由创建到发展30年历程中所形成的竞争互动（第二篇）、竞争行为（第三篇）、多点竞争（第四篇）、整合性竞争分析（第五篇）、竞争知觉（第六篇）和动态竞争研究方法（第七篇）六个研究主题的相关研究成果，是动态竞争理论的系统性展示。全书虽未按文章发表的先后顺序布局，但它始终贯穿了由"识别竞争对手"到"深入了解竞争对手"再到"通过不同层面竞争分析降低竞争者对抗性"的主线逻辑，能够帮助读者从概念和方法论上全面了解整个动态竞争的理论体系。通过动态竞争战略创造一次次的短暂竞争优势，可以为企业的长久可持续发展建立根基，这样的核心战略行为指引更有助于新常态下中国企业参与全球化竞争。

在系统性呈现动态竞争研究领域的同时，陈明哲老师还从"本质"和"过程"两个层面，剖析了他从"爱好'竞争'"到"初涉'竞争'学术领域"再到"发展动态竞争理论"的学术生涯全过程，分享了自己的经验和体会（第八篇）。读者可以从中感悟，陈明哲老师在动态竞争理论的学术创业中贯穿始终的"精一"理念。

系列之二《动态竞争：后波特时代的竞争优势》中的每一章均采用了学术论文的体例。为了便于读者系统性地阅读学术论文，陈明哲老师还专门撰写了《发挥学术文章的最大效用：给管理者的实用阅读指南》（附录），详细解释了学术论文体例中各个部分的形式和功能，并为读者提供了关于如何阅读学术论文的建议，在解答读者对论文的科学性疑惑的同时，帮助读者关注和掌握论文的核心议题与关键结论。

系列之三《文化双融：执两用中的战略新思维》

何谓"两难"？为何"两难"？"两难"问题如何突破？

从成书逻辑上看，系列之三《文化双融：执两用中的战略新思维》蕴含着整部《明哲文选》的思想内涵，展现了陈明哲老师为人处世的中华文化底蕴。该书从管理所面向的诸多二分对立现象入手，详述了"文化双融"这一名词（概念）的由来，以及文化双融理念在协调东方与西方（第一篇）、竞争与合作（第二篇）、古与今（第三篇）、宏观与微观（第四篇）多个层面的二分对立问题的哲学思考和实践应用（第五篇），全方位展现了文化双融理念的生命力和价值。

文化双融理念倡导在理解对立的基础上，寻求平衡与整合后的创新机遇。其"执两用中"的战略思维，对于读者思考自身所面临的两难问题，乃至探讨当今全球化的新情境均大有裨益。特别是当前中美双方全方位的互动，直接影响了全球包括政治、经济、文化在内的整体格局。利用"文化双融理念"和"执两用中思维"，或许能够帮助读者在这样的不确定性环境压力下，找到自己或企业突破各种二分对立困境的办法和思路。

在系列之三《文化双融：执两用中的战略新思维》中，陈明哲老师一如既往地以自己为例，从其人生各个社会化发展阶段、教学研究与社会服务的职业生涯乃至个人生活的点滴事项等多个层面，呈现了他面对"两难"挑战时秉持文化双融理念的思考与实践。读者可以从中体会"执两用中"的知行不易，并由此反思自己的职业观念、价值观念、处世态度等。

在行文体例上，系列之三《文化双融：执两用中的战略新思维》有意识地将"动态竞争"理论体系的形成作为案例，在各个层面的文化双融应用情景之中进行分析。这样的布局，体现了陈明哲老师在教学层面向企业和企业家学习的"教学双融"，同时与系列之二《动态竞争：后波特时代的竞争优势》

中动态竞争理论体系的战略观、竞争行为、竞争响应结果研判等诸多研究内容相呼应，有助于读者进一步理解动态竞争理论通过文化双融理念逐步淬炼成型的全过程。

结语

《明哲文选》系列三本书，各具风格又有着共同的根源。文意"由我及人"，既具体呈现了陈明哲老师文如其人的风格，又真诚表达了他作为教育者的谆谆教导之意。为梳理读后对《明哲文选》脉络的体会，特依托文选中的关键信息点，绘制成脉络信息图（见图0-1），以为同好导览。短短数千字的导读，难以道尽文选之精髓，反因个人能力有限，图文表达难免有不当之处，望各位同好见谅！

在精读《明哲文选》的过程中，各位同好可能会有不少感悟和反思，恰如系列之一《承传行践：全方位管理学者的淬炼》中每篇的"以文会友：群友的回馈与共勉"部分所展现的那样。经陈明哲老师首肯，也将明哲钻石俱乐部"凉山小朋友"[一]阅读《明哲文选》后的部分感言作为系列之一《承传行践：全方位管理学者的淬炼》的附录C，以为引玉之砖。

张宏亮[二]

明哲钻石俱乐部

2020 年 4 月

[一] 明哲钻石俱乐部是一个由企业、陈明哲老师、学校三方共建的平台，致力于促进中国中西部偏远地区高校学生的发展。陈明哲老师亲切地称俱乐部的成员为"凉山小朋友"，并随时关注和支持这批来自"边缘"的友人。谨以此文，代表"凉山小朋友"向陈明哲老师致敬。

[二] 张宏亮，西南科技大学经济管理学院教师，明哲钻石俱乐部成员。

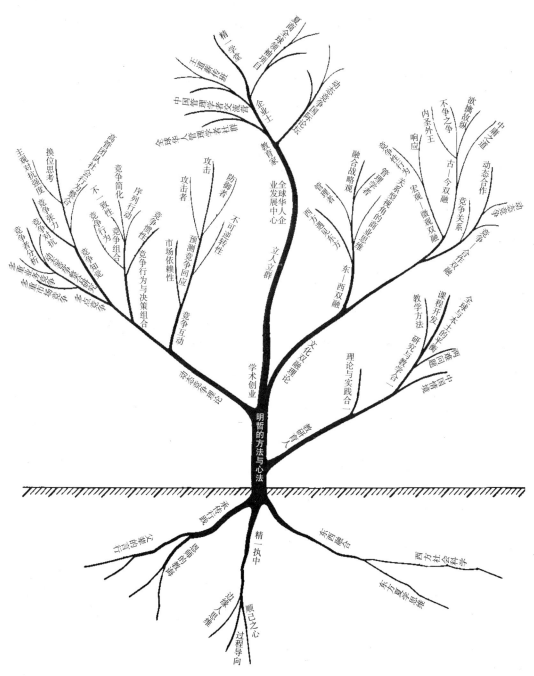

图 0-1 《明哲文选》脉络信息图

第一篇

动态竞争理论的
发展与架构

第一篇是动态竞争理论发展至今的研究综述，说明该理论的研究主题、发展趋势、研究缺口与未来潜在的研究方向。尽管竞争是战略的重要元素已众所周知，然而，大多数研究很难跳脱传统的静态分析架构（仍然依赖类似产业结构的分析方法），转而进行竞争行为模式（patterns）的细致分析。有鉴于此，动态竞争研究主要探讨三个基本的战略议题：①企业如何竞争？②为何企业采用某些特定的方式竞争？③企业的竞争行为与组织绩效的关联性如何？

动态竞争理论发展至今已三十余年，相关的研究涵盖了以下六大研究主轴，这六大主轴对了解战略与竞争的动态行为均有着显著的贡献。它们分别是：①以行动与响应对偶层次为基础的竞争性互动研究；②以企业（业务）层次为基础的战略性竞争行为与决策组合研究；③以总体层次为基础的多重市场、多重业务竞争研究；④整合性竞争者分析研究；⑤竞争知觉研究；⑥对动态竞争研究方法的讨论。

本篇包含两篇综述性学术期刊文章，分别发表于 2009 年、2012 年。第 1 章概述动态竞争研究的阶段性发展。文中定义了动态竞争的要素，说明了动态竞争研究的核心主题和研究焦点，并辨识了动态竞争研究的发展趋势，最后提出了动态竞争研究的理论缺口和未来潜在的研究方向。第 2 章主要通过系统性观点来清晰地呈现动态竞争这一研究领域，讲述了作者在学术生涯初期从事的学术活动，包括"本质"和"过程"两个层面。除了呈现动态竞争研究计划的内容外，作者还分享了在发展动态竞争研究和建立此计划的过程中获取的经验。

|第1章|

动态竞争研究

主题、趋势和展望

原题　动态竞争研究：主题、趋势和展望[一]

原文出处　Chen, Ming-Jer, 2012, "Competitive dynamics：
Themes, trends, and a prospective research platform,"
The Academy of Management Annals, 6（1）: 135-210.

1.1　绪论

自 20 世纪 80 年代早期战略管理研究兴起以来，该领域出现了几个研究主线，包括资源基础观（resource-based view）（Barney，1991）、动态能力视角（dynamic capabilities perspective）（Teece, Pisano, and Shuen，1997）以及高层管理团队研究（top management teams）（Hambrick and Mason，1984）。在战略管理研究的发展过程中，竞争本身一直是产业经济学和结构分析（Porter，1980）、战略群组和构型（Cool and Schendel，1987；Miller，1996）、博弈论（Brandenburger and Nalebuff，1996）、网络理论（Tsai，

　　一　谨以此文献给我的导师伊恩·C.麦克米伦（Ian C. MacMillan），他的指导对我的动态竞争研究和学术生涯均有深远的影响。作者同时感谢 Royston Greenwood、Ken Craddock、George Huber、Dev Jennings、Gavin Kilduff、Hao-Chieh Lin、Isabelle Le Breton-Miller、John Michel、David Sirmo、Wenpin Tsai、Charles Tucker 和 Jing Zhou 对本文初稿提供宝贵的意见，感谢达顿基金会、弗吉尼亚大学、加拿大社会科学与人文研究委员会的资金支持。

2002）、种群生态学（Freeman，Carroll，and Hannan，1983）以及动态竞争（Baum and Korn，1996；Smith，Grimm，and Gannon，1992）的研究焦点。

本章回顾了动态竞争理论的相关文献，首先定义动态竞争的独特要素，凸显动态竞争理论的核心主题和研究焦点，并且提出该理论的重要发展趋势，提出动态竞争研究的理论缺口和潜在的研究方向。我们发现，动态竞争理论的相关研究在以下几个关键方面仍明显不足：缺乏一个可以综合各个构面的整合性架构；动态竞争理论本身虽具备联结微观和宏观观点的潜力，但未被充分发掘；动态竞争研究与管理领域其他学科之间的联结仍然需要强化。因此，我们深入讨论这些关键问题，并尝试提出了一个竞争性行为的整合性架构，此架构不仅能联结微观与宏观观点，并且能够联结其他管理范式（paradigms）。

动态竞争理论在近几年迅速发展，原因众多。首先，动态竞争研究以细致的分析方法帮助管理者理解当企业面临特定竞争对手时所采取的行动与响应。其次，动态竞争研究采用严谨的学术标准来具体衡量竞争性行动与响应，得以累积一系列的研究成果。此外，动态竞争研究也检视竞争者之间的互动过程，不仅专注于竞争行动，还同时关注后续的响应，因此，动态竞争研究是战略管理研究中少有的具备典范纵贯性（longitudinal）特质的研究，并且，动态竞争研究的贡献还包括提出有助于理解驱动竞争的分析架构（本章将以察觉－动机－能力（AMC）模型来呈现如何联结微观和宏观的研究并提供未来可能的发展前景）。最后，动态竞争研究具备与其他战略管理或组织管理研究建立密切联结的潜力，有利于各个学术领域互惠互利、共同发展。

1.1.1　动态竞争研究的历史根源

"动态竞争"这一术语广泛应用于多种研究情境当中，包括生物学的物种生存竞争研究、各种组织形态争夺主导地位的研究、建构博弈论模型的研究等。本章对"动态竞争"范畴的界定相当明确：动态竞争探讨企业之间的竞争对抗，包括特定的竞争性行动与响应、战略和组织情境，以及驱动竞争的前因与结果（Baum and Korn，1996；Smith et al.，1992）。我们明确地把动态竞争定位在竞争战略领域。

尽管竞争是战略的核心要素，但很少有研究能够超越简单与静态的描述性研究，对动态的竞争行为模式进行精确的分析。例如，早期的战略研究大多依赖产业–结构分析方法（Porter，1980）。如同战略管理领域中的其他研究，动态竞争研究试图回答的基本问题包括：企业在竞争时如何互动？为什么企业以特定方式进行竞争？竞争行为如何影响组织绩效？组织绩效如何反过来影响竞争行为？（Ketchen，Snow，and Hoover，2004；Smith，Ferrier，and Ndofor，2001）与博弈论这种以数理逻辑公式为主的研究不同，动态竞争的研究成果主要来自对现象的观察和分析。

与传统研究上述问题的方式不同，动态竞争研究专注于企业的竞争性行为，将其作为最主要的研究对象。此种将焦点放在微观层面个体行为上的方式，可以追溯到熊彼特（Schumpeter，1950）的"创造性破坏理论"（creative destruction）。创造性破坏理论被用来描述企业在追逐市场机会时，采取行动（act）与响应（react）的动态过程。实际上，创造性破坏理论被定义为企业在经历竞争性行动和响应的过程后，最终将不可避免地落入衰退的命运。企业的行动与竞争对手的响应决定企业的生存和长期绩效。同样地，奥地利学派（Austrian School）（Jacobson，1992；Mises，1949；Young，Smith，and Grimm，1996）把竞争视为一种动态的市场过程（dynamic market process），而非静态的市场状况（static market condition）。他们关注的焦点在于一个市场趋势或偏离均衡状态的过程，而非均衡状态本身。以不均衡状态为前提假设，奥地利学派认为竞争优势是短暂的，时间也是有限的（Chen，2009；D'Aveni，Dagnino，and Smith，2010；Gimeno and Woo，1996a；Roberts and Eisenhardt, 2003; Thomas, 1996; Thomas and D'Aveni, 2009）。

在战略管理领域中，早期动态竞争的相关研究包括：MacMillan、Mc-Caffrey 与 Van Wijk（1995）对银行创新的响应的小样本研究；Bettis 与 Weeks（1987）对于宝丽来（Polaroid）和柯达（Kodak）之间的竞争互动所进行的个案研究。这些研究都特别关注竞争优势的非永久性。Mac-Millan 等（1985）以及 Bettis 与 Weeks（1987）的研究代表着战略管理中动态竞争研究的开端。后来，其他领域的学者才用"动态竞争"一词来指代这一系列的研究。[⊖]

1.1.2 动态竞争研究的基本特质

动态竞争研究具备以下几点基本特质。第一，竞争具有动态性与互动性，行动与响应的对偶以及行动的组合是构成竞争的基本分析单位。第二，动态竞争着重于企业之间"真实行动"的互动。这些行动包括推出新产品、广告、进入新市场、定价战略，以及产品的重新定位或重新设计等。这些企业间的互动过程是战略的核心，且行动／响应适合于精确和具体的分析。事实上，强调管理者实际竞争行动的研究方法和常用的借由营运和财务数据来推断战略态势的方法形成了鲜明对比。第三，企业或对手间的成对比较（包括它们的地位、意图、感知和资源对比）是竞争者分析的核心，而竞争者分析是动态竞争研究的必要内容。因此，"相对性"是基本前提，即企业的战略和市场定位必须放在竞争的真实情境中，必须是对比竞争者的战略和定位而定的。

战略并非孕育于抽象之中，根据 Mintzberg、Raisinghani 与 Theoret（1976）以及 Mintzberg（1978）所述，战略是一系列决策模式。"模式"意味着主题一致性（thematic consistency）。的确，企业的竞争行为或行动与响应之间，理

应是长期存有高度一致性的。此外，研究还假定每个企业都是独特的，有其独特的资源禀赋和市场条件。同样地，企业间的每一种竞争关系都被视为有异质性和方向性，背后的组织驱动力（organizational forces）则被认为能够解释和预测企业在市场竞争中所采取的行动或响应。在这些驱动力中，领导力和人类能动性（human agency）一直是战略和竞争的核心（Hambrick and Mason，1984；Montgomery，2008）。前述的种种特征，都显示出动态竞争研究与先前的分析方式截然不同，例如，波特探讨宏观产业层次的五力分析（Porter，1980）。表 1-1 比较了动态竞争和传统波特五力分析的一些重要特征。

表 1-1　五力分析和动态竞争观点的对比

	五力分析	动态竞争
基本假定	产业结构决定竞争力与获利能力	竞争是"动态的"（有互动的）和相对的。采取的行动、响应对企业绩效来说至关重要
分析层次	宏观的产业层次	微观的企业层次和行动层次
理论背景	产业组织经济学	熊彼特和奥地利学派的战略管理理论与实证研究
研究焦点	形成产业结构的五大力量	采取的行动、响应组合和 / 或个体行动
竞争优势	竞争优势是可被创造与持续的	竞争优势有时间性且为短暂的，只存在相对优势
取向	产业 / 环境	考虑市场和资源（内部和外部）的平衡
企业间关系	对称性的	不对称性的
竞争战略	通用类型	行动和响应的组合
动态观点	在两个时间点间进行比较	比较两个企业之间的行动和响应或互动行为

1.1.3　动态竞争研究的独特性

预测竞争行为。企业间对偶关系的微观分析方法，对于传统战略研究中产业结构决定企业战略的宏观分析，有着关键性的互补作用。要预测对手的竞争性响应与敌对企业的行为模式，首先要了解一个竞争行动如何影响对手的内部行为（Chen and Miller，1994）。我们在本章后面将要提到的察觉 – 动机 – 能力（AMC）架构就提供了一个三要素的整合性模型，而这三个要素是决定竞争者行动和响应的关键驱动因子（Chen，1996；Grimm，Lee，and Smith，2006；Smith，Ferrier，and Ndofor，2001；Yu and Cannella，2007）。简单地说，一个竞争者只有在察觉到对手的行动、有动机响应并且有能力响应时，才会对一个竞争性行动做出响应。攻击方或者行动的发起方会根据这三个要素来分析和预测对手的响应行为（例如，响应的可能性和速度）。从攻击方的角度看，这三个行为驱动要素代表某个竞争对手的响应障碍（MacMillan，1988）。AMC 模型对于分析和预测对手可能的响应是十分有用的。AMC 模型可以具体应用到某个特定行动和特定竞争者，而分析也会因为行动的出发点和竞争者的不同而有所差异。对于攻击方而言，依据这三个要素来分析时，每个对手都是不同的。

捕捉企业间的不对称性关系。 动态竞争中竞争者的专属性质凸显了企业间关系的一个重要特质，即竞争不对称性。一个战略制定者不能假定一个竞争行动会等量地影响所有竞争对手的察觉、动机和能力。竞争不对称性在商业竞争中十分常见，即市场中的两个企业对其互动关系的看法可能是不同的（Chen，1996；DeSarbo，Grewal，and Wind，2006）。例如，两个对手不太可能对每一个竞争行动或关系都有同样的认知。由于每个企业对于产业环境的判断、组织资源的调配和偏好是不同的，因此两个企业对其竞争关系的看法就有可能不同。用公式表示就是，$d(a, b) \neq d(b, a)$。正如我们看到的，竞争不对称性对于企业如何在市场中与其他企业竞争互动具有重要的意义。

联结战略制定和执行。 动态竞争研究聚焦于行动并重视行为导向，将战略视为一系列连贯的决策和行动。因此，它包含了战略制定与战略执行，也同时包含了战略的内容和过程，并且将企业外部因素和内部因素都纳入考虑。

在制定战略时，企业一定要考虑竞争对手可能的反击，因此，企业对于自身和竞争对手了解的程度，包含准确度和深度，都起到非常关键的作用（Barnett，1997；Barnett and Hansen，1996；Greve，1996）。因此，动态竞争研究的学者既研究企业的行动，也研究为这些行动负责的决策者（Hambrick，Cho，and Chen，1996），这些研究议题既属于传统战略内容，也属于战略过程领域（Ferrier，2001），既包含宏观层面产业的力量（Derfus，Maggitti，Grimm，and Smith，2008），也包含微观层面个人（Kilduff，Elfenbein，and Staw，2010）或高层管理团队的行为（Chen，Lin，and Michel，2010；Ferrier and Lyon，2004；Marcel，Barr，and Duhaime，2011）。诚然，动态竞争研究跨越了不同的研究层次，如行动与响应对偶层次、企业或业务层次以及总体或多重业务层次，也为多种研究主题提供了微观层次和宏观层次之间的重要联系。

动态竞争可以提供一种整合性框架，用来联结战略内容（或制定）和过程（或执行），以及宏观竞争观点和微观行动者的观点。然而，在提出动态竞争研究未来的实证和理论研究方向之前，我们先对动态竞争文献的主要研究主题和推动力进行讨论。

1.2 主要研究方向和主题

在过去 10 年里，学者对动态竞争的文献进行了多次整理与回顾（Chen，2009；Ketchen et al.，2004；Maggitti，2006；Smith et al.，2001）。为说明动态竞争的独特贡献，本节以整合性方式进行说明。一方面，本节强调不同研究主题（或研究方向）在知识上的关联性，凸显出动态竞争研究涉及的微观行为与宏观战略之间的联结。另一方面，本节指出重要的研究趋势和研究机会，并提出能将动态竞争与管理学其他领域联结起来的概念框架。

近些年来，动态竞争研究已出现了五个独特的研究主题，每个主题皆有助于我们了解企业战略和动态竞争行为，具体如下。

（1）行动层次的竞争：竞争性互动。

（2）企业（业务）层次的竞争：战略性竞争行为与决策组合。

（3）总体层次的研究：多重市场和多重事业竞争。

（4）整合性的竞争者分析。

（5）竞争知觉。

图 1-1 总结了动态竞争的五大研究主题，标示出了每个主题的要点，并展示了不同主题之间的联结（附录 1A 提供了针对每个主题更全面的总结）。本节末尾还总结了这五个主题在研究方法上的特点。

1.2.1　行动与响应对偶层次：竞争性互动

行动与响应对偶层次的研究者以竞争性行动与响应作为研究的焦点，以分析驱动竞争性响应的因素作为研究的开端。竞争性行动被定义为具体的、可察觉的市场攻击，如推出新产品、进入新市场等。这些竞争性行动可能侵蚀竞争对手的市场占有率，降低其预期收益。竞争性响应则被定义为由竞争行动引起的、具体的、可确定时间节点的市场反击行动。这些响应旨在捍卫或提高企业的市场占有率和盈利能力（Baum and Korn，1999；Boyd and Bresser，2008；Chen and Miller，1994；Lee，Smith，Grimm，and Schomburg，2000；Smith et al.，1992，2001）。

由于竞争性互动发生在最基础且具体的层次，因此，将竞争性行动和响应作为研究焦点具有理论意义。在 MacMillan 等（1985）的研究之前，竞争性行动与竞争性响应的对偶关系尚未成为战略或组织研究的焦点。在此之前的竞争分析大多集中在组织或更高层次，如企业（Dess and Beard，1984）、战略群组（Cool and Schendel，1987）、产业（Porter，1980）以及社群或种群（Freeman et al.，1983）。与这些研究不同，动态竞争理论更关注细微、具体的层次。实际上，这种更加强调微观的分析层次，正是动态竞争理论的核心和最主要的特点。例如，Baum 与 Korn（1996，1999）的研究显示，竞争性市场进入和退出的发生率随着竞争对手之间市场重叠度的提高而增加。

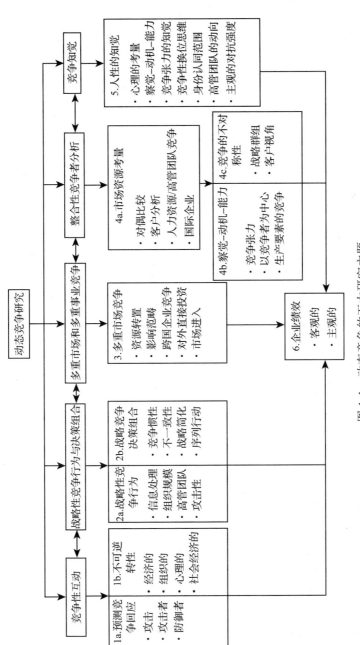

图 1-1 动态竞争的五大研究主题

特征化预测竞争响应。借由期望－效价理论与博弈论等多种理论观点，动态竞争理论学者将竞争性响应的关键特质概念化并予以衡量，主要包括响应的可能性、响应的数量和速度，以及响应在广度和严重性上与竞争攻击相匹配的程度。研究者能够经验性阐释响应的属性是三种不同特质的函数：①攻击的特质，如实施的难度、执行所需要的时间和努力、透明度或业界关注的程度（Young et al.，1996）；②攻击者的特质，如组织对该行动显示出的承诺（commitment）(Chen，Smith，and Grimm，1992）；③防御者的特质，如竞争者的依赖性或在遭受攻击市场的利害关系（Baum and Korn，1999）。这些研究展示了不同类型的竞争性互动对绩效有着不同的影响程度（Boyd and Bresser，2008；Smith et al.，2001；Young et al.，1996）。

竞争性互动的研究还显示，与战术性行动相比，战略性行动以及那些执行时间较长、可察觉度较低的竞争性行动，往往会减少竞争对手响应的数量（Chen and Miller，1994）和降低竞争对手的响应速度（Smith，Grimm，Gannon，and Chen，1991）。⊖再者，竞争者的依赖性与行动的不可逆转性都是影响竞争性响应的重要因素；同时，二者相互作用也影响竞争性响应的可能性（Chen and MacMillan，1992）。例如，竞争者在其关键市场遭受攻击时，通常会果断地予以回击。然而，它们也可能采取缓慢的响应，除了表明其捍卫市场地位的决心，同时也释放出不想竞争情势升级的信号。此外，相关研究还显示，竞争性互动会影响竞争双方的绩效。例如，Young 等（1996）发现，进攻者与快速响应的防御者往往能获得更大的市场占有率，即竞争活动与企业绩效正相关。Smith 等（2001）通过回顾 30 个产业中关于动态竞争研究的文献，得出高度一致的结论：企业的绩效与竞争对手采取响应所耗

⊖ 不同的竞争行动在组织和资源投入方面有所差异。战略性行动（如制造能力的改变和主要产品发布）比战术性行动（如价格变动、促销、分销和服务的提升）需要更多组织和资源的投入（Smith et al.，1991）。

的时间呈正相关关系。

关注不可逆转性。竞争性互动议题的主要特点在于其关注竞争性行为的不可逆转性，即企业为竞争性行动所做出的经济投入和组织安排在一定程度上是不可逆转的。Chen 与 MacMillan（1992）的研究认为，竞争性行动的不可逆转性不仅包含以往所着重的有形经济投资和资金资产（Ghemawat，1991；Miller，2003），还包含更广泛的组织层面、心理层面以及社会经济层面的考虑，比如承诺升级（Staw，1981）。Chen、Venkatraman、Black 与 MacMillan（2002）指出了两类不可逆转性：一类是内在的，例如，为了执行战略，企业内部部门间必须协调的次数；另一类是外在的，例如，企业高管公开支持该行动的程度。他们研究发现，内部不可逆转性会升级竞争，而外部不可逆转性则产生相反的作用。不可逆转性的观点对动态竞争理论的一些核心概念相当重要，这些概念包括侵略性（Ferrier，2001；Ferrier and Lee，2002；Yu and Cannella，2007）和执行难度（Chen and Miller，1994）等。

动态竞争研究聚焦于个体的竞争性行动和响应，这种聚焦的一个重要贡献是阐明了企业间竞争性互动的关键过招，并将战略从一种集合的、有时是抽象的概念发展为体现个体决策和响应的动态过程。然而，由于行动和响应的决策往往只是战略或战略决策组合中的一部分，而决策的依据不可避免地要反映整体战略，所以这类研究的一大缺陷在于其有时忽略了企业的宏观战略背景。例如，相较于成本领先的企业，质量领先的企业在面对竞争对手采取降价行动时，较不会做出响应。下一部分的讨论重点是宏观战略下的动态竞争相关研究。

1.2.2 竞争行为与决策组合：企业（业务）层次

一些动态竞争研究将研究焦点放在企业或业务层次，但它们仍然将单一竞争行动视为竞争的基本构成元素。该研究致力于探讨引发竞争性行动和决策组合的组织与环境因素，并讨论其后续的绩效结果。这些企业层次的数据源自企业与对手持续竞争时所采取的各种竞争行动。

战略性竞争行为：前因和结果。这方面的研究旨在通过系统性分析竞争行动和响应的特质来理解战略性行为。通过这种视角，诸如行动倾向、竞争性响应速度、执行速度以及行动（或响应）的明显程度等重要企业行为特质，均首度被纳入战略管理文献之中。如前所述，动态竞争研究的一个前提是：当企业及其对手在市场上较量时，其竞争态势能借由行动和响应反映出来。因此，前述的行为属性能够与行动/响应此等对偶层次相对应。

试图理解竞争行为及其绩效结果的学者援用一系列的理论观点，如高层管理团队理论、信息处理理论、奥地利学派和制度理论等，经验性阐明企业的信息处理能力（Smith et al.，1991）、企业规模大小（Chen and Hambrick，1995）和高层管理团队特质（Derfus et al.，2008；Ferrier，Smith，and Grimm，1999；Ferrier and Lyon，2004；Hambrick et al.，1996；Young et al.，1996）的重要性。

例如，Chen 和 Hambrick（1995）以某个产业的小企业作为研究对象，针对长久以来对竞争行为的一系列假设进行检验。他们发现，小企业的竞争性行动倾向（action propensity）比较高，行动执行速度（action execution speed）比较快，且其行动明显程度（action visibility）比较低，有时就像是在打游击战。同时，遭受攻击的小企业不太可能予以回击，其响应性（responsiveness）比较低，响应宣告速度（response announce speed）比较慢，响应明显程度比较高。此外，当这些小企业采取与其规模形态相符的行为时，企业绩效最好。它们若表现出与企业规模相背离的竞争行为（如小型航空公司以大型航空公司的方式竞争），往往对其绩效不利。

Ferrier 等（1999）利用 40 个产业 7 年期的数据，探讨市场领导者的市场占有率遭到侵蚀并最终退出市场的情形。他们发现，当市场领导者相较其竞争者缺乏进取心，采取相对简单的竞争战略，以及以缓慢的速度采取竞争行动时，其市场占有率更容易遭到侵蚀或被迫退出市场。

Chen、Katila、McDonald 与 Eisenhardt（2010）则借由检视高层管理团队的社会行为整合（socio-behavioral integration），来分析企业发动攻击的可能性。他们提出，高层管理团队的动态会影响企业对环境的解读以及与对手的竞争：高层管理团队的内部凝聚力越强，社会行为整合的程度越高，企业越容易果断而迅速地向对手展开攻势。这一点在竞争环境难以辨明、竞争优势转瞬即逝的超竞争（hypercompetitive）情况下尤其重要。究其原因，在此种超竞争的环境中快速响应的压力很大，高层管理团队成员之间较容易产生冲突。

竞争性决策组合（competitive repertoire）。Ferrier（2001）、Ferrier 与 Lee（2002）、Ferrier 与 Lyon（2004），以及 Miller 与 Chen（1994，1996a，1996b）把竞争战略概念化为微观竞争行为的决策组合。竞争性决策组合由企业所有的竞争性行动构成（如新市场进入决策、制订价格方案等）。如前所述，这种概念化与此前大多数战略学者采用的方法（包括波特著名的低成本和差异化战略）有着本质上的差异。然而，它却秉持了战略的传统观点，即战略是一系列决策的组合（Mintzberg，1978）。

竞争性决策组合的研究指出，过去的研究忽略了企业某些关键的特质，包括企业的竞争惯性或一系列竞争性行动所展现的活动水平（level of activity）（Miller and Chen，1994）、竞争行动类型的简单化和多样化（Ferrier and Lyon，2004；Miller and Chen，1996a）以及企业的竞争性行动偏离产业规范的程度（Miller and Chen，1996a）。这三项构念在传统上属于组织理论学家和社会学家的研究范畴，援用并导入决策组合的方法，对这三项竞争的核心构念予以重新概念化，有助于深化我们对企业层次战略的理解。竞争性决策组合的相关研究整合了市场层次的变量（如市场环境多样性和市场成长性）和企业层次的变量（如公司规模和年龄）来解释决策组合简化、惯性与不一致性。竞争性决策组合简化、惯性和不一致性等特质会进一步对绩效结果产生影响，其影响的效果也作为竞争环境的函数而有所差异。例如，

Miller 和 Chen（1994）研究了竞争惯性，即企业层次的整体竞争活动水平。他们提出，尽管不良的绩效可能引发战术性行动调整，却不能激发政策逆转或战略性行动，政策逆转或战略性行动无论从操作上还是从决策上都很难进行。相反地，市场成长性与战略性行动的惯性呈现负向相关，显示出扩大的市场能促进组织资源的投入。

有关战略简化的研究（Ferrier and Lyon，2004；Miller，1993；Miller and Chen，1996a）指出，过去的良好绩效会导致简化，其战略组合专注于某一个或某几个主要行动类型（如降价和广告战略的转变）。这些改变起初是有益的，因为战略简化代表企业专注于其最擅长的，或其认为最重要的事情，但当超过某个程度时，战略简化会损害后续的绩效。究其原因，似乎是在成功之后，企业容易从实事求是的学习方式转变为盲信的学习（Miller，1990，1993）。竞争性决策组合的研究超越了动态竞争中行动与响应的对偶关系，关注竞争行动的整体构型（configuration），为企业竞争态势提供了更全面的描述。Ferrier（2001）也采用了决策组合的方法，将战略概念化为企业随时间采取的系列性竞争行动。他和他的同事（Ferrier and Lee，2002；Ferrier，MacFhionnlaoich，Smith，and Grimm，2002）探讨了竞争的侵略性（competitive aggreessiveness），即企业系列竞争行动的表征。通过对多年期、多产业的成千次竞争行动进行分析，他们发现，企业的竞争性侵略会受到过去绩效、组织冗余资源、高层管理团队异质性和产业特性（如产业成长与集中度）的影响。企业竞争行动的序列（sequences）特征也会对绩效产生程度不同的冲击，如实证数据显示，攻击量和攻击的持续时间对获取市场占有率有正向效果。

概念联系。竞争性互动的研究和战略性竞争行为与决策组合的研究具有互补性。前者专注于竞争性行动和响应的特质，后者则将这些竞争性行动在企业层次集合起来，更丰富地描绘战略的属性。由此，我们可以预见从决策层次的行为以及驱动行为的微观影响，提升到体现竞争决策组合的更全面性战略所带来的前景。前者援用心理学的观点进行行为分析，后者则通过经济学和社会学的观点进行研究。正如我们将看到的，动态竞争理论具有相当大的潜力来衔接微观和宏观，并为两者提供关键性的联结。

值得注意的是，路径依赖性（过去与当前行动之间的关系）受到明确关注，这个概念能够联结竞争行动和战略决策组合的研究。企业的属性，诸如组织结构（Smith et al.，1991）、高层管理特征（Ferrier and Lyon，2004；Hambrick et al.，1996）、企业规模（Chen and Hambrick，1995）、决策组合的惯性（Miller and Chen，1994）、竞争决策的简化（Ferrier and Lyon，2004；Miller and Chen，1996a）、不一致性（Miller and Chen，1996a）和侵略性（Ferrier，2001；Ferrier and Lee，2002）等，都可能影响企业对路径依赖的程度。更具体地说，企业采取的每种战略行动都受到其以往行动的限制，进而影响未来的行动。过去的投资和承诺将限制企业未来战略选择的范围，并影响其创造和增加价值的能力与绩效。我们从众多动态竞争研究中得到的启示是，竞争性行动的选择并非完全没有阻力，也不是凭空产生的，历史和经验会在所有竞争行动上打上自己的烙印。

尽管企业层次的动态竞争研究已有颇为丰硕的成果，然而，大多数内容都有待于情境化（under contextualized）。即便已经考虑了竞争情境，也很少考虑组织设计因素或者决策制定者的偏好与偏差，而这些要素也决定着企业的竞争特点，如决策组合的惯性和战略简化。已有研究检验了（或者说在实证上控制了）战略和环境因素的效果，但大多数研究并没有关注战略和环境是如何通过人为作用或组织机制联结起来的。此外，现有研究很少尝试将某一特定战略行动与其所嵌入的决策组合联结起来。例如，现有探讨竞争惯性或简化的战略决策组合是否受到某些特定行动和响应影响的研究很少。总而言之，关注前两个研究主轴的学者尚未着手将现有的成果进行整合。其宏观导向的企业层次分析与微观导向的决策层次分析，还尚待联结。

1.2.3　多重市场和多重业务竞争：总体层次

多重市场竞争。在过去的 20 年间，诸多研究领域都对多重市场竞争（或称多点竞争）理论的应用和发展有着极大兴趣（Baum and Korn，1999；Bernheim and Whinston，1990；Evans and Kessides，1994；Gimeno，1994，1999；Gimeno and Woo，1996a，1999；Greve，2008；Haveman and Nonnemaker，2000；Karnani and Wernerfelt，1985；Knickerbocker，1973；Yu，Subramaniam，and Cannella，2009）。多重市场竞争理论的核心观点在于多重市场之间的相互忍让（Edwards，1955）。相互忍让的理念是指同时在多个市场中经营的企业会意识到它们之间的相互依赖性，从而调整其竞争互动，以降低打击报复及竞争程度升级的风险。Baum 和 Korn（1996）的研究支持了这一相互忍让的假设，他们发现，关系紧密的竞争者之间会避免产生激烈的竞争对抗；此外，与只在一个或少数市场中有互动关系的企业相比，在多个市场中有互动关系的企业会降低对彼此的攻击性。事实上，Gimeno 和 Woo（1996a）发现，多重市场接触能够降低企业之间的对抗强度，而企业战略的相似性或竞争战略的可比性则会提高企业之间的对抗强度。Gimeno 和 Woo（1999）阐明，多重市场接触是借由降低在某一个市场中的对抗强度，以提高该市场的盈利能力；同时，当这些多重市场之间存在较多资源共享的机会时，多重市场接触和市场盈利之间的正相关关系则会加强。借由联结多重市场理论和动态竞争，Baum 和 Korn（1999）发现竞争双方的多重市场接触程度和双方进入或退出彼此市场的比率呈现倒 U 形关系，而这一曲线关系还会随对偶企业的变化而改变，并且会受对偶企业的相对规模以及它们与其他竞争者多重市场接触程度的影响而有差异。

多重市场竞争和动态竞争是两个互相关联但各自独立发展的研究领域，目前一些研究已经将二者进行了整合（Baum and Korn，1999；Gimeno and Woo，1996a，1999；Yu and Cannella，2007），并将前者界定为后者研究范畴的子领域（Upson，Ketchen，Connelly，and Ranft，2012）。这些研究从多重市场竞争理论中采纳了一些概念，从而提供了一个理论架构，有助于动态竞争学者从总体的层次来探讨企业间的竞争对抗。

沿着以往关于多重市场或多重事业竞争的研究思路（Collis and Montgomery，2005；Greve，2006；Haveman and Nonnemaker，2000；Hitt，Ireland，and Hoskisson，2007），学者已经开始研究多部门企业资源分配的竞争模式，以及跨国企业通过竞争性行动、对外直接投资（Barnett，1993；Chang and Xu，2008；Meyer and Sinani，2009）和市场进入（Di Gregorio，Thomas，and Gonzalez de Castilla，2008；Gielens，Van de Gucht，Steenkamp，and Dekimpe，2008）而进行的竞争对抗。

资源分配作为竞争行动。为了对总体层次竞争有更好的了解，McGrath、Chen 与 MacMillan（1998）对上述三个主要针对业务层次的研究主题进行了延伸。他们认为企业在其部门或事业单位之间的资源分配会影响敌对企业的资源分配，从而使企业在没有完全陷入竞争大战的情况下就扩大了影响范畴。这表明，在多重市场中竞争的企业可以通过资源分配模式来改变其影响范畴，并和分享相似市场的这些多重市场竞争对手相互忍让或形成隐性共谋（Edwards，1955；Gimeno and Woo，1996a）。在这种情况下，对不同事业和产业的资源分配就可能取代极具破坏性的正面竞争。基于这一理念，McGrath 等（1998）对"攻击"（thrust）、"伪装"（feint）和"谋略"（gambit）这三种竞争计谋加以概念化与界定，并提出唯有明确地将竞争互动纳入考虑才能真正理解总体战略决策。他们指出，可以借由相对市场占有率及竞争强度等组织或市场因素来预测前述几项战术的适用情形。

跨国企业间的对抗。Yu（2003）、Yu 与 Cannella（2007）以及 Yu 等（2009）研究跨国企业在东道国市场上的竞争对抗，这是将动态竞争理论应用到国际情境下所迈出的重要的第一步。例如，借由采用 AMC 观点以及对市场与资源因素的评估，Yu 与 Cannella（2007）发现跨国企业在面对同为跨国企业的敌方攻击时，其响应的速度会同时受到资源相关因素和市场相关因素的影响。前者如地理位置距离和政府约束，后者如该东道国的战略重要性和竞争双方在多重市场接触情况的投资组合。这项研究凸显了东道国市场的种种约束对跨国企业竞争行为的显著影响，这种约束效果远远超出了其在国内竞争的情况。

鉴于多元化、多重市场和跨国企业的广泛存在及其日益增长的经济重要性，对总体层次战略和竞争的研究变得越来越重要。然而，除了仅聚焦于市场进入和资源分配等特定问题之外，现有文献存在一个关键性缺口：对于不同市场和不同业务单元的战略及战略性差异，仍欠缺丰富的特征化。正如动态竞争的早期研究一样，这些现有文献之间通常孤立缺少联结。因此，对于已经检验过的这些具体决策，背后有怎样的宏观战略背景，我们的认识仍相当有限。

1.2.4 整合性竞争者分析

动态竞争学者开始采用整合性的方法来扩展竞争者分析的相关研究。正如我们所洞悉的，采用此种整合性方法的主要贡献在于建构了一个分析基础的模型，使我们能够更系统化地对动态竞争研究进行组织和统一，并将其与其他管理范式联结起来。

市场资源的考虑。竞争者分析已经成为战略和组织研究的一个重要方法，然而，这一领域的传统研究主要关注静态的战略概况或企业能力，经常采用的工具有 SWOT 分析（优势 S、劣势 W、机会 O、威胁 T）等。通常，这种静态分析与实际的竞争行为之间往往只有微弱的关系。为了解决这一问题，Chen（1996）提出一个整合性分析模型，该模型结合了市场共同性（market commonality）和资源相似性（resource similarity）这两项具备企业特定性及理论基础的概念。市场共同性即竞争者与焦点企业在相同市场运作的程度，这一概念来自前述多重市场竞争或多点竞争的文献。资源相似性即特定竞争者拥有的战略禀赋在类型和数量上与焦点企业相似的程度，它是基于企业资源基础理论（Barney，1991）和战略相似性（Gimeno and Woo，1996a）的概念。该模型的前提是：每个企业都有独特的市场概况和战略资源禀赋；将企业与特定竞争者在市场共同性和资源相似性上进行成对比较，能够帮助理解双方的张力，并预测它们在市场上的互动行为。

在这种意义上，该模型实现了企业内外部因素理论的整合。资源基础观主要从内部关注企业独特的资源禀赋，并在很短的时间内发展为战略管理领域的一个知名理论，就如同从外部关注市场力量且在 20 世纪 80 年代影响整个学科的波特理论一般。Chen（1996）整合了企业与市场因素，即内部和外部观点，并指出采用这一种既平衡又兼具综合性的方式是战略管理研究面临的终极挑战。

很多研究延伸并支持采用这种整合的方式。例如，Sirmon、Gove 与 Hitt（2008）将资源基础观点和动态竞争理论联结起来，提出组合和配置资源存量的比较优势（反映在特定行业的人力资源技能上）可以在竞争中产生超额成效。Ndofor、Sirmon 与 He（2011）也将资源基础观点和动态竞争理论联结起来，认为利用或释放企业资源的竞争行为有助于提高组织绩效。Tsai、Su 与 Chen（2011）则利用一个中介模型将这些市场和资源的要素联结起来，发现企业从对手观点感知事物的能力能够正向调节自身资源分配能力和市场占有率增长之间的关系。

竞争的不对称性。同时考虑市场共同性和资源相似性，体现了这两个重要但有显著差别的战略范式之间的互补性，由此引出的一系列命题把这两个战略范式与企业间竞争以及行动（和响应）的可能性联结起来，也凸显了竞争不对称性的重要性，亦即面临相同市场环境的企业双方可能会对彼此及其竞争关系有截然不同的认识。基于 Tversky（1977）对相似性维度的研究，Chen（1996）提出，无论从市场共同性还是资源相似性的角度，企业之间的竞争关系几乎都是不对称的。这种不对称性能够帮助我们理解企业间竞争和信息互动中所存在的知觉差异和行为差别。

察觉－动机－能力（AMC）。综合考虑市场共同性和资源相似性的概念，以及以往动态竞争研究一致的经验支持，揭示了影响企业竞争活动的三个基本因素：对其他企业行动的察觉、做出行动（或响应）的动机以及做出行动（或响应）的能力。例如，对手与焦点企业的市场共同性越强，对手针对该企业发起攻击行为的动机就越弱，因为对手不希望在多重市场中遭到报复；企业相对于攻击方的资源相似性越强，则企业响应攻击者的能力也就越强（Chen，1996）。我们认为，AMC 模型可以用来建构一个推动动态竞争发展的整合性研究体系。

应当注意的是，AMC 模型中的每个要素都与市场共同性和资源相似性有直接联系。例如，市场共同性这一构念，如 Baum 与 Korn（1996）的"市场领域重合"就与动机相关；而资源相似性这一构念，如 Gimeno（1999）的战略相似性，则影响了行动或响应的能力；同时，这两个构念通常也与察觉相关（Chen，1996）。

延伸与扩展。基于 AMC 模型及其要素的理论和实证研究有很多，包括 Baum 与 Korn（1999）对动态竞争的对偶检验，Gardner（2005）对企业间人力资源对抗的研究，以及 Mas-Ruiz、Nicolau-Gonzalbez 与 Ruiz-Moreno（2005）对战略群组之间不对称性竞争的研究。其他做出贡献的相关研究包括 DeSarbo 等（2006）运用消费者调查资料对竞争不对称性的检验，Yu 与 Cannella（2007）对跨国企业竞争的市场和资源前因方面的研究，Kilduff 等（2010）对敌对心理的探索，以及 Upson 等（2012）针对多重市场中拥有"据点"的敌对双方，探讨竞争者分析对竞争性互动的影响。此外，AMC 观点也被用来预测市场营销（Gielens et al.，2008）和管理信息系统（Chi，Ravichandran，and Andrevski，2010）领域中的一系列战略性行动。

概念联系。在我们已经讨论的四个研究方向中，整合性竞争者分析是动态竞争研究中最全面的。尤其值得关注的是，近期一些关于整合性竞争者分析的扩展，更凸显了它与动态竞争其他研究方向的联结。第一个扩展是，运用市场 – 资源和 AMC 视角来研究总体层次的竞争。这些研究探讨了跨国企业之间的竞争对抗（Yu and Cannella，2007）、对外直接投资（Meyer and Sinani，2009）、市场进入（Gielens et al.，2008）以及外国企业与本土企业的竞争性对抗（Chang and Xu，2008）。

第二个扩展是，采用 AMC 中竞争行为的三个前因来预测管理者感知企业间竞争张力大小的状况（Chen，Su，and Tsai，2007）。这些研究开始关注竞争知觉，而非前三个研究方向所关注的客观性竞争（Livengood and Reger，2010）。

AMC 模型也为联结动态竞争研究中的宏观和微观观点搭建了有益的桥梁（Kilduff et al.，2010）。AMC 模型与竞争的不对称性共同发展了以对手为中心的知觉方法（Capron and Chatain，2008；Tsai et al.，2011），这种方法强调从对手的角度去看待事物是竞争者分析的一个核心要求。这一扩展为在个人层次或微观层次研究竞争对抗提供了合适的平台（Kilduff et al.，2010）。

第三个对整合性竞争者分析的扩展是超越产业和市场边界的理论建构。Markman、Gianiodis 与 Buchholtz（2009）通过聚焦资源非相似性和产品 – 市场非相似性，进而研究要素市场和上下游行业中的竞争对抗。Capron 与 Chatain（2008）探索了企业为消耗对手在要素市场和政治市场中的资源所采取的行为，提出了若干关键驱动力及其对企业绩效的影响。此外，一个相近的研究主轴探讨了执行官领导力对竞争的影响，从而让人事和领导力的因素重返战略研究（Montgomery，2008），当然，领导者必然会对战略性行为产生影响，并且也是要素市场竞争中的一项关键资源（Gardner，2005；Hambrick et al.，1996）。

最后，研究者已经将整合性竞争者分析扩展到了非竞争性的利益相关者领域。Peteraf 和 Bergen（2003）将市场共同性和资源相似性框架加以扩展，将消费者包含进来，Markman、Waldron 与 Panagopoulos（2011）则把"攻击者"从"竞争者"中区隔出来，为非竞争者和非政府组织之间的对抗建构了理论框架。Chen 与 Miller（2011a）借由提出动态竞争的关系型观点，建构了一个更全面、多维度的理论架构，该架构更加强调对社群的价值创造；且相较以往的竞争敌对观点，关系型观点关注了更多的利益相关者。事实上，通过描绘各个参与实体之间的关系，市场共同性和资源相似性框架能够分别适用于多层次的分析，包括企业、群组、个人和国家。

1.2.5 竞争知觉

到目前为止，我们回顾的研究领域仅集中在实际竞争行为上，包括发生在行动与响应对偶层次、企业层次或多重业务总体层次的竞争行动和响应，但是动态竞争相关研究中隐含竞争行动发起者和响应者的动机与认知，这些都与人类知觉有关（Miller and Droge，1986；Staw，1991）。近期的研究主轴之一已开始关注这些一直未受到关注的议题，认为行动都是由人制定的，而人都是受知觉支配的（Staw，1991）。战略与组织研究早已经采用过知觉的观点来探讨竞争议题，包括 Reger（1990）对竞争性定位的分析；Reger 与 Huff（1993）对战略群组的研究；Porac、Thomas 与 Baden-Fuller（1989）以及 Porac、Thomas、Wilson、Paton 与 Kanfer（1995）对苏格兰针织产业内竞争情况的研究。

Chen 与 Miller（1994）最早将知觉真正地吸收到动态竞争研究中，奠定了 AMC 模型的基础。Chen 与 Miller 借由运用 Vroom（1964）提出的期望 - 效价框架（expectancy-valence framework），建构了一个通过预测竞争性攻击能够将报复概率降到最低的模型。该文提出，反击倾向取决于对手主观上因成功反击而能获得的回报或效价（AMC 模型中的动机因素，即"M"），以及对手知觉到其具备足够反击能力（AMC 模型中的"C"）的可能性。模型中的第三个因素则是攻击的可察觉性（AMC 模型中的"A"）。模型得出的结论是：攻击越难被察觉，所攻击的市场对于对手越边缘和 / 或反击的成本和破坏性越高，则竞争性攻击招致反击的概率越低。实际上，十分明显的攻击和容易被反击的行动招致报复的可能性最高。与预测的一样，招致反击的可能性越低，攻击者则越成功。虽然期望 – 效价模型是能够被量化评估的，但它的核心仍是建立在管理者知觉的基础之上。

如上所述，Chen（1996）在期望 – 效价理论的基础上提出了 AMC 模型。AMC 模型本身以及 AMC 模型中的每个要素都有一个重要的认知成分：察觉涉及知觉，动机由知觉驱动，能力也只有在知觉到适当的条件下才会转化成行动。除非管理者知觉到所遭遇的对手、遇到的威胁或优势地位的重要性是足够的，才有意愿投入资源去建构所需的能力。因此，唯有通过攻击方或反击方管理者的知觉，AMC 模型的组成要素才能对行动产生作用（Porac et al.，1995）。值得注意的是，该模型认为不同对手之间会存在竞争不对称性，因为不同团体的知觉、动机和能力都会有显著的差异。

很多关于管理知觉和竞争的研究都以 AMC 模型为焦点。在这些研究中，核心议题包括：管理者或高层管理团队对于特定对手情绪和行为的知觉，以及对势力范围的竞争知觉。因此，这个领域的研究开始直接探讨管理者的知觉以及塑造相应知觉的情境因素。在这些研究中，学者发展了一些新概念以囊括知觉的重要方面。这些概念包括竞争张力（competitive tension）（Chen et al.，2007）、身份认同范围（identity domains）（Livengood and Reger，2010）和竞争性换位思维（competitive acumen）（Tsai et al.，2011）。

例如，Chen 等（2007）阐述了竞争张力的重要性。竞争张力是焦点企业与某个可能发动进攻的对手之间竞争关系的紧张程度。他们认为，AMC 模型的每一个组成部分都对潜在的竞争张力起作用，因而会增加对抗型竞争性互动的可能性。尽管竞争张力同时包括客观和主观的考虑，但该文主要聚焦在决策者知觉到的竞争张力，而对客观的产业 – 结构张力加以控制。AMC

模型的三个因素都增强了感知到的竞争张力，也因此增加了企业攻击其某一竞争对手的可能性。该研究所阐明的竞争知觉的重要性，也直接影响到Livengood 与 Regers（2010）对于所有权势力范围（proprietary turf）的讨论。

另一个由知觉驱动的竞争性行为的决定因素是企业的"认同范围"，亦即高层管理团队成员对于能够展示和加强市场地位的竞争领域范围的共识（Le Breton-Miller，Miller，and Lester，2011）。Livengood 与 Reger（2010）认为企业会倾向于在一些特定的领域进行竞争，尤其是该领域关乎自己的身份认同受到威胁的知觉，也就是会增强"心理后果"的一些领域（组织认同指的是组织成员对于"作为一个组织，我们是什么"这个问题的共识）。例如，由于沃尔沃汽车的身份认同是"安全驾驶"的公司，因此它会斥巨资保持其汽车产品的安全性，也许会因此牺牲影响汽车性能或公司绩效的其他因素。从竞争的观点来看，任何对于公司自我建构认同范围内的攻击，哪怕只是间接和轻微的攻击，都会招致局外人看起来非理性的猛烈报复。在此，AMC 模型再一次被用于预测竞争性的行动与反击。这种对身份认同范围的关注，增强了企业对于防御或增强身份认同范围的环境因素的察觉；这种对认同的情感关联增强了防御或培育身份认同范围的动机，而对于认同范围的关注又增强了在该范围的资源分配，以及提升了相关能力。这种情感关联会使同一环境中的不同竞争者产生不对称的知觉与行动，正如著名的波音公司和空客公司的例子（Casadesus-Masanell，Voigt，and Mitchell，2006），由于对产业和竞争环境的看法不同，它们采用了完全不同的战略与商业运营模式。

Kilduff 等（2010）以另一种方式把知觉纳入他们的研究。他们关注个人、团体和公司间对于竞争的主观强度（subjective intensity）的认识，提出如邻近性（proximity）和过往的竞争互动（prior competitive interactions）等方面因素会增加竞争对手对彼此的关注，以及彼此所知觉到的竞争敌意和强度。例如，一个关于拍卖的研究发现，竞拍者在面对较少而不是较多的竞拍对手时，更有可能超出他们的预算上限。这意味着，当竞拍者将特定的对手当成自己的竞争目标时，对抗性就会增强，并促使他们付出不合理的努力去取得"胜利"（Ku，Malhotra，and Murnighan，2005）。Kilduff 等（2010）认为，即使从理性角度来看，过往竞争互动的结果和当前的竞争形势可能没有关系，但过往的竞争互动仍会增强竞争对手间的竞争欲望。简而言之，此时的竞争被认为是竞争对手间主观的竞争关系，这种竞争关系增强了竞争对手的心理涉入和对于竞争危险的感知，而这种知觉是独立于客观状况的。因此，虽然竞争的心理层面因素在很大程度上在过去的研究中被忽视了，但在将来的研究中会成为新的关注点。

最后，Tsai 等（2011）采用了以对手为中心的动态竞争观点，并指出竞争性换位思维对企业的重要性。竞争性换位思维是指能够理解对手知觉以及从对手的立场看待问题的能力。只有拥有竞争性换位思维，公司才能做出恰当的竞争决策。与对手在市场交战关系中的竞争性嵌入是理解对手知觉的关键，而理解对手知觉又有助于获取市场占有率。

概念联系。动态竞争中知觉相关研究的有趣之处在于它是联结宏观与微观观点的一座桥梁（Staw，1991）。领导者的知觉与倾向（Miller and Droge，1986）以及他们与高层管理团队其他成员的互动（Chen et al.，2010）有可能决定企业的竞争行动（Dutton and Jackson，1987）。久而久之，这一系列的决策组成了企业层次与总体层次的战略——一个典型的宏观组织现象（Mintzberg，1978；Mintzberg et al.，1976）。同时，个人的知觉也是组织行为学和行为经济学微观观点中的重要问题，而知觉偏差则是决策制定与选择等相关研究的关注焦点（Ariely，2008；Barberis and Thaler，2003；Loewenstein，1996）。

正如个体知觉能够引发行动、行动的累积影响公司行为一样，一些更宏观的概念，诸如组织身份认同、身份认同范围以及企业的竞争互动历史，也都会影响组织内个体决策者的知觉（Le Breton-Miller，Miller，and Lester，

2011)。Porac 等（1995）对苏格兰针织业竞争的研究指出，产业和市场的边界是由众多企业在观测彼此竞争互动并形成集体认知模式后社会建构而成的。因此，宏观层面与微观层面之间的影响关系显然是双向的，而知觉在其中扮演桥梁和中介的角色。

简而言之，知觉观点有助于进行多层次变化的研究，也可以帮助我们理解影响组织和对手间竞争互动的各种不同力量。

总之，以上五个研究主题组成了动态竞争研究的核心。上述回顾全面地概括说明了动态竞争领域及其对战略和组织研究的贡献。图 1-2 指出了核心的研究主题（用黑体标出）以及一些具有代表性的概念（如市场共同性与资源相似性、以对手为中心的方法等）及其扩展（如要素市场竞争或非市场竞争等）。图 1-1 展示了各个主题间的关系，包括各个主题与动态竞争各要素是如何联结起来的，以及它们如何组成一个整合的研究体系。

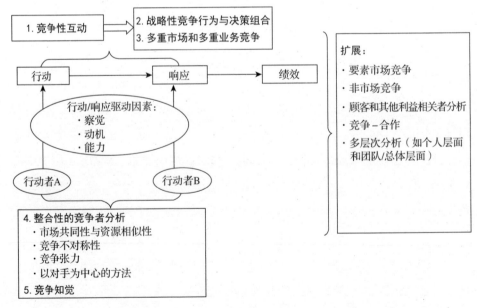

图 1-2　动态竞争研究的内在联系和整合框架：核心主题、概念和扩展

如图 1-2 所示，战略性竞争行为与决策组合（主题 2）以及多重市场和多重事业竞争（主题 3）的研究领域都直接源自竞争性互动（主题 1），例如，两个企业（或行动者）之间的行动与响应等竞争性互动。在图 1-2 的底部，整合性的竞争者分析（主题 4）描述了两个行动者之间的关系，也正是从这个关系引出了竞争知觉（主题 5）的研究领域和竞争不对称性与竞争张力等概念。很明显，整合性的竞争者分析结合了企业间的市场 – 资源关系和竞争互动，在联结动态竞争的各个研究主题和概念中扮演中心角色。图 1-2 中的"扩展"一栏表明，一些领域的研究者已经将动态竞争研究的核心运用到了要素或非要素市场，运用到企业与顾客和股东间的关系和 / 或互动，以及运用到个人或团队 / 集团层次的多层次分析。

图 1-2 同时也展现了 AMC 模型在动态竞争模型中的重要作用⊖。事实上，这个模型或许是最有潜力联结竞争和战略领域多个研究主题的理论框架。正如我们将要在 1.4 节"研究缺口和机会"中提出的，AMC 模型可以用来联结动态竞争研究的各个领域，将这些领域纳入整合框架中，并与战略或其他领域的研究范式相结合。最重要的是，该模型为联结微观和宏观的组织研究以及联结竞争与合作的研究提供了重要的基础。

附录 1A 列出了五个研究主题中具有代表性的一些研究，并标示了每个研究的主要发现和理论观点。由于不同研究主题之间的相互关联性，一个研究可能属于两个（或多个）主题，但我们仍旧根据每个研究最主要的关注点和贡献将其归为某一类主题。为了将每个研究中的主要观点与 AMC 模型相联结，附录 1A 中也标示出了每个研究中与三个基本行为驱动要素相关的变量。值得注意的是，即使某个研究并没有采用 AMC 模型，我们依旧标示出

⊖ 察觉 – 动机 – 能力模型的各个要素可能是行动和响应的障碍或助力（Haleblian et al., 2010）。

了和 AMC 模型组成要素相对应的变量[⊖]。

除了这五个研究主题，动态竞争也受益于众多的研究方法与观点，但没有一种方法是最好的。事实上，使动态竞争领域有生命力的一个特点就是，该领域开放接纳多种分析方法与观点。

1.2.6 研究方法

动态竞争研究广泛运用了多种研究方法。首先，研究资料的来源多种多样，资料理想且颇为精细。这些数据包括记录公司行动的档案数据（Smith et al.，1991；Yu and Cannella，2007）、由企业管理者和资深的产业专家填写的问卷（Chen et al.，2010；DeSarbo et al.，2006；Marcel et al.，2011），以及详细的现场访谈数据（Lamberg，Tikkanen，Kokelainen, and Suur-Inkeroinen，2009）。这些资料非常详细而且精准度高，使动态竞争研究中的许多发现都有很高的可信度。其次，研究者使用多种分析方法，从原始模拟（Chen，2007；Chen et al.，2010）和质性方法（Lamberg et al.，2009）到更常用的量化分析和计量经济学方法（Ferrier，2001）。

在动态竞争分析中，行动集合的分析层次非常广泛，从行动和响应的对偶关系（Smith et al.，1992）到组织在一段时间内发起的竞争行动的决策组合（Miller and Chen，1994，1996a，1996b)，再到系列竞争行动（Ferrier，2001）。同时，在最新的分析中，互动历史也用于检验对竞争的主观知觉（Kilduff et al.，2010）。从动态竞争研究的方法多样性可以看到，结合不同的方法进行研究是充满前景的，这种研究不仅将微观和宏观的不同考虑因素联结起来，而且可以利用不同方法的优势。

⊖ 由于理论观点和取向上的差异，不同章节中对某个特定相同变量的分类可能会有所差异。每个变量都只代表一个元素，除非章节中明确说某个变量包含了不止一个 AMC 元素。

　　对偶研究方法的优势在于允许研究者检验特定竞争举措中极其精细的攻击和响应行为。例如，什么样的组织采取哪类行动，又会引发哪种特定的响应？但这种对偶方法的劣势在于，由于关注焦点是某一类的行为和响应，研究者会忽视更广阔情境中其他可能正在发生并会影响该对偶互动关系的决策。

　　决策组合方法是研究某个企业在特定时间段内所采取的主要或全部的市场行为。这种研究方法的优势在于，研究者以具体的方式，充分描绘企业竞争战略的特征。正如我们所看到的，这些特征包括诸如战略简化、惯性和一致性这些维度。就战略简化而言，研究者根据企业是集中使用一两种行动还是采用多种行动来测定，如 Ferrier 和 Lyon（2004）对涨价是否代表企业所有战略性举措中最主要举措的研究。研究者也可以评价一家企业的行动遵照产业规范的程度（一致性）（Miller and Chen，1996b）；或者评价一家企业是否处于一种相对较低的行动水平（惯性）（Miller and Chen，1994）。但是，由于竞争决策组合方法将企业在特定时间段内的不同行动作为集合进行研究，因而很难确定某种特定行动会导致竞争对手什么样的响应。

　　Chen（2007），Ferrier（2001），Katila 与 Chen（2008）以及 Rindova、Ferrier 与 Wiltbank（2010）研究了较长时间的序列行动（sequence of actions）。例如，Ferrier（2001）集合了定价、营销和竞争力转移等所有属于同一次竞争性攻击（一系列不间断的竞争行动）的行动。他检验了这一系列行动的简单性／复杂性、行动量和异质性。这种方法的优势在于，它可以根据焦点企业真实的节奏将序列行动分解成相对离散的攻击行动，而不是随意根据时间段进行划分，但困难也就在于识别出不同的阶段以及确定不同攻击的真实边界。

　　类似地，Chen（2007）、Katila 与 Chen（2008）以及 Rindova 等（2010）借由运用严谨的序列方法（Abott，1990；1995）研究了竞争行动的模式。

和以往研究对于竞争行动的孤立处理不同，这些对于某个时间段内序列行动的研究揭示了动态竞争的纵贯过程，及其在联结战略内容（规划）与战略过程（执行）中的重要作用。

学者所重视的新研究方法是为了收集有关战略决策及其互动模式的动态且精细的纵贯性数据而设计的，因此这些方法也为动态竞争领域乃至整个战略领域的未来研究者提供了很多有前景的例子和范式。

1.3　动态竞争理论的趋势

在回顾了动态竞争领域及其研究方法之后，我们现在来检视动态竞争的重要发展趋势。在过去的几十年中，一些研究焦点逐渐淡出研究者的视野，而另一些越来越得到研究者的关注。实际上，动态竞争领域的发展同样是动态且健康有序的。因此，我们有必要指出该领域发展过程的独特轨迹。

1.3.1　从行动与响应的对偶关系或单个行动到一连串或一类行动，再到多个市场参与者之间内在关联的一系列行动

最初，动态竞争的研究重点是竞争双方（企业或者市场参与者）的对抗行为。实际上，动态竞争研究方法的核心思想是在实际竞争环境中检验企业的竞争行动，因此，行动与响应的对偶关系是基本的分析单元（Smith et al.，1991，1992）。同时，除了研究单个行动本身（行动或响应），学者也对这些行动的前因和后果充满兴趣（Barnett，1993；Grimmet al.，2006；Ingram and Baum，1997）。久而久之，学者逐渐倾向于考虑更长时间和更多层面的系列行动与互动，这也部分归因于他们对探究一些类似竞争性侵略的构念产生了兴趣（Ferrier，2001）。因此，学者开始探索包含更广泛竞争互动行为的行动、反击、应对反击三重对抗行动（Lamberg，Tikkane，Nokelaine， et al.，2009）。同时，也有一些学者深入研究市场中多个企业短期内相互联系的行动，考察市场参与者行为之间的相互作用，比如，企业如何全力发展才能不被市场淘汰以避免"红皇后"陷阱（Barnett，1993；Haleblian，McNamara，Kolev, and Dykes，2012；Hsih，Tsai and Chen，2011），以及国际学者对"跟随领导者"行为的研究（Knickerbocker，1973）。

动态竞争研究的关注点也从单个行动扩展到企业的竞争性决策组合，比如一年中企业可能推出的一系列相互关联的经营行动。这些行动包括定价、广告、营销、生产线以及物流系统等方面的措施（Yu，2003；Yu and Cannella，2007）。如前所述，这些竞争性决策组合的特征可能是某种行动的简化和集中采用（Ferrier and Lyon，2004）、惯性（Miller and Chen，1994）或者与产业做法的一致性（Miller and Chen，1996a）。由此，一个关于竞争战略更全面而丰富的概念体系初步显现。

1.3.2 行动（或响应）从简单、具体到复杂

早期动态竞争研究主要关注竞争的具体特质，例如响应的速度（Chen and MacMillan，1992；Eisenhardt，1989）或者某一竞争性行动引发响应的可能性（Barnett，1997；Smith et al.，1991）。这些研究都有一定的局限性，对构念的概念化也是具体而受限的（如响应速度）。此外，部分研究对如何选择竞争性攻击也有所涉及（Chen and Hambrick，1995）。

随后的研究逐渐开始对行动进行更精细和更全面的概念化扩展，其中包括考虑行动的惯性本质（Miller and Chen，1994）、长期一致性（Barnett，1993；Ferrier，2001；Lamberg et al.，2009）、与产业做法的一致性（Miller and Chen，1996b；Podolny，1993），或行动能够反映或符合竞争性决策组合主旨的程度（Miller and Chen，1996a）。实际上，把竞争行动置于企业在一定时间内（通常一年）所采取的一类或一系列行动组合中来研究，在一定

程度上进一步深化了行为的特征化（Ferrier，2001）。在针对短期内一系列行动的研究中，这个道理可能也同样适用（Rindova et al.，2010）。

学者为了创造更系统与更严谨的构念架构，最近开始在以往研究发现的基础上构建更高层次的集合构念。这些努力有助于我们掌握竞争互动的多维度与复杂性，并且更全面地呈现企业竞争概况。具体的改进在概念化和测量方法方面，例如，竞争性侵略由早先单一维度的考虑，如攻击量（Ferrier，2001）、范围（Yu and Cannella，2007）和速度（Chen and Hambrick，1995），发展到对更多维度因素的组合考虑（Chen et al.，2010；Lin and Shih，2008）。

1.3.3 从客观性到知觉性考虑

动态竞争研究遵循宏观管理领域学者常用的研究方法，也是从关注客观和可观测的竞争变量开始的，如企业实施竞争行动的数量（Smith et al.，1992）、行动类型的数量（Miller and Chen，1996a）、竞争性行动的市场范围（Yu and Cannella，2007）、需要的投资和竞争行动的攻击性（Ferrier，2001）以及对不同竞争性攻击的平均响应时间（Boyd and Bresser，2008）等。以上所有特征都可以用量化或客观指标进行衡量（如金额、时间和次数）。

但是，随着期望-效价模型（Chen and Miller，1994）和AMC模型（Chen，1996）的出现，这些可观测指标背后驱动市场行为的知觉和动机越来越受到重视。由此，Kilduff等（2010）研究了影响竞争对手主观知觉的因素；Livengood与Reger（2010）研究了组织身份认同范围对企业间竞争的察觉与动机的影响；Chen等（2007）聚焦于研究企业与对手对竞争张力的知觉；Tsai等（2011）发现焦点企业与竞争对手关于竞争知觉的交流也可以影响竞争行为。从关注客观因素到主观因素的演变促使研究从描述性转向解释性，从关注行动转向关注行动背后的驱动因素。这也提出了两个看似简单但十分关键的问题：竞争是客观的还是主观知觉的？在何种程度以及在什么条件下，客观的竞争和主观知觉到的竞争会趋近或者背离？

1.3.4 从可观测行为到组织和行为的潜在驱动因素

如上所述，早期的研究集中关注可观测的市场行为、行动本身及与市场相关的特征，但是学者的研究兴趣逐渐转向了导致这些行动及其响应的行为和组织环境。例如，一个组织的竞争性认同决定了管理者会注意到哪些竞争性攻击，并认为有必要响应和防范。那些自我定位是创新者的企业尤其可能对竞争对手的新产品发布做出响应。同理，企业对其市场"领地"的划分决定了管理者会忽略某些进攻，因为这种进攻并不会对他们认为本质上独特的要素或能力造成威胁（Livengood and Reger，2010）。企业间竞争对抗的本质（攻击性和响应性）也被证明受到企业异质性（Hambrick et al.，1996）、高层管理团队行为的整合程度（Chen et al.，2010）以及人力资源惯例（Gardner，2005）和资源管理惯例（Sirmon et al.，2008）的影响。这些组织特征不仅有助于解释可观测的竞争行为，也有助于挖掘其内在的丰富性。

1.3.5 从现象（主题）到理论视角

早期对动态竞争的研究大多从现象出发，致力于表达重要的竞争问题。与此同时，研究也借鉴了相关领域的理论，并采用严谨的经验和方法论标准。最初的研究聚焦于检验从商业竞争中观察到的简单关系，并从一个天真但重要的问题开始：竞争行动及其响应之间有什么关系（Chen，2009）？基于这个简单的问题，研究不断扩展，考察了多种行动和响应构念以及它们之间的关系，如响应（或攻击）的可能性、行动的量和速度等（Lee et al.，2000；Ferrier，2001）。

多年来，动态竞争领域在建立针对竞争行为及其响应的预测理论方面发展迅速。例如，最新的研究尝试预测在给定的竞争环境下，什么样的行动（响应）更可能发生，哪种行动更有助于得到成功的结果，这些行动/响应战略的选择对组织产生的各种影响。基于不同产业的研究已得到一些一致性的发现，如竞争行动的数量和反应速度能够提高企业绩效（Smith et al.，2001）。

1.3.6　其他研究趋势

其他研究趋势包括从对企业所采用的各种形态的行动的全方位研究（Chen and Miller，1994；Miller and Chen，1994，1996a；Nokelainen，2010；Smith et al.，1992）到对某个具体行动的考察，如新产品的发布（Krider and Weinberg，1998；Lee et al.，2000；Lee，Smith，and Grimm，2003；Srivas-tava and Lee，2005）、研发（Chen et al.，2010）、创新（Katila and Chen，2008；Semadeni and Anderson，2010）、首次公开募股（Certo，Holcomb，and Holmes，2009）以及兼并与收购（Haleblian et al.，2012）。另一些趋势包括从忽略情境到特定情境的研究（如 Derfus et al.，2008；Upson et al.，2012；Zhang and Gimeno，2010）；从只关注美国本土到关注全球背景（如 Di Gregorio，Musteen，and Thomas，2008；Di Gregorio，Thomas，et al.，2008；Hermelo and Vassolo，2010；Nokelainen，2010；Yu and Cannella，2007）；从以焦点企业为中心的研究到"以对手为中心"的研究（Tsai et al.，2011）；从对偶到三元（Madhavan，Gnyawali，and He，2004）再到群体层次的竞争（Rowley，Baum，Shipilov，Greve，and Rao，2004；Smith，Grimm，Young，and Wally，1997）。研究的方法论也从实证或量化分析转向理论分析（Chen，1996；Gnyawali and Madhavan，2001）、案例/质性分析（Lamberg et al.，2009）或是规范化建模（Park and Zhou，

2005）分析。最后，动态竞争的研究从只分析竞争转向同时分析竞争和合作（Gimeno，2004；Gnyawali，He, and Madhavan，2006；Gnyawali and Madhavan，2001；Silverman and Baum，2002；Young et al.，1996），或考察竞争和合作之间的相互依赖（Chen，2008）。

虽然动态竞争领域研究的演进是非常有价值的，但有时也不能避免一些过去重要的研究主题还未完全成熟就被新研究主题所取代。现在学术研究倾向于不断前进，而不是通过积累形成一个整合、全面的理论框架。下一节将提出动态竞争研究中的重要研究缺口和该领域的发展机会。

1.4 研究缺口和机会

诚然，前文所描述的发展趋势展示了动态竞争领域的发展前景，然而，目前仍有不少研究缺口，由此我们可以识别相应的研究机会。借由把微观和宏观研究方法应用于动态竞争研究，并以 AMC 模型为基础，我们将首先为动态竞争领域提供一个整合微观和宏观观点的研究体系，并将该体系与其他重要概念领域加以联结。随后，我们将进一步讨论更具体的研究机会。

1.4.1 联结宏观与微观的组织研究

组织研究文献中微观研究与宏观研究的差异日益凸显（Miller and Droge，1986；Miller and Lee，2001；Nightingale and Toulouse，1977；Schneider，1987；Staw，1991）。这一差异主要存在于研究组织行为和组织心理学的微观领域学者与研究组织和战略的宏观领域学者之间。类似的差异也存在于从心理学角度研究组织决策的学者与研究组织社会学及公司战略的学者之间。动态竞争研究可以整合微观和宏观研究观点，是一个尚未被发掘却富有潜力的领域。

竞争行动可以被看成组织中个体行动者知觉、人格、意愿和动机的产物（Chen and Miller，1994；Dutton and Jackson，1987）。因此，竞争行动在本质上是"微观"的。然而，竞争行动也是企业中人员、委员会、任务小组、部门和高层管理团队的决策（Gardner，2005；Hambrick and Mason，1984），而且，竞争行动在累积之后构成并反映了战略（Mintzberg，1973），而战略反过来作为塑造知觉和动机的背景，影响组织未来的竞争行动（Barnett，1993；Miller，1990）。这种不同组织层面之间内部和外部力量的相互作用曾是一个被忽略的研究领域，而这个领域的研究能够加深我们对战略制定和执行以及个人和组织决策过程的理解。

竞争行动发生的组织设计情境（Galbraith，1995；Smith et al.，1991）构成了一种微观分析和宏观分析之间的联结。例如，信息系统、组织汇报层级、任务界定、岗位职责和奖励制度等是如何影响竞争行为的？这些行为反过来又如何决定组织及员工承诺对资源和行政安排的影响（Barnett and Hansen，1996）？目前，学者对这些交互作用知之甚少。

另一种整合微观研究和宏观研究的机会则是借由竞争行动和响应将组织与环境联结起来。这类竞争行为，尤其是要素市场的竞争行为（Markman et al.，2009），是组织跨边界活动的核心。竞争行为是企业的信息来源，也是企业理解主要行动者和市场环境的主要渠道。相应地，外部主要利益相关者也是通过企业的竞争行为集合来识别其特征（Parmar et al.，2010）。因此，实际上，竞争行为不仅代表了组织与环境之间的枢纽，其执行和后果也对组织如何"设定"环境，以及同一环境中的主要参与者如何看待特定组织有重要的意义。

建立研究平台。基于 AMC 模型，我们将展示一个整合微观和宏观观点，并与其他重要管理理论联结起来的动态竞争研究体系。我们希望此举能引领动态竞争研究向更系统、更全面的方向发展，并与管理学其他理论流派更紧密地结合。

若要借由动态竞争把组织研究的微观和宏观视角衔接起来，AMC 模型正是最好的切入点。表 1-2 展示了这一研究体系的各个要素。这一研究体系中的结果是某一企业所涉足的竞争行动（包括进攻的初始行动和响应）的质量，包括规模、范围、响应速度、不可逆转性、与企业过去行动的一致性以及与产业规范的一致性。表 1-2 对这一研究体系中的结果未做详述。我们认为行动是 AMC 模型相关组成部分的函数（Chen，1996；Chen and Miller，1994），然而，迄今为止，模型组成部分背后的驱动因素要么被研究者忽视，要么零星地见诸研究。接下来，我们将论证这些组成部分背后同时蕴含着微观和宏观驱动因素，且二者相互作用。前者包括组织高层管理者的特质，后者则包括组织和外部环境的特点。

表 1-2 总结了影响 AMC 模型每个组成部分的微观和宏观因素，不仅呈现了未来的研究体系，同时也展现了更详尽的研究纲要。表 1-2 的每个单元可以看作提出动态竞争驱动力和结果关系假设的基础。AMC 模型的潜在逻辑是一个乘法预测函数，因此，同时考虑 AMC 模型的三个组成部分能更好地预测动态竞争行为。由于这一领域的发展仍处于早期阶段，因此我们认为，针对表 1-2 中每个单元的内容进行独立研究仍是非常有价值的。通过研究的积累，我们最终将能够同时考虑 AMC 模型中的多个组成部分，整合表 1-2 中的微观和宏观因素（包括个体和团队因素、组织内部和外部因素），并使这一领域得到进一步发展。这些内容的组合也将为整合表 1-2 中的多种理论范式创造机会。简而言之，表 1-2 既是一个竞争行为的通用模型，也是组织未来研究工作的基础。

表 1-2 一个联结微观和宏观组织研究的体系

	微观驱动因素		宏观驱动因素	
	个体	团队	组织内部	组织外部
察觉	行动者的经验 行动者的任期 行动者认知偏差	团队内部信息共享 高层管理团队多元化	高层管理团队异质性 扫描惯例和信息系统 合作和协调机制	网络联系——与利益相关者建立联系
理论视角范例	CEO 效应 行为经济学	高层管理团队人口统计学视角	高层管理团队人口统计学视角 信息处理过程视角 权变理论	网络理论 社会嵌入理论
动机	行动者特质、需求结构、职位和职业阶段、财富、角色认同、风险情况	团队凝聚力和士气 团队认同	上下级汇报机制 岗位职责 薪酬体系 组织文化和组织边界	参与竞争的历史 制度背景
理论视角范例	行为经济学 激励理论 认同理论	社会认同理论	委托代理理论 组织文化视角 人力资源视角	社会认同理论 制度逻辑 制度理论
能力	行动者训练、联系、关系、专长、技能	团队稳定性与隐性知识 团队内部沟通	企业资源与能力 动态能力与路径依赖	联盟、国家财富、基础设施、竞争者能力
理论视角范例	学习理论 网络理论 利益相关者理论	资源基础观 网络理论	资源基础观 动态能力观 价值链观	竞争分析 制度角度观 产业经济学

　　下面我们依次讨论表 1-2 的各个单元。首先是察觉的驱动因素。行动者以往经验的丰富程度将影响其对竞争环境不同方面的察觉度。于是，较短的工作任期会阻碍其进行有效的环境扫描，而过长的工作任期则可能会因为太多假设而导致其视野变得狭窄。针对这些问题的研究可以借鉴以往关于高层管理者生命周期的研究（Hambrick and Fukutomi，1991；Miller，1990）。迅速发展的行为经济学已经指出，认知偏差会引导个体知觉，因而过往经验和优先习惯将决定环境中的何种信息会被个体注意到（Barberis and Thaler，2003）。察觉也受到团队层次因素的影响，如组织中的信息共享和高层管理团队人口统计学及其多元化（Chen et al.，2010；Hambrick and Mason，1984；Hambrick et al.，1996）；同时，察觉也受到注意力（Ocasio，1997）和声誉（Basdeo，Smith，Grimm，Rindova，and Derfus，2006）等组织层次因素的影响。

　　察觉还受到宏观因素的影响。例如，异质性高层管理团队具备更丰富的信息来源和多样化的视角来观测环境（Chen et al.，2010）。组织扫描惯例和信息系统会影响在做出行动（或克制行动）时所考虑因素的广度、准确度和相关度；合作和协调机制会确保外部信息能被组织中合适的对象所接收，从而做出适宜的反应。这些组织因素已经在高层管理团队人口统计学（Hambrick and Mason，1984）、权变理论（Lawrence and Lorsch，1967）和企业信息处理视角（Aguilar，1967；Galbraith，1995；Tsai et al.，2011；Wildavsky，1979）的文献中有所体现。最后，组织外部也有一些影响察觉的宏观因素。企业在利益相关者网络中的位置会影响企业所能收集到的有关竞争环境和生产要素市场的信息。网络理论对此也有许多相关研究，尤其是区分了能够带来焦点信息的黏性关系与能够带来广泛信息的衔接关系（Granovetter，1973；Kilduff and Tsai，2003）。

　　AMC 模型中的动机组成部分也同时受微观和宏观因素的影响。行动者的动机可能是一系列变量的函数，包括人格（如攻击性和被动性、成就需求和内外控倾向）（Miller and Toulouse，1986）。职业阶段也对动机产生影响，例如，处于职业阶段早期或晚期的个体会比地位稳定的个体更不愿意冒险采取有争议的竞争响应，而那些处于有利地位的个体则更有信心做出竞争响应（Miller and Shamsie，2001）。个体的财富累积、社会身份和社会地位也将影响其参照群体，从而调节其决策行为（Hogg and Terry，2001）。行为经济学家也帮助我们对动机问题有了进一步理解，因为动机会影响行为选择，尤其是借由其对影响个体风险态度因素的概念化（Ariely，2008；Loewenstein，1996）。例如，根据行为经济学家的研究，人们面对损失时会更倾向于冒险。因此，与较为成功的高层管理者相比，具有较差工作记录的高层管理者会更愿意采取高风险的竞争行为来维护自身的声誉。微观因素也在群体层次发挥作用。例如，一个群体的社会认同决定了它如何区分自身和组织内外的其他群体，以及如何影响引起合作的亲密关系或引起竞争的对抗关系（Tajfel and Turner，1979）。

组织因素也会影响行动的动机。这些因素包括组织的上下级汇报机制和责任机制，它们可能会激励个体的主动性，也可能使其更加保守（Galbraith，1995；Thompson，1967）。奖励机制也是相关因素，会激励或削弱个体的主动性（Kerr，1975）；企业文化也有同样的作用（Martin，2002）。最后，基于对自身竞争优势和弱点的认识，组织也会界定某些竞争领域是特别需要固守的势力范围（Livengood and Reger，2010）。组织外部环境中的因素也同样重要。例如，在一些产业或国家的文化中，制度规范可能不鼓励特定类型的竞争行为。在家族企业中，与社群的社会联结和超越了市场机制的家长式作风的压力，都会影响企业发起或响应攻击的动机（Thornton and Ocasio，2008）。

表1-2的最后一部分是AMC模型的能力组成部分。行动者技能必然是非常关键的，包括其对竞争环境的理解、发起有效攻击或响应计划的能

力，以及理解和安排当前组织资源的能力、预测对手弱点和可能反应的能力（Tsai et al.，2011）。行动者的人际网络会在获取信息、意见和政治支持的时候产生作用（Granovetter，1973）。群体因素也对能力产生影响，例如，团队成员共事的难易程度是隐性知识潜在的关键来源，而团队中的互动网络则有助于动员成员共同努力（Kilduff and Tsai，2003）。

许多宏观因素也塑造行动的能力。资源基础观点表明了稀缺、难以模仿、有价值和不可替代资产的重要性，如专利、特殊有形资产以及团队中的隐性知识（Barney，1991；Wernerfelt，1984）。基于资源基础观点，动态能力观点提出资源是随着时间发展的，可以经由时间累积，因此，企业能够不断更新其技能，不断适应以赢得竞争（Easterby-Smith，Lyles，and Peteraf，2009；Miller，2003；Sirmon，Hitt，Arregle，and Campbell，2010；Teece et al.，1997）。Porter（1985）提出了一个价值链模型用于评估企业在投入-产出循环的哪个阶段能够获得最多的回报。核心阶段中丰富的资源和人才有助于提高竞争能力。战略联盟使企业得以将非核心环节外包出去，从而聚焦于最关键的能力以及聚焦于关键能力所构建的行动（Hamel，1991）。

最后，我们也需要考虑组织外部的一些宏观因素，包括进入和退出壁垒、需求增长水平（Porter，1980）等产业情况，以及宏观经济力量和国家法律、社会、政治基础设施的完善程度与发展水平（Khanna and Palepu，2002）。这些因素都可能会制约或提高企业实施竞争行为的能力。

应当强调的是，这里提到的许多因素并非相互独立的。组织因素会塑造个体因素，例如，企业文化会倾向于雇用和提拔具有特定个性或技能的管理者。同时，外部环境也会塑造组织特征，例如，经济约束会导致对权力中心化的需求，或法律要求会导致更高程度的集权管理。探究这些因素之间的互动是非常有价值的，它使我们能够将跨层次（multilevel）分析的方法应用到动态竞争领域。

我们的模型是整合动态竞争这一复杂领域的首次尝试。为了丰富动态竞争理论和联结相关视角，此模型勾勒出一个综合架构，以整合组织的宏观和微观角度，并把这一蓬勃发展的领域与丰富的管理理论联结起来。

1.4.2　联结竞争与合作

另一个主要的研究机遇是更深入地探究合作性互动。合作性互动已经被证实是竞争战略的关键方面。事实上，竞争与合作都是企业战略的基石。以往研究已经对企业间合作进行了大量研究（可参考 Ahuja，2000；Dyer and Singh，1998 的回顾文章），战略和组织学者也对竞争与合作进行了探索，部分源于 Brandenburger 与 Nalebuff（1996）对"竞合"的开创性研究。"竞合"即同时进行竞争与合作，它被认为与更好的组织学习机会（Dussauge，Garrette，and Mitchell，2000）、跨单位的协调和资源共享能力（Tsai，2002）以及企业绩效（Lado，Boyd，and Hanlon，1997；Loebecke，Van Fenema，and Powell，1988）相关联。在其他相关研究中，学者已经采用了如产业结构、企业间竞争强度等竞争属性来预测包括合资和联盟（Harrigan，1988；Powell and Brantley，1992）以及竞争者之间的其他合作方式（Gimeno，2004；Gimeno and Jeong，2001；Gimeno and Woo，1996b；Park and Zhou，2005）在内的合作关系的产出。学者也利用合作网络的属性来预测竞争行动的本质（Gnyawali and Madhavan，2001）。

竞争－合作关系。如前所述，许多学者把竞争、竞争者和竞争行动看作相对的概念，并通过情境脉络来加以界定（亦即视情况而定），而且，竞争与合作的关系可以被认为是相互依赖的，比较性竞争者分析的核心就是特定市场中企业间的关系。虽然每个企业都是独特的，但其优势和劣势都是相对而言的，且只与特定竞争者相关。因此，整合性竞争者分析的焦点在于理解企业如何在特定战略维度（如市场或资源）上相互关联。这种把企业间关系放在市场和资源维度上进行成对比较的方法，使战略视野超越了产业限制和对直接竞争者的关注。更重要的是，因为分析所强调的重点在于两个企业之间的关系而不是竞争本身，所以它可以用于识别和分析行业内与行业外的合资企业、联盟的盟友或是并购的对象。实际上，竞争者与合作者都可以被看作竞合关系中以不同形式出现的"另一方"。因此，学者可以使用 AMC 模型、市场共同性 / 资源相似性等方法，试图从另一方的角度来理解和预测合资企业中合作者的反应，就像预测竞争者的反应那样。这种"关系型"的竞争观点能够使一家企业从竞争对手（Tsai et al.，2011）和其他利益相关者的角度来看待问题（Parmar et al.，2010；Peteraf and Bergen，2003）。

竞争的一种延伸概念可以从"竞争"（compete）这个词的根源看出。竞争的原始意思为奋斗或共同寻找（拉丁词根"com"意为共同，"petere"意为获取）。竞争的词源中含有的"共同"的意思在很大程度上解释了竞争的本质：即使在对立的竞争中，双方也是有联系且相互影响的。

进一步说，企业间的关系是由某个公司独特的、不对称的知觉产生的。任何企业间的关系在本质上都是可变的，并且包含了竞争与合作力量持续的、复杂的相互影响。例如，通用汽车曾经给顾客提供 1000 美元的汽车配件折价凭证，且这个折价凭证在竞争对手的店里也能使用。这样的话，通用汽车的竞争对手（例如福特汽车）应当把通用汽车的行为当作竞争性行为，还是当作帮助其提升销售额的合作性行为？类似的例子，宏碁计算机（Acer Computer）在中国台湾地区建立了供应商网络，但这个供应商网络也同样惠及宏碁计算机的竞争对手，而这个网络使宏碁计算机能够获得更多进入国际市场或在台湾市场竞争所需的资源（Chen and Miller，2010，2011b）。对宏碁计算机而言，这个网络的建立是竞争性行动，还是合作性行动？显然二者都是。

最初的动态竞争研究区分了行动与响应，也区分了攻击性的竞争对手与合作性的竞争对手。然而，由于在持续进行的事件中，一些元素没有明显的开始与结束标志，行动与响应之间也就没有明显的区分。大多数行动既可以理解成针对一些经济概况的响应，也可以看作针对一些竞争者行动的反应。大多数响应所包含的行动，也可能被某些组织视为主动性竞争行动（Lamberg et al.，2009）。举一个简单的例子，A 公司可能通过降价销售进行竞争，因而导致 B 公司做出相似的举动，而 B 公司的举动对于 C 公司来说可能是一个具有攻击性的举措，从而通过系列传导迫使 A 公司再次进入争斗，进行降价销售或改变战略。在前述过程中，最好的方式是探讨竞争互动以及序列行动，也就是说，对竞争行动的关注需要采取总体性（general）的理论观点（Smith et al.，1992，2001），而不仅仅是关注成对的行动与响应。

　　竞争 - 合作议题为我们提供了许多研究问题。如何应用 AMC 模型以及市场共同性 / 资源相似性框架来检验竞争与合作的结合？哪些观点可以用来分析供应链中的竞争 - 合作关系？国家文化、激励系统和组织结构在影响竞争与合作平衡中扮演了什么角色？"二者择一"的西方思维以及"两者兼具"的东方观点如何解释竞争与合作？最后，"人 - 我 - 合"概念对于竞争、合作以及竞争 - 合作关系有什么意义？

　　表 1-3 展示了上文提到的联结微观与宏观、竞争与合作的更多研究问题，意在启发学者未来的研究。

表 1-3　联结微观与宏观、竞争与合作的研究议题和问题

研究机会	研究议题和问题
宏观与微观研究	1. 微观因素（如知觉、性格、意图、动机）如何影响行动 / 响应？组织情境如何塑造知觉、意图、动机
	2. 组织特点（如结构化程度、复杂程度、正式程度、激励机制）如何影响竞争行为
	3. 外部行动如何影响内部资源分配
	4. 竞争性行为如何影响组织特征

（续）

研究机会	研究议题和问题
宏观与微观研究	5. 不同企业世代的行动 / 响应特征有何潜在差异
	6. 公司治理因素如何影响竞争 / 响应特征
	7. 我们如何检验个体 / 人际层次和团队 / 集团层次在内的竞争行为？这些层次之间的竞争关系如何研究
竞争与合作研究	1. 如何运用 AMC 与 MC/RS 框架分析合作与竞争 – 合作议题
	2. 在给定竞争对手的情况下，企业如何平衡竞争与合作？国家、文化、激励机制、组织结构分别充当怎样的角色
	3. 如何分析供应链中企业间竞争 – 合作关系的本质并识别其影响
	4. 企业如何利用竞争者来促进自身能力的提升
	5. 企业如何在符合伦理前提下与竞争者合作以最大化彼此的利益
	6. 与排名第二的竞争者合作，一起抗衡（或防御）排名第一的竞争者，是不是最好的选择
	7. 高科技产业中企业研发或专利竞争有什么特别之处
	8. 中华文化中的"人 – 我 – 合"概念对于竞争、合作以及竞争 – 合作关系有什么意义

1.4.3 其他研究空白与机会

表 1-4 列出了五个主题（竞争性互动、战略性竞争行为与决策组合、多重市场和多重业务竞争、整合性竞争者分析、竞争知觉）中的一些研究问题和方法论考虑。接下来我们讨论一些其他研究领域。这些领域甚少受到关注，但为动态竞争的后续发展提供了机会。

表 1-4 五大主题和方法论的主要研究议题和问题

竞争性互动	1. 一个行动与响应的互动或一套行动与响应的互动是如何导致后续行动 / 响应行为的
	2. 不同行动特征（如速度与数量）的组合如何影响竞争响应
	3. 如何将更复杂的构念（如攻击性、前瞻性和响应性）概念化以更加稳健地解释行动 / 响应的特点

（续）

竞争性互动	4. 除了结构与资源的考虑，竞争者与防御者拥有的人的因素在行动与响应关系中起到什么作用（如组织政治、家族/非家族总经理、第一和第二代所有者、总经理教育背景等）
	5. 周期性行动/响应（如季节性推广）如何影响绩效
	6. 文化因素（如面子问题）如何影响行动/响应的不可逆转性和其他属性？如何影响竞争及竞争行为
	7. 股市如何对行动/响应做出反应
战略性竞争行为与决策组合	**A. 战略性竞争行为**
	1. 哪些属性可以用来描述企业的竞争行为？哪些理论可以用来解释动态竞争
	2. 产业特性如何影响企业的竞争行为
	3. 为什么特定产业中的企业会做出具有某些特征的行动/响应？企业间竞争是否存在"产业特性"或典型的"产业竞争决策组合"
	4. 高层管理团队与CEO的关系以及任务的相关特征如何影响竞争行为
	5. 董事会、高层管理团队与CEO间的互动如何影响企业的竞争行为
	6. 企业的内部决定（如研发投入、CEO继任）如何影响竞争行动/响应
	7. 下游竞争对上游竞争有何含义（如谷歌 vs. 微软；谷歌 vs. Facebook）
	8. 如何基于资源组合和市场范围预测行动/响应？最基础的问题是，如何定义某产业中最重要的资源？市场如何进行更有效的细分
	9. 我们如何研究不同形式企业（营利企业、非营利企业、家族企业、国有企业）间的竞争和对抗
	B. 竞争决策组合
	1. 除了决策组合的简化、惯性和不一致性，还可以研究什么其他的战略性决策组合
	2. 什么因素驱使企业采取特定的竞争决策组合
	3. 战略性决策组合是不是可持续的？什么因素会影响一个决策组合与其决定因素或后果的关系
	4. 什么时候或在什么条件下，一个企业会改变决策组合
多重市场和多重业务竞争	1. 企业如何调配不同事业单位或外部力量来进行总体层次竞争
	2. 怎样的动态竞争部署可以用来应对跨地区市场或跨国的竞争对手
	3. 公司总部组织与战略的特点如何影响事业单位的竞争行为
	4. 为了避免某些对抗或竞争的升级，跨国企业如何选择发布新产品的国家
	5. 不同的事业单位如何竞争内部资源？应该如何研究内部竞争或事业单位间的竞争？内部竞争对于企业战略和动态竞争而言有何意义
	6. 我们如何能最好地研究城市层面、国家层面和区域层面的竞争

（续）

整合性的竞争者分析	1. 如何从客户的角度定义竞争者？这种定义如何影响客户行为
	2. 产品市场与要素市场间的竞争有何异同
	3. 如何基于 MC/RS 框架定义直接的、间接的和潜在的竞争者或非竞争者
	4. 如何应用 AMC 模型预测长期的竞争者行为
	5. 竞争不对称性对企业绩效和竞争有何意义
	6. 竞争者的基本战略如何影响企业间的动态竞争
	7. 企业如何培育"以对手为中心"的能力？哪些组织障碍会影响采用这种观点？采用这种观点对绩效有何意义
	8. 如何应用和整合竞争者与客户分析以提升企业优势
	9. 如何研究要素市场竞争与非市场竞争
	10. 在每个联盟网络都有一群上游 / 下游参与者或一组横跨不同产业的企业的情况下，我们该如何研究联盟网络之间以团队为基础的竞争和对抗
竞争知觉	1. 对竞争行动低调或高调的知觉如何影响竞争响应的特征
	2. 如何利用知觉倾向或知觉偏差来影响竞争者
	3. 一家企业的 CEO 的知觉如何影响企业对竞争对手行动的知觉
	4. 一家企业或其 CEO 的声誉如何影响竞争对手的攻击
	5. 决策者的社会、认知和心理特征如何影响竞争行动和响应
	6. 如何利用竞争行动 / 响应来塑造公众对企业的认知
	7. 竞争在多大程度上是一种社会构建性的现象？我们如何研究这个问题
	8. 如何对比和检验知觉的和客观的竞争指标的结果
方法论考虑	1. 当客观信息难以获得，或竞争性行动和响应很难识别或者联系起来时，我们该如何收集竞争性行为的数据
	2. 如何用多层次的方法来识别行业、企业和行动等层次问题之间的关联

公司治理。公司治理领域是管理学、金融学和经济学中重要的新兴领域。它在很大程度上采用了宏观观点，检验例如所有权的不同形式和分布对于绩效的影响（Morck，Shleifer，and Vishny，1988；Morck，Wolfenzon，and Yeung，2005）。但已有研究成果之间总是叠加关系，而不是累积性发展（Miller and Le Breton-Miller，2011；Miller，Le Breton-Miller，Lester，and Cannella，2007）。如果我们使用更多微观概念来探究所有权结构与绩效之间的关系，例如所有者是谁以及他们更倾向于支持发起哪种类型的竞争行

动，也许能得到更多有意义的研究发现（Connelly，Tihanyi，Certo，and Hitt，2010；Miller et al.，2007）。例如，由第一代创业者所掌控的企业可能会偏好攻击性的行动，而由保守的家族成员所掌控的企业则更可能采取温和谨慎的竞争行动和响应（Miller，Le Breton-Miller，and Lester，2010）。这个思路定会为未来的研究提供机会。

有几个问题可以作为后续研究的开端。不同世代的家族企业所有权拥有者和管理者所掌控的家族企业之间，行动/响应和竞争决策组合差异背后的根本原因是什么？董事会、高层管理团队与CEO之间的互动如何决定企业的竞争行为？我们应该如何研究不同形式企业（如营利企业、非营利企业、家族企业和国有企业）间的竞争与对抗？

市场进入和创业。动态竞争研究一直倾向于关注成立已久的西方大型企业，然而，其中心思想与前提可以延伸到有关新创组织（Lumpkin and Dess，1996）和小型、"年轻"或市场规模与资源有限企业（Certo et al.，2009）的研究上。动态竞争观点还可用于研究渴望在新兴市场竞争中胜出并国际化发展的企业（Dawar and Frost，1999）。对于作为挑战者或后来者的新创企业而言，最关键的问题在于预测并尽量降低在位企业的响应。我们可以从以下几个方面从事进一步的研究。我们可以检验挑战者如何尽量降低防御者察觉的可能性；如何减少防御者反击的动机；如果反击不可避免，该如何为基于能力的正面竞争做准备（Gielens et al.，2008）。未来的研究还可以针对发起创新行动或破坏性攻击的时机以及可能的报复性反击，特别是要关注AMC的驱动因素，有助于发展出动态竞争的过程性观点（Lamberg et al.，2009）。

竞争不对称性。竞争不对称性的研究，特别是从竞争知觉的观点来看，与市场准入和创业密切相关（Marcel et al.，2011）。一个新进入者在什么条件下可以创造并保持不对称优势？一个新进入者或后动者该如何进行定位，

从而使主要在位者或防御者眼中的市场不共同性和资源不相似性达到最大化
（Chen，2011；Markman et al.，2009）？攻击者会对市场造成哪些潜在的破
坏？防御者有多大可能、以什么速度、在哪些市场发起有效反击？新创企业
应该运用什么战略和市场因素以击败更大的本地或全球对手（McGrath et al.，
1998）？原始设备制造商（original equipment manufacturer）如何扩张并转
型成为跨国企业？具体地，在全球扩张过程中，原始设备制造商该如何处理
与国际对手和国际伙伴的关系？本土领先企业如何与跨国企业竞争并守护自
己的本土势力范围？

"不对称"一词有着广泛的应用，既可用于竞争情境，也可用于公司间
合作。实际上，它可以延伸应用到个人与组织层面的多种关系研究上。市场
共同性/资源相似性框架也可以用来研究组织间合作以及不同国家间企业的
竞争与合作。这些研究将使动态竞争在基于行动的基本战略理论与竞争-合
作联结的领域中有更好的前景。

东西方竞争思想。 动态竞争的研究注重二元性与相对性，为对比甚至
融合东西方的管理方式提供了重要的工具（Chen and Miller，2010）。动
态竞争中探索的很多思想都可以追溯到中国的哲学与传统思想体系。实际
上，中国悠久的历史中蕴含着丰富的哲学思想，它们在过去数千年里已被应
用到商业、社会与军事实践中。例如，资源转置（resource-diversion）战略
（McGrath et al.，1998）对应着"声东击西"的竞争智慧；"不可逆转性"
（Chen and MacMillan，1992）的思想则早已在"破釜沉舟"这一成语中有
过例证；还有 Tsai 等（2011）则检验了《孙子兵法》中提到的理念——"知
己知彼，百战不殆"。

以下问题值得探讨：国家文化如何影响竞争行为？接下来的动态竞争研究
该如何系统地评估中国的竞争哲学？我们该如何从《孙子兵法》的竞争智慧和
其他主流的东方哲学中汲取竞争与战略的知识？东方企业如何使用非西方的方

式与西方对手竞争？在全球经济形势剧变的今天，基于西方的竞争观点该如何适应东方环境？"文化双融"的方式可否用于检验竞争和/或动态竞争？

研究方法。我们应该鼓励多样化的数据收集方法，如问卷调查、质性的或模拟的方法等。鉴于国际化背景下动态竞争研究的蓬勃发展，多样化的资料收集方法尤为重要。动态竞争研究倾向于使用结构化的内容分析方式来辨识行动和响应的特征。这一方法能捕捉到日常商业运作，在能够获得准确的公开竞争信息的情况下特别适用。然而，在许多非西方的背景下，二手或客观资料并不准确或无法获取。在竞争复杂而瞬息万变的新兴经济体中，辨识行动和响应也颇具挑战（Chen et al.，2010）。此外，竞争既有客观因素也有主观因素，一个设计完善的调查问卷可以在测量主观因素的同时，探究动态竞争的动态性与相对性。实际上，截至目前，文献对于形塑竞争决策的"过程"关注太少。这一空缺可以借由运用精细的质性研究（Lamberg et al.，2009）或实验室模拟方法（Chen，2007）得到部分补充。

此外，动态竞争研究通常把竞争放在单一的层次进行分析。然而，竞争战略包含多层次的内容。例如，产业环境会影响战略，而战略又会引发具体的行动和响应。这当中还包含产业层次、企业层次和行动层次现象之间的互动。这种在组织行为领域非常流行的多层次分析可能是未来研究的有效方法（Hofmann，1997；Liao and Chuang，2004；Staw，Sandelands，and Dutton，1981）。

最后，大多数动态竞争的研究都假设企业 A 的响应是因为企业 B 采取了行动。但正如前文所述，我们往往不能确定一个动作是行动还是响应。在诉讼中，谁是原告谁是被告十分清晰（Markman et al.，2011），然而在商业竞争中则正好相反，一个局外人很难判断一次降价到底是攻击、防御，还是针对外部事件的响应。类似地，内部响应也很难被观测和概念化，因而一直未被研究。未来的研究者也许可以通过使用更准确的测量和研究设计来解决这些问题。

1.5 结论

动态竞争是一个新兴的、正在发展的领域。我们试图在本章解释其来源，定义其特征，展示其核心目标，以及指出其在过去 20 年的研究主题。这包括以行动与响应对偶层次为基础的竞争性互动研究、以企业层次为基础的战略性竞争行为与决策组合研究、以总体层次为基础的多重市场与多重业务竞争研究、整合性竞争者分析研究，以及对管理者的知觉如何影响竞争行为的研究。我们还描述了动态竞争独特的研究方法。显然地，动态竞争这一领域并未停滞，且出现了多个发展趋势。例如，其中一个趋势是，从研究个体竞争行动的对偶关系到研究多个竞争者之间更丰富的行动系列与组合。另一个趋势是，将检验客观行为与其他研究组合，包括探索管理者知觉与其他潜在影响行为的因素，并从更整合、更广泛的理论观点探讨现行的研究主题。

然而，除了上述的发展之外，动态竞争研究仍有许多重要的研究缺口。我们已经在分析过程中指出，动态竞争研究缺乏一个整合性框架的问题。某些研究因囿于特定研究主题，缺乏与其他相关主题直接建立关联。例如，竞争性决策组合的研究极少拓展到行动者之间的互动性行为，而绝大多数行动与响应对偶层次的研究又没有考虑这些行动所处的战略背景。从更高的层面来看，动态竞争研究作为联结微观与宏观、竞争与合作纽带的前景仍有待挖掘，为联结动态竞争与其他研究范式提供了丰富的机会。

为着手填补这些研究缺口和应对挑战，本章在 AMC 模型的基础上建立了一个研究体系，以进一步探索动态竞争的研究。在这个过程中，我们试图展示如何将微观与宏观的研究整合在一个更全面的竞争理论模型当中。AMC 模型有极大的潜力来联结各个研究范式，如高层管理团队的人口统计学、认同理论、网络理论和组织的制度视角等。动态竞争研究具有无可限量的前景，人们忍不住畅想未来动态竞争的研究将会发掘出更多、更有价值的内容。我们目前只是刚刚起步，尝试探索出一个更加整合的研究框架。让我们继续努力吧！

| 附录 1A |

动态竞争中"察觉-动机-能力"

作 者	AMC模型 *			主要发现	概念-理论范式
	察觉	动机	能力		
1. 竞争性互动：以行动与响应对偶层次为基础的研究					
Chen 和 Mac-Millan（1992）		竞争者依赖	不可逆转性	对竞争对手的依赖降低了不响应的概率，同时增加了相应行动的可能性。采取相应行动而言起着相反逆转性整体作用	博弈论
Chen，Smith 和 Grimm（1992）	攻击强度	竞争影响力	执行条件	竞争影响力、攻击强度和战术行动增加了响应的数量，执行条件降低了响应速度	刺激-反应模型
Derfus，Grimm 和 Smith（2008）	焦点企业的行动量	行业需求	行业集中度、竞争者行动速度、相对市场地位	在"红皇后"这样的竞争中，每个企业的表现依赖于其能否配置或是超越对手的行动。红皇后效应取决于行业背景和焦点企业的市场地位	演化理论、组织生态理论
Lamberg，Tikkanen，Nokelainen 和 Suur-Inkeroinen（2009）	中央集权（集中/资源丰富 vs. 分散/资源薄弱）	战略方向（广泛认可 vs. 存在争议）	资源冗余（冗余 vs. 不足）	战略一致性与组织的生存以及关键战略要素的有效变革息息相关	演化理论、奥地利学派经济学、动态竞争视角

研究	测量变量	关键变量	主要结论	理论视角
MacMillan、Mc-caffery 和 Van Wijk（1985）	可见性 对新产品市场潜力的知觉 在对手主要市场的战略攻击	行动的激进性 复杂性 与组织政治系统的不匹配	组织惯性（受激进性、复杂性、不匹配的影响）与对新产品的反应潜后正相关，响应潜后（受战略压力、战略复杂力和感知潜力的影响）与对引复制新产品的反应潜后负相关	组织变革视角 组织过程视角
Smith、Grimm、Young 和 Wally（1997）	战略群		竞争响应并不能被战略群内的成员所预测。然而，战略群相互竞争的方式，以反发起企业相互竞争的方式，挑起减价、削弱冲突和模仿对手的频率	战略群视角
Ⅱ. 战略性竞争行为与决策组合研究：企业层次的研究				
Barnett（1997）	企业规模	生存能力 竞争优势 企业规模	强劲的竞争对手存活；但生存能力和竞争优势在企业规模变大时会相互偏离，因此导致弱竞争者的存活	组织生态学和适应
Chen 和 Ham-brick（1995）	企业规模	企业规模	小的航空公司引起了侦测（觉察），刺激了秘密行动（动机），并促进了迅速响应（行动）。小企业更容易发起竞争挑战，在执行行动时更加迅速而敏锐	权变理论 制度理论
Chen、Katila、McDonald 和 Ei-senhardt（2010）	具有中等或高度暂时优势的市场	之前的绩效	绩效好相对不好的企业显示出不同类型的竞争行动（如大胆还是保守）；这种差异型市场（成熟还是新兴）的影响	进化搜索 暂时优势 动态竞争视角
Chen and Miller（1994）	攻击的明显性	响应的难度	攻击的明显性、中心性和响应的难度作为"链条中的弱联结"，增强了反击的可能性。这些变量也表现出了与反击的威胁相混合的交互作用	期望－效价理论

（续）

作 者	AMC 模型 *			主要发现	概念－理论范式
	察觉	动机	能力		
Chen, Venkataraman, Black 和 MacMillan（2002）	公开承诺		内部承诺	不可逆转性由两个维度组成，内部承诺和公开承诺，二者对响应的可能性、滞后性和引发匹配响应的可能性有着相反的影响	行为理论 承诺升级
Chi, Ravichandran 和 Andrevski（2010）	结构洞 以IT为基础的能力（洞察和响应）	结构洞 网络密度	网络密度 以IT为基础的（洞察和响应）能力	强大的网络对竞争行动数量与范围的积极影响受到企业以IT为基础的能力的调节	社会网络视角 信息系统视角
Connelly, Tihanyi, Certo 和 Hitt（2010）		专用所有权 暂时所有权		在企业中，由持有集中投资组合的专注性竞争者拥有的所有权与企业战略性竞争行动的使用正相关；由持有广泛投资组合并进行频繁交易的短期机构投资者持有的所有权则有反向的作用	代理理论
Ferrier（2001）	过去的绩效 行业环境（增长性、集中度和进入壁垒）		高层管理团队异质性 组织冗余	高层管理团队异质性、过去的绩效、组织冗余以及行业的进入壁垒、增长性和集中度塑造了竞争行为，进而影响企业的绩效	AMC 视角 高阶理论视角 资源基础观 组织学习 产业经济学
Ferrier, Fhionnlaoich, Smith 和 Grimm（2002）	竞争缓冲的产业环境（产业增长性、集中度和进入壁垒）	财务危机 市场占有率侵蚀	高层管理团队异质性	高层管理团队异质性负向调节，正向调节绩效 冲突竞争的产业环境，隐患与攻击性的竞争行为（更多的行动、创新的或激进的行动、迅速的响应、复杂和差异化的行为组合）之间的关系	权变理论 期望理论 公司金融 组织学习 威胁刚性 产业组织经济学

作者	变量		结论	理论视角
Ferrier 和 Lee (2002)	战略密度 战略不可预测性	战略复杂性 战略异质性	企业的战略复杂性和异质性分别与股价呈 U 形关系。焦点企业的战略密度和不可预测性与竞争对手的股价负相关	动态竞争视角 财务战略视角
Ferrier 和 Lyon (2004)		高层管理团队异质性(公司任期、行业任期、职能和教育程度)	高层管理团队异质性正向调节竞争性决策组合的简化和企业绩效间的关系	高阶理论视角
Ferrier, Smith 和 Grimm (1999)		全部竞争行动 行动组合单一化 领导-挑战者行动差异性	在竞争情形下,好胜心不强、采用简化的行动组合、执行缓慢的领导者更容易被驱逐下台	奥地利学派经济学
Haleblian, Mc-Namara, Kolev 和 Dykes (2012)	战略导向(技术和市场密度) 企业结构(规模和多样性)	企业资源(冗余和过去的绩效)	企业的战略导向、结构和可用的资源影响了企业并购的时机	AMC 视角
Hambrick, Cho 和 Chen (1996)		高层管理团队异质性(职能、教育程度、任期)	高层管理团队异质性与企业行动倾向和幅度正相关,但与行动响应的速度负相关	高阶理论视角
Miller 和 Chen (1994)	市场增长性 过去的绩效 市场多样性 竞争经验	企业年龄 企业规模	过去的高绩效会导致竞争惯性。战术行动与战略行动在惯性的由来有所不同,前者是受绩效和市场多样性的驱动,后者则受市场增长性的驱动	组织学习 组织变革 决策制定

（续）

作者	AMC 模型 * 察觉	AMC 模型 * 动机	AMC 模型 * 能力	主要发现	概念－理论范式
Miller 和 Chen（1996）		过去的绩效 企业年龄 企业规模 市场增长 市场不确定性	竞争经验的广度 市场多样性	企业年龄、规模、竞争经验的广度和过去的绩效，以及市场增长性和市场多样性都影响竞争性决策组合的简化	组织学习 权变理论
Miller 和 Chen（1996a）	产业传统 企业年龄	市场增长性 企业规模 之前的绩效	竞争性和顾客的多样性 企业规模 资源冗余	顾客和竞争者的多样性、企业规模、资源冗余以及市场增长增强了竞争的不一致性；解除管制、市场增长和之前的绩效削弱了这种不一致	制度理论
Ndofor, Sirmon 和 He（2011）			技术资源的广度和复杂性	行动的偏离和复杂性是技术资源广度与企业绩效之间关系的中介	资源依赖视角 动态竞争视角
Rindova, Ferrier 和 Wiltbank（2010）	企业所处环境的模糊性	行动的简化、可预测性、集聚和动机		动态行动的序列能为企业带来优势，"简易"、集聚和动机"这几个特性都与模糊性高的企业市场价值的增长相关	模式知觉 整体信息处理
Sirmon, Gove 和 Hitt（2008）			相对资源的存储 管理者对行动的捆绑和部署 资源等价性 资源配置的灵活性	资源存储和管理行动的相对优势影响绩效；这些影响受到资源等价性和配置灵活性的调节	资源基础观
Smith, Grimm, Gannon 和 Chen（1991）	外部导向		行动类型（具体程度）、组织冗余、高层管理团队的教育程度和经验	模仿的可能性和竞争性响应的时机、外部导向、结构复杂性、企业冗余以及高层管理团队的教育程度与经验都影响	组织信息处理理论

作者（年份）	变量	测量	主要发现	理论基础
Young, Smith 和 Grimm (1996)	产业层面的水平合作机制	企业在水平合作机制中的参与	企业在水平合作机制活动，进而正向影响企业绩效	奥地利学派经济学 产业组织经济学
Zhang 和 Gimeno (2010)	盈利压力 市场集中 主要竞争者的盈利压力	能力份额、竞争者能力的限制	面临盈利压力的企业在寡头市场会限制产出，尽管撤销这些限制能鼓励竞争性产出的扩展。因此，产出限制竞争性产出在此情形下并没能产生预期的作用	代理理论

Ⅲ . 多重市场与多重业务竞争：总体层面的研究

作者（年份）	变量	测量	主要发现	理论基础
Baum 和 Korn (1996)	多重市场接触 市场集中	市场领域重叠	市场领域重叠提高了航空公司进入和退出市场的频率，多市场接触降低了航空公司进入和退出市场的频率，尤其是在由单一航空公司主导的市场	多点竞争 相互忍让 行业组织生态学 组织生态学
Baum 和 Korn (1999)	多点接触	竞争者的相对规模	企业进入和退出对市场多市场接触的频率与竞争双方对多市场接触的频率呈倒 U 形关系。该曲线斜效应在不同竞争对偶中有所不同，取决于企业与其他市场接触的相对程度和该焦点对多重市场竞争者的相对规模	多点竞争 相互忍让
Gimeno 和 Woo (1996)	多市场接触	战略相似性	战略相似性增加了竞争强度，多市场接触削弱了竞争强度。如果多市场接触没有考虑到多市场接触的影响，战略相似性对竞争强度的影响是有偏差的	超竞争 战略群组 多市场竞争

（续）

作者	AMC 模型 *			主要发现	概念－理论范式
	察觉	动机	能力		
Gimeno 和 Woo（1999）		多市场接触	强资源共享机会	范围经济和多市场接触的汇合带来了出色的经济表现。然而，当竞争者能在无重叠的市场中获得相似的范围经济时，范围经济并不一定能带来出色的表现	多市场接触相互忍让范围经济
Haveman 和 Nonnemaker（2000）		多点接触相互忍让的溢出	市场主导	多点竞争对多重市场和单一市场的竞争有相似的影响。相互忍让在被少数几个大企业主导的市场更加显著	社会经济理论多点竞争相互忍让资源分配
McGrath，Chen 和 MacMillan（1998）	可信度（资源承诺）	市场利益	相对竞争优势	考虑到行动的资源承诺和某次行动的市场利益，以及相较于目标竞争者的竞争优势，企业可以选择攻击、伪装和谋略的战略来转移竞争对手的资源配置，而非促成一场破坏性的战争	多点竞争相互忍让
Yu 和 Cannella（2007）		多重市场接触行动发起的重要性 国家内的响应	母国与东道国的距离 东道国政府的约束 母国政府的约束 子公司的控制	跨国公司对竞争者攻击行为的响应速度受到资源和市场相关因素的影响	AMC 视角
Yu，Subramaniam 和 Cannella（2009）	当地竞争对手的存在	多市场接触子公司所有权	文化距离 监管限制	当地竞争者、文化差距、所有权、跨国公司子公司的所有权、当地监管限制调节着多市场接触与竞争攻击性之间的关系	多市场竞争国际商务相互忍让

IV. 整合性竞争者分析

作者（年份）	关键概念	描述	视角
Capron 和 Chatain (2008)	资源环境的形成或相互依存性 不连续性 少数的竞争对手 绩效文化的异质性 焦点企业行动的竞争性影响 基于属性的资源 资源异质性 消费群体的政治影响 治理制 焦点企业行动的难复制 竞争对手的反击能力 竞争对手转移至竞争对手的能力 替代者的能力	企业可以通过检验其为了掌控资源环境而能够采取的行动来理解资源与竞争优势之间的关系	资源基础观 先动优势 产业组织经济学 公司政治活动 动态竞争视角
Chen (1996)	市场共同性 资源相似性	从市场共同性维度比较两个竞争者，阐释了两个企业间的竞争不对称性和交锋前的竞争张力	资源基础观 多点竞争
Chen, Su 和 Tsai (2007)	特定竞争对手的相对规模 竞争对手的攻击数量 竞争对手的竞争能力	对竞争张力的知觉受到三个因素的独立和交互影响：竞争对手的相对规模、竞争对手的攻击数量、竞争对手的竞争能力	AMC 视角
Markman, Giannidios 和 Buchholtz (2009)	产品市场重叠 要素市场重叠	要素市场型竞争对手和竞争盲点。本研究介绍了动态竞争理论的发展是为了阐明非典型竞争对手的构念（资源不连续性、竞相超越和徘徊），解释了它们在触发竞争力的串联效应中扮演的角色	相互忍让 盲点
Peteraf 和 Bergen (2003)	市场需求对应 资源等价性	资源替代的可能性维持并塑造了竞争优势。资源功能性的相似性，而非资源类型的相似性驱动了竞争	资源基础观

（续）

作者	AMC模型*			主要发现	概念-理论范式
	察觉	动机	能力		
Semadeni 和 Anderson（2010）	企业层面：竞争者-供给关联性		企业层面：竞争者的组织创新；供给层面：竞争者的产品创新性	组织创新比供给创新更容易激起竞争对手的模仿	以信息为基础的模仿
Silverman 和 Baum（2002）	竞争者的下游联盟、竞争伙伴的同盟数量		竞争者的同盟数量、竞争者的垂直（下游和上游）和水平联盟	竞争者的联盟增加了企业退出的可能性；然而，这个作用受到了联盟类型和对手联盟友的联盟数量的调节	交易成本经济学、资源基础观、组织生态学
Upson, Ketchen, Connely 和 Ranft（2011）		市场共同性	资源相似性	市场共同性和资源相似性影响了企业在新市场建立据点的可能性	动态竞争视角
竞争知觉					
Chen, Lin 和 Michal（2010）	超竞争环境		高层管理团队社会行为整合	行动攻击性是高层管理团队整合和企业绩效关系的中介，该作用在超竞争环境中更为明显	高阶理论、超竞争、暂时优势
Gimeno（2004）		竞争者的联合专业化或非专业化联盟	竞争嵌入	合作伙伴的联合属性和联盟网络内竞争盟的属性决定了联盟的演化	交易成本经济学、社会交换理论
Kilduff, Elfenbein 和 Staw（2010）	重复竞争（数量和质量）	竞争者相似性（位置和行动的特征）	历史竞争力	团队相似性，互动的历史与竞争者间的对抗正相关，进而增强了团队成员的动力并提高了绩效	关系视角、行为经济学
Lin 和 Shih（2008）			执行官的战略管理系统人力资源管理系统高层管理团队社会整合	高层管理团队社会整合和行动攻击性在战略人力资源管理系统的执行与企业绩效的关系间起到了部分中介作用	高阶理论视角、战略人力资源管理视角

	知觉到的共同领域	知觉到的共同领域	知觉到的共同领域		
Livengood 和 Reger（2010）	知觉到的共同领域	知觉到的共同领域		与焦点企业管理的身份领域和心理价值相关的共同竞争领域，提升了企业响应竞争对手行动时的察觉和能力	认同理论
Marcel 等（2011）	执行层面的认知框架（战略重要性）	相似性（位置和行动者特征）	信息处理倾向（未吸收冗余、高层管理团队年龄、高层管理团队任期）	执行者认知框架的差异影响企业是否和以何种速度挑战对手的行动	管理者认知
Porac 等（1989）	外部线索	竞争群组		只有整合产业动态的资源、势力和认知理论的跨学科研究，我们才能理解产业衰落和复杂性的根源	战略群组视角 组织认知
Porac, Thomas, Wilson, Paton 和 Kanfer（1995）	行业模型中的组织类别（核心还是边缘，规模大还是规模小）			市场边界是围绕行业内的集体认知模式而社会化建构的。这个模型是在企业观察彼此的行动并定位时与彼此的独特产品定位相关的产生的	社会建构认知 组织认知 组织生态 结构等价
Tsai, Su 和 Chen（2011）	结构性竞争嵌入		关系型竞争嵌入资源配置能力	一个焦点企业相较于特定竞争对手的关系型和结构型竞争嵌入与企业对于竞争对手的换位思维正相关	竞争嵌入

注：我们感谢 Hao-Chieh Lin, Jennifer Chen, Sheng-Tsung Hou 和 Wan-Chien Lien 在构建此表格过程中的贡献。

* 除少数情况外，我们在描述 AMC 组成时使用的都是原始的变量名称。

第 2 章

动态竞争研究

经验之旅

原题　*动态竞争研究：经验之旅*^{○○}

原文出处　Chen, Ming-Jer, 2009, "Competitive Dynamics Research：An Insider's Odyssey,"*Asia Pacific Journal of Management*, 26（1）: 5-26.

在费城举行的 2007 年美国管理学会（Academy of Management）年会中，亚洲管理学会（Asia Academy of Management）主办了一场学术发展研讨会，邀请我一同与会。在会中，我提出下列问题来引发参与者的兴趣和想象：如果你正观察一家十分低调，并以"潜水艇战略"（保持在市场中的第 11 名）为主要营运思维的公司，就像我在中国所观察到的一样，你会提出哪些研究问题？你会设计什么研究来探讨这个现象？你要如何发展一套研究计划？

○　仅将本文献给唐纳德·C.汉布里克（Donald C. Hambrick），他是我的一位学习前辈、朋友与同事，是他遴选我进入哥伦比亚大学商学院任教，那里也是我早期研究动态竞争的学校。我也要感谢 John Michel、Ken Smith、Hao-Chieh Lin 与 Sheng-Tsung Hou 等针对本文稍早版本所提供的许多宝贵意见。对于弗吉尼亚大学达顿商学院的财务支持，在此也一并致谢。

○　本书的第 2 章（本章）和最后一章（研究生涯初期的回顾），属于作者个人切身研究经验的分享，因此，为求行文顺畅，作者在这两章中采用第一人称（我）为文。至于本书其他章节，则一律采取第三人称（研究者）方式行文。

本章介绍动态竞争（competitive dynamics）研究，这是过去 20 年来战略管理领域出现的一个新兴研究体系（Smith，Ferrier，and Nodfor，2001）。本章将重心放在我学术生涯初期从事的学术活动，包括"本质"和"过程"两个层面。除了呈现动态竞争研究计划的内容外，我也会和读者分享我个人在发展研究和建立此计划的过程中所学习到的经验。

本章致力于从系统性观点来清楚地呈现动态竞争这个新兴的研究领域，同时也将一些第一手的知识与经验分享给对本主题有兴趣的学者。另外，我也想和研究工作者与学者，尤其是想在美国主流管理学术期刊上发表文章的学术新人或海外学者，分享我在建立研究计划过程中的经验，希望本章能协助他们建立自己的研究计划和流程，进而帮助他们处理在研究和论文发表过程中可能遇到的各种挑战。

2.1 研究计划

竞争是战略的主要元素，然而，大部分学术研究的重点都只限于探讨简单且静态的竞争特性，而且大多数仍依赖产业结构分析方法，鲜少有学术研究从事竞争行为模式（patterns）的细致分析。而我的研究主要探讨三个基本的战略议题，分别为：企业如何竞争？为何企业采用某些特定的方式竞争？企业的竞争行为与组织绩效间的关联性为何？

不同于传统的方法，我的研究方法奠基于企业的竞争性行动。[⊖]此方法源于熊彼特（Schumpeter，1950）的"创造性破坏理论"（creative destruction），

⊖ 值得一提的是，在我进行动态竞争研究期间，有几位马里兰大学的研究者在 Ken Smith 的带领下，也发展了一系列动态竞争的研究。这些研究者包括：Smith、Grimm 与 Gannon（1992），Smith、Grimm、Wally 与 Young（1997），以及 Ferrier（2001）。过去 20 年来，动态竞争研究的出现是我们共同努力的结果。

虽然我刚开始做研究时并不知道这个理论。熊彼特用创造性破坏理论来解释市场的动态性，亦即各个企业如何借着在动态市场中采取行动（act）与响应（react）来追求市场机会。此处的创造性破坏理论可以解释为：在经历竞争性行动和响应的过程后，公司最终将无可避免地落入衰败的命运。同样地，奥地利学派（Jacoboson，1992；Mises，1949）把竞争视为一种动态的市场过程，而非静态的市场状况。根据奥地利学派的思想，"创新契机"（entrepreneurial discovery）的行动是指在机会来临时，企业成功地运用资源来满足客户的需求，而 Caves（1984）的竞争优势（competitive advantage）概念也对这个主题提供了新的处理方法。

在战略管理领域中，早期与本主题相关的研究包括：MacMillan、McCaffrey 与 Van Wijk（1985）对某家银行创新的响应进行的小样本研究；Bettis 与 Weeks（1987）针对宝丽来与柯达之间的竞争互动所从事的个案研究。

我把个别的竞争性行动／响应视为分析的基本单位，并通过一系列相关领域的理论与想法，发展出一套立基于上述分析单位的新理论、变量和衡量方法。从我的博士论文探讨预测竞争性响应开始（Chen，1988），我早期的学术生涯研究（1989～1997 年）专注于探讨四个独特却又环环相扣的研究主题，且每个主题对于了解动态竞争的战略和行为均颇有帮助。这四个研究主题分别是：①竞争性行动与竞争性响应的对偶关系（第二篇）；②企业（业务）层次的竞争（第三篇）；③理论和方法论的考虑（第五、七篇）；④总体层次的竞争（第四篇）。表 2-1 列出了构成本章讨论基础的 12 篇核心论文；图 2-1 描绘了整个研究计划，重点在于强调每一个主题或研究系列的内容，同时也显示出这四大研究主题之间的关联性。

表 2-1 核心论文清单 *

1. " Organizational Information-Processing, Competitive Responses and Performance in the U.S. Domestic Airline Industry " (Smith, Grimm, Gannon, and Chen), 1991, *Academy of Management Journal.*（82/238 SSCI citations）

2. " Action Characteristics as Predictors of Competitive Responses " (Chen, Smith, and Grimm), 1992, *Management Science.* (70/186 SSCI citations)

3. " Nonresponse and Delayed Response to Competitive Moves : The Roles of Competitor Dependence and Action Irreversibility"（Chen and MacMillan）, 1992, *Academy of Management Journal.* (68/210 SSCI citations)

4. " An Exploration of the ' Expertness ' of Outside Informants "（Chen, Farh, and MacMillan）, 1993, *Academy of Management Journal*(Special Research Forum on Methodology). (29/73 SSCI citations)

5. "Sources and Consequences of Competitive Inertia : A Study of the U.S. Airline Industry" (Miller and Chen), 1994, *Administrative Science Quarterly.* (117/343 SSCI citations)

6. " Competitive Attack, Retaliation and Performance : An Expectancy-Valence Framework" (Chen and Miller), 1994, *Strategic Management Journal.* (55/203 SSCI citations)

7. " Speed, Stealth, and Selective Attack : How Small Firms Differ from Large Firms in Competitive Behavior" (Chen and Hambrick), 1995, *Academy of Management Journal.* (80/428 SSCI citations)

8. " Nonconformity in Competitive Repertoires : A Sociological View of Markets " (Miller and Chen), 1996, *Social Forces* (1995 Academy Best Papers Proceedings). (12/54 SSCI citations)

9. " The Simplicity of Competitive Repertoires : An Empirical Analysis " 1996, *Strategic Management Journal* (The 1993 Glueck Best Paper Award and Academy Best Papers Proceedings). (40/185 SSCI citations)

10. " Competitor Analysis and Interfirm Rivalry : Toward a Theoretical Integration"（Chen）, 1996, *Academy of Management Review* (The 1996 Academy of Management Review Best Paper Award and the 1995 Glueck Best Paper Award ; 1995 Academy Best Papers Proceedings). (103/396 SSCI citations)

11. " The Influence of Top Management Team Heterogeneity on Competitive Moves " (Hambrick, Cho, and Chen), 1996, *Administrative Science Quarterly* (1994 Academy Best Papers Proceedings). (143/710 SSCI citations)

12. " Multimarket Maneuvering in Uncertain Spheres of Influence : Resource Diversion Strategies " (McGrath, Chen, and MacMillan), 1998, *Academy of Management Review.* (21/61 SSCI citations)

* 括号内的数字分别是截至 2007 年与 2018 年，论文在 Social Science Citation Index（SSCI）数据库中被引用的次数。

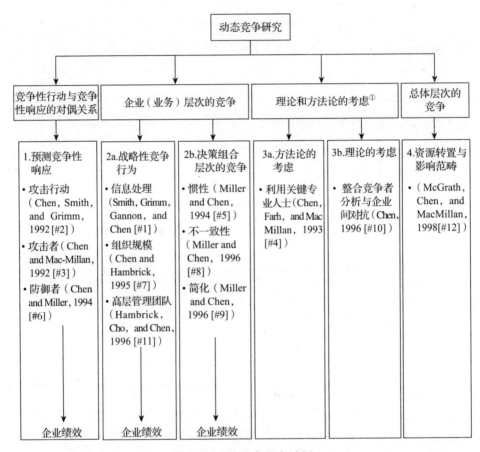

图 2-1 动态竞争研究计划

① 为了显示核心论文的演进过程，在图 2-1 列示的"理论和方法论的考虑"中，先呈现"方法论的考虑"（3a），再呈现"理论的考虑"（3b）；在 2.1.3 节中，先讨论"理论的考虑"，再讨论"方法论的考虑"。

注："#数字"指表 2-1 内的论文清单编号。

2.1.1 竞争性行动与竞争性响应的对偶关系

我最初以竞争性行动与竞争性响应的对偶关系为研究的分析单位，强调在动态竞争的情境下，采取竞争性响应的重要性，并且检视竞争性响应的预测因子。我之所以着眼于此层次的分析，是基于理论上的必要性，因为企业之间的竞争对抗大多发生在对偶层次。在我进行研究之前，与战略和组织相关的研究未曾将竞争性行动与响应对偶层次的分析视为重点。长久以来，竞争的探讨大都专注在企业（Dess and Beard，1984）、战略群组（Cool and Schendel，1987）、产业（Porter，1980）以及族群（population）或更高的分析层次（Freeman，Carroll，and Hannan，1983）。

预测竞争性响应

我和一些同事（包括 Smith 和 MacMillan）共同发表了四篇与预测竞争性响应有关的文章，这些文章分别刊登在《管理学会学报》（*Academy of Management Journal*，*AMJ*）（Chen and MacMillan，1992）、《管理科学》（*Management Science*，*MS*）（Chen，Smith，and Grimm，1992）以及《战略管理学报》（*Strategic Management Journal*，*SMJ*）（Chen and Miller，1994）。这些研究的重要贡献在于：建立了一套在动态竞争中关于竞争性响应的完整理论。

首先，我以多元的理论观点（如期望-效价理论与博弈论）为基础，致力于概念化（conceptualizing）与衡量竞争性响应的几个重要属性，包括响应可能性、响应次数、响应速度，以及响应与初始行动的相似程度；接着，我从实证上将这些响应属性归纳为三种不同特性的函数。①攻击行动的特性。例如，明显程度：该行动在产业内受瞩目的程度；执行困难度：执行该行动需要倾注的精力与时间，请参阅 Chen et al.，1992[#2]（第 3 章）和 Chen and Miller，1994[#6]。②攻击者的特性。例如，组织对攻击行动的承诺程度；这种承诺会影响该行动不可逆转的程度，请参阅 Chen and Mac-Millan，1992[#3]（第 4 章）。③防御者的特性。例如，"竞争者依赖性"：防御者在遭受攻击的市场中的利害关系，请参阅 Chen and MacMillan，1992[#3]（第 4 章）。同时，这些研究也阐述了竞争互动对绩效的影响，请参阅 Chen and MacMillan，1992[#3]（第 4 章）和 Chen and Miller，1994[#6]。

这些研究结果显示出以下几个方面。①战略性行动（相对于战术性行动）以及运行时间较长或较不易被察觉到的行动，往往会降低竞争者的响应次数［Chen et al.，1992[#2]（第 3 章）和 Chen and Miller，1994[#6]］与响应速度［Chen and MacMillan，1992[#3]（第 4 章)]。②竞争者依赖性与行动不可逆转的程度，不仅是预测竞争性响应的重要指标，两者间的交互作用也会影响竞争性响应。当竞争者的重要市场被攻击时，竞争者通常会果断地响应［即竞争性响应的可能性相当高，请参阅 Chen and MacMillan，1992[#3]（第4 章)]，但会故意以较慢的速度来响应，一方面是为了表达自己防御自身利害关系的坚决意志，另一方面则是要告诉对方，自己并没有要升级战火的意图。然而，一旦攻击者采取高度不可逆转的行动来攻击防御者的重要市场，防御者就可能会采取果断且迅速的竞争性响应，以表达强硬的立场并保护自身的声誉。③竞争互动对绩效会有直接的影响。证据显示，攻击者与早期响应者的市场占有率皆会增加，请参阅 Chen and MacMillan，1992[#3]（第 4章)。由于竞争性响应会对攻击者的绩效产生负面影响，因此，攻击企业会有很强的动机去遏止竞争者采取报复的行动。

2.1.2 企业（业务）层次的竞争

这个研究主轴虽然也是以个别的竞争性行动与响应作为分析单位，但与第一个研究主轴的不同之处在于，此研究将焦点放在企业（业务）层次，其运用的数据都是从企业一连串竞争对抗的行动与响应中整合而得的，主要目的是探讨影响企业战略性竞争行为与竞争战略的决策组合的内部和外部因素，并进一步探讨其对绩效的意义。

1. 战略性竞争行为：前因和结果

此系列的研究［其研究结果有两篇文章刊登在 *AMJ*（Chen and Hambrick，1995；Smith，Grimm，Gannon，and Chen，1991），一篇刊登在《管理科学季刊》(*Administrative Science Quarterly*，*ASQ*)(Hambrick，Cho，and Chen，1996)] 试图直接采用企业实际从事的竞争性行动与响应的特质来进行系统性的分析，借此掌握企业的战略性竞争行为。基于上述观点，诸如行动倾向、竞争性响应度、行动（或响应）执行速度以及行动（或响应）的明显程度等重要的企业行为特性，均首度被纳入战略管理文献之中。接着，我又从高层管理团队理论、信息处理理论和制度理论等多元的理论观点出发，分别探讨组织规模 [Chen and Hambrick，1995[#7]（第 5 章）]、组织信息处理能力 [Smith，Grimm，Gannon，and Chen，1991[#1]] 以及企业的高层管理团队特质 [Hambrick，Cho，and Chen，1996[#11]] 是否会对企业的竞争行为以及后续的绩效产生影响。

举例来说，Donald Hambrick 与我在一篇刊登于 *AMJ* 的文章中 [Chen and Hambrick，1995[#7]（第 5 章）]，首度对过去文献中就小企业的独特竞争行为所提出的一系列假设进行验证。研究发现，小企业的战略性竞争行为与大企业截然不同，小企业发动攻击比较频繁，且执行速度较快，但在攻击上倾向于采取低姿态（近似游击战的方式）；再者，小企业若是遭到攻击，较不可能响应，且执行速度较慢。此外，当小企业采取与其规模相当的企业所经常采用的典型竞争行动时，绩效会比较好；反之，若是偏离与其规模相当的企业的竞争模式（例如，小型航空公司想要模仿大型航空公司的竞争行为），则将对绩效有不利的影响。

2. 竞争战略的决策组合

我和 Danny Miller 写了三篇相关的文章分别刊登在 *SMJ*（Miller and Chen，1996）、*ASQ*（Miller and Chen，1994）以及《社会力学报》(*Social Forces*，*SF*)（Miller and Chen，1996）。这三篇文章赋予竞争战略一种微观行为的决策组合（repertoire）概念。简而言之就是，一家企业的竞争决策组

合是由其过去所采取的所有竞争行动（如进入新市场、价格改变）组成的。竞争战略的组合与过去大多数战略研究者经常采用的概念［如 Porter 提出的低成本、差异化等一般性（generic）战略］具有本质上的差异，却与长期以来将战略视为具备一致性决策模式的观点吻合（Mintzberg，Raisinghani，and Theoret，1976）。

通过研究竞争战略的决策组合，可辨识出某些重要的企业属性。例如，整体活动水平［或企业惯性（inertia），请参阅 Miller and Chen，1994[#5]（第7章）］、行动类型的多样性［或简化（simplicity），请参阅 Miller and Chen，1996[#9]（第6章）］以及背离产业规范的程度［或不一致性（noncon formity），请参阅 Miller and Chen，1996[#8]］。这三个构念虽是组织理论与社会学的重要概念，但对于战略的研究也有重要意义。通过此种探讨竞争行为组合的方法，我们不仅对上述三个重要的理论构念提出了新的诠释，也对战略与组织领域有极大贡献。本系列的研究整合了市场层次变量（如多样性与成长性）与企业层次变量（如企业规模与成立年数）来解释这三个关键构念，并且指出它们对绩效的重要意义。举例来说，我刊登于 ASQ［Miller and Chen，1994[#5]（第7章）］探讨竞争惯性（定义为企业层次的所有竞争性行动）的文章指出：企业在绩效不彰时，其战术型行动（不含战略型行动）的惯性比较小。由此可知，企业的绩效不佳将使其改变战术，因为这些行动较易执行。

2.1.3　理论和方法论的考虑

1. 理论的考虑：整合竞争者分析和企业间对抗

尽管竞争者分析向来是战略与组织领域的重要研究主题，但过去的研究大多着重于通过 SWOT（优势–劣势–机会–威胁）这类分析方法来探讨静态的战略形貌或企业能力，对于企业间实际竞争行为的了解却较少。有鉴于此，我在 1996 年刊登于 *AMR* 的文章中［请参阅 Chen，1996[#10]（第 9 章）］提出了两项具有企业专质的理论构念：①市场共同性——源自多点竞争的相关文献（Karnani and Wernerfelt，1985）；②资源相似性——源自资源基础理论（Barney，1991）。资源基础理论的重点主张是：每家企业都面对不同的市场形貌，并有其独特的战略资源禀赋。根据这两个维度进行竞争者两两之间的比较，将有助于了解它们的竞争张力，进而预测它们在市场中的互动情形。

同时考虑这两个理论构念（市场共同性和资源相似性）可以产生三个影响企业竞争活动的驱动要素：对其他企业行动的察觉、采取行动或响应的动机，以及采取行动或响应的能力。举例来说，当竞争者与特定企业的市场共同性高时，竞争者可能会担心对方在其他市场采取报复行动，因而降低攻击该企业的动机；当竞争者与采取行动企业具有资源相似性时，竞争者采取响应的可能性更高。

这样的整合性思考阐释了两个不同战略理论的互补性，同时也提出了一组命题，将市场共同性与资源相似性以及企业间的对抗或竞争性行动（及响应）的可能性相互联结。同时，这个理论又进一步提出了"竞争不对称性"（competitive asymmetry）观念，意指即使两家企业面对一个完全相同的市场状况，双方对彼此竞争关系的看法也不同。

Tversky（1977）针对相似性（similarity）特质的研究中提到，距离函数背后假设的"对称律"通常无法切实地捕捉到相似性的概念；亦即 a 到 b 的距离未必等于 b 到 a 的距离 $[d(a, b) \neq d(b, a)]$。Tversky 进一步指出，企业间的竞争关系并不具有对称性，亦即两家企业不太可能具有相同程度的市场共同性与资源相似性。因此，就一连串交互竞争下所产生的行为与绩效变异而言，较适合以竞争不对称性的观念来解释；同时，竞争不对称性的观念也破除了以往在解释动态竞争时，对于竞争企业皆同质且具有完全信息的假设。

此外，这篇论文［Chen，1996[#10]（第 9 章）］也对既有的理论提出了重要的修正。在当时，专注于企业内部独特资源禀赋的资源基础观点，已在短期内快速崛起为战略管理领域的重要观点，这与 Porter 在 20 世纪 80 年代提出的专注于外部市场力量的范式所造成的风潮十分类似。我的研究则整合了以上两种企业观点和市场观点，也就是同时进行内部和外部的考虑，并适时地提醒战略学者：维持这两种观点的平衡是战略管理研究的最大挑战。

2. 研究论的考虑：运用关键的外部专家

我的研究中有一个重要的议题：运用产业界和企业的高层主管等外部专家来衡量个别竞争行动层次中的企业行为属性。我在 *AMJ* 的研究方法专刊中发表的一篇论文探讨过这个议题［Chen，Farh，and MacMillan，1993[#4]（第 13 章）］，这篇论文实际检验了几组外部专家（outside informants）（非研究样本企业内的受雇员工）在评估公司竞争行动属性上的专业性，并比较这些外部专家和公司内部高层主管所做评比的评分者间信度（inter-rater reliability）与评比正确性。研究发现，证券分析师的评估最为正确且信度很高，研究该相关领域的学者的评估也有很高的信度，且学者评估的正确度与产业顾问及利益相关者（如供应商及法规人员）大致相当。对于从事实证研究的学者而言，这个发现十分重要，因为过去的组织研究虽然广泛地采用外部专家意见，然而，却鲜有研究评估外部专家的意见究竟具有多少专业性。

2.1.4　总体层次的竞争

我在 *AMR* 发表的第二篇论文［McGrath，Chen，and MacMillan，1998[#12]（第 8 章）］将上述研究取向（主要用于企业层次）延伸发展至总体层次的竞争，这篇论文提出，一个企业的资源分配可以诱使竞争者转移其资源分配，并借此扩大自身的影响范畴，同时亦避免全面开战。

这篇论文还提出另一个观点：企业在多重市场竞争时，通常能利用自己的影响范畴（spheres of influence）与相互忍让（mutual forbearance）获取市场均衡；然而，不完全的竞争讯息却可能让其中一方产生影响对手行为与揭露讯息的诱因。在这种状况下，不同事业与产业间的资源分配可以取代破坏性的"硬碰硬"对抗竞争。该篇论文定义了攻击（thrust）、伪装（feint）以及以退为进的谋略（gambit）三种战略，并将它们概念化；同时也指出，若不把竞争性互动因素纳入考虑，将无法全面了解总体的战略决策。举例来说，何时会以退为进呢？答案是当 A 企业将资源从 Y 战场撤出（Y 战场对 B 企业也很重要），并借此诱导 B 企业改变其在 Y 战场投入的资源时；换言之，A 企业故意而且明显地从 Y 战场抽身，其实是要诱使 B 企业改变资源，避免 B 企业将资源投入在 A 企业真正在意的 X 战场里。组织和市场因素被用来预测何时可以运用这三种战略。

2.2 对战略管理领域的贡献

近年来，战略管理领域发展迅速（Hambrick and Chen，2008），我努力地将自己和其他人的想法付诸实证研究，期盼最后得以发展出一些新的观念，并建构一套动态竞争与对抗的系统化理论，以便从事更进一步的实证调查。战略管理是个汇集各种学科的领域（Nag，Hambrick，and Chen，2007），我努力扮演不同学科领域间的衔接者（boundary spanner）角色，以便搭建起各种不同理论（包括组织理论和行为、社会学、产业组织经济学与博弈论）间的桥梁，同时也不忽略实务界高层主管关于战略管理的观点。我发展出的这些想法对这个领域过去所着重的产业层次构念（如市场结构）和企业层次构念（如惯性）提供了本质上的联结。具体而言，我相信下列四个支流对战略管理领域的发展有重大的影响。

2.2.1 短暂的竞争优势

我的研究方法一向以行动与响应的对偶关系为分析单位，亦即根据企业专质性（firm-specific）、路径依赖性（path-dependent）和管理攸关性（managerially relevant）等基础来分析竞争，这种方法从本质上改变了过去战略领域对竞争优势的看法。我将战略管理领域的范式从强调静态、可被长期维系的竞争优势观点，转移到将竞争优势看作短暂的、经常受战略行动与响应影响的现象；同时，借由建构大规模数据库来进行广泛的研究，而研究成果也证实了 Schumpeter（1950）的创造性破坏理论。根据创造性破坏理论的主张，各个企业会采取行动和响应来追求市场机会，而这些行动和响应可决定这些企业长期的生存和表现。此外，本研究结果也在实证上支持奥地利学派的观点：他们认为竞争是个动态的市场流程，而非静态的市场状况；竞争是市场趋近与偏离平衡的一种过程，而非平衡本身（Jacobson，1992）。

现今许多产业，特别是全球化产业，在竞争条件迅速改变之下，采用传统的独占战略已难以产生大量经济租，且许多竞争利益仅能被视为暂时性的利益。在竞争越来越激烈的环境下，我们必须从竞争行动的本质来理解竞争，例如，从谁制定行动、行动如何被看待等基本问题出发。我的主张重点在于：影响企业个别绩效的因素是竞争性行动与响应，而非过去所认为的牢固的竞争地位。在我一系列研究中所展现的这个基本命题，后来获得了战略领域许多重要学者的认同 [诸如，D'Aveni（1994，2001）、Baum and Korn（1996）、Gimeno（1999）以及 Ferrier（2001）等]，并加以推广。

2.2.2 不可逆转性

我的研究已经吸引很多人注意到不可逆转性（irreversibility）这个问题，我在 *AMJ* 发表的论文 [Chen and MacMillan，1992[#3]（第 4 章）] 指出，不可逆转性超越了以往所着重的有形经济投资和资金资产（Ghemawat，

1991），进而包含了更广泛的组织层面、心理层面和社会经济层面的资源。该篇论文是最早研究这个主题的论文之一，不但扩大了此概念的内涵，也将这个组织理论（例如，Staw 所提到的承诺升级）中的重要概念带入企业间对抗和竞争的研究领域。这个扩大的概念和以往的方法不同，以往只把不可逆转性视为单一的构念。在一个相似的研究中（Chen，Venkatraman，Black，and MacMillan，2002），我找出了两类不可逆转性：内在的（如为了执行战略，企业内部部门间必须协调的次数）和外在的（如企业高层主管公开支持行动的程度）。我发现，前者会升级竞争程度，而后者则相反。

更重要的是，几乎所有战略性竞争行为研究中强调的主要概念，都呈现了不同程度的不可逆转性。组织的传统（heritage）［例如，规模（Chen and Hambrick，1995[#7]（第 5 章）］、组织结构（Smith et al.，1991[#1]）、高层管理团队的属性（Hambrick et al.，1996[#11]），以及组织的竞争决策组合［惯性（Miller and Chen，1994[#5]（第 7 章）］、竞争决策的不一致性（Miller and Chen，1996[#8]）与竞争决策的简化［Miller and Chen，1996[#9]（第 6 章）］，都可能会影响组织的路径依赖。企业采取的每个战略行动都会受到先前行动的限制，也会为未来的行动规划清楚的范围。而以往的投资和承诺将会限制企业未来的战略选择范围，同时改变它创造和增加价值的能力与表现。我的研究工作提出的重要启示是：竞争并非没有摩擦（frictionless），任何一个新情况中的竞争也并非全新的开始，每个竞争行动都有其历史渊源。

微观竞争行为的预测理论

战略领域是一个尚在发展中的学科，理论的实证研究不只是一个结果，而是为战略领域指引出未来发展方向的一个理论建构过程。如同我在 *AMR* 发表的论文［Chen，1996[#10]（第 9 章）］所呈现的，我的研究工作是为了建立一个微观竞争行为的预测理论。过去许多战略理论已经大致说明了特定产业的动态。我的研究试图超越这些理论来预测，在一个特定的竞争情境中，哪些行动可能会发生，哪些行动可能会导致成功的结果，以及哪些行动对企业的绩效具有管理抉择上的意义。

我在 *AMR* 上发表的论文 [Chen，1996[#10]（第 9 章）] 提供了一个重要的理论架构，来整合许多解释竞争行为和预测公司间对抗的实证研究。这篇论文后续也激发了之后的一些理论和实证的研究，包括 Baum 与 Korn（1999）验证动态竞争的对偶关系，Peteraf 与 Bergen（2003）纳入客户来扩大竞争分析的架构，Gardner（2005）调查企业间在人力资源上的对抗，Mas-Ruis、Nicolau-Gonzalbez 与 Ruiz-Moreno（2005）研究战略群组间的不对称对抗，DeSarbo、Grewal 与 Wind（2006）使用消费者调查数据来验证竞争不对称性的存在，Yu 与 Canella（2007）研究形成跨国公司之间竞争对抗的市场与资源前置因素，Markman、Gianiodis 与 Buchholtz（2008）进行要素市场竞争对抗的理论推导。我在 *AMR* 上发表的这篇论文中，将有关竞争行为的三项前因整合成三项驱动要素，并正式称为"察觉 – 动机 – 能力"（awareness-motivation-capability，AMC）观点（Chen，Su，and Tsai，2007；Yu and Cannella，2007）。

2.2.3 方法论和衡量

我的研究计划所使用的方法本身就对战略领域有独特的贡献；该方法论的创新和严谨度获得了很多肯定。作为一个致力于把理论变成实证研究的学术工作者，我在研究动态竞争时一直很关心方法论的议题和衡量的方法。我的研究的独特性在于：所有的研究，包括两篇理论性文章 [Chen，1996[#10]（第 9 章）和 McGrath et al.，1998[#12]（第 8 章）]，在操作程序、衡量方法和实证检验上，都经得起考验，此方法的独特性不但使动态竞争研究变得既有价值又有趣，而且方法的创新贡献和严谨标准也为战略领域设立了一个参考指标，改变了学者对战略研究的期望。因此，除了实际的贡献以外，所有论文都可以当作重要的方法论指南。更重要的是，我先前的实证研究发现，对于建立一致性的动态竞争和企业间对抗理论均有所贡献，从我在 *AMR* 上发表的两篇理论性文章可得到证明。

为了完成必要的实证研究目标，我建立了一个很大的数据库，它包含了美国航空业 8 年内所有的重大竞争行动，这些数据都是利用内容分析法（content analysis）仔细地检视产业中最完整且极受尊敬的论文和信息得来的。此外，我也认真地检查了数据源的完整性和可靠性，并努力探讨竞争行动属性这类问题［请参见 Chen and Hambrick，1995[#7]（第 5 章）中的方法论细节］。长久以来，由于缺乏大量可靠的数据和适合研究动态或互动竞争的方法，战略管理领域一直停滞不前，而研究则解决了这些问题。选择具体、特定的竞争行动作为研究的重心，就代表一种方法论上的突破。在这个分析层次上进行研究，可让动态竞争研究变得很成功，让战略竞争行为辨识变得可以信赖，让竞争者分析变得很适宜。后续学者［例如，Baum and Korn（1996）、Gimeno（1999），以及 Ferrier（2001）］已经把他们的研究注意力转移到行动 / 响应或个别行动层次上，并针对进入 / 退出市场等主题进行深入的探讨。

2.2.4　有形的成果

整体来说，我在动态竞争领域的核心工作已经产生了一些激励作用。我的博士论文（Chen，1988）被认为是战略管理文献里第一篇以动态（或互动）方法来研究竞争的著作。几年之后，这类研究的论文已多达 30 多篇（检视了 40 多个产业），发表在各个顶级的管理期刊上（Smith et al.，2001）。在这期间，我的研究曾经两度获得 Glueck 最佳论文奖（1993，1995），这是美国管理学会的企业政策与战略学科（Business Policy and Strategy Division，2018 年更名为 Strategy Management Division）给予研究者的最高荣誉。另外，我也获得一次 *AMR* 所颁发的最佳论文奖（1997）。我的 12 篇论文中，有 4 篇的早期版本曾被收录在美国管理学会的最佳论文集中。

表 2-1 提供了我的 12 篇论文在 SSCI 被引用的次数。这些论文截至 2007 年年底，已被引用达 822 次，其中有 8 篇论文各被引用超过 50 次。另外，发表于 1996 年的论文 [Chen，1996[#10]（第 9 章）]，以及研究高层管理团队 [Hambrick et al.，1996[#11]] 和惯性 [Miller and Chen，1994[#5]（第 7 章）] 的两篇论文，均被引用超过 100 次。

附录 2A 是一份亚历桑纳州立大学在 20 世纪 90 年代末期汇编的报告（由 William Glick 主持），它追踪管理学者在 9 本涵盖宏观与微观的顶级管理学报中（*AMJ*、*ASQ*、*Organizational Behavior and Human Performance*、*Journal of Applied Psychology* 等）发表的论文。我所列的 12 篇核心论文中的 11 篇让我在 1990～1999 年的排名位居众多管理学者的前五名。

我于 1996 年发表在 *AMR* 的论文 [Chen（1996）[#10]（第 9 章）]，在 1997 年获得了 *AMR* 的最佳论文奖（这篇论文的 1995 年版本也曾获得 Glueck 最佳论文奖）。如附录 2B 所示，*AMR* 委员会对这篇论文的评语是：这篇论文很有创意地整合了战略研究领域的两大主流……这篇论文改变了我们对竞争过程的看法，它包含了一篇有重大贡献论文的所有要素。其中的一大独特贡献在于，它所发现的显然矛盾的结果。作者发现，战略的世界并不是对称的，而作者要提出这样一个假设，需要有相当的洞察力和勇气。同时，他也整合了战略领域迄今仍然对立的两大范式。在两项成就中，仅其中一项就已经是很杰出的贡献，这篇文章却同时包含了两项成就，这就是得奖的原因。

两本热门的战略领域教科书（Hitt，Ireland，and Hoskisson，2007；Peng，2006）的某一章节大量引用了我过去研究的核心观点。许多企管研究所和高层经理人的研讨课程，以及教学个案和研究备忘录，也都以我在动态竞争方面的研究为基础来设计。此外，我的研究计划也被设计为企管研究所有关动态竞争的进阶课程内容（请参见图 2-2，动态竞争的课程设计）。在一些实务的研讨会中，大型的知名顾问公司也持续地使用我对于竞争者分析和动态竞争的相关研究内容。

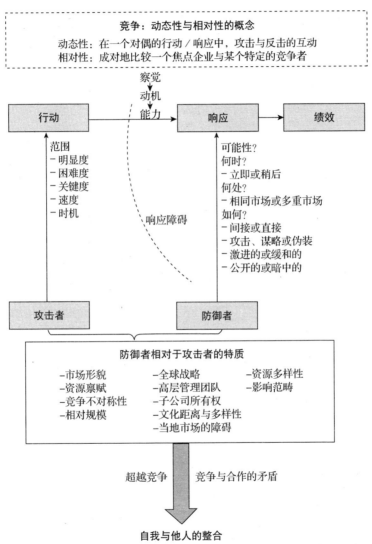

图 2-2　动态竞争的课程设计

注：本图提供了一个观点，并显示了动态竞争复杂、变动、多重的过程。

2.3 研究过程的回顾[⊖]

可以衡量的、有形的结果，当然具有奖励作用，不过，我觉得最重要也最有趣的进展发生在迈向成果的过程里。我深信并珍惜过程的重要性，且也从获得成果时所面对的挑战中得到了最大的乐趣。在我的学术生涯中，我已经把这项重要的学习与一些战略和管理学者分享，也会继续和新一代的研究者分享。

2.3.1 从事计划性的研究

本章的 2.1 节和图 2-1 概述了我的研究计划。为何要做长期的计划性研究呢？有很多相当实际的原因，其中包括保持专注、在不同的研究项目间达到最大的协同作用和效率、在学术圈里快速地建立自己的学术识别（名声）。我再多谈谈几个观念和想法。首先，研究会滋养出新的研究：就像战略一样，有些研究结果是早在预期中的，而有些结果则是研究后才发现的（Mintzberg and Waters，1985）。大致来说，研究后才发现的结果是比较有价值的。其次，在整个研究计划中，学者应考虑每个机会，同时避免杂乱地研究，应该随时注意自己的研究内容和整个领域发展之间的关系。跟着目前的主流走是不必要的，甚至最好不要跟着主流走；然而，一个人还是应该注意大趋势和研究领域，并且思考如何做出贡献。

一个扎实的研究计划既要精深，又要有延展性，如图 2-1 中的向下的箭头和横线。要发展研究计划，你需要同时兼顾深度和广度，亦即不但要顾虑整个森林（意指研究计划的广度），还要考虑每棵树（意指单一研究的深度）。你心中必须时时牢记这样的深度和广度，或者森林和树。以我个人为例，我早期研究计划的核心观点和基本前提，已经为最近展开的研究打好了基础，

⊖ 针对我从发展这个研究计划所学到的主要经验，详细讨论请参阅本书最后一章。

其中包括数理模型（Hsu and Chen，2007）（如 3a 的扩展）、竞争知觉（Chen et al.，2007；Lin and Chen，2007）（如 3a 和 3b 的结合）、跨国企业间的对抗（Chen and Stucker，1997）（如 4 中新的支流）以及竞争与合作（Chen，2002，2008）（一个全新的主流）。

在这些延伸的研究中，Lin 与 Chen（2007）对竞争整备（competitive readiness）这一构念进行操作化，也就是企业在交战中倾向于快速地采取行动或反制对手的程度。这篇论文建构于我在 *ASQ* 发表的一篇论文（Hambrick et al.，1996[#11]）的基础上。此外，Lin 与 Chen（2008）也检视了竞争性响应如何在公司 CEO 强大的决策权（decision power）、高层管理团队的社会行为整合，以及组织绩效之间产生中介效果的影响。这篇论文使用了中国台湾地区 200 多家企业的高层管理团队问卷的调查资料，对高层主管之间的复杂互动行为提出重要的洞见，并对高层管理团队在过程中的竞争行为提出了解释。这类延伸性研究对于亚洲情境而言应是十分重要的。因为在亚洲，公司 CEO 的领导和高层管理团队组合的社会动态性（social dynamics）对组织的运作与成功有非常关键的影响（Westwood，1997）。

2.3.2 提出天真的问题

表 2-2 列出了一些激发我的 12 篇文章的一些核心问题，例如，在竞争 – 战略 – 竞争决策组合的研究主轴中（表中的 2b），我提出了一个非常简单的问题：我们能否将公司战略概念化为竞争行动的决策组合？根据这个概念，我又提出另外一个问题：竞争决策组合的属性有哪些？接着，我又研究了竞争惯性（Miller and Chen，1994[#5]）、不一致性（Miller and Chen，1996[#8]）、简化（Miller and Chen，1996[#9]），以及表 2-2 中每个相对应的问题。

表 2-2 提出简单的核心问题

---

1. 预测竞争性响应
   - 我们能否利用竞争行动或攻击的特质（如明显性和执行困难度）来预测竞争响应（如可能性和速度）？（博士论文；#2, *MS*, 1992）
   - 我们能否利用攻击者（如不可逆转性）和防御者（如竞争者依赖性）的特质来预测防御者的无反应（或延迟反应）？（#3, *AMJ*, 1992）
   - 我们能否利用攻击和攻击者的特质来预测竞争响应？（#6, *SMJ*, 1994）
2. 企业（业务）层次的竞争
   2a. 竞争性战略行为：
   - 我们能否利用组织的特质来预测防御者的响应？（#1, *AMJ*, 1991）
   - 我们能否解释大公司和小公司竞争行为（行动和响应）的差异？（#7, *AMJ*, 1995）
   - 我们能否利用高层管理团队的特性（如成员的异质性）来解释企业的竞争行为（行动和响应）？（#11, *ASQ*, 1996）
   2b. 决策组合层次的竞争：
   - 我们能否预测竞争惯性和它的绩效意义？（#5, *ASQ*, 1994）
   - 我们能否预测竞争不一致性和它的绩效意义？（#8, *SF*, 1996）
   - 我们能否预测竞争简化和它的绩效意义？（#9, *SMJ*, 1996）
3. 理论和方法论的考虑
   - 当不同的外部专业人士来评估公司的竞争行动时，我们如何比较他们的专业能力？（#4, *AMJ*, 1993）
   - 我们如何重新定义竞争者分析，并用它来预测动态竞争？（#10, *AMR*, 1996）
4. 总体层次的竞争
   - 针对两家有着多重事业的企业，我们如何定义它们之间的竞争对抗？（#12, *AMR*, 1998）

事实上，我全部的研究计划都是从一个天真的问题开始的：什么是竞争？很久以前，经济学家和组织理论家就问过这个问题，而且经济学家已经问了 200 多年。为了回答这个问题，我把竞争概念化，将它视为企业间竞争行动和响应的互动。虽然这个概念很简单明了，但在当时从研究的角度来说，这是一个极富挑战的任务；接着，这个问题后来变成：什么是竞争行动？什么是竞争响应？在方法上，如何辨识一个竞争响应？事实上，我就是从研究竞争响应开始了整个研究工作。从我所搜集的实证资料中，我又从竞争响应追溯到竞争行动。这些考虑很自然地又引导我去面对另一个问题：如何定义竞争行动与响应的属性？从这里，我又接着提出下一个核心问题：竞争行动和竞争响应有何关联？这就是我博士论文的中心议题，也是本书下一章（Chen et al., 1992）（第 3 章）的研究焦点。

　　同样地，1996 年我在 *AMR* 发表的论文［Chen，1996[#10]（第 9 章）］的原始草稿，也是源自我 1989 年参加在新泽西州举办的一场未对外开放的学术研讨会，该研讨会是宾夕法尼亚大学沃顿商学院主办的，那时我刚到哥伦比亚大学商学院任教。在研讨会上，我被指派评论当时很热门的战略群组文献。那一年光是战略群组主题就有 33 篇博士论文，当时，我提出一个既简单又天真的问题来开始我的分析和评论：战略群组取向的研究对竞争者分析有何好处？我的结论是：并没有什么好处，因为它无法预测实际的竞争行为，而竞争者分析的最终目的就是预测实际的竞争行为。我的评论得到了非常严酷的反馈，某个认同我的参与者甚至用"不厚道""刻薄"来形容这些回应。但无论如何，这个天真的问题是一篇论文的种子，而这个种子经过了一段漫长的路途：从 1989 年形成最初的观点，到最后 1995 年投稿到 *AMR*，且在无须复审的第一回合被接受为止。这样的经验对于将我塑造成今日的研究工作者而言，不仅深具价值，且意义非凡。

　　总之，研究和论文发表的过程耗费时日，顶级期刊的论文接受率又很低，而论文的修改过程更是冗长且充满挑战，然而我深信这个过程可以且也应该被管理。每个人管理这个过程的方式将对他的文章发表、学习与学术生涯产生深远的影响，而最大的影响则在于"学术风范"（scholarship）和"人性"（humanity）。即使论文被退稿，或是在发表之前需要不断地修正，这个过程依然深具价值。

2.4　结语

　　在亚洲管理学会的学术发展研讨会中，我向与会者提出下列问题。

　　（1）中国是个新兴市场吗？想想看，若以现在的购买力来换算，在公元 1800 年以前，十个世纪中有九个世纪中国的国内生产总值至少占全世界的33%，比现今的美国还高。如此，我们还能把中国当成一个新兴市场吗？

（2）华人社会应不应该被认定为集体文化［这是个已被广泛运用的分类（Hofstede，1991）］？根据我们的了解，创业精神一直是中国历史中极为重要的一部分，华人企业家在东南亚也有很大的支配力，现在甚至延伸到非洲。然而，在定义上，创业精神却属于个人主义。所以，我们要如何解决这个矛盾？

（3）"关系"（如人际关系、商业关系等）可以被经营吗？管理文献中有很多论文探讨这个题目（Farh，Tsui，Xin，and Cheng，1998；Park and Luo，2001；Xin and Pierce，1996），不过，很少有论文注意到华人的"关系"和西方所谓的"网络"（network）有极大的不同。如果只根据它本身的定义（Chen，2001），将关系的概念解释为增进（foster）或培育（nurture），而不是建立（build）或发展（develop），是否更恰当呢？

（4）我们可否将"家族企业"（family business）和"企业家族"（business family）画等号？这两者有何不同？在亚洲，我们观察到的可能是后者，而我们可否将前者发展出来的理论和研究发现用来解释后者的现象？

上述这些问题都是简单甚至天真的问题，不过，它们却是最根本的问题。对于在亚洲从事研究工作的学者来说，这些问题可以贡献一些有意义的思考方向。事实上，上述每个问题都值得研究，也可以用来发展研究计划，就像我自己的动态竞争研究一样。换言之，我们眼前已有许多十分有趣的研究挑战。

我建立动态竞争研究计划的经验让我想到在来美国之前，我的指导教授姜占魁老师与我分享的两个态度——决心（determination）和坚持（persistence），我一直把这两个词牢记在心（我决定要到美国念书，也大多归功于姜老师）。

　　我发展动态竞争研究的经验和学习过程，可以用我的座右铭来简单地总结说明。近年来，我在各种不同的学术生涯发展研讨会中，已经将这个座右铭与许多后进学者和企业经理人分享：把自己全心投入过程中（研究、发表、工作、学术生涯和人生），这个过程自然会引领你向前（put yourself into the process，and the process will carry you through）。

| 附录 2A |

管理学者于顶尖管理期刊发表论文篇数排名（1990～1999 年）

姓	名字	AMJ	AMR	ASQ	JAP	MSC	OBHDP	OS	ROB	SMJ	总计
Zajac	Edward	2	1	6	0	1	1	1	0	4	16
Lubatkin	Michael	3	1	0	0	0	0	3	0	8	15
Hitt	Michael H.	4	2	0	0	0	0	1	0	7	14
Hambrick	Donald C.	3	2	3	0	2	0	0	1	3	14
Dalton	Dan R.	4	0	1	2	0	0	0	0	5	12
Ghoshal	Sumantra	1	5	0	0	1	0	0	0	5	12
Chatterjee	Sayan	4	1	0	0	1	0	1	0	5	12
Hoskisson	Robert E.	4	2	0	0	0	0	1	0	5	12
Baum	Joel	3	0	4	0	1	0	1	0	2	11
Glick	William H.	5	2	0	0	0	0	2	0	2	11
Heath	F. R.（Chip）	0	1	0	1	0	6	0	2	1	11
Boeker	Warren	5	0	3	0	0	0	1	0	2	11
Levinthal	Daniel A.	1	1	2	0	3	0	2	0	2	11
Eisenhardt	Kathleen M.	0	0	5	0	0	0	2	1	1	11
Tushman	M. L.	2	0	2	0	2	0	1	3	1	11
Chen	Ming-Jer	4	2	2	0	1	0	0	0	2	11
Venkatraman	N.	2	0	0	0	4	0	0	0	5	11
Hill	Charles W.	2	2	0	0	0	0	2	0	5	11
Westphal	J. D.	2	0	7	0	0	0	0	0	1	10
Bromiley	Philip	4	0	0	0	1	0	1	0	4	10
Brett	Jeanne M.	4	0	0	3	0	1	0	1	1	10
Harrison	David A.	1	0	0	6	0	1	1	0	1	10
Ashford	Susan	4	1	1	1	0	2	0	0	1	10
Kogut	Bruce	0	0	0	0	3	0	5	0	2	10

（续）

姓	名字	AMJ	AMR	ASQ	JAP	MSC	OBHDP	OS	ROB	SMJ	总计
Huber	George P.	3	1	0	0	0	0	4	0	2	10
Thomas	Howard	0	1	1	2	0	0	0	0	6	10
Raheer	Srilata1	1	2	0	0	2	0	1	0	3	9
Finkelstein	Sydney	4	0	1	0	0	0	1	0	3	9
Smith	Ken G.	3	0	1	0	1	1	0	0	3	9
Goodstein	Jerry	6	0	0	0	0	0	1	0	2	9
Miner	Anne S.	1	1	3	0	0	0	2	1	1	9
Dean	J. W. Jr.	1	1	3	0	0	0	2	1	1	9
MacMillan	Ian C.	2	1	1	0	1	0	0	0	4	9
Van De Ven	Andrew H.	0	2	0	0	0	0	4	0	3	9
Miller	Danny	2	1	1	0	2	0	0	0	3	9
Nayyar	Praveen	3	1	0	0	0	0	0	0	5	9
Daily	Catherine M.	3	0	0	0	0	0	0	0	5	8
Liebeskind	Julia	0	2	0	0	0	0	2	0	4	8
Dutton	Jane E.	2	1	3	0	0	0	0	1	1	8
Gomez-Mejia	L. R.	5	1	0	0	0	0	0	0	2	8
Snell	Scott A.	5	2	0	0	0	0	0	0	1	8
Wright	Patrick M.	1	1	0	3	0	2	0	0	1	8
Brockner	Joel	2	1	2	0	0	1	0	0	2	8
Mitchell	William H.	0	0	1	0	0	0	0	0	7	8
Banker	R. D.	1	0	0	0	5	0	0	0	1	7
Miller	C. Chet	3	0	0	0	0	0	2	0	2	7
Wiersema	Margarethe	2	0	0	0	0	0	1	0	4	7
Kotha	Suresh	1	1	0	0	0	0	0	0	5	7
Bettis	Richard	0	1	0	0	0	0	1	0	5	7
Kim	W. Chan	1	0	0	0	1	0	1	0	4	7
Zaheer	Akbar	0	1	0	0	2	0	1	0	2	6
Mitchell	Will	0	0	1	0	1	0	1	0	3	6
Ingram	Paul	0	0	3	0	2	0	0	0	1	6
Ketchen	David	3	0	0	0	0	0	0	0	3	6

（续）

姓	名字	AMJ	AMR	ASQ	JAP	MSC	OBHDP	OS	ROB	SMJ	总计
Greve	H.	0	0	4	0	0	0	0	0	2	6
MacGrath	Rita	0	3	0	0	1	0	0	0	2	6
Miller	Kent	2	0	0	0	0	0	0	0	4	6
Hennart	Jean	0	0	0	0	2	0	1	0	3	6
Sutcliffe	Kathleen	1	1	0	0	0	0	1	1	2	6
Park	Seung Ho	3	0	0	0	1	0	0	0	2	6
Swaminatha	Anand	1	0	3	0	1	0	0	0	1	6
Tyler	Beverly	0	0	0	0	0	0	1	0	5	6
Williamson	Oliver	1	1	1	1	0	0	0	0	3	7

注：*AMJ——Academy of Management Journal*
AMR——Academy of Management Review
SMJ——Strategic Management Journal
ASQ——Administrative Science Quarterly
MS——Management Science
OBHDP——Organizational Behavior and Human Decision Processes
OS——Organizational Science
ROB——Research Organizational Behavior

| 附录 2B |

1996 年《管理学会评论》最佳论文委员会的评语

这篇 1996 年《管理学会评论》(*Academy of Management Review*) 最佳论文，是被主编 Susan Jackson 所接受，并从当年刊登的 30 篇论文中挑选出来的。遴选委员会成员包括 Chris Earley（伦敦商学院）、Marc J. Dollinger（印第安纳大学）、Herminia Ibarra（哈佛商学院）、Duane Ireland（贝勒大学）、Dev Jennings（英属哥伦比亚大学）、Martin Kilduff（宾夕法尼亚大学）、Scott Poole（得克萨斯州农工大学）、Anat Rafaeli（密歇根大学）、Dean Tjosvold（西蒙弗雷泽大学）；Tom Jones（华盛顿大学）是委员会主席。

这篇论文很有创意地整合了战略研究领域的两大主流，同时，它也运用了创新的分析工具来理解竞争过程的重要意义，解释了各个企业对竞争对抗的看法为何会有所有不同，因而采取迥异之战略的原因。这篇文章改变了我们对竞争过程的看法，它包含了一篇有重大贡献论文的所有要素。

其中的一大独特贡献是它所发现的显然矛盾的结果。作者发现，战略的世界并不是对称的，而作者要提出这样的假设需要有相当的洞察力和勇气；同时，他也整合了战略领域迄今仍然对立的两大范式。在两项成就中，仅其中一项就已经是很杰出的贡献了，这篇文章同时包含了两项成就，这就是该文得奖的原因。

作者结合了战略行为的两套核心理论，且通过这样的结合发展出可以实际检测的组织行动预测方法与衡量方式。除了论文本身的贡献外，这篇论文清晰的文字与顺畅的逻辑推理也值得一提。

这篇论文在严谨的理论基础上，导入并阐明了竞争不对称性的概念。借此，这篇论文对"竞争者加诸彼此的威胁程度不一定会相同"这个论点，提出了十分重要的洞见。论文分析的宽度、深度，以及论证与严谨度，清楚地说明了竞争行为与合作行为间的差异。

1996 年《管理学会评论》最佳论文的名称是"竞争者分析和企业间对抗：理论的整合"，作者是宾夕法尼亚大学沃顿商学院的陈明哲教授。

第二篇

行动与响应对偶层次：竞争性互动

第二篇主要以竞争对抗实际发生的层次，亦即竞争性行动与响应的对偶层次为分析单位，来探讨企业间的动态竞争。这种分析方式突破了以往静态的、以企业层次为焦点的分析方法。本篇中的两章分别引用不同的理论，来检视个别竞争性行动特质与竞争性响应特质之间的关系。其中，第 3 章是开创动态竞争研究非常重要的一篇论文。

第 3 章主要探讨如何根据竞争性行动特质来预测竞争性响应。作者首先根据冲突情境中的决策行为模式，从行动者的承诺（commitment）与防御者面临的威胁（threat）两个层面，导引出竞争性响应的四项预测因子，即竞争影响力（competitive impact）、攻击强度（attack intensity）、执行条件（implementation requirement）以及行动类型（type of action），然后运用社会认知理论的刺激－反应模型来检视这四项竞争性行动特质对竞争性响应数目（number of responses）与响应时间落差（response lag）的影响。实证结果显示，竞争影响力及攻击强度会增加竞争性响应的数目；相较于战术性行动，战略性行动或需要持续贯彻执行投入的竞争性行动，可以减少竞争性响应的数目，并且推迟竞争者的响应时间。最后，当竞争者的主要市场受到强烈攻击时，它们的响应速度反而比较慢。

第 4 章的焦点是检视竞争者对竞争性行动采取未响应、延迟响应或配对响应的原因。作者通过博弈论来探究，竞争者对一个受攻击市场的依赖性（competitor dependence），以及竞争性行动的不可逆转性（action irreversibility）对竞争性响应的影响。实证结果显示，竞争者依赖性会降低未响应（nonresponse）的概率，增加响应的时间延迟（response delay），并且提高响应者采取配对响应（matching response）的可能性；行动的不可逆转性则普遍呈现与以上相反的结果。此外，竞争者依赖性与行动不可逆转性的交互作用也呈现显著的效果。最后，研究结果也显示，攻击者与早期响应者可以侵蚀晚期响应者和未响应者的市场占有率。

|第3章|

竞争行动的特质

原题　以竞争性行动的特质为竞争性响应的预测因子[⊖]

原文出处　Chen, Ming-Jer, Smith, Ken G., and Grimm, C. M., 1992, "Action Characteristics as Predictors of Competitive Responses," *Management Science*, 38 (3): 439-455.

　　动态竞争研究的核心议题之一是探讨竞争性响应是否能被预测。本章探讨竞争性行动的不同特质与受攻击企业的响应数目及响应时间落差之间的关联性，以美国航空业企业的竞争性行动为例，来检视所提出的各项假设。实证结果显示，首先，受攻击企业的竞争性响应确实受到竞争性行动特质的影响；尤其是当受到一个竞争性行动影响的企业数目越多与受到攻击的市场对企业越重要时，则受攻击企业的响应频率越高。其次，相较于战术性的竞争行动，战略性或需要投入较多努力才能执行的竞争性行动，可以降低竞争性响应的数目，并且推迟竞争者的响应时间。最后，与原先预期相反的是，当企业的主要市场受到竞争者攻击时，它们的响应速度反而比较慢。

⊖　本文献给已故的弗兰克·T. 佩因（Frank T. Paine），他的想法与激励对第一作者的博士论文影响甚巨；本研究主要取自该论文的内容。作者非常感谢本期刊的匿名审查委员。Warren P. Boeker、Laura M. Brown、Charles Cameron、John B. Donaldson、James W. Fredrickson、Donald C. Hambrick、Kathryn R. Harrigan、Barry Ickes、Danny Miller 及 William H. Newman 对本文早期的初稿提供了建设性的评论；Patrick Huan 与 Kuo-Hsien Su 在资料搜集与分析上的协助，在此一并致谢。

3.1 绪论

为了寻求竞争优势，企业往往会持续在市场上采取攻防行动，因此，学者普遍认为，了解竞争者之间的竞争对抗行为是战略管理领域十分重要的课题（Porter，1980，1985；MacMillan，McCaffery，and Van Wijk，1985；Bettis and Weeks，1987；Chen，1988；Smith，Grimm，Chen，and Gannon，1989；Smith，Grimm，Gannon，and Chen，1991）。然而，除极少数小样本的探索性研究与单一类别专家的回溯性报道之外（MacMillan et al.，1985；Smith et al.，1989），目前几乎没有相关研究直接检视企业间交战的实际竞争互动行为。

着眼于竞争性行动所引发的竞争性响应，我们率先以大量的实际竞争性行动数据为样本，来探讨竞争性互动，以期达到下列三大目的：①强调竞争性响应（responses）在动态竞争中的重要性，并同时提出竞争性响应的两项重要特质，亦即响应数目（number of competitive responses）与响应时间落差（response lag）；②探究竞争性行动的各种特质在竞争上的含义；③更重要的是，经由实证来说明竞争性行动的特质可以用来预测竞争性响应。

3.2 理论架构

3.2.1 竞争性行动与响应

作者呼应 Caves 的主张，将本研究的重心放在"既有企业间的对抗性行动"（rivalries move among incumbent producers）（Caves，1984：127），并根据 Porter（1980）的研究，将竞争性对抗（rivalry）定义为同一市场中，竞争者间一来一往的竞争互动行为（the exchange of competitive moves between firms in a market）。战略管理的研究认为，企业在市场中所采取的竞争性行

动与竞争性响应，对于组织绩效有决定性的影响（Porter，1980）。即使不是
所有竞争性行动都会引发竞争性响应，但我们所关心的是，竞争者在实际的
市场上，如何你来我往地彼此竞争互动，特别是有关竞争性响应的预测。兹
将上述想法以简单的延伸博弈形式呈现于图 3-1。

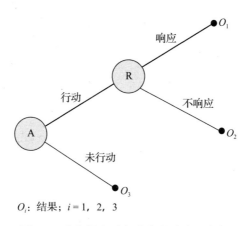

O_i：结果；$i = 1, 2, 3$

图 3-1　竞争性行动与竞争性响应的架构

　　如图 3-1 博弈判定树所示，当企业（A）策动竞争性行动时，竞争者（R）
可以有两种选择，亦即响应或不响应。本章的实证重点就在于那些引起竞争
性响应的竞争性行动[⊖]，也就是图 3-1 中的粗线部分。

　　我们将竞争性行动定义为企业为了提高其相对竞争地位，所策动的
一项特定且可明确察觉的竞争性行为，例如新产品上市；并将竞争性响应
定义为企业为了提高其相对竞争地位，所实行的一项可被观察且可被辨识

⊖　近来，博弈论模型特别关注吓唬（bluffing）在竞争性对抗（competitive rivalry）中的
　　重要性。面对新的竞争对手进入市场，企业可能会威胁采取全面的价格战（Eaton and
　　Lipsey，1981；Salop，1979），也可能会彼此以"廉价的口舌战略"（cheap-talk）来交战，
　　即预先宣告其不一定会执行的战略意图（Farrell，1987）。这些状况显然延伸了竞争企
　　业可选择的竞争性行动组合。即使如此，我们仍遵循 Caves（1984：127）的研究，仅
　　专注在"现有企业投入相当多的资源承诺，而且无法于短期内逆转的竞争性行动与竞争
　　性响应"。

（observed and discerned）的响应行动（counteraction）(Porter，1980)⊖。

Schumpeter（1934，1950）特别指出竞争性行动与响应间的关系，他将市场视为一个竞争者通过各种创新行动进行竞争实验的竞技场（arena）。在这些创新行动中成功的企业可以获得商机，并能从其他竞争者所无法迅速模仿的独占地位中获利（Nelson and Winter，1982）。然而，任何可以产生超越正常利润的行动，通常都会快速地吸引并促使其他竞争者在某个时点采取竞争性响应（Schumpeter，1934，1950）。当然，并非所有竞争性行动皆能带来成功的结果，所以，一旦企业采取了某种竞争性行动，它就必须有随时面对竞争性响应的准备。

我们认为，并不是所有竞争性行动都全然相似，因此，竞争性行动本身的特质往往是预测竞争性响应的重要因子。更具体地说，本研究的目的就在于回答：在那些会引起竞争者报复的竞争性行动中，我们能否根据竞争性行动的特质，来预测竞争性响应的数目与速度？换言之，本章的重点就在于探讨竞争性行动的特质与竞争性响应间的关系。

3.2.2　竞争性行动的特质

本章所选取的自变量，主要是根据 Schelling（1960）对冲突情境中的决策行为模式的研究而来。Schelling 认为，面对竞争者可能采取破坏性的报复行动，企业之所以仍采取竞争性行动，最主要的原因是，它预测采取竞争性行动的报酬要比维持现状高。就 Schelling 的观点来看，竞争性行动的成败取决于发动行动者（initiator）对该行动做出的承诺（commitment），以及竞

⊖　竞争性行动及竞争性响应的定义在描述本研究范围时，扮演非常重要的角色。很显然地，某些情况下可能发生竞争性响应未被外人观察到或辨识到的情形；但是，我们的实证重点放在那些会引起（至少从研究的观点）可被观察的竞争性响应的竞争性行动上。从研究的观点考虑，那些未引起响应（不论原因为何）或响应无法观察到或辨识到的竞争性行动，均不在本研究范围之内。

争对手采取竞争性响应的可能性。如果行动者能让竞争对手相信它会坚守新的地位（position），则阻止报复行动的可能性就比较大；同样地，竞争对手是否会采取竞争性响应，需要审视竞争性响应的预期报酬，以及该竞争性行动对它们主要市场的威胁程度。

针对上述承诺与预期报酬的概念，本研究使用四种竞争性行动的特质来探讨（这些观念在"研究假设"一节中将有详细的说明）。

（1）竞争影响力（competitive impact）：一项行动对竞争者的波及或影响程度。

（2）攻击强度（attack intensity）：一项行动对某一竞争者主要市场的影响程度。

（3）执行条件（implementation requirement）：采取行动的企业执行该行动所需投入的努力程度。

（4）行动类型（type of action）：战略性（strategic）或战术性（tactical）。

对响应者来说，竞争性响应的预期报酬与其被一项行动波及的层面和行动者攻击其主要市场的强度有关。当竞争性行动的竞争影响力越大且攻击强度越高时，对响应者利润的潜在伤害越大。竞争性行动的执行条件与类型，称得上是行动者对竞争性行动承诺的指标；更具体地说，采取战略性或需要投入许多努力才能执行的竞争性行动，通常意味着行动者对其所采取的竞争性行动具有高度承诺。

过去的文献已经对上述四个变量的影响提出了许多例证。其中，"竞争影响力"与"攻击强度"可追溯到 MacMillan 等（1985）在研究中提到的类似特质；"行动类型"与"执行条件"在某种程度上亦与 MacMillan 等提出的"复杂性"（complexity）概念，以及 Smith 等（1989）提出的"重大性"（radicality）概念十分类似。

3.2.3　竞争性响应的特质

竞争性响应有哪些重要的特质？针对这个问题，我们可以从"一个潜在的响应会如何影响竞争性行动在创造与维持竞争优势上的效果"来加以思考。从行动者的观点来看，如果一项竞争性行动可以将竞争性响应的数目降到最低，并且可以推迟竞争者响应的时间（Porter，1980；MacMillan et al.，1985；Smith et al.，1989），就比较能够有效地维持竞争优势。

1. 竞争性响应数目

对于行动者而言，竞争性行动的结果有部分需要视其所引发的竞争性响应数目而定。举例来说，如果企业所采取的竞争性行动会引起许多其他竞争者的强烈响应，那么就有可能对它的获利产生不利影响。Mansfield（1968）、Nelson 与 Winter（1982）指出，随着越来越多的竞争者不断地加入战局，行动者的竞争优势会有随着时间递减的疑虑；但是，只要竞争性响应数目不多，行动者就可以持续享有独占性或准独占性的优势地位（Mansfield，1968；Porter，1980；MacMillan et al.，1985）。

2. 竞争性响应落差

竞争性响应落差的意义重大，因为这是行动者能从一个成功的竞争性行动中，享有独占市场并获取经济利益的期间（Porter，1980；Ansoff，1984；MacMillan et al.，1985；Chen，1988；Smith et al.，1989）。正因为如此，行动者通常都偏好采取可以最大化竞争性响应落差的行动。如同 Porter（1980：98）所说："竞争性互动的关键原则在于找出可以从响应落差中获利的战略行动，或者采取行动使响应落差最大化。"实证研究发现，一家企业的组织绩效，与它响应竞争者所采取的市场性行动或创新技术所花费的时间呈负相关关系（Mansfield，1968；Smith et al.，1989）。这些研究的结果显示，竞争性响应对追逐相对竞争优势的行动者与响应者来说，都具有重要的含义。如图 3-1 所示，对于行动者（A）及响应者（R）而言，竞争结果（O_i）或整体报酬因竞争双方采取什么样的竞争性行动及竞争性响应而定。

博弈论的架构非常有助于建构一个解释"竞争性行动""竞争性响应"及"竞争结果"三者之间关系的模型。然而，虽然已经有越来越多关注多期竞争互动（multi-period competitive interaction）的重复博弈（repeated games）文献（细节参见 Tirole，1988），但毋庸讳言，重复博弈论的架构并无法明确地推导出，竞争性行动特质与竞争性响应数目及竞争性响应落差之关系的相关假设。鉴于博弈论的模型设定了过多严苛的假设，并且如 Kreps（1990）等所指出的，现阶段博弈论的发展亦面临其他限制，我们根据社会认知理论中的"刺激／反应"文献，来推导以下的研究假设⊖。

3.3 研究假设

社会认知理论中的"刺激／反应"模型（Mervis and Rosch，1981；Kiesler and Sproull，1982；Taylor，1983；Dutton and Jackson，1987）为分析竞争

⊖ 对博弈论具有主导性地位的学者 Kreps（1990），曾经对博弈论在建构竞争性互动上的贡献与限制做出说明。其中一项限制为，博弈论模型不仅经常存在多重均衡解，也常常无法通过普遍接受的方式选出唯一均衡解。再者，若要有均衡解，就必须对行动者的目标及态度倾向做出有力的假设；实则，行动者常常可以相当理性地采取一个异于平常的系列行动，而这些行动却不见得会导致均衡。最后，或许也是最重要的一点，许多竞争性互动的实例过于复杂，可以选择的竞争性行动及响应数目过多，以致无法利用博弈论加以模型化；因为在博弈模型中，行动战略必须是相当精确且有限的选项。Kreps（1990：138）以刚解除管制的美国国内航空业，亦即本章所探讨的产业为例说明在此极度复杂的情形下，竞争企业并不清楚其他竞争者会做什么、如何展开行动以及它们的动机为何。个别企业试着预测其他企业将采取何种行动，并据此选择一种最适当的响应。这样的行为模式如果会产生类似博弈论的均衡结果，将是一件令人很意外的事。

性行动与竞争性响应之间的关系，提供了一个十分有用的观点。Kiesler 与 Sproull（1982）指出，组织在响应一个刺激之前，必须先察觉到该刺激，才会进一步产生行动的动机。对于竞争性互动研究而言，这一论点意味着只有当竞争者能察觉到竞争性行为，并有动机与能力采取竞争性响应时，竞争者才会对这些竞争性行动（即一个刺激）有所回应。如前所述，对竞争者来说，那些直接攻击它们主要市场的竞争性行动，会让它们比较容易察觉并产生采取竞争性响应的强烈动机；但是，如果那些竞争性行动是战略性或需要投入较大努力才能执行的行动，竞争者可能就会没有能力采取竞争性响应。这些刺激／反应模型的元素——察觉、动机及能力，为研究竞争性行动特质与竞争性响应之间的关系提供了一个理论基础。下面我们以行动的四项特质为主轴，来发展反映上述刺激／反应过程的假设。

3.3.1　竞争影响力

评估一个竞争性行动在市场上造成的影响有多大，是预测竞争性响应与时间的第一步，它所牵涉的问题包括哪些竞争者受到直接影响？影响的层面有多广？其中，后者更重要。一般来说，受到竞争性行动直接影响的企业最有可能响应。每一个竞争性行动产生的影响力或大或小，不尽相同，所波及的企业也有所差异；影响力较小的竞争性行动只会影响少数竞争者，影响力较大的竞争性行动则可能引起极大的震撼。例如，一家航空公司针对它在美国境内营运的所有航线（牵涉所有航空公司）进行降价的行动，与仅针对其中一条航线进行降价的行动，两者的影响力当然大不相同。由于这两种不同的竞争性行动威胁到的竞争者数目不相同，它们的意义也有所不同。

针对具有较大影响力的竞争性行动，一般均认为会引发大量竞争者采取强烈的竞争性响应。然而，较大影响力的竞争性行动的意义并不仅限于单纯的"响应数目"；竞争者通常会察觉到这样的竞争性行动，也有动机响应这样的竞争性行动。具有较大影响力的竞争性行动通常也有较高的威胁性与较高的市场潜力，因此，即使竞争者一开始无法确定这类行动的影响，但这类行动所波及的层面会逐渐迫使竞争者采取竞争性响应。对于竞争者而言，如果它认为竞争性行动具有威胁性（如全面大降价），它就会采取防御行动；如果它认为竞争性行动是一个机会（如一项十分有前景的创新），它就会立即跟进，不希望自己被排除在外。Dutton 与 Jackson（1987）指出，当决策者将战略议题视为机会时，他们比较有可能采取改变外在环境的行动（如竞争性响应）。

一旦某些竞争者采取竞争性响应，其他竞争者也会倾向于跟进，因此就产生了滚雪球效应（Farrell and Saloner，1985）。强烈跟进的动力，有时会大到使某些竞争者采取不必要的响应。Porter 强调，当受到影响的竞争者很多时，企业往往会过度响应："……经理人采取一个其他竞争者都会采取的行动，即使所采取的行动并不一定正确，也可能比不跟随其他竞争者一起行动好。"（Porter，1984：435）

同样的逻辑，当某个竞争性行动会对许多竞争者产生普遍性的影响时，自然容易引发快速的竞争性响应。MacMillan 等（1985）发现，在商业银行业中，一项新产品的影响越广泛，竞争者响应的时间越短。换言之，具有强大影响力的竞争性行动，将诱发多而快速的竞争性响应。

假设 1：竞争性行动的竞争影响力越大时，竞争性响应的数目越多。

假设 2：竞争性行动的竞争影响力越大时，竞争性响应的速度越快。

3.3.2 攻击强度

攻击强度反映出一个特定竞争者的市场受到竞争性行动威胁的程度，这个变量呈现了一个竞争性行动对身处于受攻击市场（in the markets under attack）的各个竞争者的直接威胁程度。不同于竞争影响力着眼于一个竞争性行动整体效果的普遍性，攻击强度把焦点放在竞争性行动对个别竞争者的影响，亦即竞争影响力关心的是多少（how many）竞争者会受到该竞争性行动影响，进而可能采取竞争响应；而攻击强度是将重心放在该竞争性行动对每一竞争者所造成的影响有多强烈（how strongly）。

对于每一个竞争者而言，一个竞争性行动所造成的威胁程度不尽相同。竞争性行动对特定竞争者的威胁程度，将视受到影响的市场对竞争者的战略重要性而定。如果该竞争性行动并非针对它们而来，竞争者往往不易察觉到其中隐含的意义，自然也比较缺乏响应的动机。因此，不同的竞争者在决定是否采取竞争性响应时，有不同的诱因，取决于该竞争性行动对它们的威胁程度。

如果一项竞争性行动所攻击的市场是某一竞争者十分重要的市场，那么该竞争性行动就具有高度的攻击强度。例如，米乐啤酒于1988年导入了米乐高纯度生啤酒（Miller Genuine Draft），根据米乐啤酒总裁伦纳德·戈尔茨坦（Leonard Goldstein）的说法："对于米乐而言，它是第一项意义重大的产品，它的对象就是百威啤酒的核心消费群。"（*Wall Street Journal*，1998：B1）因此，从百威啤酒的角度来看，米乐啤酒的新产品就具有强烈的攻击强度。

Dutton与Jackson（1987）认为，决策者对那些具有威胁性的竞争性行动，比较可能做出强烈的响应，如果一个竞争性行动同时威胁到几个竞争者的大多数市场，那么它对所有竞争者的平均攻击强度便会提高。一般预期，这类竞争性行动将会引发比较多的竞争性响应。

假设3：竞争性行动的平均攻击强度越高，竞争性响应的数目越多。

对于那些采取竞争性响应的企业来说，竞争性行动对其战略性市场所造成的威胁程度，应该是预测响应速度的绝佳因子。Porter（1980）认为，当竞争者觉得某项竞争性行动对它造成威胁时，通常比较有动机去采取快速且强力的竞争性响应。MacMillan 等（1985）发现，竞争性行动的战略性威胁范围及程度与响应时间落差呈负相关关系。其他学者则指出，高度依赖单一市场的竞争者，对于该市场的新进入者，反应往往特别积极（Tsai，MacMillan，and Low，1991）。由此可知，当一个竞争性行动直接攻击到竞争者的主要市场时，竞争者通常会快速地采取竞争性响应，以显示其捍卫该市场的决心。

假设 4：竞争性行动的攻击强度越强时，竞争性响应的速度越快。

3.3.3 执行条件

一项竞争性行动的执行，必须有组织各层级的承诺，包括一些执行条件的配合，例如，资源的重新分配（Galbraith and Kazanjian，1986）、跨部门的协调、组织结构与流程的重整（MacMillan et al.，1985）以及与外部利益相关者（如股东、投资银行家及制定规章的政府机构）的沟通与协调。组织这些活动的困难度，将反映在执行竞争性行动所需花费的时间。

执行条件对竞争性响应的影响是十分明显的，如果我们假设一个产业中的竞争者具有同构型，则响应者执行响应所需的条件，应该至少与执行行动的条件相同。然而，事实通常未必如此，对于行动者而言，采取竞争性行动通常是战略执行的一部分，但对于响应者来说，它们并非总是随时随地处于待命状态，准备去反击对方在市场所挑起的战争；它们不仅需要时间去了解及分析该竞争性行动，还必须决定如何响应。有些竞争者纵使已经决定响应，却可能缺乏采取必要响应所需的能力。诸如此类的状况，在行动者已经投入高度承诺与努力的竞争性行动中特别明显，举例来说，购并通常会需要投入相当多的时间与资源，来进行利益相关者的整合与组织结构的重整。因此，此类竞争性行动的响应数目应该会比较少，而且速度也会比较慢。

假设5：竞争性行动的执行条件越高，竞争性响应的数目越少。
假设6：竞争性行动的执行条件越高，竞争性响应的速度越慢。

3.3.4 竞争性行动的类型（战略性与战术性）

过去的研究者已经广义地将各类竞争性行动二分为战略性与战术性（Ansoff，1984；Dutton and Jackson，1987；Porter，1980，1985）。相较之下，战略性竞争行动会需要比较重大的资源承诺，特别是固定资产的投资（Galbraith and Kazanjian，1986）、组织与环境间关系的重大调整或重新定位（Thompson，1967）、事业界定的重大改变（Abell，1980）、组织结构的重整（reconfiguration）（Galbraith and Kazanjian，1986）以及激进式的变革（Dutton and Duncan，1987）等。至于战术性竞争行动，通常是中低阶层经理人就能完成的小规模、例行性的改变，因此，它们需要投入的资源承诺比较少，且经常通过修正既有的程序就足以应付，不一定要有结构上的重大调整。

在预测竞争性响应时，一般的战略理论（诸如 Ansoff，1984；Porter，1980）通常预期，相较于战略性竞争行动，竞争者对于战术性竞争行动立即采取竞争性响应的动机与能力都更强。Porter（1980：101）在支持Schelling（1960）的论文中提及："如果行动者可以说服竞争者，它对一项正在制定或计划制定的战略性竞争行动有高度承诺，那么它将可以提高竞争者顺从新局势的可能性，并且使竞争者不试图消耗资源去采取竞争性响应或迫使对方让步；也就是说，对竞争性行动做出承诺，将能有效阻止竞争性响应。"

另一方面，由于战略性竞争行动的有效性很可能在很长一段时间后，仍然充满着不确定性（Wernerfelt and Karnani，1987），因此，竞争者极可能等到上述不确定性消失后，才有采取竞争性响应的动机。再者，由于资源的重新配置、重大战略的重新定位以及结构的重整等，均具有相当大的困难，如此也可能使战略性竞争行动所引起的竞争性响应比较少，也比较慢。毕竟，对于竞争者来说，它们比较熟悉战术性竞争行动所隐含的含义，也比较有经验进行此类决策，再加上战术性竞争行动的不确定性相对较少，所需投入的资源也较少、较为一般化，因此，竞争者比较有可能也比较有能力采取快速的竞争性响应。

假设 7：相对于战术性竞争行动，战略性竞争行动所引起的竞争性响应数目会比较少。

假设 8：相对于战术性竞争行动，战略性竞争行动所引起的竞争性响应速度会比较慢。

为了汇总以上论述，接下来，我们延伸图 3-1 的博弈判定树，允许每一个竞争性行动均能引发两项竞争性响应中的其中一项。图 3-2 显示出，两个行动者可能选择的行动：A_1（具有强大竞争影响力、强烈攻击强度及低度执行条件的战术性竞争行动）或 A_2（具有较小竞争影响力、微弱攻击强度及高度执行条件的战略性竞争行动）；竞争者可以选择 R_1（快速响应）或 R_2（缓慢响应）。当行动者选择 A_1 时，竞争者选择 R_1 的概率为 p，选择 R_2 的概率为（$1-p$）；当行动者选择 A_2 时，竞争者选择 R_1 的概率为 q，选择 R_2 的概率为（$1-q$）。根据上述推论的假设：$p > q$。

如果将个别竞争者响应落差的推理延伸到产业层次的竞争，可预见的是，行动 A_1 会面临大量且快速的响应。

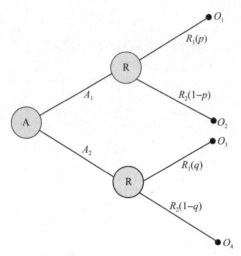

A_1：具有强大竞争影响力、强烈攻击强度及低度执行条件的战术性竞争行动。
A_2：具有较小竞争影响力、微弱攻击强度及高度执行条件的战略性竞争行动。
R_1：快速响应。
R_2：缓慢响应。
O_i：结果；i=1，2，3，4。
p，q，$1-p$，$1-q$：响应的概率。

图 3-2　预测响应落差架构

3.4　研究方法

我们所运用的研究方法和 Miller 与 Friesen（1977）的类似，这种方法被称为 "结构内容分析法"（structured content analysis）（Jauch，Osborn，and Martin，1980）；这种方法也与 Harrigan（1980）的相同，按照时间先后顺序搜集数据，借以辨识没落产业中企业在最后阶段的战略性竞争行为的做法。这种方法的独特处在于，样本企业之间实际的竞争互动行为，是借着全面查阅公开信息直接辨识出来的，相较于以往仅采用单一受访者的回溯性报道的两项研究（MacMillan et al.，1985；Smith et al.，1989），我们则是根据客观的标准来辨识一项竞争性行动，以及该行动所引发的竞争性响应，并利用一个事先设计好的结构编码表（coding schedule）来进行内容分析。

3.4.1　样本

我们将美国国内 32 家主要航空公司（年营运收入均超过 1 亿美元）在 1979 年 1 月到 1986 年 12 月的所有重要竞争行为作为研究样本。选择这一产业的主要原因不仅是美国航空业的竞争激烈程度众所周知，且有严格定义的界限，也因为这一产业提供了一个可辨别的竞争者组合与丰富的公开信息。此外，因为所有航空公司几乎都是单一事业或主导性事业的企业，所以企业 – 业务层次关系（corporate-business relationship）对产业内竞争的潜在影响，应该可以降到最低（Rumelt，1974）。

3.4.2　资料搜集

在广泛地调查各种出版品后，我们发现《航空日报》（*Aviation Daily*）这家具有 50 年历史的期刊，对航空业的竞争状况提供了最完整与详细的信息。《航空日报》致力于客观报道各航空公司对外宣告的信息及行动，一般认为《航空日报》犹如航空业的代言人，公正客观地报道航空公司的各种宣告与行动，因而得以将竞争性行动事后合理化的潜在顾虑降到最低○。我们访谈航空公司高层主管与产业分析师的结果，也确认了这一观点○。

1. 竞争性行动与竞争性响应的辨识

本研究通过详细搜寻《航空日报》在 8 年期里的每一则报道，来找出竞

○ 根据以下事实，本研究进一步确认了《航空日报》报道的公信力：从 2 年期数据所抽取的样本中，高达 45% 的竞争性行动是由各公司资深副总以上的高层主管正式宣布的。因此，对于《航空日报》报道客观性的疑虑应可降到最低。

○ 一位联合航空的高层主管认为，《航空日报》是航空业的"圣经"，该报不会遗漏任何一项重要的信息。另一位泛美航空（Pan Am）的主管指出，《航空日报》是最精确且极为完整的信息来源。其他受访的多位航空公司主管及专家也有类似的看法。

争性行动与竞争性响应，本研究包含了至少引发一个竞争性响应⊖的所有竞争性行动。

如同 MacMillan 等（1985）与 Smith 等（1989）所说，探讨竞争性互动最大的挑战在于客观地定义竞争性响应，本研究是文献上首次对此提出解决之道的文章。我们通过搜寻《航空日报》中的关键词来区分竞争性行动与竞争性响应，这些关键词分别是："……反击（in responding to）……""……跟随（following）……""……一来一往（match）……""……在……的压力下（under the pressure of）……""……响应（reacting to）……"等。举例来说，《航空日报》报道："……在美国航空公司（American Airline）计划于田纳西州的纳什维尔设立航站的压力下……Piedmont 航空公司宣示在佛罗里达州展开遍及全州的扩张项目。"（1985 年 7 月 10 日）在此案例中，Piedmont 在佛罗里达州的扩张项目被定义为针对美国航空公司设立航站计划的竞争性响应。

我们极为严谨地追溯一系列的竞争性行动与竞争性响应，同时，也小心翼翼地采取适当的研究方法来分辨最早的竞争性行动。为了将所有竞争性响应与它们最初的竞争性行动配对，我们从 1986 年 12 月 31 日回溯至 1979 年 1 月 1 日，搜寻这 8 年里《航空日报》每一期的资料。借由搜寻上述关键词的方法，我们首先辨识出竞争性响应，然后往回追踪各期数据找出该行动最初的报道信息。

本研究总样本涵盖了 191 个竞争性行动及针对这些行动所做的 418 个竞争性响应，为了测试《航空日报》所揭露的信息的正确性，本研究随机抽取

⊖ 值得一提的是，企业或许也会利用《航空日报》来警示、困扰并吓唬竞争对手。然而，即使《航空日报》所报道的某些个案确实是吓唬对手的讯息，而非企业意图实现的行动，但因本研究仅包含那些会引发竞争性响应的行动，因此，也就大幅降低了将这类吓唬性质的报道纳入本研究数据库的可能性。换句话说，如果一个企业的意图被广义地解读为吓唬的工具，那么这一竞争性行动应该不会引发竞争性响应，如此也就不会被收纳在本研究的数据库之中。

20 个竞争性行动作为次样本，发现其中 17 个竞争性行动可以从其他重要出版品获得交叉验证，这一高确认比率（85%）显示出数据的正确性。由于其他出版品所揭露的信息不及《航空日报》完整，因此，能够进一步验证的只有响应落差与竞争性响应数目两个变量。结果显示，此研究数据在这两个变量上得到完全确认⊖。

2. 操作性定义与衡量

（1）竞争影响力。竞争影响力可以反映出竞争性行动对竞争者造成的影响程度，我们将它定义为实际遭受一个竞争性行动影响的竞争者总数。至于遭受一个竞争性行动影响的竞争者，则指该航空公司至少有一个提供营运服务的机场受到竞争性行动的影响。根据美国运输署（Department of Transportation）的定义，我们选定 37 个大型航运中心为样本机场，并根据《航空日报》的报道，首先找出受到 191 个竞争性行动影响的每一个机场，然后计算至少有一个营运机场受到该竞争性行动影响的航空公司总数，借以衡量竞争影响力。⊖

（2）攻击强度。攻击强度被定义为一个竞争性行动对一个特定竞争者主要市场的影响程度；该市场受到影响的程度越大，表示攻击强度越强。至于一个竞争性行动对每一个受影响竞争者的攻击强度，我们的衡量方式是：在发生竞争性行动的年度中，受到该行动影响的乘客数占该公司年度总乘客数的比例⊜。举例来说，一家航空公司在特定年度搭载了 25 万名乘客，其中有

⊖ 在进一步确认的过程中，研究者联系了数家航空公司与本研究样本竞争性行动／响应事件有关系的关键管理人员，尽管可能受到受访人员限制、踌躇揭露公司信息，以及回溯发生于过去 10 年与本研究样本相关的竞争性细节困难性的影响，受访者仍然完整地确认了 3 个样本事件。再者，其余样本中的竞争性行动／响应，并未有与《航空日报》所揭露的信息不致的情形。

⊖ 这些资料的来源是 *Airport Activity Statistics of Certified Route Air Carriers*。

⊜ 我们使用不同的分析单位来衡量。在预测竞争性响应的数目时，一项攻击行动的总攻击强度从衡量所有受该项攻击影响的竞争者的平均攻击强度而来。然而，在预测竞争性响应落差时，则以特定响应竞争者受到该攻击行动影响的乘客数的比例计算得出。

5万名乘客受到一个竞争性行动的影响，那么换算起来，该行动对这家航空公司的攻击强度就是0.2。⊖

（3）执行条件。执行条件被定义为行动者执行一项竞争性行动所必须投入的努力程度，我们以执行该竞争性行动所需耗费的时间来衡量；亦即以《航空日报》首次报道该竞争性行动的日期与实际执行的日期，两者间的天数差距来衡量⊜。

（4）竞争性行动的类型。竞争性行动被二分为战略性与战术性。前者指对固定资产及（或）人员与结构有重大投资的竞争性行动，在某些情况下，战略性竞争行动所代表的是跳脱现有产业规范，而进行激进改变；后者则未对固定资产做出重大承诺，而且长期来说，对行动者的影响并不大。根据这一定义，作者将各种不同的竞争性行动归类为战略性（样本数＝33）和战术性（样本数＝158）两类。

更明确地说，我们先将所有竞争性行动以推论方式划分为16种一般类型，包括购并、价格改变、促销、扩张进入新市场及服务改善等⊜，再将这16种类型分别归类为战略性或战术性。对比3位作者独立归类的结果，结果完全相同，例如，扩张进入新市场被归类为战略性行动，而降价则被归类为战术性行动®。

⊖ 这个衡量所需的资料均来自 *Airport Activity Statistics of Certified Route Air Carriers*。

⊜ 如果《航空日报》后续未报道该竞争性行动的执行日期有变动，那就表示原先宣布的日期为有效的执行日期；否则，就得重新计算，借以调整实际执行日期与宣告执行日期间的差异；如果《航空日报》后续报道该竞争性行动被取消，那么该竞争性行动将不纳入探讨。

⊜ 这16种竞争性行动几乎含括了Levine（1987）所归类的航空业解除管制后的所有重要竞争性行动，唯一未被纳入的似乎只有计算机订位系统这一类。

® 为了确认分类的效度，本研究对6位具有竞争战略及航空产业专业背景的管理教授进行问卷调查，受访者被要求根据上述定义，将各种竞争性行动归类为战略性及战术性。调查结果显示，有15种竞争性行动的评分者间信度为1.0（亦即6位受访者的评定完全一致），只有1项竞争性行动的评分者间信度为0.83，为唯一不一致的归类。

（5）竞争性响应数目。我们将竞争性响应数目定义为实际响应竞争性行动的竞争者总数目，亦即根据《航空日报》所报道的资料，计算响应一项竞争性行动的航空公司总数。

（6）竞争性响应落差。竞争性响应落差被定义为竞争者响应一项竞争性行动所需的时间长度，亦即一项竞争性行动最早被报道在《航空日报》的日期，以及《航空日报》首次报道某一竞争者针对该行动采取竞争性响应的日期，两者间隔的天数。

3. 统计分析

本研究的重点在于探讨四种竞争性行动特质对竞争性响应数目与竞争性响应落差的影响，我们使用普通最小二乘法（ordinary least square，OLS）的多元回归分析，来检验各项研究假设。

回归分析所使用的各项变量的平均数、标准差及相关系数呈现于表 3-1。

表 3-2 中的方程式（1）与（2）则呈现假设检验的回归系数及相关的统计量。

表 3-1　平均数、标准差及相关系数表

预测竞争性响应数目 [a]

	平均数	标准差	1	2	3	4
1. 竞争影响力	22.22	4.62				
2. 攻击强度	0.53	0.33	0.67^{***}			
3. 执行条件	21.36	28.54	0.07	0.13^{*}		
4. 行动类型：战略性行动	0.17	0.38	−0.07	−0.08	0.38^{***}	
5. 竞争性响应数目	2.19	1.85	0.29^{***}	0.27^{***}	-0.25^{***}	-0.15^{*}

预测竞争性响应落差 [b]

	平均数	标准差	1	2	3	4
1. 竞争影响力	23.43	4.45				

（续）

2. 攻击强度	0.59	0.34	0.70***		
3. 执行条件	17.44	21.85	0.06	0.08+	
4. 行动类型：战略性行动	0.09	0.29	−0.10*	−0.05	0.39***
5. 竞争性响应落差	10.78	18.23	−0.38***	0.07+	0.13**

（接上，第5行末列）0.41***

　　a 分析单位为竞争性行动（样本数 = 191）。
　　b 分析单位为响应的竞争者（样本数 = 418）。
　　+ 　p < 0.10。
　　* 　p < 0.05。
　　** 　p < 0.01。
　　*** 　p < 0.001。

表 3-2　竞争性响应特质的回归分析

方程式编号	竞争性响应数目（1）	竞争性响应落差（2）
竞争影响力	0.077 4* （0.038 7）	0.003 7 （0.265 6）
攻击强度	0.955 5* （0.577 6）	6.736 6* （3.514 0）
执行条件	−0.007 4+ （0.005 1）	0.203 5*** （0.041 3）
行动类型 a（战略性）	−0.925 7** （0.383 1）	20.172 7*** （3.141 8）
截距项	0.285 3 （0.711 9）	1.277 4 （5.051 9）
调整后判定系数	0.153 8 （样本数 = 191）b	0.229 8 （样本数 = 418）b
F 值	8.68***	28.97***

　　注：括号中的数值是标准差。
　　a 行动类型是一个类别变量，由两种类型组成，分别是战略性（= 1）与战术性（= 0）。
　　b 竞争性响应落差的分析单位是一个竞争性行动与其竞争性响应的配对，因此，方程式（2）的样本数是 418（对），与竞争性响应数目相关的分析单位则是一个个别的竞争性行动，因此，样本数是 191（个行动）。
　　+ 　p < 0.10。
　　* 　p < 0.05。
　　** 　p < 0.01。
　　*** 　p < 0.001。

3.5 实证结果

3.5.1 竞争性响应数目

如表 3-2 方程式（1）所示，竞争影响力的实证结果与假设 1 的预期一致，也就是说，当竞争性行动的竞争影响力越大时，它所引发的竞争性响应越多。同时，假设 3 也获得支持，即当特定竞争者的主要市场遭受较强的攻击时，该竞争者将采取比较多的竞争性响应。

此外，获得实证支持的还包括假设 5，即当竞争性行动的执行条件越高时，竞争者采取竞争性响应的可能性越低。假设 7 也获得支持，即相较于战术性竞争行动，竞争者对于战略性竞争行动的响应数目比较少。

3.5.2 竞争性响应落差

如表 3-2 方程式（2）所示，假设 6 及假设 8 均获得支持，亦即当竞争性行动所需投入的资源越多时，越容易提高竞争者的竞争性响应落差；而且相较于战术性竞争行动，战略性竞争行动所产生的竞争性响应落差通常比较长（平均为 20 天）。假设 2 因为研究结果显示竞争影响力不具有显著性，而未成立。

假设 4 的实证结果则显示，当竞争者的主要市场受到巨大威胁时，竞争者采取竞争性响应的速度将趋于缓慢，此结果与本研究的预期相反。针对这个非预期结果：竞争者为了避免引发更激烈的报复，会小心翼翼但果断地决定如何进行响应。竞争者害怕引起报复的原因，至少是以下两种之一：①行动者在采取竞争性行动的市场中，是一个强而有力或颇受信赖的参与者；②行动者采取竞争性行动的市场，是它的重要获利来源（bread-and-butter），换句话说，行动者对这一竞争性行动拥有比较高的承诺，而且也比较有动机去准备执行下一波竞争。

针对上述解释的可能性，我们进一步运用统计分析来探讨。我们首先检视竞争者的竞争性响应落差是否会随着市场上行动者的规模而提高；实证结果支持了这项可能性，亦即竞争性响应落差与行动者目前在市场上所拥有的乘客总数具有高度显著正相关（$r=0.16$，$p<0.001$）。其次，我们检视竞争者的竞争性响应落差是否会随着竞争性行动发生的市场对行动者的战略重要性而提高；实证结果支持了这项可能性，亦即竞争性响应落差与受影响的乘客比例（亦即受到该行动影响的乘客数占行动企业当年所服务的总乘客数的比例）具有显著正相关（$r=0.09$，$p<0.05$）。因此，我们似乎可以合理地推论，当行动者在市场上被视为具有强大影响力且高度承诺的参与者时，将使竞争者采取积极响应的态势趋缓，以防止遭受更大威胁的竞争性报复。

3.6 讨论

本章主要关心竞争者如何通过竞争性行为的持续交替在市场上互动，并且试图针对影响竞争性响应数目与竞争性响应落差的因素提出实证证据。根据 Schelling（1960）提出的两项重要概念——承诺（commitment）与威胁（threat），我们引申出竞争性响应的四项预测因子。实证结果显示，竞争性响应数目与竞争性响应落差将会受到竞争性行动特质的影响，而产生系统性的变动，主要的实证结果如下。

当受到竞争性行动影响的竞争者数目越多，受到影响的市场对竞争者的战略重要性越高时，竞争性响应的数目越多；相对地，战略性竞争行动或具有高度执行条件的竞争性行动，则会减少竞争性响应的数目。另外，战略性、具有高度执行条件或那些使竞争者主要市场受到强烈威胁的竞争性行动，均会提高竞争性响应落差。

如我们所预期的，战略性竞争行动比战术性竞争行动引发的竞争性响应数目少，而且响应的速度也比较慢。虽然本研究的战略性竞争行动的样本数仅有中等规模（样本数＝33），以致可能降低研究发现的推论性，然而，结果确实显示出，战略性竞争行动似乎会减少并拖延竞争性响应。相反地，战术性竞争行动却可能引起比较多的竞争性响应，并且降低竞争性响应的落差。事实上，一项竞争性行动若在短时间内引起比较多的竞争性响应，将使其有效性大为降低；如此，战术性竞争行动可能无法产生持续性的竞争优势，反而可能导致激烈的竞争，并且降低所有企业的边际利润。

此外，研究显示，具有高度执行条件的竞争性行动可以减少竞争性响应数目，并增加竞争性响应落差，均与本研究的预期相符。这些研究结果显示，针对具有高度执行条件的竞争性行动，大多数竞争者都倾向于不采取竞争性响应，而且响应速度也比较慢。

本研究将执行条件及行动类型两个变量视为行动者承诺的指标，也就是说，采取战略性或具有高度执行条件的竞争性行动，就代表行动者具有高度承诺。Porter（1980）虽然提出行动者的承诺可以有效抑制竞争性响应，但未采用统计方法来检验，对此，我们提供了一个有力的实证支持。

另外，竞争影响力与竞争性响应数目之间的正相关关系，亦与 Dutton 与 Jackson（1987）、Farrell 与 Saloner（1985）以及 Porter（1984）的理论基础一致，亦即当竞争性行动在市场上造成广泛的影响时，大多数竞争者即使并非必要，也会有所响应。这一发现结合竞争影响力与竞争性响应落差未达显著水平相关的实证结果，似乎意味着虽然受到某一竞争性行动影响的竞争者数目可以左右某一竞争者的竞争性响应倾向，但它未必会对竞争性响应速度造成影响。

在竞争性响应数目及响应落差的预测上，攻击强度是一个显著的预测因子。这个预测竞争性响应数目的研究发现，支持了 Tsai 等（1991）的论点，亦即高度依赖某个市场的竞争者比较容易对新进入者的威胁做出反击；同时，它也与 Porter（1980）及 Dutton 与 Jackson（1987）所主张的命题一致，亦即当一项竞争性行动被认为具有威胁性时，竞争者会有响应的动机。

　　然而，攻击强度与响应落差的正相关结果，却与过去研究的预测及发现不同（如 MacMillan et al.，1985）。这个结果代表了，具有重大利害关系的竞争者虽然倾向于采取竞争性响应来释放它们不满的讯息，但是，它们会小心翼翼且缓慢地执行响应，以避免引起更大的报复行动。进一步的分析似乎也证实了，当行动者在采取竞争性行动的市场中是强而有力或颇具信誉的参与者，而且行动者对这一竞争性行动拥有高度承诺时，将会影响竞争者的竞争性响应行为。博弈论模型已经指出将企业声誉视为可靠行动者的代理变量的重要性（Kreps and Wilson，1982；Milgrom and Roberts，1982）；具有侵略性（combative）声誉的竞争者，会使行动者变得比较不积极。例如，面对新进入者加入市场，具有侵略性声誉的竞争者可以大幅降价来抑制他人进入，并在其他层面威吓对手。这一点与决策制定文献（Bass，1983）所提的，决策者在面对具有重大利害关系的决策时，会有风险规避倾向的观点，不谋而合。

3.6.1　研究限制

　　本研究的结果是否能做更广泛的推论，是一个重要的问题。美国国内航空业的独特特质，给本研究提供了一个理想的情境设定，能对所提出的假设进行验证，但是，另一方面，这些特质可能影响本研究能否进一步概化的能力（generalizability）。美国国内航空业因为计算机订位系统（computerized reservation systems）的使用、独特的产业刊物——《航空日报》，以及管制时期固定报道营运信息的影响，而有十分丰富的竞争信息；然而，我们发现这些航空业的特性也存在于其他产业，如金融服务及消费性产品等产业，竞争信息也可以快速取得。此外，由于航空业经历了管制解除的重大改变，没有任何竞争者希望在这个新局面上缺席，以致该产业中频繁的竞争性互动很容易被观察到。再者，由于航空业的竞争同时存在于机场对机场和航线对航线两个层面，这对个别产品市场的竞争至少具有两种含义，即强调地理区位（geographic focus）的竞争及明确的市场定义（clearly-defined market）。本研究对于竞争影响力与攻击强度的渗透性（pervasiveness）在概念上和方法上所采取的严谨衡量方法，就是针对这两种市场特质特别发展出来的。实际上，竞争最容易发生在产品市场及产品区隔的层次上，因此，本研究所使用的研究方法应该可以应用到其他产业，诸如啤酒、汽车租赁、饮料、汽车及银行业。

尽管竞争性行动的种类、竞争性行动与竞争性响应重要特质的筛选，以及这些特质在动态竞争情境下的重要性，可能因产业不同而有差异，但是，本研究抽取成对的竞争性行动与响应来捕捉企业间的竞争对抗，将竞争性响应对应到最初的竞争性行动，并且使用客观、可复制的（replicable）产业指标等，这些应该都适用于不同产业，借以探讨各种动态竞争的相关议题。

最后，本研究的样本仅包括实际引发竞争性响应的竞争性行动，并未纳入那些没有引发竞争性响应的竞争性行动，此点必须特别留意。本研究的结果可以解释为，在至少一个竞争性响应的情形下，竞争性响应数目与响应落差的决定因素；但是，这些决定因素无法用于预测竞争性响应的可能性。

3.6.2 研究意义

虽然本研究的发现具有重要意义，但未来研究仍可朝下列几个方向继续延伸。首先，由于本研究仅探讨至少引发一个竞争性响应的竞争性行动，因此，检视未引发竞争性响应的竞争性行动将具有价值。关键的研究问题包括：为什么这些竞争性行动未引发竞争性响应，以及这些"没有产生竞争性响应"的行动与"产生竞争性响应"的行动有何不同。

其次，未来研究可以探索采取竞争性行动企业的特质，以及竞争者决定采取竞争性响应的程序。本研究针对一个行动者的声誉与它对竞争性行动的承诺，如何影响竞争者的竞争性响应，提供了最初步的实证证据，后续研究朝这一方向继续延伸应该具有价值。本研究也显示，潜在响应者的察觉、动机及能力会决定响应的可能性，因此，未来研究应更正式地评估竞争性响应的影响因素与各种竞争性行动／响应特质之间的关系。

再次，本研究根据受到一项竞争性行动影响的特定市场范畴，来检视企业间的竞争对抗情形。研究中将竞争者定义为，至少在上述其中一个市场提供服务的企业。因此，在定义一个企业的竞争者时，市场共同性显得特别重要。本研究发现，企业对一个特定市场的依赖（dependence）程度，是竞争行为的重要预测因子。采用这种方式来概念化竞争与竞争者，相较于过去仰赖横断面调查信息与（或）年终财务资料所呈现的战略构型（strategic posture）相似性，来衡量竞争与竞争者的方式，应该更有意义。

最后，或许也是最重要的，未来博弈论的研究应该纳入复杂的竞争性互动（如本研究所包含的部分），以使理论模型更加完整。Kreps（1990）建议，博弈论的研究应该更注意博弈论模型中的非均衡（non-equilibrium）与不均衡（disequilibrium）观念，重新检视一般常用的行为假设，并且更详细地探究真实世界中企业间的竞争性互动，而本研究延续了上述研究方向。

近年来，博弈论已经在相当大程度上帮助我们了解，在面对潜在的竞争性响应时，如何制定战略性决策。然而，当存在信息不完整时，战略家与战略研究者必须找出估计竞争对手报酬分配的方法，能够降低报酬分配的估计变异的方法都具有价值。例如，本研究发现，响应者的预期报酬可以从一项竞争性行动的攻击强度与竞争性影响力推论出来，如此，由于本研究提出的变量都能直接利用公开的产业信息来衡量，因此，对于未来试图以博弈论模型为基础，更正式地为真实世界中的竞争行为建立模型的研究，应该具有高度价值。

本研究发现对于实务界的战略分析人员也具有价值，例如，对于行动者而言，一个重要的问题是：一项竞争性行动应该如何设计，才能减少竞争者响应数目及（或）推迟竞争性响应。本研究所定义的，而且经过实证验证的竞争性行动特质，或许能够给追求这些战略性目标的企业提供一个有用的参考架构。

总之，本研究为战略管理中的一个极为重要但尚待开发的领域做出了重要贡献。借着专注于竞争性行动及其所引发的竞争性响应，本研究初步发现，竞争性行动的特质是竞争性响应的重要影响因素。同时，通过辨识真实世界中的竞争性行动，并追踪它所对应的竞争性响应，借以了解实际的竞争性行为，也大大地增进了我们对持续进行的竞争动态的了解。

| 第 4 章 |

竞争者对市场的依赖性与行动的不可逆转性

原题　对竞争性行动未响应与延迟响应的研究：竞争者依赖性与行动不可逆转性的角色

原文出处　Chen, Ming-Jer and MacMillan, Ian C., 1992, "Nonresponse and Delayed Response to Competitive Moves: The Roles of Competitor Dependence and Action Irreversibility," *Academy of Management Journal*, 35 (3): 359-370.

对于战略家而言，采取不受挑战或能延迟竞争性响应的竞争性行动是竞争的重要教战守则，因此，他们对那些能够阻滞或延迟竞争性响应的变量始终保持高度的兴趣。有鉴于此，我们以博弈论为架构，探讨竞争者对一个受攻击市场的依赖性，与该攻击行动的不可逆转性，二者对竞争性响应造成的影响；同时，借由美国航空业的竞争性行动与响应资料，来检验各项假设关系。研究结果显示，竞争者依赖性会降低未响应的概率、增加响应的延迟时间，并且提高响应者采取配对响应的可能性；行动的不可逆转性则普遍呈现出与以上相反的结果。此外，竞争者依赖性与竞争性行动不可逆转性的交互作用也呈现显著的影响效果。至于竞争性互动的绩效意义，分析结果显示，攻击者与早期响应者将可夺取晚期响应者与未响应者的市场占有率。

4.1 绪论

为了获取竞争优势，企业往往会持续地采取攻防行动，因此，对于竞争对抗驱动因子的基本知识的了解，在战略管理领域中显得格外重要（Porter，1980，1985；Chen，1988；MacMillan，McCaffery，and Van Wijk，1985；Chen，Smith，and Grimm，1991；Smith，Grimm，Gannon，and Chen，1991）。然而，除了少数探索性的研究外，几乎没有研究试图直接检视企业间实际的竞争性互动。

如 Porter（1980）所提，任何竞争性行动的最终效果，往往都需要视该行动是否未受到挑战，或者一旦遭遇到挑战，对手是否会延迟做出竞争性响应而定。一般来说，企业最能从那些能够避免或推迟竞争性响应的竞争性行动中获利⊖。因此，预测一个竞争性行为是否能不受到挑战的精准程度⊜，是战略家重要的议题。

针对上述议题，依据双方报酬的相互依赖性来选择最适战略的博弈论，是十分有用的预测模式（Weigelt and MacMillan，1988）。在实际的战略制定情境中，报酬信息的不完整往往妨碍了决策者的战略制定，因此，双方必须在估计对手报酬分配的基础下，制定竞争性行动的决策。在这种情况下，如果有任何能够大幅降低预估报酬分配变异程度的方法，战略家应该都会非常欢迎。本研究提出两项几乎未被探讨过的重要变量，这两项变量或许能扮演降低前述变异程度的角色，它们分别是：①竞争者对受到竞争性行动影响之市场的依赖性；②竞争性行动的不可逆转性。

⊖ 其中一项例外为，价格领导者释放出鼓励竞争者跟随它提高价格的讯息。

⊜ 当然，竞争性行动也可能不会引起任何竞争性响应，因为竞争者认为该战略决策是不智的；同样地，未采取竞争性响应本身也可能是不智的战略决策。在此，我们并不假设所有竞争性行动与响应都会带来成功的结果。

本研究以竞争性互动（亦即竞争性行动与响应的对偶性）为基本分析单位，试图探究竞争领域中一些根本的但尚未被回答的问题：为什么有些竞争性行动不会引起竞争者的响应，但其他竞争性行动却会诱发竞争者快速响应？当竞争性响应发生时，响应时间的延迟可以被预测吗？竞争者的响应只会配对到原来的竞争性行动，还是会造成竞争情势的升级呢？

借由全面审视美国国内航空业的竞争性互动，我们以竞争性行动的不可逆转性及竞争者依赖性，来预测下列竞争性响应：①既定竞争者不采取竞争性响应的可能性；②竞争性响应时间的延迟；③竞争性响应配对到原始竞争性行动的可能性。

4.2　理论架构与假设

呼应 Caves 的主张，本研究专注于"现有生产企业间的竞争性行为"（Caves，1984：127）。迄今仅有极少数实证研究尝试探讨竞争性行动 / 响应的实际交战议题，而且这些研究仅将范围局限在引起响应的竞争性行动。在探讨银行业竞争性行动的研究中，MacMillan 等（1985）发现"组织惯性"（organizational inertia）推迟了竞争性响应的时间，但"战略性挑战"（strategic challenge）却加速了响应的速度。作者与同僚（1991）在全面检视航空业竞争性行动资料的研究中发现，需要投入相当多的努力才能执行的竞争性行动会推迟竞争者反击的时间。执行时投入的努力程度与行动者的承诺程度有关，而且为本研究所探讨的不可逆转性这一广泛概念中的一部分。

以航空业组织层次的数据为基础，Smith 等（1991）认为与组织层次相关的变量，例如，战略导向（strategic orientation）、未吸收冗余（unabsorbed slack）以及结构复杂性，可以解释竞争者一般采取的竞争性响应形貌（profile）、采取响应及模仿的倾向，以及平均响应时间的延迟及采取响应的顺序，而且随着时间推移，竞争性响应也被发现与组织绩效有边际（marginally）相关。

　　不同于先前大部分研究皆专注于组织层次的分析，本研究将焦点放在竞争性行动与竞争性响应的基础层次上。呼应 Caves 的主张，本研究认为，如果学者想要了解竞争性行为的复杂性，则将分析单位移至最基础的竞争性行动与响应的对偶分析层次是重要的。在这个根本的层次上，竞争者进行决策选择的报酬不只是它们所决定采取的竞争行为的函数，同时也是对手决定采取的行为的函数。竞争性行动与响应的对偶分析在理论上是重要的，因为这是竞争性对抗实际发生的层次，在这个层次的对抗中，竞争者可以借由采取竞争性响应或不响应⊖，来执行它们的战略，测试对手的决心与能力，捍卫公司的声誉，并且释放出不屈不挠的讯息等。

　　本研究精进并延伸了 Smith 等（1991）的研究，同时也直接响应他们所建议的未来研究方向⊜。更明确地说，本研究在两方面提出了不同见解，并且进一步补强了 Smith 等的研究：①本研究从一个更根本的、以博弈论为基础的分析层次来探讨竞争性行动；②借由博弈论的应用，本研究同时探讨了引起及未引起竞争性响应的竞争性行动。

4.2.1　了解竞争性行动与响应的对偶关系

　　前文所引用的研究大多着眼于引起竞争性响应的竞争性行动，而忽略了战略上更重要的、未引起响应的竞争性行动。事实上，探讨一个竞争性行动未受到竞争性响应挑战，以及一个行动者竟然被允许去从事不会引起任何（或仅引起非常小）竞争性响应的竞争性行动的情境，具有重大的利害关系。

　　从战略家的观点来看，了解在什么情况下，行动者所采取的竞争性行

⊖　在博弈论的术语中，竞争性行动与响应的对偶是真实的行动类型讯号进行交换的地方。

⊜　虽然本研究中的某些衡量方法似乎与 Smith 等（1991）的相似，但我们所专注的分析层次完全不同，探索的理论问题与构念也大异其趣。

动不会引起任何竞争性响应，或者可以推迟竞争性响应的时间，进而使行动者获利，是一个很重要的课题（Porter，1980）。这种情况是否会发生，取决于行动者与可能针对此行动采取响应的竞争者的报酬，这种伴随着攻击（moves）与反击（countermoves）产生的报酬相互依赖性，是博弈论中的基本假设（Axelrod，1984；Weigelt and MacMillan，1988；Rasmusen，1990）。例如，一项针对碾谷业产能扩充过程的研究，即说明了这种相互依赖性（Porter and Spence，1982）。

近年来，博弈论大大地拓展了学术界对于面临潜在竞争性响应的战略性决策的了解，但是，这些研究一般都是在完全信息的严格假设之下。在更普遍存在的不完全信息下，战略家及战略研究者必须找出可以预测竞争者报酬分配的方法；对于他们而言，任何可以用来降低估计报酬分配变异量的方法，都十分有价值。Weigelt 与 MacMillan（1988）已经说明了，博弈论架构如何协助研究者在不完全信息下的竞争情境进行结构化与分析。如 Camerer（1990）所说，博弈论架构提供了一个有用的分类架构，能帮助竞争者了解重要的变量，并且辨识出可以被用来作为实际报酬（payoffs）的指标。因此，本研究也使用博弈论架构来解释竞争性行动与响应决策的结构。

4.2.2 透过博弈模型说明竞争性行动与响应

图 4-1 列示了一个正在进行竞争性互动[○]的两人博弈模型（在本研究中，即为攻击者与防御者）。在预测竞争者是否会采取竞争性响应时，需要假设攻击者已经采取了一个竞争性行动，且该行动一开始已投入某种程度的成本，并且已夺取了防御者的市场占有率。此处的市场占有率对于攻击者与防御者而言，其价值不一定相同（后续章节将进一步说明为何此处使用市场占

○　在实际的竞争情境中，通常包含许多竞争者，然而，这一论点并不会受到具体的影响。

有率的概念，而不简单地使用报酬的概念）。防御者必须决定是否采取竞争性响应，也必须意识到若不回应，攻击者可能会采取第二波竞争性行动。如果攻击者与防御者双方皆未进一步采取行动或响应，双方的报酬就不会有所改变⊖。然而，如果攻击者采取第二波竞争性行动，虽然会再次产生行动成本，却也能进一步从防御者手中取得更多的市场占有率。

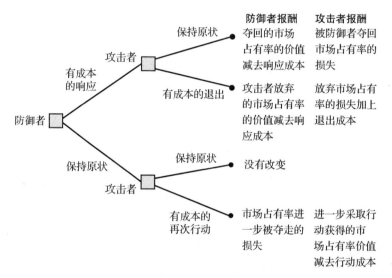

防御者报酬　攻击者报酬

保持原状　夺回的市场　被防御者夺回
占有率的价值　市场占有率的
攻击者　减去响应成本　损失

有成本
的响应

有成本的退出　攻击者放弃　放弃市场占有
的市场占有率　率的损失加上
防御者　的价值减去响　退出成本
应成本

保持原状　保持原状　没有改变
攻击者

有成本的　市场占有率进　进一步采取行
再次行动　一步被夺走的　动获得的市
损失　场占有率价值
减去行动成本

图 4-1　通过博弈说明竞争者的问题

因此，如果防御者想要阻止对手采取第二波攻击，势必得付出响应的成本。此时，如果攻击者在防御者采取竞争性响应后未再采取行动（即保持现状），则防御者将可夺回特定的市场占有率，而防御者的报酬将为夺回的市场占有率的价值减去响应成本。然而，如果攻击者让步，则防御者将可完全

⊖　这一论点意味着，一旦展开某一竞争性行动，伴随该行动的成本即为一种沉没成本，因此，博弈参与者不应将该成本当作后续行动的决策考虑因素；亦即当攻击者采取竞争性行动时，即展开了一个新的竞争性战局，攻击者与防御者皆应从该时点考虑它们的最佳战略及利益。

夺回最初损失的市场占有率，它的报酬将为攻击者放弃的市场占有率的价值减去响应成本[⊖]。

然而，当攻击者让步时，它除了丧失既定市场占有率之外，还可能产生退出成本（reversal cost）。此时，攻击者的代价将是它让给防御者的市场占有率损失加上退出成本。图4-1描绘了防御者所面对的情境（为达简化目的，我们不考虑以下两种不太可能发生的情况：攻击者针对防御者的响应再采取第二波行动，以及在防御者不响应的情形下，攻击者却选择退出）。

在这种博弈情境架构中，若要研究及了解实际战略情境中的竞争性互动（exchange），有三个研究问题必须加以澄清。

估计报酬

为了发展实际互动情境中的博弈论模型解，战略研究者需要了解攻击者及防御者双方的实际报酬价值，或者更实际地，需要假设竞争者是在信息不完全的情况下制定决策。在信息不完全的情形下，我们很难知道每个竞争者的报酬，也很难评估每个企业在应对其对手的战略时，采取各种方案的概率。

相较于其他形态的竞争性行动，价格行动／响应显然为一个估计报酬的特别案例，即使缺乏竞争者相关的成本资料，相较于其他竞争性行动，攻击者与防御者仍能轻易地估计价格改变的边际效果，因此，任何探讨竞争性行动／响应特质的相关研究，皆应探讨价格竞争性行动与响应的特殊性。至于其他类型的竞争性行动／响应，由于它们的报酬与获利比较不容易估计，因此有必要使用一些实务上的代理变量来预估报酬与可能性。

延续上述，这一点引发了本研究的第一个研究问题：是否有一些变量可以用来呈现每个竞争者战略的报酬与可能性？此类代理变量必须足以评估

⊖　在防御者夺回的市场占有率低于原市场占有率的个案中，此论点也不会改变。

一个防御者是否决定不对一个竞争性行动采取响应，进而放弃对行动者采取报复。

相关研究建议，此类变量至少有两个：竞争者对市场（或受攻击的市场）的依赖性，以及行动者采取竞争性行动的不可逆转性。

（1）竞争者依赖性。

如图 4-1 所示，防御者在决定响应与否时，必须在采取响应的报酬与不响应的报酬之间取得平衡。防御者可以考虑几种选择方案，并且估算一旦它采取竞争性响应，攻击者让步或不采取任何行动的概率，据此来选择一个报酬最适化的战略。

除了攻击者及防御者皆未采取任何竞争性行动 / 响应的个案之外，在其他个案中，防御者获得或损失的市场占有率是决定防御者报酬 / 代价的主要因素。换言之，防御者响应与否的决策，与受攻击行动影响的市场收益与利润占其总市场的比例有很大关系，当攻击者的竞争性行动越是针对防御者的主要市场时，防御者的报酬受影响的程度越大。这一推论建议，在缺乏实际的报酬数据的情况下，战略研究者可以将竞争者依赖性视为一个代理变量。

过去的研究支持竞争者依赖性可以预测竞争性响应，如果竞争者认为竞争性行动对它的主要市场具有威胁时，它会比较有动机去采取竞争性响应，而且这些响应通常较为快速且强烈（Porter，1980；MacMillan et al.，1985；Dutton and Jackson，1987；Chen et al.，1991）。

当然，如果要估计未采取竞争性响应的可能性，明显地就是反向应用上述推论，亦即较低的竞争者依赖性将增加防御者决定不采取竞争性响应的可能性。

假设 1a：当防御者对受到竞争性行动攻击的市场的依赖性越大时，不采取竞争性响应的可能性越低。

（2）不可逆转性。

另一个较不明显，但与竞争者依赖性具有同等潜在重要意义的变量，是攻击者最初始的竞争性行动的不可逆转性。如果图 4-1 中的防御者真的采取响应，则只有当攻击者因这个响应所遭受的损失超过它放弃原先占有的市场所造成的损失时，攻击者才会退出该市场。然而，攻击者在退出的过程中势必会产生退出成本，因此，当一个竞争性行动的退出成本越高时，攻击者留在原位不撤离的可能性就越大[⊖]。再者，当防御者知觉到攻击者的退出成本越高时，它将认知到攻击者越不可能退出。因此，对于防御者而言，攻击者的竞争性行动的逆转成本已传达出攻击者承诺不放弃且将持续奋战的讯息。只不过一旦攻击者没有诚实地揭露真实行动类型（指行动的战略或行为特质）（Rasmusen，1990）的讯息，其他人便无法完全掌握攻击者的行动，由于揭露真实行动类型的信息对攻击者并没有太多好处，因此攻击者这么做的可能性不大。所以，防御者必须从攻击者过去或现今行为的讯息，去推论攻击者的真实行动类型。当防御者越不确定攻击者的真实行为类型，或越不能确定攻击者会多么积极地捍卫它的利益时，以不可逆转性作为攻击者持续奋战讯息的重要性越高。

在信息不完全的情形下，防御者本身逆转某一竞争性行动所产生的成本，是估计攻击者退出成本的一项重要指标。当攻击者与防御者的营运范畴、战略、资产，以及劳动力结构、市场占有率、多元化程度等特质越相似时，防御者越可以使用本身的成本作为攻击者成本结构的代理变量。因此，当攻击者与防御者越相似时，若一个竞争性行动对防御者而言越不会逆转，就表示该行动对攻击者来说可能也越不会逆转，而且这样的不可逆转性也越彰显出攻击者不会轻易退出市场的承诺。

⊖ 即使防御者认定攻击者所放弃的市场占有率的价值为负值，较高的退出成本仍会降低攻击者退出的可能性。

基于此，不可逆转性是攻击者对所从事的竞争性行动承诺的可靠讯息，因此，在预测防御者是否会采取竞争性响应时，应当考虑竞争性行动的不可逆转性。Schelling（1960）认为，竞争者能否成功地采取具有毁灭性的反击，关键点之一在于行动者所显现出的对该竞争性行动承诺的程度。Porter 支持 Schelling 的看法并且指出："在规划与执行竞争性行动／响应时，最重要的一个观念或许就是承诺的概念……一个承诺有多大说服力和它所显示出的必要性与不可逆转性程度密切相关。"（1980：100-101）这一观点和 Porter 与 Spence（1982）研究碾谷业的先占战略（preempting entry）所获得的结论也是一致的。

很明显地，造成不可逆转性的因素有很多，诸如经济的、机构的、组织的、心理的及政治的相关层面，因此，不同竞争性行动的改变或逆转容易度也不尽相同。经济学家（Lieberman，1987；Spence，1977）与组织理论学者（Staw，1981）均强调实体资产投资（如产能与资金成本）是构成不可逆转性的因素，因此，若一个竞争性行动涵盖重大的资本支出，就会被认为比其他行动具有更高的不可逆转性。然而，不单只有经济的投资因素会影响不可逆转性，如果一项竞争性行动会对其他个体产生法律或道德上的义务，或涉及组织内大幅度的跨部门协调、系统或程序的中断（MacMillan et al.，1985），或由资深管理阶层正式核准或对外公开宣告，或该行动被置于组织的社会脉络（the social context）之中（Salancik，1977：408），都会提高竞争性行动的不可逆转性。此外，如果竞争性行动的逆转会影响当前组织中政治生态的均衡，这类竞争性行动也会比不影响政治均衡的行动更具有不可逆转性。

不管造成不可逆转性的因素为何，由于不可逆转性呈现了攻击者真实行动类型（是否够顽强）的强烈讯息，因此，竞争性行动的不可逆转性都会对竞争者的响应行为有显著的影响。如同 Porter 在相关文献中经常提及但尚未经过实证检验的观点："如果企业可使竞争者相信它承诺于某个正在制定或计划制定的战略行动，将可提高竞争者放弃现有市场转到其他新市场的概率，而且不会花费资源来响应或试图让该企业撤回行动。换言之，承诺可以抑制竞争性响应。"（1980：101）整体而言，竞争性行动的不可逆转性可以释放出承诺的讯息，因此，防御者选择不采取竞争性响应的可能性，会部分受到竞争性行动的不可逆转性的影响。

假设 1b：攻击者所采取的竞争性行动的不可逆转性越高，防御者不采取竞争性响应的可能性越大。

除了主效果之外，竞争者的依赖性与不可逆转性也许会产生交互作用的效果。最近关于声誉效果的研究（Camerer and Weigelt，1988；Weigelt and Camerer，1988）显示，竞争性行动的不可逆转程度，将会干扰竞争者依赖性与不响应可能性之间的假设关系。这些学者指出，在信息不完全的情况下，为了阻滞其他竞争者寻求增加它们在市场区隔中的占有率，该市场区隔中的现有主导企业将会投入高度的关注，以展现其捍卫这一市场的决心，因此，当攻击者在一个对于防御者很重要的市场上，展开一项高度不可逆转的竞争性行动时，即使攻击者已经释放出奋战到底的讯息，防御者也有必要传达出试图放手一搏的讯息。因为，如果防御者没有采取反击，则它愿为主要市场奋战的形象可能会受损，进而激起原来的攻击者及其他竞争者采取更进一步的攻击。

简而言之，虽然竞争性行动的不可逆转性会增加不响应的可能性，但是如果攻击者在防御者极度依赖的市场采取一项高度不可逆转的竞争性行动，那么可以预见地，将引发主要市场的争夺战，而防御者势必得反击以捍卫它的市场地位及声誉。因此，当依赖性及不可逆转性都高时，竞争者不采取竞争性响应的可能性将会降低。

假设 1c：虽然不采取竞争性响应的可能性会随着竞争性行动的不可逆转性的提高而增加，但当高不可逆转性及高依赖性同时发生时，此正相关关系将会逆转，亦即不采取竞争性响应的可能性会降低。

4.2.3 响应时间延迟

在真实的互动情境中，开展博弈论解的第二个重要问题在于，必须将响应时间延迟纳入考虑。如图 4-1 所示，防御者一旦决定去挑战竞争性行动，响应时间也是重要的考虑因素之一。当攻击者所采取的竞争性行动让它获得市场占有率，而防御者却延迟竞争性响应时，则在防御者踌躇、犹豫的这段时间，攻击者可从占有的市场获得利润。如果攻击者在这段短暂占有市场的时间内能够获得报酬，那么，只要这些报酬超过潜在的退出成本，它就可以肆无忌惮地采取行动，待防御者采取响应时再退出市场。

因此，响应时间的延迟对于攻击者非常重要，因为这代表了在竞争性行动有效的情况下，攻击者享有该行动带来的经济利益的时间$^\ominus$（Porter，1980；Ansoff，1984；Hambrick and Mason，1984；MacMillan et al.，1985；Chen，1988；Smith，Grimm，Chen，and Gannon，1989）。如 Porter（1980：98）所提及的："从竞争性响应时间延迟中获得利益，抑或采取可让竞争者最大化其响应时间延迟的战略行动，是竞争性互动的关键原则。"

以往的实证研究已经指出响应时间延迟对报酬的意义。例如，Smith 等（1981）在研究电子企业如何响应各类型竞争性行动时发现，企业采取竞争性响应的时间长度与它的绩效呈负相关。Mansfield（1968）也发现，在跟进使用竞争者所发展的新技术之前，企业的等待时间长度，与它投资该创新的获利程度呈现负相关。同样地，Damanpour 与 Avian（1984）发现，组织在

⊖ 这个情境不包括：竞争者借由提高价格来诱使其他竞争者跟进，试图借此释放出它是价格领导者的讯息，在这种情况下，延迟响应并不是行动者期待发生的。

采用新技术与新管理观念上的时间延迟，与组织绩效呈负相关。

此外，Schelling（1960）与 Axelrod（1984）更注意到响应时间所具有的重要讯息特质：竞争性行动与竞争性响应之间的响应时间延迟越长，讯息的影响力越不明显，也就是说，相较于没有延迟或仅有少许时间延迟的情况，具有响应时间延迟的竞争性行动与响应的联结关系较不明显。这一观点引导出第二个研究问题：当企业不采取响应的可能性不高时，用于估计未响应可能性的变量，是否亦可用来估计响应时间延迟？

本研究认为，用于推导预测未响应可能性的逻辑也适用于此处：竞争者依赖性与竞争性行动的不可逆转性应该也会影响竞争者的急切性，进而影响竞争者响应的速度。

首先，竞争者可能会加速防守它们所依赖的市场。

假设 2a：防御者对受到竞争性行动攻击的市场的依赖性越大时，采取竞争性响应的速度将会越快。

其次，如果攻击者采取了一个具有高度不可逆转性的竞争性行动，那么防御者将面临攻击者对这一行动的高度承诺；在这种情境下，如果防御者决定采取响应，它的响应将会特别慎重小心，同时也比较有可能会投入一些时间去构思并做出适当的竞争性响应。

Chen 等（1991）的实证研究发现，涉及高度"执行要求条件"的竞争性行动（以执行该行动所需花费的时间来衡量）与竞争者的响应时间延迟具有正相关。执行要求条件与攻击者投入该行动的承诺程度相关，是广义的不可逆转性，如此引导出接下来的假设。

假设 2b：攻击者所采取的竞争性行动的不可逆转性越高，防御者采取竞争性响应的时间延迟越长。

竞争者依赖性与不可逆转性也可能对响应时间延迟产生交互作用效果，也就是说，竞争者依赖性与响应时间延迟之间的假设关系，会受到行动不可逆转性的干扰。一般而言，虽然我们预期竞争性行动的高度不可逆转性将推迟竞争性响应，但若攻击者在防御者极度依赖的市场采取一个高度不可逆转的竞争性行动，则至少有两个原因会让防御者快速做出响应：① 捍卫声誉的压力（Camerer and Weigelt，1988 ；Weigelt and Camerer，1988）；② 必须快速行动，以确保响应的讯息具有最大的作用力与影响力（Axelrod，1984 ；Schelling，1960）。因此，当依赖性与不可逆转性都很高时，响应时间延迟将会特别短。

假设 2c：虽然响应时间延迟会随着竞争性行动的不可逆转性的提高而增加，但当高不可逆转性及高依赖性同时发生时，此正相关关系将会逆转，亦即响应时间延迟的可能性将会降低。

4.2.4　配对响应

将博弈论应用于真实世界的竞争互动情境时，第三个问题是必须评估配对响应特例发生的可能性。如图 4-1 所示，防御者可以采取多种战略，且每一种战略皆能在决策图中被清楚地描绘出来。然而，有一种竞争性响应值得特别留意，那就是配对响应，亦即防御者仅单纯地复制攻击者的竞争性行动。配对响应是防御者为了维护自身权益所释放出来的强烈讯息（Schelling，1960），以显示其捍卫现状的承诺——既不放弃现有的地位，也不持续将竞争升级至相互毁灭性的"交战"。因此，我们提出下列问题：用来预测竞争者未采取响应的变量，是否也可以用来估计竞争者针对一项竞争性行动完全采取配对响应的可能性？

本研究认为，用于推导预测未响应可能性与响应时间延迟的相同逻辑也适用于此。当防御者高度依赖的市场受到攻击时，它将倾向于采取相同行动来响应，以释放出誓言捍卫市场的讯息，而且当防御者对受攻击市场的依赖性越大时，则越倾向于采取配对响应，以避免竞争局势扩大。

　　假设 3a：防御者对受到竞争性行动攻击市场的依赖性越大时，采取配对响应的可能性越高。

　　如同前述，竞争性行动的不可逆转性在此也扮演了非常有趣的角色：如果攻击者在防御者极度依赖的市场采取了高度不可逆转性的竞争性行动，那么防御者将承受极大的压力，因而被迫采取响应来保护自身的声誉。然而，防御者也有极大的诱因，希望在达到上述目的的同时，不致升级敌对状态；于是，在这种情形下，采取配对响应的可能性将会特别高，因此，我们预期不可逆转性及依赖性的交互作用，将是解释配对响应可能性的重要因素。

　　假设 3b：配对响应的可能性随着依赖性的提高而增加，而且，当高不可逆转性及高依赖性同时发生时，会强化这种正相关关系。

4.2.5　价格的竞争性行动

　　本分析架构中的最后一个问题是，竞争者必须认知到价格行动独特的信息内涵。如同之前的论述，一旦竞争者是在信息不完全的情况下构思行动与响应，它们将面临缺乏充分数据来评估报酬可能性的困境。然而，由于价格行动比其他竞争性行动传递的信息多，加上价格变动会直接影响一个企业的获利底线，因此，我们比较容易估计价格行动对攻击者与防御者利润的影响[⊖]。总而言之，相较于其他类型的竞争性行动，价格行动是一个特别的案

　　⊖　如果我们能知道或估计销售量或者概略地估计价格弹性，则很可能精确地估计出价格变动幅度对每一个竞争者利润的影响。然而，由于我们对每一个竞争者成本结构的认知有限，因此，相较于价格行动，其他未涉及价格的行动的影响会比较难被彻底了解。

例，它具有立即且明显可见的特性，而且对市场占有率的影响也相对容易估计，所以，比较容易引发竞争性响应。

假设 4：当一个竞争性行动是价格行动时，相较于其他类型的竞争性行动，防御者（a）不采取竞争性响应的可能性会比较低；（b）响应时间延迟会比较短；（c）采取配对响应的可能性会比较高。

4.3　研究方法

4.3.1　数据源

本研究的数据包含 1979～1986 年，《航空日报》所报道的 32 家年营运收入超过 1 亿美元的美国航空公司的竞争性行动与响应。我们的资料搜集方法和 Miller 与 Friesen（1997）及 Jauch、Osborn 与 Martin（1980）的类似，称为"结构内容分析法"（structured content analysis）。这一方法也与 Harrigan（1980）按照时间先后顺序探讨夕阳产业、企业在最后阶段的特定战略性竞争行为的方法相同。

将美国国内航空业作为样本，不仅因为该产业的竞争性广为人知且有严格定义的产业界限，也因为这个产业提供了一组可明确辨识的竞争者，以及丰富的公开信息。此外，由于所有航空公司几乎都仅经营单一事业或以该事业为核心，因此，公司与事业间的关系对于产业内竞争的潜在影响不大（Rumelt，1974）。

在广泛地调查各种大众出版刊物后，我们认为具有 50 年历史的产业期刊《航空日报》对航空业的竞争状况提供了最完整及详细的信息。《航空日报》被视为航空业的代言人，致力于客观报道各航空公司对外宣告的信息及行动，因而能将事后合理化竞争性行动的潜在顾虑降至最低，而这一论点在我们与航空公司高层主管及产业分析师进行访谈后，亦得到了确认。

4.3.2　竞争性行动与响应之辨识

我们借由全面地审阅《航空日报》8 年来每一期的资料，来辨识竞争性行动与响应。本研究几乎检视了所有市场面的竞争性行动 / 响应，但是将诸如组织重整之类的企业内部行动予以排除。为了进一步确认价格竞争性行动的战略重要性，我们仅探讨变动幅度超过 10% 的价格行动。

事实上，在探讨竞争性互动时，一项主要的挑战是如何客观地辨识竞争性响应（MacMillan et al.，1985；Chen et al.，1991；Smith et al.，1991）。对此，我们搜寻《航空日报》中的关键词，借以辨识出竞争性响应，以及引发这些响应的最初竞争性行动，这些关键词包括"……反击（in responding to）……""……跟随（following）……""……一来一往（match）……""……在……的压力下（under the pressure of）……""……迎击（reacting to）……"⊖。举例而言，《航空日报》报道："……在美国航空公司计划于美国田纳西州的纳什维尔设立航站的压力下……Piedmont 航空公司宣布一项遍及佛罗里达州的扩张项目。"（1985 年 7 月 10 日）在这个案例中，Piedmont 航空公司在佛罗里达州的扩张项目，被视为针对美国航空公司设立航站计划的竞争性响应。

由于竞争互动的过程复杂且是动态的，因此，我们采用非常严谨的方法来追踪竞争性响应与竞争性行动，并且从一连串先后发生的竞争性行动中，辨识出最初始的行动。首先，根据时间先后顺序来阅读《航空日报》，搜寻市场上包括竞争性行动与竞争性响应的所有竞争性行为。其次，按照《航空

⊖　当然，一组相似的竞争性行动有可能是因为一般产业结构改变，而非竞争者彼此互动的结果。为了将这类竞争性行动从本研究中剔除，我们针对文中所描述的关键词搜寻方法做进一步分析，如此，本研究的资料仅包括确认过的竞争性行动与响应的组合。我们感谢匿名审查委员提出这一议题，让我们更小心地处理这个问题。

日报》的卷期从 1986 年 12 月 31 日往前回溯至 1979 年 1 月 1 日，借此联结所有竞争性响应所对应的最初竞争性行动。于是，借着前面所描述的关键词方法，我们先辨识出竞争性响应，然后追溯找出其所对应的最初竞争性行动的报道。此方法最重要的优点是能够辨识出《航空日报》所报道的每一个最初始的竞争性行动，以及对应于每个最初始竞争性行动的所有响应。

本研究的总数据库包含 856 个竞争性行动（其中有 103 个行动引起一个以上的竞争性响应），以及 203 个竞争性响应[⊖]。为了检视《航空日报》所揭露信息的正确性，我们随机抽取了 20 个竞争性行动／响应的样本，并且尝试与其他主要商业出版品和报纸进行验证，结果发现，有 17 个竞争性行动可以从其他主要商业出版品获得交叉验证；如此高的确认率（85%）显示出《航空日报》资料的可靠性[⊖]。

接着，我们与三位战略领域的博士班学生将所有竞争性行动与响应分为 13 个一般性类型，如表 4-1 所示。

表 4-1　竞争性行动的类型与用来衡量不可逆转性的维度

竞争性行动／响应	不可逆转性的指标 [a]	不可逆转性的维度
降价	2.660	● 执行该行动所需的财务投资金额
促销	2.067	● 执行该行动在管理层面所需投入的努力
服务改善	2.276	● 执行该行动需要重整人员、系统及／或程序的程度
提高旅行社佣金比率	2.464	● 该行动执行后，组织各阶层与管理当局承诺的程度
与通勤航空公司进行航线联盟	3.078	● 逆转该行动引起员工和／或工会反弹的可能性

⊖ 本研究与 Smith 等（1991）探讨引起竞争性响应的竞争性行动的研究共享同一个数据库，但本研究还包含了未引起竞争性响应的 753 个竞争性行动。

⊖ 本研究比对两年期的竞争性行动／响应资料发现，由公司资深副总裁或更高层主管所正式宣告的信息含括了 45% 的样本，由此可更进一步确认《航空日报》的正确性。

（续）

竞争性行动／响应	不可逆转性的指标 [a]	不可逆转性的维度
购并	4.528	● 执行该行动所需外部利益相关者（如投资银行及法规制定当局）支持的程度
与非航空业联合促销	2.016	● 该行动由高层主管对外公开宣告的可能性
增加每日航班	2.869	● 产业刊物报道该行动的次数
退出既有航线	2.249	● 因执行该行动而需要对主要利益相关者（如供应商、旅行社）承担责任义务的程度
进入新航线	2.791	● 逆转该行动所需的财务成本
减少每日航班 [b]	2.544	● 执行该行动造成人员和／或设备重新配置的程度
同业合作	3.078	● 高层主管批准该行动的可能性
设立航站	3.934	● 执行该行动需要跨部门整合的程度 ● 一旦行动逆转，除飞机外，用来执行该行动的设备无法转换至其他目的使用的程度

a　受访者针对每个竞争性行动／响应的每一个维度，以5点尺度（1表示非常低；5表示非常高）加以评定。这个指标是一个竞争性行动／响应在各维度下的平均分数。

b　在最后分析时，我们将"减少每日航班"予以删除，因为在另一个补充调查中我们发现，原始的分类与产业高层主管和产业专家两者的分类一致性相当低。

4.3.3　衡量

1. 竞争者依赖性

竞争者依赖性的定义为，竞争者对受到某一竞争性行动影响的市场的依赖程度。在探讨这一议题前，我们首先辨识受到每个竞争性行动影响的竞争者，也就是那些至少在一个我们所研究的机场提供服务而被该行动影响的航空公司。这些机场是美国运输署所定义的37处美国大型航空交通航站。对于每一个受影响的竞争者来说，一项竞争性行动所影响的竞争者依赖性是指，在该行动执行的年度中，某一竞争者受该行动影响的乘客数占其所服务的总乘客数的比例。例如，假定某航空公司在一个特定年度共服务25万名乘客，其中有 5 万名乘客受到某个竞争性行动的影响，则该航空公司对受到这一行动影响的市场的竞争者依赖性的衡量值为 0.2。⊖

2. 不可逆转性

竞争性行动的不可逆转性是使用一个邮寄给 430 位航空公司资深高层主管与专家的问卷来衡量。我们以 1989 年冬季版《世界航空名录》（*World Aviation Directory*）中，航空业的最高层主管及专家作为施测对象。

最终，我们总共发出了 430 份问卷，收到 177 份回复（回收率 41%），有效问卷为 176 份。在进行专业化设计与大量前测后，我们完成了这份长达 10 页的问卷。在寄发问卷的同时，我们均附上一封私人信函保证会对回复资料充分保密；对于一开始没有回复的受测者，则寄出两封跟催信函追踪。在邮寄问卷调查中，41% 的回收率可以说是相当高（Warwick and Lininger，1975）；在航空业专家眼中，这样的回收率在航空相关产业中更是异常的高。

我们进行了未回复误差的统计检验，结果发现回复者及未回复者在企业规模、产业所属机构、管理阶层、年龄、功能背景及教育程度等特性上，皆无显著的差异。整体而言，回复者在这个产业均具有相当多经验，除学术界人士外，其他回复者的产业平均经验均超过 25 年，表 4-2 为回复者的基本数据。

表 4-2　问卷调查回复者的部分特质 [a]

受访者在航空业的角色	平均产业经验（年）	回复者比率（%）
主要航空公司的资深副总裁或以上 [b]	25	25
区域型航空公司的 CEO 或总裁 [c]	24	19
旅行社的 CEO 或总裁 [d]	27	12
航空器制造商的总裁或资深副总裁 [e]	28	3
顾问师 [e]	32	20

⊖　这些必要的资料均来自美国运输署的 *Airport Activity Statistics of Certified Route Air Carriers*。

（续）

受访者在航空业的角色	平均产业经验（年）	回复者比率（%）
证券分析师 [f]	21	10
联邦航空总署的资深经理	15	2
竞争战略领域的教授及研究人员 [g]	N/A	9
所有产业回复者	26	100

a　样本数＝176。
b　主要航空公司指年营运收入超过 1 亿美元者。
c　即管理咨询顾问，选取对象为列于《世界航空名录》的航空公司及顾问。
d　根据年营运收入选取前 65 大旅行社。
e　波音及麦克唐纳－道格拉斯飞机制造公司。
f　分析师选自 1989 年版的《尼尔森投资研究名录》(Nelson's Directory of Investment Research)
　　及 1989 年 10 月版的《机构投资者》(Institutional Investor)。
g　选取机构为我们所属的研究机构。

在问卷中，我们要求每一位受访者以 5 点尺度来评定 13 项竞争性行动在 14 个不可逆转性构念上的效果（见表 4-1），如投资需求的程度、组织重整（disruption）的程度以及产业公开的程度[⊖]。我们将 14 个不可逆转性项目平均，以便为每一项竞争性行动建构一个不可逆转性的复合指标（composite index），表 4-1 报道了这个指标值。这个不可逆转性指标的信度值 Cronbach's α 达到 0.91，在高度可接受的范围内（Nunnally，1978）。

为了进一步确认分类的正确性，我们还设计了一份补充性的简短问卷，要求所有回复者（学者除外）针对 8 项最容易混淆的竞争性行动进行分类。这份问卷由 106 位专家完成，回复率高达 66%，而且检测并没有发现未回复者误差的情形。结果显示，这些产业的高层主管与专家对 7 项竞争性行动的分类和我们高度一致，其平均确认率达到 84%；唯一的例外是在"减少每日航班"这一竞争性行动的分类上，一致性程度相对较低，为 65%，故后续分析予以删除。

⊖　我们通过一系列包括产业专家参与的前导性研究（pilot studies），谨慎地选出 13 项《航空日报》报道的特定竞争性行动。

3. 未响应的可能性

未响应的可能性被定义为一项竞争性行动不会引发一个既定竞争者采取反击的可能性，如果《航空日报》报道某个竞争者针对一项竞争性行动采取响应，我们就将此竞争者定义为实际的响应者。未响应的可能性为二元分类变量：当编码为 1 时，表示一个应该会响应的竞争者却没有响应；编号为 0时，表示竞争者真的采取了响应。

4. 响应时间延迟

响应时间延迟被定义为一个竞争者响应一项竞争性行动所需的时间长度，它的衡量方式是《航空日报》第一次报道该特定行动的日期，与第一次报道竞争者对该行动展开响应的日期，两者之间的天数差距。

5. 配对响应的可能性

配对响应的可能性被定义为一个响应者模仿一项竞争性行动的可能性，这个定义是根据竞争性行动与响应类型的一致性来衡量的，如果响应的类型与行动相同（如以降价响应降价），我们就将这个响应定义为一个配对响应。

4.3.4 统计分析

本研究的 11 项研究假设在探讨 4 项自变量（竞争者依赖性、竞争性行动的不可逆转性、两者的交互作用项，以及价格）与 3 项竞争性响应特质之间的关联性。由于未响应的可能性与配对响应的可能性两个变量为二元分类变量，所以我们运用 Logistic 回归模型来分析，而对于响应时间延迟的效果则以普通最小二乘法（ordinary least squares，OLS）的多元回归分析来检视。上述所有回归方程式，皆可以采用未响应可能性的方程式的一般化形式来表示，见式（4-1）[⊖]。

$$LN = \alpha_0 + \alpha_1 X_1 + \alpha_2 X_2 + \alpha_3 X_1 X_2 + \alpha_4 P + e \qquad （4\text{-}1）$$

式中　LN——未响应的可能性；

　　　X_1——竞争者依赖性；

　　　X_2——竞争性行动的不可逆转性；

　　$X_1 X_2$——依赖性与不可逆转性的交互作用项；

　　　P——价格的竞争性行动；

　　　e——残差项。

若式（4-1）中的 α_1、α_2、α_3 及 α_4 四个回归系数方向正确且数值显著，则将分别支持研究假设 1a、1b、1c 及 4，表 4-3 汇总了所有研究假设的关系。

表 4-3　变量间预期关系的汇总

自变量	未响应的可能性	响应时间延迟	配对响应的可能性
1. 竞争者依赖性	−	−	+
2. 行动不可逆转性	+	+	未推论
3. 竞争者依赖性 × 不可逆转性	−	−	+
4. 价格			+

4.4　研究结果

表 4-4 列出了回归分析中使用的所有变量的平均数、标准差及相关系数。表 4-5 呈现了假设检验的回归系数及相关统计量。

⊖ 为了降低交互作用项（竞争者依赖性 × 竞争性行动的不可逆转性）与其本身变量之间的共线性问题，在分析之前，我们将所有变量（因变量除外）进行标准化。表 4-5 是降低多重共线性问题后的结果。虽然这个程序对交互作用项的符号与显著性并无影响，但它确实允许在同一方程式中同时检验主效果及交互作用效果。详细叙述请参见 Southwood（1978）、Gupta 与 Taylor（1990）以及 Neter、Wasserman 与 Kunter（1990）的相关研究。

表 4-4　平均数、标准差及相关系数

变　量	受影响的竞争者[a]						实际响应者[b]						
1. 竞争者依赖性	0.35	0.34					0.54	0.33					
2. 行动不可逆转性	2.64	0.49	-0.12***				0.55	0.33	-0.07				
3. 价格行动	0.15	0.36	-0.05***	0.02**			0.46	0.50	-0.28***	0.29***			
4. 未响应的可能性	0.99	0.11	-0.02**	0.03***	-0.09***								
5. 响应时间延迟							14.13	24.27	0.23***	0.06	-0.33***		
6. 配对响应的可能性							0.89	0.32	0.15	0.09	0.27	-0.06	

a　样本数＝17 069。
b　样本数＝203。
** 　p＜0.01。
*** 　p＜0.001。

表 4-5 竞争性响应特质回归分析的结果 [a]

变量	未响应的可能性：模型 1	响应时间延迟：模型 2	配对响应的可能性：模型 3	响应的不可逆转性：模型 4
竞争者依赖性	−0.51*** (0.07)	3.15* (1.70)	0.82** (0.28)	0.10* (0.04)
行动不可逆转性	0.42*** (0.13)	7.32*** (2.24)	0.23 (0.24)	−0.06+ (0.04)
竞争者依赖性 × 不可逆转性	−0.19** (0.09)	−4.34*** (1.92)	−0.41* (0.20)	0.13* (0.05)
价格行动	−0.62*** (0.05)	−8.98*** (1.82)	1.27*** (0.40)	−0.13** (0.05)
截距项	4.82 (0.10)	14.16 (1.61)	2.74 (0.38)	2.64 (0.04)
调整后判定系数		0.15		0.56
F 值		9.64***		7.73***
χ^2	178.63***		32.35***	
样本数	17 069	203	203	23

a　括号中的数字为标准差。
+　$p < 0.10$。
*　$p < 0.05$。
**　$p < 0.01$。
***　$p < 0.001$。

4.4.1 未响应的可能性

表 4-5 模型 1 显示，假设 1a 获得支持，亦即当防御者越依赖受到竞争性行动影响的市场时，其采取竞争性响应的可能性越大；同时，竞争性行动的不可逆转性的结果亦与假设 1b 一致，亦即竞争性行动的不可逆转性的程度越高时，防御者越不会采取竞争性响应；研究发现亦支持假设 4a，亦即价格行动相较于其他行动比较难避免防御者的竞争性响应；此外，交互作用项的结果也和假设 1c 一致，即竞争者依赖性与竞争性行动的不可逆转性呈现显著的、负向的交互作用效果。

本研究针对模型 1 的竞争者依赖性进行偏微分，以便进一步了解该变量与竞争性行动不可逆转性的交互作用项，对未响应可能性的影响效果，见式（4-2）。

$$\partial(LN)/\partial(X_1)=-0.51-0.19X_2 \qquad (4\text{-}2)$$

通过式（4-2）的计算，当 ∂（LN）/ ∂（X_1）为 0 时，$X_2=-2.73$。由于在进行回归分析前，我们已经将所有自变量予以标准化，这意味着，除非竞争者行动的不可逆转性的值小于平均数 2.73 个标准差，否则竞争者依赖性就会降低未响应的可能性。

图 4-2 显示出式（4-2）偏微分结果的意义，它描绘出在不同程度的竞争性行动不可逆转性下，竞争者依赖性与未响应可能性之间的斜率关系。

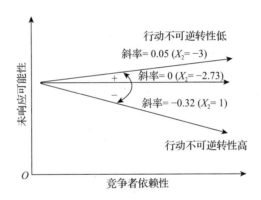

图 4-2　不同程度的竞争性行动不可逆转性下，竞争者依赖性与未响应可能性
　　　　之间的关系

图 4-2 通过三种斜率的关系，来呈现不同不可逆转性程度所形成的不同干扰效果。当不可逆转性的程度很高时（$X_2=1$），增加竞争者依赖性会大幅降低未响应的可能性；直至不可逆转性的程度达到转折点（$X_2=-2.73$），斜率不再为负，此时，随着竞争者依赖性提高，未响应的可能性也开始提高。然而，在常态分配的假设下，低于平均数 2.73 个标准差已在 99% 水平上，故从此图形的描绘可以清楚看出，除非不可逆转性非常低，未响应的可能性才会随着依赖性的提高而增加，否则，在一般情况下，未响应的可能性会随

着依赖性的提高而降低[⊖]。

4.4.2 响应时间延迟

表 4-5 模型 2 的结果与假设 2a 的预期相反，意味着当防御者的关键市场受到强烈威胁时，竞争性响应反而会比较慢。对此，我们将在后续的研究讨论部分加以详尽检视。

在这个议题上，获得支持的包括假设 2b，竞争性行动不可逆转性的程度越高，防御者采取竞争性响应的时间延迟越久；以及假设 4b，相较于其他竞争性行动，价格行动会引起比较快速的响应。

此外，交互作用项的结果也支持假设 2c。再针对模型 2 竞争者依赖性进行偏微分，以便进一步分析这个交互作用项的效果，见式（4-3）。

$$\partial(RD)/\partial(X_1) = 3.15 - 4.34X_2 \qquad (4\text{-}3)$$

式中 RD —— 响应延迟。

通过式（4-3）的计算，当 $\partial(RD)/\partial(X_1)$ 为 0 时，$X_2 = 0.73$，这意味着除非行动不可逆转性的值低于平均数 0.73 个标准差，否则竞争者依赖性将会减少响应时间延迟。

如图 4-3 所示，当竞争性行动的不可逆转性很低时（$X_2 = -1$），增加竞争者依赖性将会提高响应时间延迟；直到不可逆转性的程度达到转折点（$X_2 = 0.73$），斜率才不再为正，此时，随着竞争者依赖程度的提高，响应时间延迟开始降低。换言之，当竞争性行动不可逆转性的程度提高时，响应时间延迟将随着依赖性的增加而减少，在适度的低不可逆转性下，响应时间延迟将随着依赖性的提高而增加。

⊖ 因此，虽然交互作用项在统计上达到显著水平，但对研究意图与目的而言，在讨论结果时却可忽略，此发现亦可应用于配对响应可能性的结果。

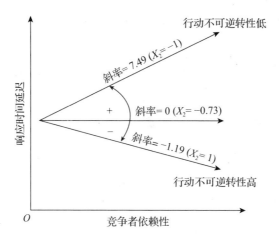

图 4-3　不同程度的竞争性行动不可逆转性下，竞争者依赖性与响应时间延迟
　　　　之间的关系

4.4.3　配对响应的可能性

表 4-5 模型 3 的结果显示假设 3a 获得支持，防御者越依赖受到竞争性行动攻击的市场，其所采取的竞争性响应直接配对到该竞争性行动的可能性越高。价格竞争性行动的结果也支持假设 4c，相较于其他类型的竞争性行动，价格行动产生配对响应的可能性比较高。

此外，交互作用项也达到显著水平，但与假设 3b 的预期相反。我们针对模型 3 竞争者依赖性进行偏微分，以便进一步分析这个交互作用项的效果，见式（4-4）。

$$\partial(LM)/\partial(X_1)=0.82-0.41X_2 \tag{4-4}$$

通过式（4-4）的计算，当 $\partial(LM)/\partial(X_1)$ 为 0 时，$X_2=2$，这意味着除非行动不可逆转性的值高于平均数 2 个标准差，否则竞争者依赖性将增加配对响应的可能性；反之，竞争者依赖性将减少配对响应的可能性。

如图 4-4 所示，当竞争性行动不可逆转性很低时（$X_2=-1$），增加竞争者依赖性将会提高配对响应的可能性，直到竞争者依赖性的程度达到转折点（$X_2=2.00$），斜率才不再为正，此时，随着竞争者依赖程度提高，配对响应的可能性开始降低。这意味着只有当竞争性行动的不可逆转性程度非常高时，配对响应的可能性才会随着竞争者依赖性的增加而减少。换言之，在一般情形下，配对响应的可能性会随着竞争者依赖性的提高而增加。

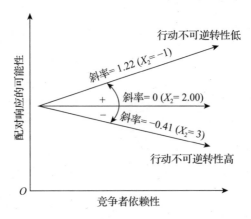

图 4-4　在不同程度的竞争性行动不可逆转性下，竞争者依赖性与配对响应可能性之间的关系

除此，我们以竞争性响应不可逆转性为因变量进行额外的回归分析，以便检视是否可以预测出非配对响应时的不可逆转性。表 4-5 模型 4 的结果显示，当其他情况不变时，一旦防御者决定不针对攻击者的竞争性行动采取相同的配对响应，防御者越依赖受到竞争性行动攻击的市场，则其采取的竞争性响应的不可逆转性程度越高。表 4-6 更显示出，即使只纳入非价格的竞争性行动，上述所有结果依然成立；换言之，即使将价格行动从数据中移除，所有发现仍旧支持研究假设。

表 4-6　对于非价格竞争性行动的竞争性响应特质的回归分析结果[a]

变　　量	未响应的可能性： 模型 5	响应时间延迟： 模型 6	配对响应的可能性： 模型 7	响应的不可逆转性： 模型 8
竞争者依赖性	-0.70^{***} （0.10）	4.55^{+} （3.01）	1.09^{***} （0.31）	0.08^{*} （0.04）
行动不可逆转性	0.56^{***} （0.16）	7.63^{**} （3.41）	0.12 （0.28）	-0.07^{+} （0.05）
竞争者依赖性 × 不可逆转性	-0.28^{**} （0.10）	-5.29^{+} （3.41）	-0.51^{*} （0.27）	0.12^{*} （0.05）
截距项	5.20 （0.13）	21.61 （3.00）	1.83 （0.33）	2.67 （0.04）
调整后判定系数		0.04		0.38
F 值		2.57^{*}		5.01^{**}
χ^2	69.45^{***}		16.96^{***}	
样本数	14 508	110	110	21

a　括号中的数字为标准差。
+　$p<0.10$。
*　$p<0.05$。
**　$p<0.01$。
***　$p<0.001$。

4.5　讨论

本研究的主要目的在于辨识出一些重要变量，以便战略学者在信息不完全时，仍可借此探讨竞争性行动与响应的对偶关系。应用博弈论的架构，我们发现在缺乏参与者完整报酬信息的情况下，竞争者依赖性与竞争性行动不可逆转性是非常有用的变量。实证结果进一步显示，这些变量可以被用来估计未响应的可能性、响应时间延迟以及配对响应的可能性。

如所预期，竞争者依赖性确实可以作为估计防御者的竞争性响应报酬的代理变量。我们的研究结果与假设一致：当防御者越强烈依赖的市场受到竞争性行动攻击时，防御者采取竞争性响应的可能性，以及竞争性响应配对到

最初竞争性行动的可能性越高。这项发现与 Tsai、MacMillan 与 Low（1991）
的研究结果相符，亦即当竞争者高度依赖某一特定市场时，竞争者将积极主
动地响应新进入者的威胁。同时，这些结果也符合 Porter（1980）及 Dutton
与 Jackson（1987）所主张的命题：当竞争者认定一项竞争性行动具有威胁
时，它会有动机做出快速且强烈的竞争性响应。

如所预期，当一项竞争性挑战越不可以逆转时，防御者越不可能采取竞
争性响应；倘若防御者真的采取了响应，则可能会延迟响应，并且采取不会
使竞争持续扩大的响应。因此，不可逆转性传达了行动者的真实行为类型，
以及对一连串竞争性行动承诺程度的讯息。这样的结果充分验证了 Schelling
（1960）及 Porter（1980）针对承诺在冲突情境下的决策中扮演的角色所做
的概念性讨论：当涉及高度利益纠葛时（竞争者依赖性高），一个行动者释放
出的承诺程度（竞争性行动的不可逆转性）将明显地塑造竞争性行动与响应。
同时，本研究经由实证也支持了 Porter（1980）先前提出的但尚未被检视的
论点：这样的承诺将阻滞及延迟竞争性响应。

一般来说，竞争者依赖性对结果的影响，似乎甚于竞争性行动的不可逆
转性。然而，这不表示竞争性行动不可逆转性的角色可以被低估，因为它不
仅影响三项结果变量中的两项，还是一个情境变量（contingency variable），
会调节竞争者依赖性对诸如响应时间延迟等变量的影响程度。

上述实证结果也显示，价格竞争性行动特别容易刺激各个层面的竞争
性响应，显示出价格行动在引发竞争者响应上扮演着非常重要的角色（这一
观点在过去经常被讨论，但尚未经证实）。由于价格行动可能对报酬产生立
即的影响，而且这类报酬能被估计的可能性也比较高，因此，相较于其他竞
争性行动，竞争者更容易对价格行动采取反击，而且可能是快速而直接的对
抗。这项研究发现所传达的意义非常清楚，那就是如果企业可以采取任何其
他的方式来吸引顾客，就应该避免发动价格竞争性行动。例如，航空公司最

近强调的 "飞行常客"（frequent flyer）促销方案（可以说是一种高度掩饰及递延的降价行动），就是这项战略的一个极佳例子。

此外，本研究也发现了一些有趣甚至部分超乎预期的结果。首先，未针对竞争性行动采取响应的比例出乎意料的高；在856个竞争性行动中，引起一个以上竞争性响应的行动只有103个。本章4.2节的理论部分曾指出，在一些状况下，当竞争者预期攻击者会采取进一步的行动时，竞争者将选择屈服而不响应。尽管如此，仍有许多其他可能的原因，例如，在机密性契约（confidential contract）案例中，竞争性行动可能无法被察觉到；内部营运程序的改变，可能被错误地知觉；一项竞争性行动也可能单纯地被认为不重要。一个明显的例子是，IBM与迪吉多公司一开始对网络运算技术所做的假设（Gannes，1988）。当然，尽管本研究所使用的数据源已经相当完整，但某些响应很可能仍未被涵盖在其中。

如所预期，竞争性行动不可逆转性是一个重要的情境变量，它会降低竞争者依赖性对竞争性响应主要构面的影响。当我们将响应时间延迟的非预期结果与其他结果放在一起检视时，将会发现一些相当有趣的形态。虽然竞争者依赖性与竞争性行动不可逆转性之间的关系，对所有竞争性响应的构面都存在着交互作用效果，但是除了响应时间延迟构面外，竞争性行动对其他竞争性响应构面的调节作用，只有在极端的不可逆转性情形下才会发生。因此，就实务目的而言，未响应可能性及配对响应可能性的交互作用效果是可以忽略的。

在响应时间延迟部分，竞争者依赖性的主效果与预期的方向相反，对响应时间延迟而言，依赖性产生了显著的正向主效果，而非原先所预期的负向效果。如果同时考虑主效果及交互作用效果，则当竞争性行动不可逆转性处于中度高（moderately high）时，响应时间延迟将会随竞争者依赖性的提高而快速递减；与之相对，当竞争性行动不可逆转性处于中度低时，响应时间延迟将会随竞争者依赖性的提高而快速增加。

针对这个非预期的结果，经过深入思考后，下列的解释似乎成立：当主要市场受到攻击时，竞争者一般虽然倾向于采取坚定的行动，但为了避免升级竞争的情势，它们往往也会深思熟虑并小心地应付。决策制定的相关研究已经指出，决策者在面临重大赌注时，具有风险规避的倾向（Bass，1983），而风险规避在此似乎扮演着重要的角色。近年来，战略相关文献的发现（美国经理人一般倾向于避免承担高风险）也呼应了这一风险规避的概念（Hitt，Hoskisson，and Harrison，1991）。此外，竞争者也有可能采取观望的态度，观察某一竞争性行动是否真的奏效，抑或为了极小化风险，而采取追随者（second-to-the-market）战略。

以下针对这种风险规避倾向进行说明。当高度依赖的市场受到攻击时，防御者将会果断地采取响应而非消极地应付，以释放出有意捍卫关键市场及维护声誉的讯息。如果攻击者采取的竞争性行动的不可逆转性很低（因而释放出缺乏承诺的讯息），防御者将会延迟它们的响应，以便发展出反击的响应行动，当然，该项响应不一定是和竞争性行动一样的配对响应，但必定是一个期望阻挡对方进一步入侵的响应。

然而，如果攻击者在防御者的关键市场采取一个高度不可逆转（因而具有高度威胁性）的行动，防御者将不得不采取果断及迅速的行动，以释放出捍卫声誉决心的讯息，在这种情况下，未响应与响应时间延迟的可能性都会很低。例如，Axelrod（1984）与Schelling（1960）所主张的，快速响应是重要的，因为一个讯号（signal）的强度会随着时间而减弱。然而，为了避免攻击者所采取的竞争性行动持续扩大，防御者也会倾向于采取与行动者相同的配对行动，以释放出有意防守原先的市场地位，但无意扩大对抗的讯息。

因此，实证结果显示出采用配对响应作为一种讯号释放手段（signaling device）的重要性（Schelling，1960）；亦即，当利益关系重大时，竞争者倾向于采取配对战略，以展现有意积极防御但无意扩大对抗的态度。这些发现也支持了 Schelling 与 Axelrod 的论点，在竞争性互动中，响应的时机传达了重要的讯号。

当然，竞争性互动如何影响绩效是一个随之而来的问题，因此，我们搜集市场占有率的资料，以便探究竞争性行动与响应在绩效上的含义。在实际的竞争情境中，竞争性行动与响应的结果均牵涉 n 个参与者；换言之，每一个竞争性行动均牵涉到许多航空公司，而不仅仅只有单一竞争者，因此，没有引发任何航空公司响应的竞争性行动，似乎能提高行动者的市场占有率。再者，如果受影响的航空公司仅有一部分采取响应而其他却没有响应，则这些快速响应者也能夺取缓慢响应或未响应企业的市场占有率。因此，在竞争情境中，行动者及快速响应的竞争者，有可能夺取缓慢响应者或未响应者的市场占有率。在一连串剧烈的竞争性行动与响应后，市场占有率可能有以下几种变化：①攻击者获取占有率；②响应者从未响应者处获取占有率；③攻击者比响应者获取更多的占有率；④早期响应的企业比晚期响应的企业获取更多的占有率。

为了检验上述预期，我们取得了采取竞争性行动／响应的航空公司的每月乘客占有率资料。其中，每一家航空公司采取竞争性行动与响应所增加及减少的占有率，以受到影响的乘客数占总乘客数的百分比计算而得。然后，我们从三个时间点衡量这些百分比：①采取竞争性行动／响应的当月月底，以便反映本月与上个月市场占有率的变化；②采取竞争性行动／响应后的第一个月；③采取竞争性行动／响应后的第二个月。三个时间点分别以 1 个月、2 个月及 3 个月的落差来表示，汇总于表 4-7。

表 4-7　每月市场占有率变化 [a]

间　隔	攻击者		防御者	
	平均数	标准差	平均数	标准差
1 个月的落差	0.05[**]	0.03	0.04	0.04
2 个月的落差	0.20[**]	0.06	0.09	0.06
3 个月的落差	0.27[**]	0.07	0.09	0.10

a　表中呈现的数据为平均百分比；攻击者与防御者的样本数分别为 856 与 203。
**　$p < 0.01$。

如表 4-7 所示，攻击者在三个时间点获得的平均市场占有率利益皆为正，且显著大于零。对于响应者而言，虽然并未达到统计上的显著水平（然而，针对市场占有率变化的中位数于三个时间点所做的检验皆显著大于零），但平均市场占有率利益也都是正的。比较攻击者与响应者平均数差异检验的结果显示：1 个月的落差，$t = 0.24$，不显著；2 个月的落差，$t = 1.36$，$p < 0.10$；3 个月的落差，$t = 1.59$，$p < 0.05$。响应时间延迟与市场占有率变化之间的相关系数为：1 个月的落差，$r = -0.11$，$p < 0.10$；2 个月的落差，$t = -0.08$，不显著；3 个月的落差，$t = -0.02$，不显著。虽然结果皆未达到统计上的显著水平，但其符号在三个期间均与本研究预期的方向相符。

大体而言，每一个案例在三个衡量的时间点皆支持本研究的预期，这显示出攻击者与响应者均能从未响应者处获取占有率。然而，响应者所获得的占有率比攻击者少，快速响应者获得的占有率比缓慢响应者多。

4.5.1　研究限制

本研究的一个重要问题是：这些研究结果能够被一般化（generalized）的程度为何？由于美国国内航空业具有一些独特的特质，使该产业非常适合用来检验本研究所提出的理论，但从另一方面来看，却可能影响本研究发现的一般化能力。例如，航空业的竞争信息是可以从下列来源随手取得的，包括《航空日报》所刊载的涵盖面广泛的产业数据、具有影响力及普及性的计算机订位系统，以及航空公司营运信息的实时报道。航空业自解除管制后，一直面临重大的改变，由于没有任何企业想在这场新的博弈中落后，因此，企业前仆后继地采取各项竞争性行动，尤其是价格行动。虽然这些产业特质可能影响本研究的一般化能力，但类似的特质在其他产业中确实也可以发现，如银行业、消费性产品（如饮料）及汽车租赁业。

此外，本研究所辨识的竞争性行动／响应，竞争性行动不可逆转性与竞争者依赖性对竞争性互动的重要性，以及竞争性响应重要特质的选择，均可能因产业不同而有所差异。例如，配对响应在数据中发生的概率如此高，可能是最近解除管制的结果。此外，《航空日报》详细而广泛的报道，也有可能增加竞争性行动的明显程度。

由于航空业相关的统计资料相当完备，我们能够轻易地就每个竞争者受到一个竞争性行动影响的乘客人数进行评估，进而清楚地观察到竞争性行动所带来的冲击。如此，另一项值得探索的有趣议题是，竞争者依赖性的清晰程度在预测竞争性响应中所扮演的角色；选取一个无法清楚了解竞争者依赖性的产业作为探讨对象，将会相当有趣。

尽管航空业具有这些特殊的性质，但本研究的理论与方法仍可应用在其他产业。明确地说，借由对偶的竞争性行动／响应样本来捕捉企业间的竞争对抗行为，以及将竞争性响应追溯联结至最初竞争性行动的方法，应该可以一般化至各种产业的竞争性互动研究。

4.5.2 研究意义

未来研究可以针对本研究的结果继续加以延伸。第一，本研究应该可以复制到其他情境——在相同期间的不同产业，或者在相同产业的不同期间，以便进一步检验本研究的理论及发现。

第二，不可逆转性有多重来源，即经济的、制度的、组织的、心理的及政治的层面。本研究将不可逆转性视为一个综合概念。一旦确认不可逆转性与竞争性互动中其他重要变量的一般性关系，进一步探讨不同类型的不可逆转性，以及它们对竞争性互动的影响，将别具意义与价值。

第三，由于价格竞争性行动具有明显的战术本质，以致研究者在探讨竞争性互动时，往往低估了价格竞争性行动的重要性。然而，价格竞争性行动并不是同质的，它包括涨价与降价，而且价格调整的程度也不相同，因此，我们应该更明确地分析一些重大价格行动的竞争意义。另外，价格行动的客观信息通常比其他类型的竞争性行动更容易获得，使我们可以检视它对竞争性响应的影响方向与强度，而这部分是另一个尚未被探索的重要战略议题。

第四，竞争性互动是一个极度复杂及动态的过程，这当中包含了竞争性行动所引发的一系列竞争性响应，以及针对响应再采取的一连串响应。本研究只专注于竞争性行动与响应对偶关系的第一循环互动，而非行动与响应的无穷尽循环。然而，本研究所探讨的焦点已经对研究竞争性互动提供了一个起始点，未来研究应该朝更具延伸性、多阶段的架构发展。

第五，为了验证 Porter（1980）、Axelrod（1984）、Rasmusen（1990）以及 Smith 等（1991）提出的理论，并且延伸表 4-7 中绩效影响的结果，未来研究应该针对绩效意义做更进一步的探讨。为了完整地探究微观层次的竞争现象，我们将研究焦点专注于行动与响应的层次，虽然这个分析层次的可靠绩效数据很难取得，未来研究却可以加总一系列的竞争性行动与响应（aggregate strings of actions and responses），在上面提到的多阶段架构或组织层次上进行探讨。随着我们对竞争性互动了解的增加，进一步分析竞争性行动与响应的动态结果对绩效的影响是一个重要的课题。

第六，本研究发现，竞争者依赖性与竞争性行动不可逆转性是解释竞争者未采取竞争性响应的主要因素。然而，本研究资料所呈现的非预期的高比例未响应案例，可能暗示着仅从动态竞争观点来探讨竞争性行动与响应的关系可能有一些问题。如此，似乎可以比较严肃地考虑从企业的资源基础观点进行分析（Barney，1986；Dierickx and Cool，1989；Wernerfelt，1984）。依照资源基础观点，企业的属性常常具有异质性以致难以模仿，因而可以阻滞竞争性响应。本研究的焦点锁定在竞争性行动与响应对偶的竞争性互动，尤其关注受到竞争性行动攻击的市场区隔的特质，以及行动者所采取的竞争性行动的特质。然而，本研究并未特别去探讨行动者的内部属性，以及这些属性如何影响行动者所选定的行动类型或所攻击的目标市场。因此，后续研究可以把企业的特定属性，如行动者的声誉、产品市场的选择及采取竞争性行动的动机等，显著地纳入竞争性互动的相关研究中。

就战略实务而言，这些研究发现也颇具价值，例如，对于攻击者来说，一个关键问题是它所采取的竞争性行动是否能遏制或阻滞竞争性响应。战略家可以针对竞争者不大重视的市场采取竞争性行动，如此可以在一长段时间内免于竞争者反击，从而抢占有利的立足点。因此，针对那些被忽略或迄今尚未受到重视的市场采取突击战术，可能有助于行动者赚取报酬。同样地，竞争性行动不可逆转性对于响应的可能性具有重要含义，经理人应该将它纳入决策考虑。

总之，本研究在战略管理中一块尚待研究的重要领域上增加了一些附加价值。借由专注于竞争性互动中行动与响应对偶关系的探讨，我们提供了初步证据，显示出竞争性行动的本质、竞争性行动对竞争者的影响，以及竞争性行动不可逆转性是预测竞争性响应与响应时间延迟的重要指标。同时，本研究所进行的实际竞争性互动分析，则显示出竞争性行动与响应层次的分析是了解竞争行为动态性的基础，同时也找到了未来进一步探讨更复杂的竞争性互动的途径。

第三篇

企业（业务）层次：竞争行为与决策组合

第三篇包含企业层次的战略性竞争行为及将企业的战略视为竞争性决策组合的研究。企业层次的战略性竞争行为是指各种组织特质与竞争性响应的关系。竞争性决策组合是指一家企业在某一年度为了吸引、服务及留住客户，所采取的竞争性行动组合。前者以企业层次为主体，例如，第5章即探讨组织规模对竞争性行动与响应的影响。后者从某一年度的竞争性行动组合来探讨企业的战略内涵，例如，第6、7章则分别从行动组合的简化、惯性两个层面进行探讨。

第5章探讨大、小企业在竞争性行动与响应属性上的差异，以及这些属性的绩效意义。研究发现，相较于大型企业，小型企业的竞争性行动倾向比较高、行动执行速度比较快、行动明显程度比较低。至于竞争性响应，小型企业的响应性比较低、响应宣告速度比较慢、响应明显程度比较高；但企业规模与响应执行速度无显著关联。至于竞争属性的绩效意义，研究发现，大、小型企业均必须遵循其所属群体之典型的或惯例的竞争行为才能获利。对于小型企业来说，偏离群体的竞争性行动执行速度最不利；对于大型企业来说，偏离竞争性行动倾向及竞争性响应的典型水平损害最大，这些结果支持了制度理论的观点。

第 6 章探讨竞争简化，是指企业集中于少数且比直接竞争对手还少的竞争性行动的倾向。当企业仅采取少数几种类型，甚至单一类型的竞争性行动时，它的竞争简化是相当高的。竞争性决策组合的简化，主要根据竞争性行动的涵盖范围，以及企业在某个或某几个主要行动类型上的集中程度来评估。某些组织特质与环境特质可能牵动管理者的搜寻诱因，或者影响管理者选择竞争方案的知识，进而对竞争决策的简化产生显著的影响。这些特质包括过去的绩效、市场的多样性、成长性与不确定性、竞争经验的广度以及组织年龄和组织规模等。

第 7 章探讨竞争惯性，它是指企业意图改变本身的竞争地位时，所展现的活动水平。相较于类似规模的竞争对手，当企业很少改变竞争方法时，便意味着它有很高的惯性。惯性的驱动力有三种来源——经理人的行动诱因、对各种行动方案的察觉、行动能力的限制，并且可以使用过去绩效与市场成长性、竞争经验与市场环境多样性、公司年龄与规模，分别加以评估。研究发现，以往的良好绩效会提高竞争惯性，市场环境的多样性则会抑制竞争惯性。战术性与战略性行动的惯性受不同前因的影响，其中，战术性行动的惯性来源更多受绩效与市场多样性影响，战略性行动的惯性来源则更多受市场成长性所驱动。

| 第 5 章 |

组织规模与竞争行为

原题 速度、秘而不宣与选择性攻击：小型企业与大型企业竞争行为的差异[一]

原文出处 Chen, Ming-Jer and Hambrick, Donald C., 1995. "Speed, Stealth, and Selective Attack : How Small Firms Differ from Large Firms in Competitive Behavior, " *Academy of Management Journal*, 38（2）: 453-482.

　　本章主要检视在一个产业中，小型企业与大型企业竞争行为的差异，并探讨这些差异对绩效的影响。根据美国主要航空公司竞争性行动与响应的互动资料，实证结果支持本研究所预期的各项差异，亦即小型航空公司比较倾向于主动采取竞争性挑战行为，行动速度也比较快，只不过它们采取行动时，通常比较低调，甚至秘而不宣。然而，当小型航空公司遭受攻击时，它们采取竞争性响应的可能性并不高，速度也比较慢；但是，与预期相反，小型公司所采取的竞争性响应的明显程度却比大型竞争者高。最后，不管是大型企业还是小型企业，偏离群体规范均不利于绩效。

　㊀　作者首先要感谢 Eric Abrahamson、Warren Boeker、Laura M. Brown、Jiing-Lih Farh、James W. Fredrickson、Kathryn R. Harrigan、Samuel Kotz、John Michel、Ian C. MacMillan、Murray Low 与期刊的两位匿名审稿者对稍早的初稿提供了相当有帮助的建议。其次，哥伦比亚大学管理研究所对本研究提供的支持，与本研究获得 Ming-Jer Chen、Martin J. Gannon、Curtis M. Grimm 等共同搜集的航空公司数据库的使用许可，在此一并致谢。最后，也感谢 Ken G. Smith 与苏国贤在变量建构和数据分析上的协助。

5.1 绪论

战略管理关心企业的经营体质与生存，而在单一产业中，小型企业相较于大型竞争企业，确实存在比较大的生存压力（MacMillan，1980；Aldrich and Auster，1986）。因此，对于组织规模如何影响企业的竞争性行为有基本的了解，是一个非常重要的课题。

关注组织规模的研究者虽然已注意到，适用于大型企业的相关论点未必一定适用于小型企业（Pugh，Hickson，Hinings，and Turner，1968；Blau and Schoenherr，1971），但他们鲜少探讨小型企业与大型企业在产业内的竞争情形。反倒是小型企业与军事战术的文献为小型企业提供了丰富的规范性建议，如避免正面迎击大型企业、具备弹性并且快速移动、借由发动游击式的攻击维持竞争的主动性（如 Cohn and Lindberg，1974；MacMillan，1980）。然而，遗憾的是，这些针对劣势企业的战略建言几乎都未建立在实证研究的基础上。

在过去，战略研究者已经从低市场占有率的企业如何与大型竞争者对抗的角度来探索这一议题（Woo and Copper，1981，1982；Hambrick，MacMillan，and Day，1982；MacMillan，Hambrick，and Day，1982；Woo，1993）。一般普遍认为，市场占有率对利润必然有明显且广泛的正向影响——这一概念源自 Profit Impact of Market Strategy（PIMS）的研究发现（Gale，1972；Boston Consulting Group，1974；Strategic Planning Institute，1977；Henderson，1979）。但是，部分学者质疑这一盛行的概念，并且提出两项重要的发现：①低市场占有率企业可以和高市场占有率企业一样有效率；②低市场占有率企业需要有不同的竞争性战略才能成功。

尽管此种研究脉络极为重要，但是，相关研究仍然仅专注于探讨战略形貌的内容，亦即专注于加总营运统计资料（aggregate operating statistics）所呈现的集中战略与利基追求战略的程度等议题，而未系统地探讨规模如何形塑实际的竞争性互动，也没有研究者尝试采用流程基础（process-base）而非内容基础（content-based），来探讨战略的属性。因此，小型企业与大型企业在一个产业中从事竞争的行为差异性，以及如何借由日常的竞争来建立优势等相关研究，仍旧付之阙如。

本章将探究这一基本但尚未被回答的问题，亦即在特定产业中，相对较小的企业应该如何采取行动与响应，才能在竞争场域（arena）中成功。明确地说，本章针对两个相关问题加以探讨：①小型企业与其大型竞争者在竞争性行动上有何差异？②对于小型企业与大型企业而言，伴随着良好企业绩效的竞争性行动是否具有差异？必须注意的是，如同先前的战略研究（参照Summer，1980）与宏观的组织理论（参照 Miles，1980）所提，此处的竞争性行动指企业层次的战略决策与行动的证据，我们并不直接观察实际的决策制定或人的行为。

通过美国航空业的实际竞争交战资料，本研究检视小型与大型航空公司在下面两项重要竞争性行动属性上的差异：竞争性行动倾向与行动执行速度。同时，本研究也检视下列竞争性响应的层面，分别为响应性、响应宣告速度及响应执行速度。

5.2　理论背景

5.2.1　组织规模的重要性

我们可以从单纯的组织规模或产业市场占有率这两种不同但相关的衡量方式，来归类企业是否为小型企业。虽然组织规模与市场占有率在概念上不尽相同，但实证显示，它们具有相关性。当然，若一个产业中的企业主要从事单一事业，就像本研究所探讨的产业，则这二者倾向于高度一致。

长久以来，组织规模在宏观的组织研究中已被视为最重要的情境变量之一（Kimberly，1976），而且它跟其他重要构念，如结构（Singh，1986）的关系，也已被广泛检视。因此，Hofer（1975）将规模视为调节组织战略与绩效关系极为重要的情境变量；Smith、Guthrie 与 Chen（1989）的实证研究也支持这一论点。此外，规模已被证实会影响一些变量，诸如核心功能改变的可能性（Kelly and Amburgey，1991）、研究发展支出（Cohen and Klepper，1993）以及创新（Acs and Audretsch，1988；Hitt，Hoskisson，and Ireland，1990）等。

一般认为，规模大的企业拥有诸如规模经济、经验、品牌认知与市场权力的优势（Hambrick et al.，1982；Woo and Cooper，1981，1982）；相反地，规模小的企业则能提高生产弹性（Fiegenbaum and Karnani，1991）与价格弹性（MacMillan et al.，1982；Tellis，1989），加快速度（Katz，1970）并呈现追求风险的行为（Hitt，Hoskisson，and Harrison，1991；Woo，1987）。此外，Bloom 与 Kotler（1975）认为，小型竞争者可以发动某些大型企业无法采取的竞争性行动，以对抗大型竞争对手，如私下的反托拉斯诉讼（private antitrust suits）。这种竞争性手段的有效性已经获得 Cooper、Willard 与 Woo（1986）进一步的实证。

在影响企业战略，以及战略与绩效的关系上，市场占有率长期以来一直被视为最重要的情境变量之一（Hofer，1975；Ginsberg and Venkatraman，1985；Prescott，Kohli，and Venkartraman，1986）。例如，波士顿咨询公司（BCG；1974）与 PIMS（1977）的研究皆指出，市场占有率是获利的决定因素。然而，相反地，Hamermesh、Anderson 与 Harris（1978）却指出一些成功的低市场占有率战略，如创造市场区隔及专注于研究发展。Woo 与 Cooper（1981，1982）运用 PIMS 数据库进行实证，也确认了低市场占有率的企业的确能有效生存，同时辨识出这些企业成功的竞争性战略，包括选择性地专注于价格与质量。通过 PIMS 数据库，Hambrick 等（1982）同时检视了高市场占有率及低市场占有率企业的战略属性，结果发现低市场占有率企业通常拥有比较狭隘的事业范围，而且较少从事垂直整合。在一项协同研究中，MacMillan 等（1982）将这种可获利的低市场占有率战略称为 "捡拾饼屑"（going for the crumbs）（Katz，1970）。

尽管上述讨论似乎能引出 "小型企业也可以和它们的大型竞争者一样成功" 的想法，但事实上，小型企业要成功主要取决于它们所实行的竞争性战略，而且对于小型企业而言，它们必须运用不同的战略，才能在产业中与大型竞争者有效地相互抗衡。

在过去，研究小型企业如何从事竞争的焦点几乎都放在战略形貌的内容上，如选择性的集中战略及利基寻求战略等。研究者往往以横断面或者年终的财务或营运数据（Harrigan, 1983），而非研究实际的企业战略性竞争行为，来检视组织的状态；这种方法虽然能大致看出企业的战略形态，但是采用这种方法的研究者，需要冒着假设每家企业在追求自身战略目标时都不会受到竞争者目标所左右的风险。

事实上，竞争是市场参与者通过一系列的竞争性行动与竞争性响应，彼此交战的动态过程。如同 Porter（1980：88）所说："竞争的核心本质为企业间的相互依赖关系……竞争性行动的结果在某种程度上取决于竞争对手的响应。" 因此，研究者想要对小型企业如何成功竞争有完整的了解，就必须仔细观察企业如何面对日常的竞争交战、企业从事竞争的过程以及企业整体的战略内容。

由此可见，将分析层次转移至建构竞争性战略的基础（竞争性行动／响应）是极为重要的。为了进行企业层次分析的研究，当然有必要将资料汇总。只不过，如果数据能以企业间实际的竞争性互动为基础来汇总，亦即作者所采取的方法，或许能更有意义地呈现出企业的战略。

5.2.2 竞争性互动：行动与响应

近来，研究者已经开始以竞争性行动与响应为分析层次，实证检视形成实际竞争行为的因素（MacMillan, McCaffery, and Van Wijk, 1985；Smith, Grimm, Gannon, and Chen, 1991；Chen and MacMillan, 1992；Chen, Smith, and Grimm, 1992）。由于这一分析层次是实际竞争性交战发生之处，亦即竞争者制定战略、获取新顾客、测试竞争对手的毅力与能力、保护声誉以及释放出强硬态度讯号所在（Chen and MacMillan, 1992），因而竞争性行动与响应的对偶关系具有理论上的重要性。

在此处，本章将竞争性行动定义为，由某个企业发起的特定的、可侦测到的竞争性行为，如导入一个新产品或者进入一个新市场，这一行为可以使企业获取竞争者的市场占有率或者降低它们预期的报酬。同样地，所谓的竞争性响应是指，受到竞争对手发起的行动激发，企业采取的一个特定的、可侦测到的反制行为，借此保护或改进其在产业中的市场占有率或利润地位（Chen et al., 1992；Chen and MacMillan, 1992）。

过去的研究已经辨识出一些特定的竞争性行动与响应属性，这些属性在了解战略性互动、竞争性行为以及它们的绩效意义中，扮演了极重要的角色。例如，MacMillan 等（1985）发现，当竞争性行动明显程度越高时，则竞争性响应的速度越快；然而，当响应企业的组织复杂性越高时，响应的延迟时间越长。Chen 等（1992）也发现，战略性行动（相对于战术性行动）与需要较长运行时间的竞争性行动，可以降低竞争者响应的数量，并且降低它们的响应速度。此外，Chen 与 MacMillan（1992）通过竞争性行动发动者与早期响应者所获取的市场占有率的实证显示，竞争性互动与绩效有直接关联。

　　然而，过去的研究若不是从"行动与响应"的分析层次来探讨竞争性互动，就是在企业层次探讨企业的竞争性决策组合（competitive repertoires）（Miller and Chen，1994），因此，本研究检视同一产业内，不同类别或类型的企业在竞争性行为上的差异，是一个自然合理的延伸。如前所述，规模是组织与战略研究领域中，最重要的分类或情境变量之一。本研究可能是首次探讨同一产业内，规模大小不一的两组企业在竞争性行为上有何差异。具体而言，本研究奠基于以往利用竞争性行动与响应属性来描述竞争性行为的早期研究，来探讨"小型企业在面临竞争时所采取的行动和响应，与大型企业有何不同"这一重要的课题。

5.2.3　企业竞争性行动与响应的特征

　　与先前竞争性互动的研究一致，作者根据企业所采取的竞争性行动与响应的重要属性来检视企业的竞争性行为。这些经过选择、源自本研究脉络且为战略文献所强调的属性，反映出三项关键的战略构念，分别是竞争交战的倾向、速度及明显程度。

　　竞争交战的倾向显示出一个企业如何在它的竞争场域中行动与响应。一个会发动许多竞争性行动的企业，或总是针对竞争性行动采取响应的企业，或上述两者兼备的企业，均可被视为对竞争性行为有高度涉入。这一观念的重要性可追溯至战略研究学者，如 Hitt 等（1991）、Katz（1970）、Lieberman 与 Montgomery（1988）、MacMillan（1980，1982）以及 Porter（1980，1985）等的论述。这些学者指出，一个企业在面对科技和创新、竞争、顾客等环境维度时，应兼具积极主动及敏感响应的特性。积极主动性意味着企业积极主动去塑造利于自我的环境；敏感响应性则意指适应竞争者的挑战。我们使用两个特定的属性来阐释上述概念：竞争性行动倾向（企业采取竞争性攻击的倾向）与敏感响应性（企业响应竞争者攻击的倾向）。

　　在近来的战略研究中，速度已跃升为最重要的战略构念之一（MacMillan et al.，1985；Eisenhardt，1989，1990；Smith and Grimm，1991），它在实务上的重要性，也已经被广为认同（Stalk，1988；Vessey，1991）。因此，作者使用三种在竞争性互动中被认为极重要的构念来检视速度，分别是竞争性行动执行速度（执行竞争性行动所需的时间长度）、竞争性响应宣告速度（准备并宣告竞争性响应所耗费的时间）以及竞争性响应执行速度（执行已宣告的竞争性响应所需的时间长度）。

　　明显程度意指一个竞争性行为（包括竞争性行动和响应）可获得的相关信息量。明显程度高的竞争性行动倾向于引发竞争性响应（Chen and Miller，1994）。这种观念深植于企业的行为理论之中，它假设时间与注意力是稀缺性资源，因此，经理人仅会注意到那些外显的竞争性行动，尤其是利益相关者所关注的行动（March and Olsen，1976；Weick，1976）。另外，有关企业结盟的研究进一步显示（Cyert and March，1963），竞争性行动越是引人注目，市场越会警觉到该行动及其意义。然而，社会的控制力量通常非常强烈，以至于企业对于显而易见的竞争性行为所采取的竞争性行动或响应决策，可能不是它根据本身偏好所产生的结果，"而是……在社会参与者几乎无法控制的，或甚至无法认知到的社会需求、限制或力量下所形成的决策结果"（Pfeffer，1982：8）。在本章中，作者将同时检视竞争性行动与响应的明显程度。

　　必须注意的是，作者所选取的竞争属性是可以用客观指针来加以阐述的。然而，由于竞争性互动信息往往具有高度敏感性，并非所有潜在的属性均能轻易地采用直接的或可靠的衡量方式（MacMillan et al.，1985），因此，本研究所使用的七项属性仅代表阐释竞争性行为的潜在重要变量中的一个子集㊀。

　　㊀　例如，这一限制解释了为什么在竞争性行动方面没有类似于竞争性响应宣告速度的构念，原因是，关于行动者形成并宣告竞争性行动的时间长度的信息通常不易取得。

5.3　研究假设

　　本章专注于一个产业内小型与大型企业间竞争性行为的差异。其中，"小型"与"大型"意指相对规模而非绝对规模⊖。以下用来发展本研究假设的一些论点或许与绝对规模更具相关性，但这些论点亦可应用在相对规模的推论上。也就是说，企业在规模极具差异性时将呈现出不同的竞争性行为——此规模差异或许尚未达到绝对大型与小型规模的差异，但的确具有显著的不同。

　　为了发展本研究的假设，我们回顾各方研究者对大型与小型企业的倾向，以及各自面对议题所做的主张或解释。尽管我们没有数据去验证现象本身的深层因果关系，但这些假定的解释可以合理地影响或导致我们期待观察到的关系。我们并未试图去检验先前研究所做的任何假定，而是通过这些研究的一些理论，来发展我们的论点与预测。作者首先从竞争性行动与响应的一些属性切入，思索小型与大型企业间的叙述性差异，接着进一步探究绩效的意义。

5.3.1　竞争性行动

1. 竞争性行动倾向

　　企业可能会因为与竞争者的规模不同，而展现不同的竞争性行动倾向。大型企业通常具有充足的资源（Singh，1990），使其拥有较佳的能力攻击竞争者。然而，就行为而言，规模比较容易产生满足感与惯性（Hannan and Freeman，1984），也就是说，大型企业的经理人可能会觉得他们拥有足够的资源且具有影响力，因而能忽略他们的竞争者（Cyert and March，1963；Halberstam，1986）。此外，大型企业通常也伴随着复杂的结构与科层制度，使企业感受不到竞争（Singh，1990），提高了孤立性（March，1981）。大型

⊖　大部分理论学者会将我们样本中的大型航空公司视为绝对大型组织；但小型航空公司虽然小很多，却不会被视为绝对的小型组织。

企业所享有的机构正当性，通常也允许它们拒绝或抗拒调整的压力（Aldrich and Auster，1986；Meyer and Zucker，1989）。最后，大型企业倾向于风险规避（Hitt et al.，1990），加上它们更可能受到法令约束与大众监督，因此可能限制了它们的竞争范畴（Bloom and Kotler，1975；Scherer，1980；Cooper et al.，1986；Fombrun and Shanley，1990）。

相反地，小型企业为了生存与成功，会有持续不断的挑战威胁与抓住机会的动机（Aldrich and Auster，1986；Katz，1970）。相较于大型竞争者，小型企业在市场上采取积极行动、借由发动竞争性行动来挑战现状的需求会比较强烈；同时小型企业也具有一些可自由使用的竞争手法，这些通常是大型竞争者做不到的（Bloom and Kotler，1975；Cooper et al.，1986）。此外，小型企业也被认为会经常使用游击战术，持续不断地采取攻击以维持竞争的主动权（MacMillan，1980；Harrigan，1985）。

假设1a：相较于大型企业，小型企业有较高的倾向采取竞争性行动。

2. 竞争性行动执行速度

在发动竞争性攻击时，规模也可能影响小型企业的行为。对于小型企业而言，简单的结构与有效率的运作使其更具弹性，并能更快速地执行竞争性攻击。小型企业通常专注于某些特定的市场利基（Carroll，1984），因此倾向于在有限的范围内采取竞争性行动，以提高其敏捷度。就战略而言，相较于较大型的竞争者，小型企业可能有比较强烈的需求，借由快速执行行动，使竞争者出乎意料，以最大化本身对市场的影响力。因此，小型企业发动的竞争性行动通常类似于游击式攻击，以期能快速地执行，并且倾向于避免引起需要耗用大量资源及时间的消耗战（MacMillan，1980；Harrigan，1985）。

相反地，大型企业通常被认为具有高度的结构复杂性及科层制度（Mintzberg，1979），而这将限制大型企业的信息处理能力（Galbraith，1977），以及竞争性活动的执行速度（Smith et al.，1991）。

假设1b：相较于大型企业，小型企业执行竞争性行动的速度较快。

3. 竞争性行动明显程度

另外一项构成游击战术的不可或缺的要素为隐秘性。小型企业更可能从事间接且灵活敏锐的攻击，而这样的攻击在一开始可能不会被市场视为具有竞争性的挑战（MacMillan，1980）。再者，它们比较会借由隐秘的行动，试图将自己的相对弱势转变为优势。

相反地，大型企业为了释放出承诺的讯号，往往会尽可能地让竞争性行动显而易见，以期威吓竞争者并阻止竞争性响应（Ghemawat，1991）。大型企业也比较可能针对竞争者发起明显程度高、直接且重大的攻击（MacMillan，1980）。此外，为了符合广泛利益相关者所要求的义务，大型企业在采取竞争性决策时倾向于对外公开，同时，大型企业也可能借由正式及广泛的公开行动宣告，甚或通过重要的高层主管来强化讯息，以凸显与加强竞争性行动的明显程度（Fombrun and Shanley，1990）。

假设1c：相较于大型企业，小型企业发起的竞争性行动的明显程度较低。

5.3.2 竞争性响应

1. 竞争性响应

当大型企业与小型企业遭受直接的竞争性攻击时，它们的竞争性响应会迥然不同。先前的研究已显示，拥有冗余资源的企业比较可能采取竞争性响应（Smith et al.，1991），而且大企业一般都比小企业拥有更多冗余资源。它们的规模与事业成就允许它们成为响应的追随者，而非成为需要承担高度风险的第一行动发起者。举例而言，在早期的 PC 产业中，IBM 以其主动积极的响应者角色闻名，先让其他企业采取行动，接着迅速地采取响应。相反地，受到攻击的小型企业，即使想要采取响应，却往往因受限于资源而无法进行反击。

此外，企业有时候会被迫对攻击行动采取响应，以保护本身的声誉（Pfeffer，1982；Porter，1984；Camerer and Weigelt，1988；Weigelt and Camerer，1988；Fombrun and Shanley，1990）。当企业的规模越大时，它的声誉也越大（Sobol and Farrelly，1988；Fombrun and Shanleyh，1990），使其必须采取竞争性响应的压力也越大。由于大型企业具有众多利益相关者，任何针对大型企业发动的竞争性行动往往都会受到产业界的注意（Pfeffer，1982；Fombrun and Shanley，1990），因此，市场上处处能察觉到挑衅的硝烟味。如果大型竞争者感觉到众人正在观看它遭受攻击，那么它可能会特别有动机去表现出本身并非消极被动的态势，毕竟很少有大型企业承担得起忽视直接且公开的竞争性挑战的压力。在一些个案中，必须采取响应的压力（以及快速响应的压力）甚至强烈到让响应的决策可能不具有经济理性的意义（Porter，1984；Weigelt and Camerer，1988；Kreps，1990）。然而，如果小型企业放弃响应竞争者的攻击，所面临的颜面损失及信用受损程度相对较轻。

假设 2a：相较于大型企业，小型企业对竞争性行动会显示出较低程度的竞争性响应。

因此，如前所示，相较于小型企业，大型企业可能较不倾向于采取竞争性行动，但较倾向于采取竞争性响应。资源冗余与惯性削弱了大型企业积极主动采取竞争性行动的态度，但更重要的是，在相同的冗余下，保护声誉的需求却增加了竞争性响应的可能性（以及后面所述的宣告速度）。如同当狮子遇刺时，它必然有所反应。

2. 竞争性响应宣告速度

Schelling（1960）与 Axelrod（1984）均指出，响应速度也具有重要的讯号特质；竞争性行动与竞争性响应之间的时间延迟越长，讯号的效果将越微弱。虽然一般的常识指出，小型企业在策动谋略及响应速度上均比大型企业快（Katz，1970），但是大型企业在受到强烈刺激的情况下，却可能动用它们的相关资源，并且非常快速地宣告它们的响应计划。同时，为了在大众面前维持声誉，显示自己的强硬不屈，甚至避免再度受到行动者或其他竞争者进一步的攻击，防御的大型企业往往不得不快速地采取竞争性响应（Axelrod，1984；Schelling，1960）。最后，大型企业也可以从本身科层制度下（Mintzberg，1979）"事先建立的例规"（Allison，1971）中发掘竞争性响应对策，以加快宣告的流程。

相反地，小型企业比较会顾忌做出不当宣告的竞争性响应；相较于大型企业，小型企业倾向于谨言慎行，并且比大型企业更加注重保留实力。由于资源有限，它们必须更有选择性地做出响应，而且在做这类决策时，会更加深思熟虑。最后，相较于大型企业，小型企业的响应宣告可能没有多大的影响力，因此，比较不具有快速响应的动机。

假设 2b：相较于大型企业，小型企业宣告竞争性响应的速度较慢。

3. 竞争性响应执行速度

虽然小型企业在宣告竞争性响应的速度上可能较慢，但由于小型企业比较具有弹性，因此，在执行竞争性响应上应该会比大型企业迅速。为了最大化其游击式竞争性响应的效果（Harrigan，1985；MacMillan，1980），小型企业在受到攻击后，将会先尽可能地延后宣告其响应计划，然后非常快速地执行竞争性响应。

相反地，大型企业的结构复杂性及缓慢的信息处理会减缓它们的执行速度（Galbraith，1977；Mintzberg，1979）。此外，小型企业常常是利基参与者，因此并不需要提出足以影响该产业整体市场的竞争性响应；但是，大型企业非常需要分析及协调众多市场和执行部门，方能执行一个有效且步调一致的竞争性响应（Porter，1980）。

假设 2c：相较于大型企业，小型企业执行竞争性响应的速度较快。

4. 竞争性响应明显程度

类似于假设 1c，小型企业采取竞争性响应的明显程度会比大型企业低。就战略性而言，小型企业在采取竞争性响应时也需要保持低调，甚至秘而不宣，而且还要比它采取竞争性行动时有过之而无不及，主要原因就在于小型企业想要达成的是可以最大化游击式响应效果的整体目标。

假设 2d：相较于大型企业，小型企业竞争性响应的明显程度较低。

5.3.3 绩效的意义

本研究关心的第二个研究议题是竞争性行动对企业的绩效意义。从竞争性互动的研究结果得知，竞争性行动与响应和绩效息息相关。例如，发动攻击企业与早期响应企业可以获取晚期响应企业所失去的市场占有率（Chen and MacMillan，1992）；竞争性响应倾向越高的企业，其绩效越佳（Smith et al.，1991）；企业的竞争性行动所引发的竞争性响应越多，其财务绩效越差（Chen and Miller，1994）等。然而，这些研究的重心都是探讨一般企业的战略属性与绩效之间的关联性，而未针对不同规模的企业进行探讨。

早期从小型企业或低市场占有率企业立场来探讨的竞争文献，均试图提出影响绩效的洞见或遵循的方针（如 Hofer，1975；Hamermesh et al.，1978；Woo，1983）。这些研究一致主张，小型企业与大型企业需要有各自不同的竞争战略，才能在产业内成功（Woo and Cooper，1981，1982；Hambrick et al.，1982）。然而，对于拥有不同市场占有率的企业应该采取何种特定的战略，这些战略研究的看法有非常大的分歧，甚至彼此矛盾。例如，Cooper 等（1986）鼓励小型竞争者进入一个产业，去直接挑战其现存的竞争对手，但 Katz（1970：364）则认为应该避免直接的对抗。

对应于大型企业与小型企业时，我们可以个别预测每种属性与不同规模企业之间的绩效关联性差异。例如，我们可以主张大型企业为了有优异的表现，对竞争性行动的响应通常会有较强烈的需求，以便强力保护其声誉。然而，某些行为可能对所有企业都有利，例如，无论大型企业还是小型企业，为了追求成功，都应该具有高度的竞争性行动倾向。总之，过去关于特定竞争行为如何与绩效关联的探讨，一般来说比较欠缺，或是相互矛盾，致使以这些立论为基础的假设也受到质疑。因此，下面有关绩效意义的命题，必须被视为探索性的：**有助于提升企业绩效的竞争性行为会因小型与大型企业而有所不同。**

5.4 研究方法

5.4.1 样本

本研究资料搜集自美国运输署所公布的年营运收入 1 亿美元以上的主要 28 家航空公司所采取的竞争性行动／响应信息。表 5-1 列出了所有与本研究相关的航空公司。这些竞争性行动／响应资料是从 1985 ～ 1986 年《航空日报》的报道所辨识出来的。事实上，本研究所使用的数据，与 Chen 与 MacMillan（1992）及 Smith 等（1991）的相同，均摘取自一个大型数据库，这个数据库涵盖航空业解除管制后 1979～1986 年的所有竞争信息。然而，如下所讨论的，由于航空公司在解除管制后前六年的竞争性行为并不一致，因此，本研究仅使用 1985 年及 1986 年的数据。

表 5-1　航空公司与本研究探讨的竞争性行动／响应 [a]

航空公司		竞争性行动／响应类型	数目
小型航空公司	大型航空公司		
Air	American	降价	72
California	Continent	促销	38
Alaska	al Delta	服务改善	11
Aloha	Eastern	新服务	9
American	Northwest	提高旅行社佣金比率	5
West Braniff Frontier	Pan Am	支线与通勤航线联盟	15
Hawaiian	Piedmont	与其他主要航空公司合作	11
Jet	Republic	购并	15
America	TWA	与非航空业联合促销	16
Midway	United	增加每日航班	82
New York Air	U.S.	退出既有航线	14
Ozark	Air	改变购票规定	10
Pacific	Western	进入新航线	12
Southwest		飞行常客方案	17
People Express		改变票价结构	57
Southwest		减少每日航班	5
Wein		设立航站	7
World		总计	396

a　本研究的研究年度为 1985 年及 1986 年。样本中共有 16 家小型航空公司及 12 家大型航空公司，但部分航空公司现已不存在。

我们采取和 Miller 与 Friesen（1977）类似的研究方法来搜集数据，即结构内容分析法（structured content analysis）（Jauch, Osborn, and Martin, 1980）。这个方法的独到之处在于，通过大规模地回顾公开信息以取得样本企业的实际竞争性互动数据，并且以预先设计好的结构性编码程序来进行内容分析。

　　作者之所以选择航空业为样本，不只因为航空业具有高度竞争性及清楚的产业边界，更因为航空业可以清楚辨识出一组可供研究的竞争者，而且可以获得丰富的公开信息。由于本研究的所有假设皆属于业务层次战略，而所有航空公司均是单一业务或是主要业务企业，因此也适合作为研究对象（Rumelt，1974）。

　　在调查正在发行的各种刊物后，我们发现《航空日报》这本拥有 50 年历史的刊物，提供了航空业最完整与详细的竞争信息。由于《航空日报》长期以来致力于客观报道航空业对外的公开宣告信息与行动，因此，我们预期该刊物事后合理化竞争性行动与响应，以及仅报道特定航空公司活动的误差应该非常低。

　　同时，作者也采取了一系列的步骤来评估《航空日报》所涵盖的范围及影响力。首先，为了评估航空业的关键专业人士对《航空日报》的一般性知觉，作者针对 57 位航空公司的资深高层主管及产业专家（管理顾问及产业分析师）进行一次广泛性的问卷调查。结果显示，受访者不仅认为《航空日报》的报道完整而正确，而且也将《航空日报》视为航空公司重要的信息来源。在我们的调查中，高层主管回复的结果与航空公司的规模大小并无显著差异。更重要的是，一项分析显示，相较于企业规模而言，影响《航空日报》报道竞争性行动与响应版面篇幅大小的因素，主要是企业所采取的竞争性行动与响应的类型，因此并无证据显示《航空日报》发生更加着重于大型航空公司竞争性活动报道的误差。

5.4.2　竞争性行动与响应的定义

　　如前所述，竞争性行动／响应定义为该行动／响应具有能够获取竞争者的市场占有率或降低竞争者预期报酬的潜在效果。因此，为了辨识出竞争性行动／响应，我们针对每一期的《航空日报》做广泛的回顾，以发掘产业中的所有竞争性行动／响应（参照 Levine，1987），如降价、促销活动、市场扩张等。区分竞争性行动与竞争性响应是本研究的基本要素，为了达成这一目的，作者借由搜寻《航空日报》中的下列关键词，来辨识《航空日报》中所有的竞争性响应："……反击（in responding to）……""……跟随（following）……""……一来一往（match）……""……在……的压力下（under the pressure of）……"等⊖。这种辨识方式极为直接，且不涉及个人明显的价值判断。

为了回溯最初始的竞争性行动，我们在追溯系列的竞争性行动／响应上投入相当的心力。首先，我们根据时间先后顺序阅读《航空日报》，以便找出所有竞争性行动／响应。其次，借由上述关键词先辨识出每一个竞争性响应，然后往回追溯找出其所对应的最初竞争性行动的报道。经由此种方法，我们得以追溯每一个最初的竞争性行动，以及所有针对该竞争性行动所采取的竞争性响应。作者将所有竞争性行动／响应（样本数＝396）分为 17 种类型，以便对竞争性行动／响应类型进行统计控制。表 5-1 列示了本研究竞争性行动／响应的所有类型。

5.4.3　衡量

本研究的分析单位是企业在一个既定年度的竞争性行动／响应行为，我们针对七项竞争性行动／响应的属性计算出企业每年的平均分数。在每一个构念的衡量上，我们试图利用所有合适的数据来控制干扰及中介因素，所以，针对不同构念所建构的衡量方式并不相同。此外，由于我们所用的衡量

⊖　相似的竞争性行动有可能是由一个共同的产业改变引起的，而非其他航空公司造成的。因此，我们再次全面检视整个数据库，以确保样本中仅包含对偶的竞争性行动与响应，借此补充关键词的搜寻方法。

方式均是间接的公开信息，因此仅能大概阐释构念的基本意义。

1. 竞争性行动倾向

用一家航空公司在既定年度发起的竞争性行动的总数目，除以相同年度的航线总数目，可以计算出这一变量的数值。由于拥有多道航线的航空公司在采取竞争性行动时会有各种不同的做法，因此，控制营运规模有其必要性。

2. 竞争性行动的执行速度

这一变量定义为：企业花在执行一项宣告的竞争性行动的平均时间。要计算这一变量，必须先衡量企业公开宣告或意图采取某一竞争性行动的日期（如《航空日报》所报道的），与竞争性行动开始执行的日期（如该刊物所揭示），两者之间的时间差异[⊖]。但是，如果竞争性行动的执行在稍后的报道中被取消，那么该竞争性行动也将被一并排除。由于执行不同竞争性行动的时间颇具差异性（如降价行动的执行速度比设立航站快），为了能够比较所有航空公司的分数，必须控制竞争性行动的类型，因此，我们将 17 种类型的竞争性行动于所有年度及航线的运行时间分数加以标准化，使其平均数为 0，标准差为 1。于是，当数值为正时，代表航空公司对某个特定类型竞争性行动的平均运行时间比较长。接着，为了显示速度而非时间落后，我们将数值符号予以转换，使数值越大者代表速度越快。我们将航空公司在既定年度所实行的所有竞争性行动的标准化分数加以平均，并以此分数作为该年度的竞

⊖ 如果《航空日报》中没有出现进一步的报道显示行动改变，即假设最初宣告的执行日期是有效的。否则，我们根据实际执行日与宣告执行日之间的差异进行调整，以重新计算此变量的衡量值。设立航站的竞争性行动执行速度的衡量，是根据《航空日报》所报道的宣告日期与开始营运日期之间的差异。此种计算方式所反映的行动执行延迟会比行动执行速度佳。为了和我们基本的理论论述及使用的术语一致，作者将"速度"作为"延迟"的相反词，并据此发展衡量工具。相同的逻辑也适用于竞争性响应执行速度的衡量。

争性行动执行速度。

3. 竞争性行动的明显程度

这一变量定义为：针对一项企业所发起的竞争性行动可取得的平均信息量。要得出此变量，必须先计算企业初次对外公开宣告竞争性行动时，《航空日报》用于报道该行动的行数。由于《航空日报》报道竞争性行动的行数会因竞争性行动类型的不同而有所差异，因此，作者根据竞争性行动类型进行标准化与平均的程序，与前述报道的衡量方式一样。

4. 竞争响应性

竞争响应性是一个企业受到攻击时，采取响应的倾向，这一变量的衡量取决于受攻击企业的实际响应行为与该企业预期响应倾向间的差异比较。一般来说，要得知竞争响应性，可以采取两个步骤。首先，需要决定在一个既定的竞争性行动下，任何竞争者采取竞争性响应的可能性。过去的研究建议，三个影响企业响应可能性的因素是：①竞争性行动的类型，例如，价格改变比新设航站更可能引发竞争性响应（Chen et al., 1992）；②竞争性行动的明显程度（Chen and Miller, 1994）；③遭受攻击市场的收入对竞争者的影响程度（Chen and MacMillan, 1992）[⊖]。我们以上述这些变量对竞争性响应（如果竞争性行动至少引起一竞争性响应则编码为 1，否则编码为 0）执行 Logistic 回归分析，并将这个分析的细节及相关例证列示于附录 5A。然后，使用回归系数对受到一项竞争性行动影响的每一个竞争者，建构一个预测竞争性响应可能性的方程式。

⊖ 每一个竞争性行动影响的航空公司，指《航空日报》所报道的 37 个大型航运站中受到该行动影响的公司。航空公司对受影响机场的依赖度，以航空公司所服务的乘客在一个既定年度受到该竞争性行动影响的比例来衡量。

接着，我们根据竞争性响应的实际数值（如果企业确实响应则编码为 1；其他为 0）与企业预期的竞争性响应可能性之间的差异，来计算一个企业对一项行动的竞争响应性的评比。正向评比的数值越大，表示竞争响应性越高。最后，我们将企业在一个既定年度受到竞争性行动攻击的所有事件的评比加以平均，以计算出企业在该年度整体竞争响应性的分数。

5. 竞争性响应的宣告速度

这一变量定义为：相对于其他响应的竞争者而言，一个企业宣告其意图对一项竞争性行动采取竞争性响应所耗费的平均时间量。要得出这一变量，必须先衡量一个响应航空公司对一项竞争性行动宣告其竞争性响应的时间，亦即根据《航空日报》所报道的信息，竞争性行动宣告日期与响应企业对外公开宣告或承认其意图采取竞争性响应日期之间的天数。如前所述，如果之后的竞争性响应被取消执行，那么该竞争性响应将被排除。为了呈现相对性的宣告速度，我们采取当响应于同一竞争性行动时，各响应企业的宣告速度除以其他响应者中宣告速度最快者。换言之，只有当一项竞争性行动所引发的响应次数超过一次，才能建构这一变量。如此，如果某家航空公司为第一个针对一项竞争性行动采取响应者，我们会以它的竞争性响应宣告时间除以第二快响应企业的宣告时间。在这个案例中，此比率将小于 1；反之，若某企业并非第一个响应者，其竞争性响应宣告时间除以第一个响应者的宣告时间的结果将会大于 1。接着，我们再将一家航空公司在一个既定年度采取的所有竞争性响应的宣告时间予以平均并转换，使该数值越大时，代表速度越快。

以下举例说明对此变量的衡量。如果航空公司 A 在一项竞争性行动宣告 2 天后采取响应，但下一个航空公司 B 在竞争性行动宣告 6 天后才采取响应，则航空公司 A 获得的评分为 2 / 6，转换为速度后，数值等于 3；航空公司 B 获得的评分为 6 / 2，转换后为 0.33。假设航空公司 A 在竞争性行动 2 天后采取响应，而航空公司 B 在 10 天后采取响应，那么，根据我们的衡量可以指出这种差异性，亦即航空公司 A 与上一个案例相较，可以被视为更快速的响应者（B 为更慢的响应者）。此衡量基于竞争相对性的概念，直接延伸自波士顿顾问团（Boston Consultng Group，1974）用以衡量相对市场占有率的方式：它们认为一个焦点企业的规模除以该产业中最大的其他企业的占有率可呈现相对性。

6. 竞争性响应的执行速度

此变量为企业耗费于执行竞争性响应的平均时间，衡量的方式与竞争性行动的运行时间相同。然而，竞争性响应的运行时间不仅因最初的竞争性行动类型而异，也会因竞争性行动的运行时间而有所不同。例如，复杂且耗费时间的竞争性行动倾向于引发复杂且耗费时间的竞争性响应，因此，为了控制这些影响，我们先以所有年度航空公司的竞争性响应运行时间为因变量，以竞争性行动的类型及竞争性行动的运行时间为自变量，来进行回归分析⊖。由此得到的残差显示了，航空公司在相同行动类型下，响应时间的实际值与预测值间的差异。接着，我们再把一个已知年度的竞争性响应速度的平均残差作为该年度的竞争性响应运行时间，同时将这些分数的符号加以转换，使数值越大者，表示响应执行速度越快。

7. 竞争性响应的明显程度

这一变量定义为：针对一项竞争性响应可取得的平均信息量；要得出这

⊖　作者采用一般最小二乘法。在建构竞争性响应执行速度及竞争性响应明显程度的衡量时，我们先使用 8 年期数据库中所包含的全部 418 个竞争性响应样本；然后，以 1985～1986 年产生的分数作为本研究的衡量方法。

一变量，必须衡量《航空日报》用来报道该竞争性响应的行数。类似于竞争性响应的执行速度，竞争性响应的明显程度也同时受到最初竞争性行动的类型与明显程度的影响。因此，为了控制这些影响，并且掌握在相同行动类型与明显程度下，企业响应明显程度的实际值与预测值的差异，我们使用与衡量竞争性响应执行速度相同的程序来计算。

8. 组织绩效

由于一般均期望能采用多重构面方式来衡量绩效（Hambrick，1983；Dess and Davis，1984；Venkatraman and Ramanujam，1986），而且个别指标之间通常具有高度关联性，再加上使用不同衡量方式所得到的结果也十分相似，因此，我们采用一个由两个市场相关（market-related）及两个利润相关（profit-related）的绩效指标所组成的综合指标来衡量绩效：①航空公司每年所服务机场（而非对美国整体航空产业）的净市场占有率的变动（百分点的变动），以及市场占有率的百分比变动率（净市场占有率的改变／最初市场占有率）；②利润率（营运利润／营运收入）及付费乘客里程数（revenue passenger mile，RPM）的总营运利润。

我们首先对四项绩效衡量指标执行因素分析，并以陡坡图检验（scree test）及传统特征值（eigenvalue）为 1 的标准为基础，得到了单一因子解。此单一因子对绩效的累积解释变异量为 55.9%，特征值为 2.24。各绩效指标的因素负荷量分别为：净市场占有率变动 0.69，市场占有率的百分比变动率为 0.81，利润率为 0.78，营运利润／付费乘客里程数为 0.69。这四项衡量指标的 Cronbach's α 值为 0.79，高于 Nunnally（1978）所建议的最低门槛值 0.7。此外，大型与小型航空公司之间并无显著差异。因此，我们把这些因素分数作为最终分析航空公司绩效的指标。

9. 组织规模：大型 vs. 小型

我们使用美国交通部的二分法来分类，这一分类法已被广为运用在航空业的研究中（Bailey，Graham，and Kaplan，1985；Levine，1987）。在这个分类中，大型或主要航空公司的年营运收入均在 10 亿美元以上；小型或国内航空公司的年营运收入为 1 亿～10 亿美元。本研究样本包含 16 家小型航空公司及 12 家大型航空公司（见表 5-1）。16 家小型航空公司于 1985～1986 年的平均营运收入为 3.33 亿美元（标准差＝204），而 12 家大型航空公司为 25.91 亿美元（标准差＝1705），显示出这两类规模的企业具有显著差异[⊖]。

5.4.4 年度加总的一致性检验

由于竞争性行动与响应属性为加总性质，因此，将跨越所有竞争性行动与响应的既定属性的平均分数视为一个企业整个年度的竞争行为的合适性，必须加以考虑。如同 Miller 与 Friesen（1984）及其他学者所提及的，一家企业只有当它持续展现出某项特质时，描述它拥有这项特质才有其正当性。

为了检视航空公司竞争性行动／响应每项属性的内部一致性，我们计算每一年七种属性的组内（intraclass）相关系数（ICC）。Shrout 与 Fleiss 描述了组内相关系数的各种类型，而我们使用的是 ICC（1，1），它适用于每个目标对象（在此指航空公司）被不同的 k 组评定者（在此指竞争性行动）评估的情况（1979：421）；这是因为不同的航空公司在同一年度实行的竞争性行动／响应数目并非完全相同。结果显示，所有属性的组内相关系数皆达到

⊖ 两类航空公司规模的组内变异，经由 Cochran 's C 或 Bartlett-Box F 检验后，皆不具有显著差异。

0.05 以上的显著水平。此外，根据 1985～1986 年两年平均值计算的组内相关系数比两个单一年度分别计算的系数高，这或许为两年包含较多的竞争性行动与响应样本所致⊖。这些结果支持了本研究所采用的加总方式，并且解释了为何本研究可以仅使用 8 年数据库中其中两年（1985～1986 年）的数据来进行分析。

5.4.5 分析

如前所述，七项竞争性行动 / 响应变量的建构需要各式的转换与调整，以至于最终的尺度与原始数据颇有差异，且变得难以解释。为解决这一问题，本研究在完成所有数据转换后，对所有变量两年期的平均数据加以标准化，使每一个变量的平均数均为 0，且标准差均为 1。

接着，本研究通过一系列的 t 检验及多变量变异数分析（MANOVA），来检验小型与大型航空公司在七种属性上的差异。最后，我们使用相关系数分析来检验绩效意义。

5.5 实证结果

表 5-2 显示竞争性行动与响应变量、组织规模以及绩效等变量间的相关系数。

表 5-2 皮尔森相关系数 [a]

变　量	1	2	3	4	5	6	7	8
1. 竞争性行动倾向								
2. 竞争性行动的执行速度	−0.22							

⊖ 针对两个年度的所有属性进行成对检验，并未显示出任何显著差异，故进一步支持使用两年平均数据的合适性。

（续）

变量	1	2	3	4	5	6	7	8
3. 竞争性行动的明显程度	−0.18	−0.19						
4. 竞争响应性	−0.04	−0.28	−0.21					
5. 竞争性响应的宣告速度	−0.29	−0.60*	0.26	0.11				
6. 竞争性响应的执行速度	−0.24	0.20	−0.06	0.35	0.20			
7. 竞争性响应的明显程度	0.48*	−0.60*	0.11	−0.33	−0.38+	−0.38+		
8. 绩效指标	−0.25	−0.35*	0.07	0.05	0.44+	−0.25	−0.10	
9. 组织规模								
产业分类	−0.44**	−0.36*	0.34*	0.35*	0.48+	−0.06	−0.56**	0.27+
营运收入	−0.35*	−0.34*	0.42*	0.32*	0.37+	0.06	−0.39+	0.27+

a　由于一些航空公司没有任何响应，因此，除了 5、6 与 7（样本数＝16），其余变量的样本
　　数为 28。

+　$p<0.10$。

*　$p<0.05$。

**　$p<0.01$。

5.5.1　竞争性行动与响应行为的描述性差异

表 5-3 呈现出平均数、标准差，以及三项竞争性行动属性与四项竞争性
响应属性 MANOVA 与 t 检验的结果。

表 5-3　竞争性行为的描述性差异

变量	小型航空公司		大型航空公司		t
	平均数	标准差	平均数	标准差	
竞争性行动的属性					
竞争性行动倾向	0.40	1.20[c]	−0.47	0.22[d]	2.48**
竞争性行动的执行速度 [a]	0.32	0.93	−0.38	0.99	1.87*
竞争性行动的明显程度	−0.31	0.96	0.37	1.00	1.80*
竞争性响应的属性					
竞争响应性	−0.28	1.22[c]	0.42	0.43[d]	−1.90*
竞争性响应的宣告速度 [a, b]	−0.83	2.05[c]	0.25	0.32[d]	−1.79*

（续）

变量	小型航空公司		大型航空公司		t
	平均数	标准差	平均数	标准差	
竞争性响应的执行速度 [a, b]	0.07	0.68	−0.04	1.18	0.19
竞争性响应的明显程度 [b]	0.70	1.23[c]	−0.42	0.55[d]	2.53**
F 值	13.83*				

a 如 5.4.3 节所述，三项牵涉到速度的变量，其符号均由时间落差转换而来，以反映其速度。

b 由于一些航空公司没有任何响应，因此，对于这些属性而言，小型航空公司的样本数＝6，大型航空公司的样本数＝10。

c、d 分别表示经由 Cochran's C 与 Bartlett-Box F 检验后，在变异数或标准差上具有显著差异，其中以 c 标示的数值显著大于以 d 标示的另一组。如此，表中的数据显示出小型企业四项属性的标准差均显著大于大型企业，除了竞争性响应明显程度达到 0.05 显著水平外，其余皆达到 0.001 显著水平。

* $p < 0.05$。

** $p < 0.01$。

如先前所提，所有变量均已先经过标准化，因此，其平均数及标准差分别为 0 及 1。如表 5-3 所示，小型航空公司竞争性行动倾向的平均数为 0.40（标准差），高于所有航空公司的平均值，而大型航空公司竞争性行动倾向的平均数为 –0.47（标准差），低于产业整体的平均值。MANOVA 的结果显示，群体效果具有显著性（$p < 0.05$），就整体检验而言，竞争性行动与竞争性响应属性的分数在小型和大型航空公司具有差异性。

针对小型与大型航空公司的七项属性所做的 t 检验结果显示，除了竞争性响应执行速度（假设 2c）⊖，其余皆达到显著性差异（$p < 0.05$）。同时，所有关于竞争性行动属性的三项假设皆具有显著差异，亦即，相较于大型航空公司，小型航空公司有较高的竞争性行动倾向（假设 1a）、较快的竞争性行动执行速度（假设 1b）以及较低的竞争性行动明显程度（假设 1c）。

⊖ 本研究同时执行曼 - 惠特尼（Mann-Whitney）检验（Gibbons，1993），所有结果几乎与 t 检验结果一致。唯一的例外（或许为检验力太低的结果）是竞争性响应的宣告速度，它在 t 检验达到显著性，但在曼 - 惠特尼检验未达显著水平。

整体来说，预期竞争性响应属性差异的假设也获得普遍支持：相较于大型航空公司，小型航空公司较少针对竞争性行动采取竞争性响应（假设 2a），且宣告竞争性响应的速度也比大型企业慢（假设 2b）。然而，与假设 2d 相反的是，小型航空公司的竞争性响应明显程度反而比大型航空公司高。对此意外的结果可能的解释为，大型企业遭受攻击时均会被期望采取响应（假设 2a），因此当它们采取响应时，也许觉得不需要大张旗鼓，而使响应变得不显而易见。相反地，当小型企业采取竞争性响应时，它们可能为了最大化响应的影响力，而决定提高采取响应的公开程度。

总之，小型与大型航空公司在采取竞争性互动的方式上具有广泛且明显的差异。

5.5.2　竞争性行为与绩效

如表 5-2 中的相关系数所示，样本中有两个竞争属性（竞争性行动的执行速度与竞争性响应的宣告速度）与绩效显著相关，这或许可对所有航空企业提供一般性的建议，却也可能隐藏了我们主要关注的大型与小型航空公司间的重要差异性。首先，或许也是最自然的一点，便是检视两个子样本的相关性，借由相关系数差异及回归分析中交互作用项的检验，来发现大型与小型群体间的边际差异性。检验结果显示，对于大、小规模企业而言，皆无任何属性与绩效的相关程度（不论正或负相关）达到一致的显著，因此对绩效并没有普遍一致的影响。

然而，另外还有一种分析取向根植于制度理论的看法（DiMaggio and Powell，1983；Tolbert and Zucker，1983；Zucker，1987；Oliver，1991；Abrahamson and Rosenkopf，1993）。与其假设战略属性与绩效之间具有线性关系（亦即"X 越多越佳"），一个可能更合理的看法是企业一般会力求最适的行为，亦即它们的平均行为才是事实上最适的行为，倘若偏离群体规范（不论任何方向），则会产生比较差的绩效（DiMaggio and Powell，1983）。在此观点下，问题就变成了"一个企业偏离（或遵循）与其相同规模企业的规范，对绩效会产生何种程度的影响"。对此，若从制度观点而言，企业的高绩效或许来自其固守该规模群体的规范。例如，对于小型（或大型）航空公司而言，群体本身有最适化及具正当性的竞争形貌（profile），偏离该规范的企业将导致较差的绩效。相反地，致力于差异化优势的战略学者（如 Porter，1980，1985；Prahalad and Hamel，1990）则主张相反的论点：顺应产业规范将"卡在中间"（stuck in the middle），因此，较佳的方式是具有一些区别性的特质。

为了检验偏离规模群体的典型竞争性行为对绩效的意义，我们以该群体的平均数（见表 5-3）为典型的行为，并以其本身行为与该群体平均行为间的绝对距离，来计算企业该属性的偏离程度。接着，我们针对每个群体的每一个属性，检验其偏离评分（deviation ratings）与绩效指标间的相关系数。表 5-4 仅对本研究样本中信息完整的 28 家航空公司提供四项属性间的相关系数（由于一些航空公司并没有响应，因此，我们的三项竞争性响应属性仅有 16 个观察值）。表 5-4 中的八项相关系数有六项为负，三项达到 0.05 的显著水平。此结果建议，对于小型航空公司而言，偏离竞争性行动执行速度最为不利；而对于大型航空公司而言，偏离竞争性行动倾向及竞争响应性的典型水平伤害最大。

表 5-4 相关分析：偏离子群体平均数与绩效 [a]

竞争性属性	小型航空公司	大型航空公司
竞争性行动倾向	−0.11	−0.55[*]
竞争性行动的执行速度	−0.61[**]	−0.10
竞争性行动的明显程度	0.16	−0.19
竞争性响应	0.33	−0.59[*]

a 本表仅报道本研究中可取得观察值的 28 家航空公司的属性。表中呈现的统计量为绩效指标与离差（以实际值和组平均数的绝对距离来衡量）的皮尔森相关系数。使用组中位数此结果几乎相同。

* $p < 0.05$。

** $p < 0.01$。

此外，我们也以企业在所有四项属性上的整体形貌，以及平均子样本形貌间的欧几里得距离（Euclidian distance）计算偏离值，并将此值与绩效指标做相关分析，结果发现相关系数为 -0.35（样本数$=28$，$p<0.05$）。此结果显示，一般而言，偏离群体规范将损及绩效。而此结果似乎意味着，若要维持比较好的绩效，小型与大型航空公司必须遵循其群体典型的行为，未遵循群体典型规范者将不利于绩效。

5.6　讨论

本研究检视在一个产业中，小型企业与大型竞争者的竞争行为的差异，以及这些竞争性行为的绩效意义。研究的主要结论是，在竞争行为上，小型企业确实与相对应的大型竞争企业具有描述性的差异。

5.6.1　描述性趋势

如所预期，相较于大型企业，小型企业在发起竞争性行动上较为主动。这一发现支持小型企业必须尝试借由从事竞争性攻击以"维持竞争之主动进取"（initiative）的规范性建议（MacMillan，1980）；同时也与规模可能会使组织产生自满与惯性（Halberstam，1986）、孤立性（insularity）（March，1981），并抗拒调适（Aldrich and Auster，1986）的理论主张一致。相反地，大型企业在受到攻击时，似乎比较会做出响应。此种响应行为的差异与竞争性行动倾向的研究发现，呈现出相当有趣的对比，或许归因于大型企业在保护其声誉上有比较强的需求（Weigelt and Camerer，1988；Fombrun and

Shanley，1990）[⊖]。

至于速度，则呈现出另一个有趣的现象。如我们所预期的，小型企业执行其所发起的竞争性行动的速度比较快，这一发现与过去的研究一致，亦即小型企业在行动上比较具有弹性及快速的特质（MacMillan，1980；Fiegenbaum and Karnani，1991）；而大型企业需要承担结构复杂性、科层制度（Mintzberg，1979）及较笨拙的信息处理系统（Galbraith，1977）等所产生的不利结果。再者，由于本研究也衡量了行动宣告与行动执行之间的时间差距，所以，此发现或许也显示出小型企业会尽可能延迟它们的宣告，甚至直到它们已经开始执行。

小型企业执行竞争性行动的速度似乎与大型企业宣告竞争性响应的速度正好相反。大型企业快速宣告其竞争性响应的倾向，或许反映出它们保护声誉的强烈需求（Fombrun and Shanley，1990），或许是为了向利益相关者（Pfeffer，1982）及竞争者（Axelrod，1984；Schelling，1960）明确释放它们并非消极被动的讯号，并且也避免受到更进一步的攻击（Chen and MacMillan，1992）。这一发现与 Katz（1970）所提出的，相较于大型企业而言，小型企业将采取较快速的竞争性响应的命题相反。

关于竞争性行动的明显程度，研究结果与预期一致，亦即小型企业在采取行动上似乎较为低调（low-key），甚至秘而不宣。这一发现支持 Katz（1970）与 MacMillan（1980）的建议，即小型企业在采取行动时，会尽可能地以不引人注目的、游击的方式进行。然而，与预期相反的是，小型企业

⊖ 一个普遍被接受的主张为大型企业较小型企业有较多的冗余资源，然而，大型航空公司在 20 世纪 80 年代中期所面临的财务困境却可能使这一前提无法成立。为了检验这一可能性，本研究针对每家航空公司发展冗余指标，采用 Smith 等（1991）所使用的两种衡量冗余的方法，亦即吸收性冗余（销售、一般与管理费用的总额除以总收益）与非吸收冗余（流动负债可被现金与有价证券偿还的程度）的平均值。检验后发现，在冗余指标上，大型与小型航空公司并无显著差异。

的竞争性响应明显程度高于大型竞争者。这似乎呈现出大型企业往往采取不虚饰、实事求是的竞争性响应，而小型企业则试图强调其竞争性响应的明显程度，显示其果断行事。

当同时考虑竞争性响应宣告速度及明显程度的研究发现时可以得知，小型企业较倾向于采取沉得住气（hold their fire）、深谋远虑（calculating well-developed）且显而易见的竞争性响应；与之相反，大型企业则会快速响应，却以直接（straightforward）且冷静（unexciting）的方式进行。

5.6.2 诊断性趋势

本章第二个主要的研究重点（虽然仅为初步的开端及建议），专注于一个产业中大型企业与小型企业的竞争行为的绩效意义。

整体而言，我们的研究结果强调产业规范对战略思考的攸关性。制度理论学者长期以来强调产业惯例的重要性，以及在竞争场域内常态表现与行动（appearing and acting normal）的有利影响（Meyer and Rowan，1977；DiMaggio and Powell，1983）。利益相关者寻求确保它们所投资的企业为一家值得信赖的企业，而是否依循产业的主流趋势，便是一种简便且有效的检验这一可信度的方式（Hambrick and D'Aveni，1992）。

然而，规范可能并非建立在整体产业的层次，而是建立在产业的次群体或子集合（subclass）层次。在这一脉络下，Hambrick、Geletkanycz 与 Fredrickson（1993）发现，产业中具有较长年资的高层主管在心理上会比较坚守产业成功的"处方"（Spender，1989）。这些研究者认为，产业中不同群体的企业应该遵循不同的方法，他们指出：产业智慧对产业内不同群体的企业可能会累积出理想的形貌（如区域航空公司、以货币为中心的零售银行、大型处方笺制药厂），以至于企业所选择的战略大部分为产业中广被接受的"脚本"（1993：413）。

本研究对应用制度理论逻辑于企业间竞争的研究提供了初步的支持。尤其是，研究发现，当小型与大型航空公司的竞争性行为与产业平均或典型的大、小型航空公司的竞争性行为相似时，会有较佳的绩效，而且，某些特定的行为在区分两种规模群体的高与低绩效企业上似乎特别明显：对于大型航空公司而言，遵从典型倾向（typical propensity）的竞争性行动与响应显得格外重要；而对于小型航空公司而言，最重要的似乎是尽量符合典型竞争性行动的执行速度。

如果我们假设小型企业一般均面临一些严苛的正当性问题（Aldrich and Auster，1986；Meyer and Zucker，1989），那么它们花时间去表现出可靠且符合常规的行为似乎非常合理，小型航空公司遵循产业平均行为去进行竞争交战，则是达成上述目的一种方法。当然，很有可能小型航空公司的典型行为确实代表着一种理想行为，偏离这些行为将会衍生战略上的错误。

相反地，大型企业不用面对正当性的问题：它们已经根深蒂固，而且通常拥有重要的资源及历史记录。然而，大型企业的规模往往会吸引各种利益相关者的广泛注意，为了维持利益相关者的信心与支持，以及竞争者的尊重，大型企业也经常被忠告不要从事非传统的竞争性行为。一般来说，采取极端或不寻常的行为方式有可能会疏远利益相关者，也有可能会向竞争者释放出虚弱或混淆的讯号，因此，大型企业最好顺应大型企业应有的标准形貌（profile）。

值得一提的是，我们所探讨的是1985～1986年的航空产业情境，这已是1978年解除管制的数年后，航空产业应该已经有足够的时间去发展规范与惯例，而且企业可能已经开始理解它们所属规模群体中的最适行为（DiMaggio and Powell，1983；Spender，1989）。

尽管企业可以从遵循群体规范中获取利益，但它们可能会偏离群体的规范，很自然地以创新的方法来从事竞争。在某些特定行为上，小型企业比大型企业多变，如表 5-3 所示，以 d 标示于右上角的标准差显著大于以 e 标示的另一组标准差。这一研究发现，在描述性方面，小企业比较倾向于多变；然而，在诊断性方面，小型企业的利益（大企业亦同）来自贴近它们规模群体的平均行为。这个令人兴奋的发现（虽然仅为初步的）建议，小型企业的利益来自顺应而非遵循偏离倾向。我们虽然无法开始对这一矛盾探索做出判断，但我们可以强调，竞争一致性（competitive conformity）的因果关系理论与研究，应该在战略领域上被高度关注。

当然，因果关系可能与我们所主张的方向相反，有可能是绩效引发特定类型的竞争倾向，而非竞争行为影响绩效。若真如此，则这一现象同样令人印象深刻。例如，做不好的小型（或大型）企业或许倾向于从事于极端、偏离的行为，而营运较佳的企业倾向于从事风险规避的遵循行为（Bowman，1982；Hambrick and D'Aveni，1992）。一般说来，这一解释与前景理论（prospect theory）一致，其提倡者（Kahneman and Tversky，1979；Fiegenbaum and Thomas，1988）主张，当报酬低于目标时，大部分决策制定者为风险追求者；当报酬高于目标时，大部分决策制定者为风险规避者。可惜的是，我们没有足够的大样本或长时间的样本，来解答我们所观察到之关系的因果关系。

5.6.3 研究限制与未来研究方向

首先，本研究受限于少数的航空公司样本。即使本研究已经包括了研究时间内该产业的所有主要航空业者（区域性及通勤航空公司除外，因为它们的竞争资料十分稀少），但是数据点的数目（尤其是竞争性响应的属性）仍不丰富，因此限制了分析方法的选择及研究发现的统计显著性。当然，这一限制为大部分单一产业研究的普遍限制（Hatten，Schendel，and Cooper，1978；Cool and Schendel，1987；Fiegenbaum and Thomas，1990）。

其次，本研究所使用的衡量方式均是间接的，而且均根据产业出版品及公开信息。由于这个限制，使衡量方式与其所对应的标示（corresponding labels）可能无法完全阐释我们意欲探讨的现象。例如，竞争性行动／响应执行速度的衡量可能就无法完全反映我们想要研究的想法。由于缺乏内部信息与企业合作，因此，即使作者相信本研究的衡量方式普遍为正确的代理变量（surrogates），我们仍然只能利用现有的数据，而无法精确估计企业确实花在执行竞争性行动与响应的实际时间。

同样地，作者用于发展衡量方式的主要信息主要来自航空业出版品，因此，如同大多数使用次级数据的研究，不管该数据源多么可靠或客观，本研究亦无法免除出版品的报道误差，例如，与信息集中（focus）、公司及事件相关的误差等。

未来的研究可针对本研究继续做一些延伸。首先，本研究发现不同的力量驱动竞争性行动与响应行为，所以，不同的理论或许可以解释个别因素。其次，作者主要的兴趣在于探讨企业规模对竞争性行为的影响，后续研究可以针对发动攻击者的规模与目标竞争者的规模之间的交互作用，进行更复杂的分析。最后，传统上认为战略构念与绩效间应具有线性关系，而"偏离群体规范可能不利于绩效"的研究发现，似乎在建议一种绩效的新制度化概念，即强调产业及群体集中趋势所扮演的重要角色。这一新架构将对诸如"差异化战略"（strategic differentiation）、"陷于中间路线"（stuck in the middle）（Porter，1980）等概念带来根本而全新的思维冲击。

总之，本研究乃是少数以系统性方式，探讨在单一产业中大型与小型竞争者之实际竞争行为差异，以及这些竞争行为之绩效意义的研究。本研究强调了组织规模在形塑竞争动态上的重要性，也显示出未来针对这一重要战略主题从事更多研究的必要性与机会。

| 附录 5A |

竞争性响应的衡量

步骤 1：为了检验一项竞争性行动可能引发任何竞争者的响应（response）之可能性，我们执行 Logistic 回归分析，用下列变量来进行竞争性响应的回归（若竞争性行动引起至少一项竞争性响应则编码为 1；其他编码为 0）：①竞争性行动的类型（针对 17 种竞争性行动的类型编码为 0 / 1 的类别变量）；②竞争性行动的明显程度（《航空日报》报道竞争性行动的行数）；③所有航空公司在受到竞争性行动影响之机场的平均乘客百分比（182 页页下注之衡量）。在执行此回归分析与建构此变量时，我们从 8 年期的数据库中选取全部 1027 个竞争性行动样本加以分析。然后，我们使用 1985～1986 年的竞争性响应（responsiveness）分数（见下面的步骤 4）为本研究的衡量。

步骤 2：为了建构一家既定企业受到竞争性行动影响而将采取响应之预期可能性，我们使用上述回归分析的系数及企业受影响之乘客比例。

步骤 3：企业对竞争性行动的竞争性响应评分，以竞争性响应的实际值（如果企业采取响应则编码为 1；其他编码为 0）与企业预期竞争性响应可能性之差异加以计算。"正值"显示企业在面对竞争性攻击时采取竞争性响应"非常积极"（excessively）。举例而言，假设竞争性行动为降价促销（所以降价促销编码为 1，其他类型的竞争性行动编码为 0），《航空日报》中有 20 行报道该竞争性行动，有 30% 航空公司的乘客受影响，且企业确实采取竞争性响应。

企业对此特别的竞争性行动所采取的竞争性响应评分为 1−0.75 ＝ 0.25，其中，0.75 为从步骤 2 中于既定三项预测变量值下，所获得的预期竞争性响应可能性。

步骤 4：我们对受攻击的企业在一既定年度的所有事件结果加以平均，以计算该年度的整体竞争性响应指标。

|第6章|

决策组合的简化

原题　竞争性决策组合的简化：一个实证分析

原文出处　Miller, Danny and Chen, Ming-Jer, 1996, "The Simplicity of Competitive Repertoires : An Empirical Analysis, " *Strategic Management Journal*，17（6）：419-439.

　　本章主要探讨竞争决策简化的概念。由于某些企业倾向于仅专注在一些主要的竞争性行动，因此，我们将研究企业所采取的竞争性决策组合（repertoire）中隐含的简化特性。竞争性决策组合的简化，主要根据竞争性行动的涵盖范围（range），以及企业在某一个或某几个主要行动类型上的集中程度来评估。某些组织特质与环境特质可能会牵动管理者的搜寻诱因，或者影响管理者选择竞争方案的知识，进而对竞争决策的简化产生显著影响。这些特质包括过去的绩效、市场的多样性、成长性与不确定性、竞争经验的广度，以及组织年龄和组织规模等。至于简化的绩效意义，结果显示，过去的良好绩效会导致简化；然而，矛盾的是，简化却会伤害后续的绩效，在高度不确定性与成长期间更是如此。本章以解除管制后美国国内主要航空公司的竞争性行动作为分析基础，上述论点大多获得了支持。

6.1　绪论

　　许多研究发现，组织不管在结构、目标、管理流程还是产品／市场范围上，都变得比较多维度，而且越趋精细（Blau and Schoenherr，1971；Chandler，1962，1992；Starbuck，1965；Thompson，1967）。然而，本章从一个非常不同的角度切入，探讨某些组织在竞争性行动组合上，而非结构或市场范围上，越趋简化的原因。我们认为，过去的成功、市场丰裕性（munificence）以及多样性竞争经验的缺乏，会导致经理人仅专注在狭窄的竞争活动范畴。这些条件将形塑管理认知，降低经理人搜寻不同做事方法的诱因，或导致他们忽略其他可供选择的竞争方案（Walsh，1995）。因此，他们采用的竞争性行动组合相当偏颇与局限（Miller，1990，1993；Pascale，1990；Stacey，1992）。

6.1.1　研究目的

本章探讨某些组织在竞争性行动的决策组合（repertoire）上趋向简化的原因。所谓简化（simplicity），概括性定义是：对于某个单一目标、战略活动、部门或世界观的强烈偏见，而且这种偏见会逐渐排斥其他可能性的考虑（Miller，1993：117）。因此，竞争决策的简化是指，企业专注于比直接竞争对手还少的竞争性行动的倾向。

早期的著作已经提出许多实例说明简化的走向，如微芯片与汽车制造商（Miller，1990；Wright，1979）、创业企业（Lyon，1984）以及集团化（Sampson，1974）。某些经理人执迷于削减成本而忽略服务与设计，另一些人则执着于扩张而忘记更新产品与流程。

竞争决策的简化关乎一个组织能否有效地处理竞争性挑战（Miller，1990，1993；Pascale，1990）。例如，它可以使企业专注于发展独特核心能力（Prahalad and Hamel，1990）与集中化经济（economies of centralization）（Chandler，1992）。然而，它也可以破坏 Ashby（1956）所主张的"多样性必要法则"（law of requisite variety），亦即竞争方法过于狭隘而无法应付市场挑战的涵盖范围（range）。尤其是，当产业竞争非常激烈时，这种危险性特别明显（Miller，1993）。

迄今，即使竞争决策的简化已经普遍存在，并且具有潜在重要意义，但影响竞争决策简化的原因和结果仍未被系统探讨，而本研究朝这一努力方向迈出了第一步。

6.1.2　研究焦点与范围

为了推导一个能够客观地展现与评估组织竞争行为简化的方法，我们将战略视为竞争性决策组合（repertoire）（Miller and Chen，1994）。竞争性决策组合是一个组织在某一年度用来吸引、服务与留住客户的市场行动组合。这些决策组合由具体的市场决策所组成，如价格调整、变更产品线或服务内容、营运范围变动等（Chen，Smith，and Grimm，1992；Chen and MacMillan，1992；Chen and Miller，1994；Miller and Chen，1994）。我们认为，竞争性决策组合大部分是在企业与直接竞争对手广泛而连续的互动范畴中形成的。"决策组合"的概念以实证为基础，它建立在竞争企业间为了压制对手所采取的竞争性行动上。如是，这个概念提出了一种思考竞争战略的全新方法。

竞争决策的简化可以用竞争性决策组合的三个层面来呈现，也就是范围（range）、集中（concentration）与主导（dominance）。范围是一家企业所采取的竞争性行动中所包含的类型（types）总数。一个简化的决策组合仅涵盖很小的行动范围。集中是竞争性行动集中于少数主要类型的程度。简化的决策组合大多仅专注于某些行动类型，而忽略其他大多数类型。最后，主导则是一家企业依赖最常使用的单一行动类型，而排斥其他类型的程度。竞争决策简化的范围、集中与主导三个层面，反映市场导向行动的涵盖面限制，或者企业专注于某些行动类型的倾向。

竞争决策的简化并不意味着惯性（inertia）。一个简化的决策组合，即使它的竞争性行动大多属于单一类型，也可以呈现很灵活的决策水平。同样重要的是，评估一家企业的竞争决策的简化，最好与其他具有相似竞争构面的竞争者做比较，或者与企业的过去做比较。本研究虽然根据市场范围相似的直接竞争者间的比较来评估竞争决策的简化，然而这种衡量方式也可以用来比较企业在不同时间的行动类型。

依据样本数据中所呈现的各种竞争性行动类型，我们主要探讨短期到中期的组织决策。某些竞争性行动决策通常相当快，例如，价格与服务调整或产品改良；尤其是在诸如本研究之解除管制后的美国航空业这种高度竞争环境下，更是如此。我们发现，使用同期的变量或只滞后一年的变量来预测这些竞争性行动的效果最佳（Chen and MacMillan，1992）。然而，这并不意味着形成核心战略背后的心理模式跟我们的决策组合要素一样，改变得那么快（Barr，Stimpert，and Huff，1992）。我们的研究焦点并不是这种基本的世界观（worldviews），而是日复一日竞争中的攻击与响应；这其中，快速响应与采取行动是主要的游戏规则。

6.2 理论背景与研究假设

我们预期竞争决策的简化受到两个形成竞争行为的根本因素影响。首先，搜寻诱因（search incentives）。这些诱因促使经理人寻找并采取其他竞争方法；诱因的产生可能源自绩效不佳，也可能源自其他威胁与不确定的因素（Cyert and March，1963；March，1991）。其次，竞争决策的简化取决于经理人对不同竞争方法的知识（knowledge）。这种知识会随着以往竞争经验的广度，以及所接触竞争者与客户的多样性而增加（Granovetter，1985；Huber，1991；Miller，1993；Walsh，1995）。

　　组织内有几个因素会影响经理人的搜寻诱因和他们对各种选择方案的知识。良好的绩效会膨胀经理人对所偏好之活动的信心，并因此窄化他们主动关切的范围，导致搜寻诱因的降低（Levitt and March，1988；Miller，1994）。相反地，竞争经验的广度会给经理人提供许多不同形式的竞争对抗知识，因此产出比较不简化的决策组合（Miller and Chen，1994）。最后，组织的年龄与规模越大越可能降低对缺点的知觉，因而削弱搜寻诱因（Milliken and Lant，1991）。许多大型的、成熟的企业经常信心满满地专注于本身偏好的活动，而不顾竞争对手究竟在做些什么。

　　竞争决策的简化也可能来自组织外部。长久以来，权变理论学者认为战略乃是由环境所形塑的（Khandwalla，1981；Miller and Friesen，1984）。外部来源包括市场多样性，它会增加经理人对广泛竞争方案的知识，因而抗拒简化。相反地，市场成长性或丰裕性却可能诱使经理人自满，减少搜寻活动，导致企业仅专注于少数偏好的竞争战术。最后，市场不确定性可能会刺激搜寻，使企业抗拒简化。表 6-1 汇总了竞争决策简化的来源。

表 6-1　竞争决策简化的来源

	来源因素		
	搜寻与尝试各种行动方案的诱因	对各种行动方案的知识	对简化的影响
内部来源			
过去的绩效	−		+
竞争经验的广度		+	−
企业的年龄			+
企业的规模	−		+
外部来源			
市场多样性		+	−
市场成长性	−		+
市场不确定性	+		−

6.2.1　简化的内部来源

1. 简化与过去的绩效

良好的绩效通常会减弱搜寻行为（March，1988；Miller，1994）。成功会降低侦测市场挑战、机会或其他战术变化来源的诱因（Lant，Milliken，and Batra，1992；Starbuck and Milliken，1988；Weick，1987）。例如，Starbuck 与 Milliken（1988）针对挑战者号航天飞机的爆炸悲剧做了精辟分析。他们认为，NASA 连续的成功经验导致管理者过度自信，因而窄化了留意范围；它的辉煌纪录使它仅专注于非常有限的留意范围，并因而忽略了相关的安全程序。然而，挑战者号的灾难使 NASA 扩大了决策组合，这样的失败会促进搜寻，并进而扩大了管理者的视野与竞争性决策组合（Aguilar，1967；Milliken and Lant，1991；Walsh，1995）。

Levitt 与 March（1988）及 March（1989）声称，管理者将重复采取他们认为会成功的竞争性行动，其他行动则被弃置一旁。根据 Milliken 与 Lant（1991：136）的说法："在组织决策者心中，他们会将成功与某个战略或常规联结在一起……不管这样的因果联结是否真的成立。"在这种情况下，成功将强化现存的观点并鼓励追求某些"有利"（favorite）的活动，因而导致简化（Argyris and Schon，1978；Barr et al.，1992）；成功也将阻碍其他观点与活动的搜寻和实验（Miller，1990，1994；Walsh，1995）。

搜寻与实验有一部分也可能被 March（1988）所谓的"迷信学习"（superstitious learning）所浇熄。成功可能使某些高层主管错误地认为，他们已经发现一种面对竞争的特殊优势。然后，他们会尝试将本身知觉到的独特技能运用到极致。事实上，许多在事业战略领域中受欢迎的规范性（normative）文献，均力陈专注于一项关键能力的重要性（Hitt and Ireland，1985；Prahalad and Hamel，1990；Porter，1980）。如是，成功以及它所衍生的对独特能力之优势的知觉，可能相互结合而促使简化。

假设1：过去的良好绩效与竞争决策的简化呈正相关。

2. 竞争经验的广度

过去的竞争经验会对决策简化产生影响，原因并不在于影响搜寻行为，而在于增加经理人对各种竞争方法的知识。一个曾经使用广泛竞争手法的企业，将能从中学到各式各样的竞争方法（Miller and Chen，1994）；由于曾经采用各种不同的方法，企业可以发展多维度技能来从事竞争。这种企业的经理人对于大量广泛的竞争工具，应该也已做好某些政治上或经济上的投入与准备。相反地，那些仅专注于少数竞争方式的竞争对手，则可能比较不了解潜在的行动替代方法，并且可能欠缺行动执行的知识（Huber，1991；Walsh，1995）。

此外，采用多维度之决策组合的企业可能比较熟悉客户与竞争者的不同层面（Delacroix and Swaminathan，1991）；它们将从不同的行动响应中，接收到广泛的市场反馈信息。而此类与环境的广泛接触，将减少简化的发生（Aguilar，1967；Amburgey，Kelly，and Barnett，1993；Hambrick，Geletkanycz，and Fredickson，1993；Wilensky，1971）。

假设2：最近经历的竞争经验广度与竞争决策的简化呈负相关。

3. 组织的年龄与规模

由于组织的年龄与规模会影响搜寻诱因，因此它们和竞争决策的简化也有关联。成立比较久的组织有时间对偏好的战术建立信心，发展执行这些战术所需要的专门技能与方案，并建构一个支持性的基础结构（Meyer and Zucker，1989；Tushman anf Romanelli，1995），因此它们的搜寻诱因是很小的。相对地，许多比较年轻的企业仍在摸索方向，它们尚未形成可能会阻碍战术多样性的方案、规则与政治承诺（Aldrich and Auster，1986），因此它们可能愿意采用各种不同的竞争方法。同时，由于许多年轻企业的经理人面临"新企业的不利生存性"（liabilities of newness），亦即需要处理一些制度（institutional）与资源缺陷的问题，他们将被特别鼓励去避免竞争窄化的风险（Singh，Tucker，and House，1986），因此，组织的年龄与竞争简化可能有正相关关系。⊖

很明显地，相对于小规模竞争对手，大多数大企业有充分的财力、人力与管理程序，来执行比较复杂的竞争性决策组合（Haveman，1993）。然而，当规模达到某一水平时，企业却可能倾向于竞争决策的简化。大企业的经理人可能仗着本身拥有丰富的资源、权力，足以忽略比较弱的竞争对手（Halberstam，1986；Pfeffer and Salancick，1978：52-54），如此可能使它们不愿意扩大认知模式和战略组合来响应市场的变化（Wright，1979）。相反地，小企业脆弱的本质可能使它们更留意机会与威胁（Aldrich and Auster，1986），而这些挑战将避免经理人过于狭隘或固执。另外，大企业也会设计方案和标准作业程序来提高可信度与实现规模经济，这些将进一步鼓励专门化（specialization）与专精化（focus）（Hannan and Freeman，1984；Nystrom and Starbuck，1984；Starbuck，1965），并且降低管理者对环境认知模式的弹性（Walsh，1995）。

最后，年龄和规模经常伴随着官僚规则。由于这些规则会使视野趋于狭窄，因此将限制组织的搜寻（Haveman，1993；March，1988；Miller et al.，1996）。它们也会引导注意力和解读，使心智模式僵化并浇熄实验性与自发

⊖ 然而，上述论点并不适用于非常年轻的公司，它们之所以采取简单的行动组合，是因为缺乏从事重大竞争方法所需的时间、资源及方案（Aldrich and Auster，1986；Blau and Schoenherr，1971）。

性的行为（Walsh，1995；Perrow，1986）。因此，它们可能导致狭窄的竞争决策组合。

> 假设 3a：一个组织的年龄与竞争决策的简化呈正相关。
> 假设 3b：一个组织的规模与竞争决策的简化呈正相关。

6.2.2 简化的外部来源

权变理论学者认为，组织环境对竞争战略有深刻的影响（Hofer and Schendel，1978；Miller and Friesen，1984）。为了对照简化的内部来源模式，我们检视那些对搜寻诱因或竞争选择方案之知识有影响的环境层面（Walsh，1995）。我们相信，这些层面大多以市场多样性、丰裕性或不确定性的形式呈现；而且，它们可能是权变理论学者迄今已检视之最显著的环境特质（参见 Aldrich，1979：63-73；Dess and Beard，1984；Mintzberg，1979：267-287；Sharfman and Dean，1991）。市场多样性可以反映在一个企业之市场、客户或竞争者的广度（Chandler，1962；Thompson，1967）。市场丰裕性通常投射在一个产业的成长率（Castrogiovanni，1991；Yasai-Ardekani，1989）。至于市场不确定性，亦即变动性与不可预期性，则与市场之组成与行为的变动有关（Mintzberg，1979：267-287；Porter，1980，1985）。

1. 市场多样性

一个多样性的环境是一个丰富的媒介，它给经理人提供不同竞争方法的知识，因而抑制简化的决策组合。对于那些面临许多不同客户与竞争者的经理人来说，他们可以目击到各式各样的战略方案与战术，而且会面对一个范围比较广泛的竞争挑战（Chen and MacMillan，1992；Dess and Beard，1984；Khandwalla，1977）。事实上，同时在数个市场营运的企业会从每一个市场学到一些知识，这些知识将加入到经理人所熟悉而且愿意使用的竞争战术组合中（Chen and Miller，1994；Miller and Chen，1994）。

相对地，仅需要应付数量相当少之竞争者与客户的企业，由于遭遇的挑战相当有限，它们的经验范围与心智模式会比较狭隘（Barr et al.，1992；Walsh，1995）。如此，它们比较可能允许单一或者极少数的战术或方法来主导整个竞争范畴（Hedberg，1981；Miller，1993）。

假设 4：市场多样性与竞争决策的简化呈负相关。

2. 市场成长性

市场成长性是市场丰裕性的一个主要指标（Castrogiovanni，1991）；由于它会影响搜寻诱因，因此可能是另一个重要的简化来源。成长的市场将给组织和它们的竞争者提供一幅富庶的图画。根据 Barr 等（1992：19）的说法，管理者的心智模式在丰裕环境中比较可能会抗拒改变。由于缺乏竞争者与客户压力，经理人比较不会被驱动去搜寻其他行动方案，或者采取他们所偏好之方案以外的竞争活动（Milliken and Lant，1991；Walsh，1995）。

然而，需求下降所引发的严酷竞争可能给企业和它的竞争对手带来困扰。这种市场困境将鼓励经理人尝试各种不同的战术，以期吸引客户或抵挡虎视眈眈的竞争对手（Aguilar，1967；Khandwalla，1981；Smith et al.，1991）。进一步来说，敌对的环境具有风险，经理人可能会尝试搜寻比较宽广的行动组合来降低某些风险（Haveman，1993；Miller，1990）。

假设 5：市场成长性与竞争决策的简化呈正相关。

3. 市场不确定性

如果丰裕性会浇熄搜寻的诱因，则不确定性可以把自满的经理人从沉睡中唤醒。当市场变动的方式难以理解或预测时，经理人可能需要比较多样化的竞争方法作为经营屏障，同时也必须采取比较全面的经营战略（Hofer and Schendel，1978：90-93；Khandwalla，1981）。

Porter（1980，1985）将全新而经常性的进入与退出市场，视为影响竞争行为的主要不确定性因素。新的参与者进入市场及旧的参与者离开市场，均传达出既有竞争形态正在搅动的讯息；当新的参与者引进非正统技术以期建立它在市场中的立足点时，这样的变动也传达出更激烈的、更多维度的竞争形式已经到来。在这种情况下，经理人将会被驱策去搜寻并尝试各种不同的竞争方法，以期重新认识新的市场实况。

假设6：市场不确定性与竞争决策的简化呈负相关。

6.2.3 简化与随后的绩效

某些学者认为，简化使企业能够发展专精化的优势（Rogers，1992；Treacy and Wiersema，1995）。当企业把资源和注意力集中在最重要的活动上，它们就能够非常有效地分配努力重点，并且高度熟练地执行紧迫的任务；竞争活动专注的公司也比较容易发展核心能力来吸引顾客，并阻止竞争对手的模仿（Lippman and Rumelt，1982；Leonard-Barton，1992；Prahalad and Hamel，1990）。最后，采取简化决策组合的企业也比较能够使心态一致之各部门采取同步化的努力（Pascale，1996）。

然而，这些简化的利益大多在稳定的情况下才可能获得。在稳定的环境中，经理人才可能真正知道哪一种竞争性行动带来的报酬最高。相反地，在比较竞争的环境中，专精于某些类型的竞争性行动却可能招致错失重要市场机会的重大风险（D'Aveni，1994；Miller，1992）。这种危险在 Ashby（1956）的"多样性必要法则"中有清楚的陈述。这个法则建议，一个有效的竞争性决策组合，必须全面地考虑潜在客户的需要与竞争挑战的范围。在范围很大的环境中，简化的不利影响很容易超越它的利益（Pascale，1990）。

这些不利影响特别适用于面临重大变动的产业，如解除管制后的储蓄银行与航空产业。在这些环境中，有效竞争的条件持续不断地演变，使这些条件很难被清楚地辨识出来（Steffens，1993），因此，企业必须借由搜寻并且尝试广泛范围的竞争性行动，才能持续地了解新兴的（emerging）市场（D'Aveni，1994）。进一步来说，借由执行广泛的竞争性决策组合所取得的市场反馈，将给企业提供有价值的信息，使企业的行动能切中要点并产生实质效益。如是，我们在所研究的这种竞争产业中做出如下假设。

假设7：竞争决策的简化与随后的绩效呈负相关。

上述论点建议，即使在一个特定产业内，高度的市场不确定性也可能干扰竞争决策的简化与绩效的关系。不确定的环境为企业带来了许多必须处理的新情境，如竞争模式的改变、新的且无法预测的竞争对手以及客户嗜好的转变（Khandwalla，1977）。在这些环境中，简化的竞争决策组合是危险的，它们容易形成漏洞而忽略了某个主要情境、挑战或机会（Stacey，1992）。同时，由于挑战不断出现，今年适用的简单的或狭隘的竞争决策组合，明年几乎确定会过时。例如，当新的竞争对手提供比较好的服务来吸引客户时，企业将很快发现，大多数以价格为基础的竞争方法是不恰当的。

假设8：市场不确定性将干扰竞争决策的简化与绩效间的关系。更明确地说，简化对绩效的不利影响在不确定期间会大于在稳定期间。

无疑地，简化也非常不利于一个产业内面对多样性市场的企业，亦即需要面对许多不同客户需要与竞争威胁的企业（Miller，1993；Thompson，1967）。当一家公司必须迎合一群范围广泛的客户，或应付极不相似之竞争对手各式各样的挑战时，它必须采取一个比较全面的竞争性决策组合来响应。例如，一家企业可能被迫在一个市场采取价格战，在另一个市场采取服务战。多样性的市场也使经理人很难断定真正的成功来源，因而避免采用狭窄的决策组合。另外，那些面对比较专精化之市场区隔的企业，可能可以依赖比较少类型的竞争性行动（Chen and Miller，1994）。

假设 9：市场多样性将干扰竞争决策的简化与绩效间的关系。更明确地说，对于客户与竞争者越多样性的公司来说，简化对绩效的伤害越大。

简化对绩效的负面影响在市场成长期间可能大于市场衰退期间。市场成长创造出崭新的、无法预测的机会，掌握这些机会的最佳方法是，企业能够发展出各种不同吸引人的方案。在这种情况下，宽广的决策组合最可能包含一些能够吸引新兴利基市场之客户的行动。然而，市场衰退可能要求简单的决策组合。客户群的萎缩将侵蚀资源并使竞争对手变得激进（Levin，1987；Porter，1980：266-267）；采取响应时，企业必须能够精简并专注地采取能给予竞争对手致命一击的竞争性行动（Porter，1980：268-274）。

假设 10：市场成长性将干扰竞争决策的简化与绩效间的关系。更明确地说，简化对绩效的伤害在市场成长期间会大于在市场衰退期间。

6.3 研究方法

6.3.1 样本

我们最初的数据库与最终的样本涵盖范围是根据我们所界定的市场与竞争概念决定的。我们将市场视为一群特定企业间的社会结构，它们的决策组合有一部分建立在相互观察彼此采取的具体行动（参见 Burt，1987；

Granovetter，1985；White，1981）。如假设 2 与假设 4 所预测的，竞争性决策组合的形成，许多建立在竞争对手之间经常而连续的互动。如此，我们的样本乃是那些具有类似（comparable）范围的企业，它们在一段相当长的时间里在相同的市场范畴内从事经常性的竞争。

我们以美国国内的航空公司作为研究对象，最主要的原因在于航空业具有高度竞争性，而且竞争战术十分丰富而多元（Chen et al.，1992）。这个产业可以公开取得的企业决策信息也相当丰富。同时，由于航空公司可以经常性地取得市场绩效的反馈信息，亦即每一个座位的里程营收（revenues per available seat miles flown）信息，它们处在一个能够快速调整竞争行为来响应这些信息的状态。这些条件使我们有绝佳机会能够检验市场绩效对竞争决策简化影响的相关假设。最后，由于我们的假设属于业务层次（business level）而非总体层次（corporate level）的决策，依照 Rumelt（1974）的定义，我们所研究的航空公司乃是单一事业企业，或是主导性事业（dominant business）企业，因此，选择航空业是适当的。

我们仅将那些具有类似营运范围（scope）与范畴（domain）的企业纳入样本之中。本研究的目标促使我们仅专注于那些从事全国性竞争的企业；区域性航空公司由于本身的独特市场可能扭曲竞争性决策组合，因此予以排除。在这种情况下，我们共选出 18 家年营收约 2 亿美元且至少在 8 个不同机场营运的大型航空公司。这个选择也使我们在一个不间断的期间有完整的数据，而这是使用时间序列横断面法来分析本研究资料的要求之一。

我们选择的研究期间是解除管制后、开始合并前的 1979～1986 年，航空公司在这段时间必须发掘最有效的竞争方法（Levine，1987）。我们预期这段时间内的行业巨变会给企业提供许多竞争与战术调整动力，以至于本研究的大部分因变量与自变量产生许多变异（Miller and Chen，1994）。

6.3.2　竞争性行动的辨识

如前提及，竞争性决策组合由个别的、外部导向的竞争性行动所组成。因此，我们必须选择这类行动的相关组合来研究。很幸运地，Levine（1987）已经针对这个产业完成了一项权威性研究。在这项研究中，他对美国国内航空公司彼此竞争时所采取的重大竞争性行动进行了全面性的辨识。本研究即选择他所辨识的整组行动来探讨。对照 Levine 所列的各类型行动，在本研究中被删除的唯一行动是计算机订位系统的使用，这一行动在我们的数据中仅被零星地报道，同时它有一部分应归属于内部作业层面，而这个层面已经超出我们的假设范围。我们所选择的 21 种类型的竞争性行动，包括价格调整、促销活动、产品线或服务改变、配销通路改变、市场拓展、垂直整合、产业内购并及战略联盟等（Miller and Chen，1994：21）。这些竞争性行动涵盖主要的和次要的决策类型，而这两者乃是大多数竞争手段的本质要素。我们选择的竞争性行动和 Hatten、Schendel 与 Cooper（1978），Porter（1980，1985）以及 Scherer（1980）等研究者所遴选的行动有许多重叠之处。除此之外，有关用人、信息系统、规则、报告流程等内部决策，由于过于隐秘或难以辨别可靠性，因此均不在我们的研究范围之内。

本研究记录了 1979～1986 年《航空日报》所报道的每一项竞争性行动。"结构内容分析法"（structured content analysis）被用来辨识和划分这些竞争性行动（参见 Miller and Friesen，1984；Jauch，Osborn，and Martin，1980）。《航空日报》是产业内众所周知、迄今为止提供最全面的航空公司竞争信息的刊物（Chen and MacMillan，1992；Chen et al.，1992；Miller and Chen，1994）。当然，这本刊物仅报道公开的、市场导向的决策，亦即那些产业观察家可观察到的重大、具体的行动。非常小规模的行动，如统一价格调整，因重要性及显著性过低而未列入本研究范围之内。《航空日报》所报道之信息的全面性及可信度，请参见 Chen 与 MacMillan（1992）以及 Miller 与 Chen（1994：22-23）。

本研究的样本包含 891 项竞争性行动。这些竞争性行动由本研究的作者之一以及三位战略领域的博士班学生划分为 21 种竞争性行动类型（Miller and Chen，1994：21）。分类正确性已经得到一群航空公司高层主管的进一步确认（Miller and Chen，1994：9-10）。

6.3.3　变量操作性定义

1. 竞争决策的简化

竞争决策的简化的衡量包含三个指标，亦即范围指标或 R 指标、集中指标或 C 指标以及主导指标或 D 指标。R 指标表示竞争性行动类型的数目，它是简化的相反指标；C 指标的评估强调最常被使用的竞争性行动类型的数目；D 指标的评估重点在某家企业最常使用的单一（single）竞争性行动类型的数目。竞争性行动类型的范围越小，少数行动类型的集中性越大，单一行动类型的主导性越高，则竞争性决策组合越简化。

一个组织的竞争性决策组合可以使用它每年所做的决策总数来描述。因此，所有指标的计算都是依据：第 i 家航空公司（$i=1, 2, \cdots, 18$）第 t 年（$t=1979, 1980, \cdots, 1986$）采取第 j 类型行动（$j=1, 2, \cdots, 21$）的决策数目，$x_{i,j,t}$。由于每个 j 类型行动的平均决策数目差异很大（如价格调整决策的数目通常远高于建立航站决策），而我们希望避免那些经常使用的类型权重过大，因此，C 指标和 D 指标均使用 $z_{i,j,t}$；它是每个 j 类型行动在所有航空公司、所有年度的标准化分数。这些标准化分数给予那些比较少做的决策（如开拓航线）比较大的权重；至于那些经常做的决策（如降价）权重会比较低。举例来说，每年降价三次可能算是太少的，它的标准化分数会小于 0；然而，建立三个航站可能是非常多的，它的标准化分数会是很大的正值。

最简单的范围指标，或 R 指标，乃是计算某家航空公司在某一年度（从 21 种可能类型中）所采取的竞争性行动类型的数目，$A_{i,j,t}$。它是竞争决策简化的相反指标。

$$R_{i,t} = \underset{i}{count}(A_{i,j,t})$$

集中指标，或 C 指标，是依据某家航空公司在某一年度以全部 21 种行动类型的标准化分数计算的标准差，$S_{i,t}$（这个指标并不是根据任何单一类型行动对所有年度或对所有航空公司计算的标准差）。然后，这个标准差除以该家航空公司在该年度所采取的竞争性行动总数，$N_{i,t}$，以便调整大、小企业的决策数目差异。最后，将这个系数取自然对数，以使转换后的指标符合 OLS 回归分析要求的常态性假设。

$$C_{i,t}=\ln(S_{i,t}/N_{i,t})$$

值得注意的是，依据每家航空公司每一年度的行动计算的 C 指标，乃是竞争决策简化的正向衡量工具。当某一年度某家航空公司在最常使用和最不常使用的竞争性行动类型上的标准化分数差异变大时，亦即在最常使用的几种竞争性行动类型上更集中时，这个指数也会增加。

主导指标，或 D 指标，依据某家航空公司在最重视的单一行动类型上，所采取的行动数目计算（以标准化分数衡量）；因此，它是一个比 C 指标狭隘的简化指标。D 指标的计算根据：一家航空公司某一年度使用次数最高的第 j 类型行动的数目，$\underset{j}{\max} z_{i,j,t}$，除以该航空公司该年度的行动总数，$N_{i,t}$。然后，取自然对数以符合常态性假设，以便进行 OLS 分析。亦即，

$$D_{i,t}=\ln[(\underset{j}{\max} z_{i,j,t})/N_{i,t})]$$

2. 指标稳定度

我们尝试改变竞争性行动的组合，亦即变更所涵盖的决策类型，来确认

指标的稳定度。我们原先选择的竞争性行动，如调整价格与服务、航线变更及促销活动等，大多是经理人收到绩效反馈后能够快速执行的行动。因此，评估以往成功经验对简化的影响时，采用几个月到一年的时间落差似乎是恰当的。然而，在这 21 种竞争性行动中，有两种行动的影响力必须经过一段期间后才会显现，此即新运输航站的建立与产业内的购并。在这种情况下，为了确认本研究发现的稳定度，我们将这两种行动从所有指标中拿掉，然后重做每一项分析，得到的分析结果和原组合的发现几乎完全一致，唯一值得注意的差异是，规模与市场成长性对 C 指标的显著性影响水平略小于原组合的研究结果。这些分析均可以从作者处取得。基于此，为了一致性起见，我们将以研究一开始即包含的 21 种行动类型为基础来呈现我们的研究发现。

3. 市场绩效

由于本研究仅专注于市场导向的竞争性行动，因此我们选择一个以市场为基础的绩效衡量工具；这个绩效指标很可能会直接影响（或被影响）决策组合中的竞争性行动，如价格调整、航线进出、提供新服务与促销等。我们计算乘客的每一个座位的飞行里程营收来衡量绩效，即 R/ASM。这个指标的好处是它不仅反映一家航空公司的承载因素，即载客率，也反映因变量所产生的营收（Miller and Chen，1994；Schefczyk，1993）。这个指标经常被产业经理人用来评估所属航空公司的业务竞争效能（Bailey and Williams，1988；Levine，1987）。R/ASM 避免把那些不当牺牲营收的成长视为好的绩效或高载客率；同时，由于它经常被更新，因此能快速影响战略。某些绩效衡量方式，如资产收益率或净利率（profit margin），经常受到融资、采购、作业管理、用人及报酬等本研究无法评估的内部营运决策影响，因此不适用于本研究。获利指标很容易受到材料成本、利率及会计与折旧政策等与我们所探讨的市场导向行动没有明确关联的因素影响，因此亦不合适。事实上，我们可以确定，营业利润与资产收益率与我们任何一个竞争决策的简化指标并没有统计上的显著关系。

4. 经验广度

经验广度用前一年度被报道的决策类型数目（number of types）来衡量。这个滞后的"范围"（range）变量使用在 C 指标与 D 指标的回归分析中。至于 R 指标回归，则采用前一年度所做的决策总数（total number）作为历史经验的代理变量。这是因为，在预测 R 指标的模型中，滞后的范围变量是因变量的滞后形式（lagged version）；由于滞后的因变量与模型残差有关联，因此，使用滞后的因变量作为回归因子将导致参数估计值发生误差，而这是不好的计量经济做法（Judge et al., 1988：Section 17.4；Kmenta, 1986：621）。

5. 组织与环境

组织年龄以设立迄今的年数衡量。组织规模则以员工人数衡量（Blau and Schoenherr, 1971；Miller and Droge, 1986）。经取自然对数使之呈常态分配后，员工人数与销货收入对数值的相关系数为 0.86。

市场多样性以一家航空公司的市场环境中区隔（segment）和参与者（actor）的数目来衡量（Bourgeios, 1980：35）。这个复合指数系评估每一家航空公司所服务的不同机场数目，以及每一家航空公司所面对的竞争者数目（两个项目的相关系数为 0.70）。这个指标涵盖了一家航空公司所介入的市场宽度，以及它所面对之竞争者的多样性，这两者均是了解各种竞争方式之知识的潜在来源（Blau and Schwartz, 1984；Levine, 1987；Miller and Chen, 1994）。

市场成长性是环境丰裕性的重要指标（Castrogiovanni, 1991：553；Yasai-

Ardekani, 1989: 42）。它以整体产业的成长水平来衡量，反映在整个国内航空公司载客业务之总乘客座位里程营收的年变动率上。

我们期望市场不确定性的衡量能评估产业竞争的动态本质，这种动态本质有一部分反映在组成一个产业或市场参与者的变动上。随着竞争者进出市场的频率增加，竞争对抗的模式会改变，而且变得比较难以预测（Khandwalla, 1981；Porter, 1980, 1985）。我们的市场不确定性指标包含三个成分：新航空公司每年进入的航线数目、退出的航线数目以及结束营业的数目（Cronbach's $\alpha = 0.88$）。我们将每一个成分在加总前均予以标准化，以确保权重相等。

所有环境变量数据均取自美国运输署出版的 *Airport Activity Statistics of Certified Route Carriers*。

6.3.4 分析

由于我们采用的是加总的横断面数据，因此，针对数据中是否存在自相关与异方差现象进行校正是相当重要的（Sayrs, 1989）。为了进行这个校正，我们将 Kmenta（1986：618-622）的自回归异方差模型运用在这些加总的时间序列横断面数据上。Kmenta 的模型如下：

$$Y_{it} = b_1 X_{it,1} + b_2 X_{it,2} + \cdots + b_k X_{it,k} + e_{it}$$

式中，$i = 1, 2, \cdots, N$；$t = 1, 2, \cdots, T$；$k = 1, 2, \cdots, K$。K 为解释变量的数目，N 为横断面的单位数（18），T 为时间区间的数目（7）。

由于这个模型要求每家航空公司有相等的观察值，因此我们必须将任一年度有遗漏信息的航空公司排除在样本之外。如是，我们共得到 18 家航空公司的 126 个观察值，这些航空公司在七年期间每一年均有完整的数据（由于我们将某些变量采用滞后一期的方式衡量，因此八年期间有一年的数据漏失）。

我们将 Kmenta 模型应用到已经校正自相关和异方差的资料上。为了校正第一阶自相关，我们转换 Prais-Winsten，个别地应用到每一家企业。接着，我们对校正自相关后的数据做回归，然后将自变量和因变量除以回归产生的企业专质（firm-specific）误差变异，以便校正异方差现象。随后的残差散布图显示，自相关与异方差现象已经不存在。最后，将这些经过二次转换的数据加总并使用 OLS 回归进行分析（参见 Judge et al.，1988，Section 11.5；应用上可参考 Keck and Tushman，1993；Haveman，1993；Miller and Chen，1994）。

1. 简化的预测

在所有预测简化的模型中，我们均尝试将 $t-1$ 期的简化指标当作控制变量。我们发现，这样做的结果与表 6-3 未纳入这个指标的结果几乎完全相同。当然，由于这类因变量的滞后形式（lagged version）与方程式的残差（disturbances）有潜在相关，将它们纳入模型中可能会使估计值存在误差（Kmenta，1986：621）。为了评估这个误差，我们使用一种工具（instrument）变量来代替滞后的简化变量。这个工具变量的计算方式是，将简化对模型中当期的与滞后的自变量做回归。然后将前述回归的滞后值（lagged value）代入精简（reduced form）模型，结果发现，它们产生了一致的误差估计值（Greene，1990：440-450）。这些额外分析的结果与表 6-3 中被支持或否决的假设均相同（结果报告于附录 6A）；同时，在整体的模型配适上并没有显著的改变。因此，表 6-3 并未报告滞后的简化变量。最后，由于不论我们的模型中是否包含滞后形式的简化因变量，相同的假设均得到支持，因此，简化的预测变量以及简化年度变动率的预测变量，在本质上是相同的。

在前述的回归分析中，有一个潜在重大的多重共线性来源，此即企业规模与市场多样性变量的共同变异达67%。当我们将规模变量删除再重做分析时，所有主要发现均获得保留；事实上，大部分发现得到更强烈的支持。同时，年龄对简化指标的影响也如预测方向一样，均达显著水平。然而，由于研究发现相当稳定，而且将航空公司的规模变量从模型中删除可能导致指定误差（specification error），因此，最保守的做法是采用饱和模型（full equations）的分析结果（Berry and Feldman，1985：37-50；Lewis-Beck，1980：58-63）。

2. 绩效的预测

我们预测绩效的结构模型（表 6-4 至表 6-6）中均包含一个滞后的因变量，亦即 $t-1$ 期的绩效。为了检验模型是否存在估计误差并且确保自回归参数有一致的估计量，我们使用一个工具变量来代替滞后的外生变量（Kmenta，1986：621）。如前所述，这个工具变量是将绩效对模型中滞后的外生变量做回归分析得到的（Greene，1990：440-450）。然后，我们用这个工具变量代替滞后的绩效并执行自回归异方差模型。如附录 6B 所示，这些结果与表 6-4 至表 6-6 的结果十分类似，亦即获得支持的假设相同，被拒绝的假设也相同。

在检视市场不确定性、多样性与成长性对绩效的干扰效果时，交互作用项的成分在相乘前均予以标准化，以便排除它们跟主作用项的多重共线性（Smith and Sasaki，1979）。同时，交互作用项的显著水平是根据所有其他变量均已加入模型后额外增加的解释变异推导而来的。整体模型的配适度衡量则依据 Buse R^2（Buse，1973）。

6.4 研究结果

表 6-2 所列为变量的描述性统计量与相关系数。表 6-3 所列为以竞争决策简化的三个指标作为因变量的多元回归分析结果。表 6-4 至表 6-6 的因变量则为绩效。

表 6-2　描述性统计量与皮尔森相关系数 [a]

变量名称	平均数	标准差	最小值	最大值	1	2	3	4	5	6	7	8	9	10
竞争决策的简化														
1. 集中（C）指标	-1.83	0.43	-2.53	-0.52	1.00									
2. 主导（D）指标	-0.71	0.52	-1.64	0.84	0.89	1.00								
3. 范围（R）指标[b]	4.49	2.71	3.00	12.00	0.61	0.44	1.00							
组织与环境														
4. 经验的广度	3.89	2.61	2.00	10.00	-0.34	-0.24	-0.41	1.00						
5. 企业的规模（自然对数）	9.24	1.23	5.29	10.91	-0.30	-0.18	-0.47	0.46	1.00					
6. 企业的年龄	28.00	17.00	2.00	45.00	-0.26	-0.21	-0.44	0.44	0.61	1.00				
7. 市场多样性	21.30	8.24	2.00	35.00	-0.35	-0.25	-0.49	0.52	0.82	0.62	1.00			
8. 市场成长性	3.96	7.85	-5.90	17.40	0.13	0.17	-0.15	0.19	-0.03	0.01	0.23	1.00		
9. 市场不确定性	0.10	1.40	-1.44	2.97	-0.07	-0.03	-0.06	0.03	0.02	-0.01	0.14	0.27	1.00	
市场绩效														
10. RI/ASM	0.08	0.02	0.04	0.14	0.21	0.14	0.33	-0.22	-0.34	-0.15	-0.27	0.13	0.00	1.00

a 对于最小的样本来说，大于 0.22 的系数在 0.05 的水平下均显著。

b R 指标的符号已经反过来，以便和 C 指标与 D 指标一样，均反映竞争决策的简化。

表 6-3　绩效、航空公司与产业特质对竞争决策的简化指标的回归分析（假设
　　　　1～6）[a]

变量名称	集中（C）指标		主导（D）指标		范围（R）指标[b]		简化主成分[b]	
t 期的 R/ASM	0.27***		0.19**		0.17*		0.23**	
$t-1$ 期的 R/ASM		0.15*		0.07		0.22***		0.17**
经验的广度	−0.15**	−0.14*	−0.13*	−0.12*	−0.13*	−0.10+	−0.23**	−0.20**
企业的规模	0.31**	0.25**	0.37**	0.32**	−0.17*	−0.20*	0.26*	0.20*
企业的年龄	0.10	0.06	0.04	0.02	−0.13	−0.09	0.07	0.07
市场多样性	−0.59***	−0.58***	−0.49***	−0.47***	−0.26**	−0.29**	−0.55***	−0.54***
市场成长性	0.41**	0.33**	0.35**	0.31**	0.03	−0.03	0.32**	0.24**
市场不确定性	−0.07+	−0.06	−0.08	−0.05	0.01	0.00	−0.04	−0.06
R^2	0.46	0.43	0.25	0.23	0.61	0.62	0.45	0.45
F 值	14.32	12.76	5.71	5.11	26.37	27.76	13.54	13.66
p 值	0.00	0.00	0.01	0.01	0.00	0.00	0.00	0.00

所有方程式的自由度：7，118

a　表中的系数为标准化 β 系数。
b　由于 R 指标原先的计算是竞争决策的简化的相反指数，因此 β 的符号已经反过来，以便和
　　C 指标与 D 指标一致。
+、*、**、*** 分别表示偏 F 统计量在 0.10、0.05、0.01 及 0.001 的水平下达到显著。

表 6-4　滞后的竞争决策的简化指标以及航空公司与产业特质（含干扰效果）
　　　　对市场绩效的回归分析（假设 7 和假设 8）

变量名称	R/ASM		
$t-1$ 期竞争决策的简化			
C 指标	−0.10**		
D 指标		−0.03	
R 指标[a]			−0.07**
企业的规模	−0.04	0.01	−0.02
企业的年龄	−0.27**	−0.26**	−0.26**
市场多样性	−0.01	−0.05	−0.01
市场成长性	0.16**	0.16**	0.19**
市场不确定性	−0.01	−0.00	−0.01
$t-1$ 期简化 × 不确定性[a]	0.01	0.10**	−0.06

（续）

变量名称	R/ASM		
t−1 期的绩效	0.58***	0.59***	0.62***
R^2	0.64	0.69	0.68
F 值	25.95	33.08	31.29
p 值	0.00	0.00	0.00

所有方程式的自由度：8，117

　　a　R 指标的系数符号已经反过来，以便和 C 指标与 D 指标一致。

　　、* 分别表示偏 F 统计量在 0.01 及 0.001 的水平下达到显著。

表 6-5　滞后的竞争决策的简化指标以及航空公司与产业特质（含干扰效果）对市场绩效的回归分析（假设 9）

变量名称	R/ASM		
t−1 期竞争决策的简化			
C 指标	−0.09**		
D 指标		−0.04	
R 指标 a			−0.08**
企业的规模	−0.02	0.03	−0.00
企业的年龄	−0.27**	−0.25**	−0.26**
市场多样性	−0.04	−0.07	−0.07
市场成长性	0.15**	0.15**	0.15**
市场不确定性	−0.01	−0.01	−0.00
t−1 期简化 × 多样性 a	0.08	0.11**	0.10
t−1 期的绩效	0.58***	0.59***	0.58***
R^2	0.64	0.64	0.66
F 值	27.64	28.08	31.32
p 值	0.00	0.00	0.00

所有方程式的自由度：8，117

　　a　R 指标的系数符号已经反过来，以便和 C 指标与 D 指标一致。

　　、* 分别表示偏 F 统计量在 0.01 及 0.001 的水平下达到显著性。

表 6-6　滞后的竞争决策的简化指标以及航空公司与产业特质（含干扰效果）
对市场绩效的回归分析（假设 10）

变量名称	R/ASM		
t–1 期竞争决策的简化			
C 指标	–0.11**		
D 指标		–0.05	
R 指标 [a]			–0.09**
企业的规模	–0.05	0.00	–0.06
企业的年龄	–0.28**	–0.27**	–0.24**
市场多样性	0.03	–0.01	–0.02
市场成长性	0.19**	0.17**	0.20**
市场不确定性	–0.00	–0.00	–0.00
t–1 期简化×成长性 [a]	–0.05*	–0.06*	–0.04*
t–1 期的绩效	0.59***	0.61***	0.63***
R^2	0.66	0.66	0.69
F 值	24.72	25.18	32.83
p 值	0.00	0.00	0.00

所有方程式的自由度：8，117

　a　R 指标的系数符号已经反过来，以便和 C 指标与 D 指标一致。

*、**、***　分别表示偏 F 统计量在 0.05、0.01 及 0.001 的水平下达到显著。

6.4.1　竞争性决策组合简化的原因

假设 1：过去的绩效

假设 1 获得支持。表 6-3 显示过去的绩效和简化的集中指标（C）与范围指标（R）均呈正相关。这个结果不管是根据前一年度（t–1 期）还是当前年度（t 期）的绩效均成立。主导指标（D）与绩效也显著正相关，但仅限于当前年度的绩效。D 指标是最狭窄的简化衡量方式，它仅评估一家企业在最常使用的单一行动类型上的集中程度。

假设 2：经验的宽度

如假设 2 所预期，前一年度采用广泛范围行动的企业，比较不会采取简化的决策组合。这个假设在简化的三个指标上均得到支持。各种不同的经验似乎会使经理人对环境复杂性保持警觉，从而形成比较全面的决策组合。

假设 3：航空公司的年龄与规模

假设 3b 得到部分支持。大企业拥有强大的市场力量，如此可能导致自满，使竞争活动趋于集中；然而，某些大企业可能具有从事多种活动的能力，因此 R 指标并未反映出这种简化的倾向。假设 3a 未获得支持。原因可能是，使用企业年龄来衡量官僚僵化（bureaucratic rigidity）过于间接，导致年龄与竞争性决策组合简化未能呈现任何相关；也可能是，公司年龄的效果仅限于那些仍在摸索、试图发掘本身技能的非常年轻的公司。

假设 4：市场多样性

假设 4 得到确认。如所预期，市场多样性与竞争性决策组合简化有非常一致的负向相关。其显示出多样性的环境似乎容易引发企业采取比较广泛的竞争战术，同时，也不鼓励企业过度集中在少数几种竞争类型上。

假设 5：市场成长性

我们所预测的市场成长性与竞争性决策组合简化的正相关关系，在简化的 C 指标与 D 指标上显示出正相关关系，R 指标则不成立。如此显示，市场丰裕性虽可能使企业集中在少数的行动类型上，但是它并没有限制企业的行动范围。

假设 6：市场不确定性

不确定性与任一竞争性决策组合简化的指标均不相关。虽然不确定性可能使某些经理人搜寻新的竞争方法，但它也可能使其他经理人变得更保守，并且专注在少数几项他们认为安全而且专精的竞争性行动上。同时，由于不确定性弥散在解除管制后的整个期间，因此，它对航空公司的竞争性决策组合的影响可能是连续性的，导致它与任一简化指标的关联均不显著。

上述分析对每一种竞争性决策组合简化的衡量方式都提供了个别的研究发现。然而，我们也想确认，采用一个"整体的"或复合的简化指标是否会得到相同结果。这个复合的指标是根据三个指标的主成分分析推导而来的。第一个成分共解释了 77% 的变异（特征值为 2.31），它和 C、D、R 指标的相关系数分别是 –0.96、–0.91 与 0.75。这个分析结果列示在表 6-3 的最后两行，它跟个别指标的发现十分一致。更明确地说，假设 1、2、3a、4 及 5 均得到支持，假设 3b 及 6 未获得支持。

6.4.2　简化与后续的绩效

表 6-3 显示，过去的绩效与滞后的竞争性决策组合简化的指标有广泛而且显著的关联。然而，根据假设 7，在解除管制后的航空业这种突变与不确定环境中，简化很可能与随后的绩效有负向关联。表 6-4 针对竞争性决策组合简化三个指标所做的分析检验了这种关联。其中，控制变量包括过去的绩效、组织的规模与年龄，以及市场不确定性、多样性与成长性。很明显地，对于 C 指标与 R 指标来说，简化真的导致后续的绩效下降，以及低落的绩效水平。至比较狭隘的 D 指标，研究结果则显示其不具有显著性。

假设 8 建议，竞争性决策组合简化在不确定性最高的期间特别具有伤害性。这个假设检验列在表 6-4 中的交互作用项；它的研究发现是混合的。解除管制后的期间处于极度不确定状态，一般来说，每年的不确定波动对集中性危险的警示作用似乎不大，如 C 指标所示。然而，其他两个简化指标在这个假设上的研究结果有明显差异。如同所预期的，R 指标的交互作用项达到负向显著，显示环境不确定性越高，企业必须采用的竞争手法越多，亦即它们必须采取更广泛的竞争战术来响应不确定性引发的挑战与不可预知状况。然而，令我们惊讶的是，研究发现也指出，面对不确定性的企业若能专注于某一类主导性（dominant）的竞争性行动反而有利，或许这项行动能使它们超越竞争对手，并且获得某种竞争优势。

假设 9 建议，针对那些需要满足多样性客户或面对许多不同竞争者的企业来说，竞争决策的简化对绩效的伤害最大。然而，从表 6-5 的交互作用检验结果来看，这个假设并未获得支持。

假设 10 认为简化对绩效的伤害在市场成长期间会大于在停滞或衰退期间。这个假设在表 6-6 的交互作用项中得到确认；在附录 6B 中，这个显著性甚至更强。当市场出现新的成长机会时，企业可以借由扩大决策组合来获利。然而，在衰退期间，严峻的竞争可能使企业必须专注于最根本的行动，亦即那些最能排拒或阻挡竞争对手攻击的行动。⊖

6.5　讨论

6.5.1　搜寻、知识与竞争简化

在本章中，我们预测竞争决策的简化是形成管理者认知与动机之组织与

⊖ 为了检验上述研究发现的稳定性，我们使用一个涵盖 32 家航空公司（包含原先的 18 家及另外 14 家利基型的航空公司）146 个观察值的扩大样本重复进行表 6-3 至表 6-6 的分析。由于 OLS 通常不适用于横断面时间序列数据，因此，我们先执行诊断来侦测是否存在自相关与异方差现象。我们使用 Sayrs（1989）建议的方法绘制残差与估计值、残差与所有自变量、残差与横断面及时间等的散布图。当 Durbin h 统计量显示有自相关时，我们选择性地使用 Cochrane-Orcutt 迭代法进行数据转换。执行这些调整后，我们侦测出残差并没有进一步的系统化形态，而且也不存在异方差现象。这些分析只是为了做确认，然而它们真的支持表 6-3 中假设 1、2、3、4 及 6 的结果，假设 5 则未获得全部支持。这个分析也确认假设 7、8 和 10 的结果，虽然针对假设 7 的结果比表 6-4 所报告的结果弱。最后，或许因为这个全样本的市场多样性指标变化比较大，假设 9 也获得支持。对上述分析有兴趣者可以向作者索取。

环境特质的函数；这些特质能使管理者了解不同的竞争方法，或激励他们去
搜寻与采用这些方法（Walsh，1995）。某些搜寻诱因，如过去不佳的绩效、
比较小的规模与市场衰退等，会使经理人不采取简化的竞争性决策组合。某
些能够提升经理人知识的因素，如以往广泛的竞争经验与市场多样性，也有
相同的效果。我们的研究发现中令人相当振奋的一点是，所有简化指标也呈
现高度一致的结果。

6.5.2　简化与绩效

我们已经指出，简化在某些时候是一项有利的竞争工具。它产生许多经
济性并使企业专注在它们最有把握的竞争性行动上。然而，在美国国内航空
业这种突变的环境中，简化似乎也带来了一些问题。面对各种不同的市场情
境，简化可能会导致过度专门化（overspecialization）；同时，简化的决策组
合似乎不够全面，以致无法应付解除管制后激烈的竞争。更矛盾的是，由于
成功促使经理人简化他们的决策组合，因此成功很容易将经理人带向窄化地
带，优势因而消失而无法继续延伸（Miller，1990；Pascale，1990；Stacey，
1992）。就此而言，决策组合简化似乎是探讨战略与绩效关系的一项关键因
素，值得未来的研究加以考虑。

6.5.3　研究意义

我们的研究结果建议，组织学习在形成竞争战略中确实扮演着重要的
角色，因为以往的成功可能使经理人学习简化决策组合，将火力集中在他
们相信的成功途径上。除此之外，简化还有一部分可归因于"理性以外"
（extrarational）的因素，如丰裕的环境、规模衍生的自满，或者甚至是将成
功归因于不大相关的做法（Levitt and March，1988；Miller and Chen，1994；
Milliken and Lant，1991）等。

迄今，战略领域已经跳脱某些组织理论家所偏好的环境决定论观点。新的主张认为，经理人能够借由明智的战略选择，为组织带来帮助（Porter，1980，1985）。本研究发现，战略的形成除了受到理性算计（rational calculation）影响外，也可能受到心智模式、习惯、规模、丰裕性与随机因子等影响。

因此，从实务层面来看，成功的高层主管必须避免狭隘的专精化倾向。他们必须致力于察觉那些引导竞争行为的学习过程，还应该设法对本身的战略假设保持一个健康的怀疑态度，同时也必须对因缺乏多样性而可能产生的危险经常保持警觉。若以更高的要求标准来说，经理人还得同时避免太过直率或极端迂回的战术。

6.5.4 先前使用本数据库的研究

本研究是一系列探讨美国国内航空公司竞争之广泛的、纵断面的研究之一。这个分阶段、逐年搜集的数据库涵盖航空业在八年间所采取的所有市场导向的竞争性行动。数据库有一部分是针对"航空日报"做详细的、系统性的内容分析而得来的。就详细程度、建构方式及可信度来说，这个数据库有点类似 Aston 及 PIMS 研究者所搜集的资料。

这个渐进发展的数据库试图探讨某些根本的议题，如企业如何从事竞争，为什么采取某些方法竞争，以及这些竞争方法与市场绩效的关系如何。这些问题均借由检视具体的、有形的市场导向行动来探讨。对照以往的竞争研究，它们是从加总的（aggregate）、模糊的企业或程序属性，或从一个产业的结构特质，来推导公司的战略。

在竞争性行动与响应对偶的研究中，共有三篇文章使用这个数据库探讨竞争性行动属性（Chen et al.，1992）以及攻击者与防御者属性（Chen and MacMillan，1992）对竞争性响应可能性（likelihood）与时机（timing）的影响，以及竞争交换的绩效意义（Chen and Miller，1994）。此外，另有两篇文章探讨组织规模（Chen and Hambrick，1995）与信息处理能力（Smith et al.，1991）对企业层次之竞争行为的影响。例如，当企业的竞争行为和规模相当之群体的典型竞争行为达成一致性时，它的绩效会最好。最后，在另一篇与本研究密切相关的研究中，Miller 与 Chen（1994）将竞争战略概念化为一个竞争性决策组合，借以检视竞争惯性的原因与绩效意义。研究发现，战术性行动惯性与战略性行动惯性有不同的前置因子，前者比较受过去绩效与市场多样性的驱动，后者比较受市场成长性的影响。同时，惯性的利益会随着市场多样性的提高而降低。

为了满足这些研究的个别理论需求与变量要求，最初的数据库已经随着时间而大幅扩充。这些研究累积的目标是建立一个竞争行为的预测理论，至今，该理论在战略领域仍然极度缺乏。我们相信，借由详细的与深度的而非广度的检视，专注于探讨一个特别产业内的许多竞争层面与竞争者组合，将对竞争的微妙运作有比较深刻的理解。

6.5.5　研究限制

本研究的研究限制：仅探讨一个单一且突变的产业，而且样本也只涵盖那些从事全国性竞争的航空公司；区域性或利基型，以及非常年轻或小型的航空公司，均未纳入样本之中。未来需要更多研究来确认，我们的研究发现是否适用于不同种类的企业与比较稳定的产业。

另一项限制：我们的样本只运用了市场导向的行动信息，而没有纳入内部决策信息，也没有实际衡量常规化（routinization）与官僚化（bureaucracy），而仅以组织规模和年龄作为代理变量。

6.5.6　未来的研究方向

上述限制指出了未来的研究机会。例如，评估决策组合的简化应该同时审视内部与外部行动，这样的检视将使竞争性决策组合的代表性更完整，使战略评估的方法更客观。此外，采用知觉（perceived）方式来衡量环境丰裕性与多样性应该会有所帮助。同时，我们的研究发现也可以在其他产业进行检验，以便探讨它的一般化（generalization）程度。

未来另一个研究机会可能是探讨简化与组织范畴的关系。在 Miller（1993，1994）的研究中，他不仅探讨竞争简化，也讨论结构、信息系统、企业文化，甚至权力分配等的简化。尝试将这些组织简化层面与本研究所探讨的主题联结，将会相当有趣。显然，这个主题仍然很新，值得投入更多努力。

| 附录 6A |

简化指数对市场绩效、航空公司与产业特质的回归分析：以滞后的竞争简化指标为控制变量

变量名称	集中（C）指标		主导（D）指标		范围（R）指标 [a]	
t 期的 R/ASM	0.26***		0.18*		0.20**	
$t-1$ 期的 R/ASM		0.13*		0.05		0.22***
$t-1$ 期的 C 指标	0.11	0.08				
$t-1$ 期的 D 指标			0.14+	0.15+		
$t-1$ 期的 R 指标 [a]					0.18+	0.14+
经验的广度	−0.14**	−0.14*	−0.11+	−0.10+	−0.06	−0.06
企业的规模	0.32**	0.27**	0.38**	0.33**	−0.16*	−0.16*
企业的年龄	0.04	0.00	0.02	0.03	0.04	0.03
市场多样性	−0.51***	−0.51***	−0.47***	−0.44***	−0.23**	−0.26**
市场成长性	0.39**	0.32**	0.36**	0.32**	0.01	0.06
市场不确定性	−0.06	−0.06	−0.07	−0.04	0.01	0.02
R^2	0.51	0.47	0.28	0.27	0.63	0.63
F 值	15.46	13.09	5.67	5.12	25.23	25.11
p 值	0.00	0.00	0.01	0.01	0.00	0.00

a　R 指标的 β 符号已经反过来，以便和 C 指标与 D 指标一致。

+、*、**、*** 分别表示偏 F 统计量在 0.10、0.05、0.01 及 0.001 的水平下达到显著。

| 附录6B |

市场绩效对简化指标、航空公司与产业特质（含干扰效果）的回归分析：变更过去绩效的衡量工具

变量名称	R/ASM								
$t-1$ 期竞争决策的简化									
C 指标	-0.10**			-0.09**			-0.11**		
D 指标		-0.02			-0.03			-0.03	
R 指标 [a]			-0.10**			-0.09**			-0.11**
企业的规模	-0.03	-0.03	0.01	-0.01	0.00	-0.00	-0.04*	-0.01	0.00
企业的年龄	-0.33**	-0.31**	-0.35**	-0.33**	-0.30**	-0.33**	-0.34**	-0.30**	-0.31**
市场多样性	-0.08	-0.06	-0.04	-0.09	-0.09	-0.11	-0.04	-0.08	-0.08
市场成长性	0.16**	0.16**	0.16**	0.16**	0.16**	0.15**	0.20**	0.16**	0.18**
市场不确定性	0.00	0.01	0.02	0.01	0.01	0.02	0.01	0.01	0.03
$t-1$ 期简化×不确定性 [a]	-0.01	0.07*	-0.08**						
$t-1$ 期简化×多样性 [a]				0.06	0.09	0.07			
$t-1$ 期简化×成长性 [a]							-0.06**	-0.08**	-0.09**
$t-1$ 期的绩效	0.49***	0.48***	0.53***	0.49***	0.50***	0.47***	0.50***	0.53***	0.54***
R^2	0.58	0.62	0.63	0.59	0.60	0.62	0.60	0.62	0.64
F 值	20.11	24.35	23.34	20.87	21.58	23.83	20.33	21.06	26.13
p 值	0.00	0.00	0.00	0.00	0.00	0.00	0.00	0.00	0.00

a　R指标的符号已经反过来，以便和C指标与D指标一致。

*、**、*** 　分别表示偏F统计量在0.05、0.01及0.001的水平下达到显著性。

| 第 7 章 |

竞争惯性

原题 竞争惯性的来源与结果：美国航空业的研究[一]

原文出处 Miller, Danny and Chen, Ming-Jer, 1994, "Sources and Consequences of Competitive Inertia：A Study of the U.S. Airline Industry," *Administrative Science Quarterly*, 39（1）：1-23.

　　本章主要探讨美国航空业竞争惯性的原因与结果。所谓竞争惯性，指当一家企业改变它在定价、广告、引进新产品或服务，以及市场范围等领域的竞争态势（competitive stance）时，所展现的活动水平（level of activity）。惯性的驱动力有三种来源——经理人的行动诱因（incentives）、对各种行动方案的察觉（awareness）以及行动能力（capacity）的限制，可以用过去的绩效与市场成长性、竞争经验与市场环境多样性以及公司的年龄与规模，分别加以评估。研究发现，以往的良好绩效会提高竞争惯性，市场环境的多样性则会抑制竞争惯性。战术性与战略性行动的惯性受不同前因的影响，其中，战术性行动

　　○　感谢 Peter H. Friesen、Marshall W. Meyer、John Michel、Bill Starbuck 及三位匿名审查者宝贵的评论，同时，也要感谢 Martin J. Gannon、Curtis M. Grimm 以及 Ken G. Smith 共同整理完成了航空公司数据库。最后，对于 Social Sciences and Humanities 加拿大社会科学与人文研究委员会的 #804-93-0014 计划，以及哥伦比亚大学商学院研究基金所提供的资金协助，也在此一并致上谢忱。

的惯性来源较易受绩效与市场多样性的影响，战略性行动的惯性来源则较受市场成长性所驱动。因此，我们建议企业采取两种截然不同的组织学习模式，一种是反应式（reactive）学习，另一种是实验式（experimental）学习。结果也显示，虽然战略性行动的惯性对短期绩效有些许正面意义，但就所有行动类型来说，惯性的利益仍会随着市场多样性的提高而递减。

7.1 绪论

过去 20 年来，惯性（inertia）的观念受到组织理论学者的极大注意。一开始，惯性被视为停滞（stagnation），也就是说，产品、方法和政策都处于超稳定状态（hyperstability），以至于经常难以适应环境的变动（Hedberg, Nystrom, and Starbuck, 1976；Hedberg, 1981）。随后，学者将"惯性"重新定位为，抗拒根本性的政策方向调整（Tushman and Romanelli, 1985；Hinings and Greenwood, 1988），或抵挡组织的进步推动力（Miller and Friesen, 1980）。他们认为，有惯性的组织实际上仍会改变，只是大部分改变都只在陈述一个既定的核心政策。尽管这些初期的研究都将惯性视为危险的，然而，后来的研究已开始注意到惯性的潜在利益（Nelson and Winter, 1982；Hannan and Freeman, 1984；Amburgey and Miner, 1992）。这些利益包括，交付正确且可被接受产品的可信赖程度比较高，而且也比较能够产生众多效率上和常规上的经济性（Miller, 1982）。

7.2 文献的缺口

以往的研究大多关心组织内部的惯性，如结构惯性（Miller and Friesen, 1984）、政策惯性（Boeker, 1989；Lant, Milliken and Batra, 1992），以及管

理者的意识形态惯性（Hinings and Greenwood，1988），但甚少专注于竞争情境中的惯性。由于许多研究显示惯性对组织适应环境需要具有危险性，因此，忽略组织在市场上从事竞争的方式将是一个非常严重的疏漏（Chen，1988；Chen，Smith，and Grimm，1992；Haveman，1993）。

以往文献的另一个疏漏是，惯性的操作性定义相当主观而抽象。一般来说，典型的惯性衡量方式通常以经理人或研究者所知觉的政策或结构欠缺变革的程度（Hedberg，1981；Miller and Friesen，1984）为依据，并未考虑组织日常的实际决策与行动（Chen，1988），由于非常抽象，使某些极有见地的结构与程序惯性研究所采用的衡量方式也略显粗糙（Miller and Friesen，1980；Fredickson and Laquinto，1989）。事实上，企业在竞争时可能会实施许多变革来面对竞争态势，也可能仅做很小的改变；可能急切地试图掌控机会，并与竞争者放手一搏，也可能完全被动应对。然而，针对这些潜在的重要差异，研究者却很少予以区别，以致迄今尚无法检视一个组织在拟定应付客户与竞争对手的具体决策时所考虑的各种决策组合（repertoire）。事实上，他们一直忽略了一个企业在市场中竞争时将会采取最基本的适应性努力。

当竞争惯性以低水平的市场导向活动形式出现时，将对绩效有重要影响，甚至严重到足以阻碍组织在各种竞争威胁环绕的环境中的适应性（Miller and Chen，1993，1994）。但是，在比较单纯的环境中，惯性可以使管理技能和资源得到比较有效且经济的运用，并且允许经理人专注在最重要的决策上（Miller and Friesen，1984）；同时，也可以使企业在信息不完全下所做变革失策的代价极小化（Hannan and Freeman，1984）。由于惯性对绩效具有潜在影响，因此，设法了解惯性的影响后果和决定因素是有帮助的。为此，本章使用变革、决策制定，特别是组织学习等文献的概念，来探讨企业的竞争性活动决策组合中，惯性的来源与绩效意义。

7.3　竞争惯性的定义与范围

竞争惯性是指一家企业在改变本身的竞争态势时所展现的活动水平（level of activity），它反映了一家企业试图吸引客户与压制竞争对手时，所从事的市场导向活动的数目。与类似规模的竞争对手相比，当公司很少改变竞争做法时，它的惯性可以说很高。企业的竞争做法组成了竞争性活动的决策组合。

如这里所定义的，竞争惯性依附在主要的战略性行动（strategic action）与较次要的战术性行动（tactical action）之中，这两种行动类型是所有竞争场合中的本质元素（Chen，1988；Chen，Smith，and Grimm，1992）。针对这两种行动类型，我们关心的是那些明确的、具体的、可侦测的竞争性行动，其中，战术性行动可能包括价格变动、广告活动以及渐进式的产品或服务调整；战略性行动则可能包括主要设备扩充、购并、战略联盟以及重要的新产品或服务。本质上，战略性行动较诸战术性行动牵涉到较多的资源支出、较长的时间范围，而且会较明显地背离现状（Galbraith and Kazanjian，1986；Dutton and Duncan，1987）。虽然本研究大部分的假设均适用于战术性行动与战略性行动，但在必要时，我们仍将进行区分。

7.3.1　竞争惯性的来源

组织变革、学习与决策的相关文献提出，形成组织竞争性行动与竞争惯性的因素基本上可以分成三类：第一类是行动诱因（incentive），亦即政治决策理论家与管理归因学者最常讨论的行动动机成分（motivational component）（Allison，1971；Schelling，1971；Staw，1976；Milliken and Lant，1991；Chen and Miller，1994）；第二类是对行动要求与各种行动方案的察觉，亦即大多数学习理论家所讨论的行动知识成分（knowledge component）（Cyert and March，1963；Levitt and March，1988；Huber，1991；March，1991）；第三类是管理行动的限制，亦即组织变革、结构与动力学者所讨论的行动能力成分（capability component）（Hannan and Freeman，1984；Miller and Friesen，1984；Tushman and Romanelli，1985；Meyer and Zucker，1989；Amburgey and Miner，1992；Miller and Chen，1994）。

以第一类的行动诱因来看，当诱因很低时，竞争惯性通常是最高的。一般而言，行动诱因可能存在于组织内，也可能存在于组织外，前者包括绩效不彰使经理人质疑本身方法的适当性，并且激励他们寻求改善（Starbuck and Milliken，1988；Milliken and Lant，1991）；后者可能包括市场蓬勃成长使经理人有信心去投资追求新的机会（Miller，1993）。当经理人知觉的可选择行动方案相当少时，惯性也会很高（Huber，1991）。与诱因相同的是，经理人察觉新经营方法的方式也有内、外两个来源，其中，内部来源之一是经理人所拥有的各种竞争方法的经验，这样的经验越广泛，经理人改变竞争态势的可能性越高（March，1991）。至于外部来源，如果市场环境是多样化的，其中包含许多不同的客户及竞争者，那么经理人的视野也会比较宽广，同时，也比较能察觉到各种可以服务消费者与吸引客户的选择方案（Levitt and March，1988）。最后，惯性可能也会被官僚僵化、偏狭心态（insularity）与机构性网络（institutional networks）等产生的行动限制所影响，而这些因素通常与组织的年龄和规模有关（Hannan and Freeman，1984；Aldrich and Auster，1986；Meyer and Zucker，1989）。

7.3.2 行动的诱因

1. 过去的绩效

以往的研究指出，成功会使经理人自满、安于现状，以至于抗拒改变（Miller and Friesen，1984；Tushman and Romanelli，1985）；而失败则提供改进的诱因，借由调整价格、执行新促销计划、引进新产品等来突破现状（Cyert and March，1963；Lant and Montgomery，1987）。好的绩效会带来惯性的提高，有下列数种原因。

（1）增强作用：奖励与惩罚。良好的绩效会使经理人相信自己"做对了"，因而不愿意改变（Lant and Montgomery，1987；Milliken and Lant，1991；Miller，1994）；相对地，绩效不彰则会扩大管理者抱负与成就间的落差，鼓励他们采取补救措施（Cyert and March，1963；Miller and Friesen，1984；Lant and Mezias，1992），换句话说，绩效不彰将抑制惯性。Starbuck与Milliken（1988）针对挑战者号航天飞机爆炸的悲剧做了精辟的分析。他们认为，NASA连续的成功经验使管理者忽略了安全程序，而"爆炸"这个灾难促使组织从惯性中惊醒，并且要求管理者进行必要的变革。同样地，Meyer（1982）在一项针对医院的研究中发现，最富有与最成功的医院很少会为了应对环境变动而做出调整；相反地，那些陷入困境的医院却会力争上游，想办法注入新的经营实务。

（2）侦测与搜寻。"成功"很可能会被解读为一个不太需要警戒、不必做许多环境侦测或搜寻的讯号（Aguilar，1967；March，1981；Miller，1994），此种态度使经理人对采取行动的必要性失去判断力（Lant，Milliken，and Batra，1992）。相对地，"失败"则提供经理人侦测环境以发掘错误的诱因（Cyert and March，1963；Levinthal and March，1981），这种由问题驱动的搜寻往往会产生重要信息，进而鼓励企业进行矫正调整，并引发新的竞争活动。

（3）权力、政治与管理归因。在成功的企业里，主事者的权力很大，不同调者会被剥夺权力（Pfeffer，1981；Mintzberg，1983）。成功创造出某种企业文化，使公司或部门的领导者成为权力核心和英雄，进而拥有资源延续他们的管理职位（stewardship）和政策（Miller，1993）。在这种情况下，由于经理人能够依恃着普受赞扬的战略而获得地位和尊敬，因此将抗拒改变。同时，成功也使现任经理人有权力做他们想做的事，能够很轻易地抵挡别人对原有方法的挑战（Mintzberg，1983），因而得以使权力自我延续（self-perpetuating），而这将压抑组织开启新竞争的主动性。

再者，成功组织的经理人通常会将成功归因于他们所采取的竞争性行动（Staw，McKechine，and Puffer，1983；Salancik and Meindl，1984）。依照Milliken 与 Lant（1991：152）的说法，"相较于表现普通或绩效不彰的组织经理人，最近有成功经验的经理人比较会将绩效当作内部归因"。在这种情况下，由于支配联盟（dominant coalition）的成员强烈地执着于旧的做法，因而不愿意从事新的竞争或活动（Pettigrew，1985）。

2. 文献上的冲突

上面的论点仅代表一个复杂议题的一隅，有必要再深入斟酌。因为某些研究者认为，惯性虽然是成功的产物，却也是失败的产物（Milliken and Lant，1991）。绩效不彰可能使经理人感受到威胁，从而紧守着过去的行动路线，来维系自己的政策和声望（Staw，1976；Staw，Sandelands，and Dutton，1981；Brockner，1992）。也就是说，当失败乍现时，高层主管可能不愿意从事非常重大的新方案，以免昭示他们的基本战略已经失败。尤其当绩效不彰被解读为短暂现象时，更是如此（Pettigrew，1985；Hambrick and D'Aveni，1988）。

我们认为文献上有关绩效对惯性影响的冲突论述，有部分能够借由战术性行动与战略性行动的划分来解决。一方面，绩效不彰可能会导致战术改变，而这些调整通常比较容易进行，政策上的变动也比较小，因此比较不会有尴尬的情形发生。像是调整价格或设计一个广告活动，通常不会改变一个组织的报酬或权力分配，所以通常比较不可能威胁到高层主管，或者引发政治上的抗拒。然而，当决策涉及巨额经费被删减或者新事业的拓展时，则可能明显地威胁到当前有影响力主管的资源，并且伤害到他们的自尊。这样的战略性决策也可能昭示政策的变动，因而触犯那些当权者的偏好，并且伤害到他们的福祉。在这种情况下，即使面对绩效不彰的后果，经理人依然可能抗拒采取新的行动。就此而言，与战术性决策相比，战略性决策显然比较不会因为绩效腐蚀而进行调整。这些论点导出了第一个假设。

假设1a：对于战术性行动来说，近期的绩效与竞争惯性呈正相关。

假设1b：对于战略性行动来说，近期的绩效与竞争惯性无关联。

3. 市场成长性

改变的诱因也可能来自组织外部（Delacroix amd Swaminathan，1991），例如，市场的扩张可能提供机会，使经理人有信心将资源投入新的项目中（Bylinsky，1968）。对于经理人来说，竞争利基的出现可能鼓励他们去实验不同的战术，以便获取额外的商机（Porter，1980）；或促使他们去扩充设施或变更产品，以便在竞争者采取动作之前，先吸引到新的客户。这样的行动也可以累积极有价值的先占者优势（first mover advantage）（MacMillan and McCaffery，1983；Porter，1985；Lieberman and Montgomery，1988；Shamsie，1990）。

对此，其他学者提出了相反的观点。他们认为，鼓励经理人改变的是萎缩的市场，而非成长的市场。正如绩效不彰一样，市场衰退的威胁与挑战具有类似的绩效意义，它会强迫经理人调整竞争的方式，以便维持公司生存（Miller，1990；Rogers，1992）。

同样地，这种不一致的论点也可以借由战术性行动与战略性行动的划分来解决。根据上述相反的论点，战术性行动与市场成长性并没有清楚的关系，也就是说，一个扩大的市场并没有比一个衰退的市场更鼓励战术性的调整。然而，当一个成长的市场提供某些乐观的期待时，战略性行动，尤其是那些牵涉到耗费巨资的设施改善、重大扩充或企业购并与合资的行动，将比较可能被启动；相反地，如果一个萎缩的市场预告未来会有一段艰难时期，那么大多数经理人将不会愿意投入大规模的资源。

假设 2a：对于战术性行动来说，市场成长性与竞争惯性无关联。

假设 2b：对于战略性行动来说，市场成长性与竞争惯性呈负相关。

7.3.3 各种行动方案的察觉

以往的研究指出，两种竞争惯性来源可以给经理人提供各种不同的行动方案信息（Aguilar，1967；March，1991；Mezias and Glynn，1993），一个是客户与竞争者的多样性，它可以使经理人察觉新的客户需要与新的竞争挑战，因而重新组合竞争的做法；而另一个则是过去的竞争性行动经验（Delacroix and Swaminathan，1991）。

1. 市场多样性

市场多样性使组织暴露在各种不同的想法与事件之中，而其中的某些因素可能促进探索与变革（Khandwalla，1973）。例如，一个面对许多不同竞争对手或各式各样客户的企业，可以从环境的需求和各种可能的状况里学到许多东西（Hambrick，1982）。它们从许多来源接收到各种信息，同时暴露在广大的竞争选择方案之下，这些信息将激励它们进行新的尝试。相对地，一个仅在某个狭隘的市场跟类似的对手竞争，或者客户仅局限于某一种类别的组织，其所面对的是一个比较枯燥无味而且同质的学习环境，因而可能促进竞争惯性（Wright，1979；Halberstam，1986；Levitt and March，1988；Levinthal，1991；Miller and Chen，1994）。有鉴于此，我们做出如下假设。

假设 3：市场多样性与竞争惯性呈负相关。

2. 竞争经验

企业对各种竞争方法的察觉不仅可能被目前的市场状况所影响，也可能被经理人过去的行动经验所左右（Levitt and March，1988；Amburgey，Kelly，and Barnett，1993；Hambrick，Geletkanycz，and Fredrickson，1993）。这些经验将决定经理人的知识基础，进而影响其知觉环境的方法与细致程度（Aguilar，1967；Hambrick，1982）。其中最为关键的莫过于组织过去曾采用的竞争性行动决策组合。例如，相较于那些很少采取竞争性行动的组织，较常采取竞争性行动的组织的惯性会比较小（Miller，1990，1993；Delacroix and Swaminathan，1991；Amburgey and Miner，1992；Amburgey，Kelly，and Barnett，1993）。对于经理人来说，活跃的竞争性决策组合有助于他们去监控市场对过去各种竞争性行动的反应，并且对这个信息做出适应性的响应。例如，产品改良、攻击性广告与战略联盟可能会激起竞争对手和客户的反应，其反过来又刺激本身进一步的行动（Miller and Chen，1993）。相对地，那些很少采取竞争性行动的企业，仅具有狭隘的知识基础，因为它们经验不足，导致经理人的知觉与行动仅能根据相当少的挑战或机会类型，因而限制了他们的市场导向活动的范畴（Levitt and March，1988；Miller，1993）。

假设 4：最近的竞争活动水平与随后的竞争惯性呈负相关。

7.3.4　行动的限制

年龄与规模

组织中的许多限制性因素也会导致竞争惯性。Aldrich 与 Auster（1986）、

Hannan 与 Freeman（1984）及 Singh（1990）回顾大量文献后指出，惯性会随着组织的年龄与规模而提高。例如，僵硬的规则与常规往往深刻地烙印在许多创立比较久且大型的公司内，使变革相当困难（Miller and Friesen，1984；Starbuck，1985）。因为它们特别容易依赖常规，而且采用严格的正式规则与官僚程序（Thompsom，1961）。同时，它们也很有可能通过机构性的联盟（institutional alliance）来提高本身的正当性（legitimacy），因而能抗拒调适的压力（Meyer and Zucker，1989）。诸如此类的因素，不仅提高变革的代价，也让变革的需要被隐藏起来，难以侦测（Starbuck，1985；Tushmam and Romanelli，1985）。

此外，规模也会产生惯性，因为大型企业的经理人可能认为，他们已经强大到足以忽视较弱竞争对手的威胁（Wright，1979）。规模大意味着企业拥有大量冗余资源，能在竞争时有缓冲空间，并且增加了自我运作的可能性（March，1981）；同时，大型企业也拥有足够的规模经济能够利用惯性的常规。大型企业与外部机构的联结（institutional contacts）也对它们有利，可使它们在竞争中受到保护（Meyer and Zucker，1989）。相对地，较小的、较脆弱的组织则必须经常留意机会和威胁（Aldrich and Auster，1986），以免停滞不前。总而言之，规模扩大有时候虽然会使企业滋生自满而提高惯性，却也为组织带来了影响力、对外联结的渠道和资源，使企业能够以主动而积极的方式从事竞争（Miller，1990；Haveman，1993）。所以，如果企业具有企图，有影响力的企业是站在可以获取主动性的竞争位置上的。如此，在这些相互冲突的推论下，下面的假设是相当试验性的。

假设 5：竞争惯性与组织的年龄与规模呈正相关。

7.3.5　惯性的绩效结果

某些学者认为惯性会降低企业的适应力，因而不利于绩效（Miller and

Friesen，1984）。也就是说，在一个竞争环境中，无法掌握机会或响应问题的企业，很有可能成为不合时宜战略的受害者。然而，市场导向决策数目精简所反映出来的惯性，有时候却可能是有利的，尤其是在环境的挑战性不大时更是如此（Miller and Friesen，1982）。更明确地说，惯性可以让经理人有时间思考本身的竞争性行动，并且更周延地选择适当的行动；也能维持产品供应的稳定性，使客户不会因不愉快的异常经验而疏离（Hannan and Freeman，1984）；它也可以把企业因从事过多的竞争性攻击，导致对手采取不必要的惨烈报复的可能性降至最低（Chen and MacMillan，1992；Chen and Miller，1994）。此外，精简竞争性行动的数目亦能使企业的组织学习更具效率，更能专注在它们最擅长的行动上（March，1991），进而降低变革时（尤其是剧烈变革时）发生错误的概率（Quinn，1980；Hannan and Freeman，1984）。简言之，竞争惯性可以节省成本，避免干扰客户和竞争对手，并且帮助经理人充分利用他们的最大长处（Hannan and Freeman，1984；Miller，1990；Amburgey，Kelly，and Barnett，1993）。

假设6：短期内，竞争惯性与优异的绩效呈正相关。

进一步来看，竞争惯性在不同的情境中似乎具有不同的绩效意义。例如，当企业面对异质性的市场，或者竞争对手具有十分多元化的竞争战略时，惯性将阻碍企业的有效适应。因为相较于挑战很少的环境，一个竞争对手十分多元且充斥着各式各样战略的竞争环境，将需要更多灵活且全面性的响应（Chen，Smith，and Grimm，1992）。在这种情况下，惯性可能使企业发生滞后竞争对手的危险，也可能因固守那些狭窄或僵化的做法，而无法应付竞争挑战的范围（Hedberg，1981）。相反地，如果企业所面对的客户与竞争者拥有同构型的需求组合，则企业使用一组经济的行动决策组合即可获利：这个决策组合可给客户提供可靠的产品，并且避免引发不必要的竞争性行动。

由此可见，市场与竞争者之多重维度所代表的市场多样性，将干扰惯性与绩效的关系；更明确地说，惯性与市场多样性的交互作用将侵蚀组织的绩效。

假设 7：市场多样性与竞争惯性的交互作用对绩效有负面影响。

由于航空业具有高度竞争性，而且竞争战略十分丰富而多元（Chen and MacMillan，1992；Chen，Smith，and Grimm，1992），再加上企业的战略信息也相当充裕且公开，因此，我们选择航空业来检验我们的假设。同时，由于航空公司几乎每天都能取得市场绩效的反馈信息，换句话说，它们处在一个能够快速调整战略来响应这些反馈信息的状态，而这个状态给我们提供了绝佳的机会来检验惯性对绩效影响的假设。最后，基于我们的假设属于业务层次（business level）而非总体层次（corporate level）的战略，而依照Rumelt（1974）的定义，我们所研究的航空公司均是单一事业企业或是主导性事业（dominant business）企业，因此，选择航空业也是适当的。

7.4　研究方法

7.4.1　样本

最初，我们以美国国内全部 32 家、年营运收入超过 1 亿美元的航空公司为样本，并以解除管制后、开始合并前的 1979～1986 年为研究期间。因为在这段时间，航空公司必须努力地找出游戏规则，以便有效地从事竞争（Levine，1987）。我们预期企业在这段时间会有高度的竞争与战术调整动力，以至于研究中大部分的因变量与自变量能产生许多变异。

就实际研究目的来说，我们不可能检视一个组织内所有层级所采取的每一个竞争性行动，因此，竞争惯性所指的只是那些已执行的、公开的、市场导向的决策，也就是那些组织所实行的，且客户、竞争者和其他产业参与者可观察到的重大具体行动。至于小规模的行动，如统一（unitary）价格调整，则因重要性及显著性过低而未列入本研究范围之内。

　　我们选择 1979～1986 年《航空日报》所报道的所有竞争性行动，并以结构内容分析法（structured content analysis）来辨识和划分这些竞争性行动（参见 Jauch，Osborn，and Martin，1980；Miller and Friesen，1984）。其中，《航空日报》是产业内众所周知，迄今提供最全面之航空公司战略信息的刊物（Chen and MacMillan，1992；Chen，Smith，and Grimm，1992）。

7.4.2　竞争性行动的辨识

　　我们针对 8 年间《航空日报》每一期的内容进行全面的检视，借此归纳出 21 种类型的竞争性行动，如附录 7A 所列。其中包含价格变动、促销活动、产品线或服务变更、配销渠道改变、市场拓展、垂直整合、产业内购并以及战略联盟，这种聚焦的方式是根据 Hatten、Schendel 与 Cooper（1978）、Khandwalla（1981）、Porter（1980，1985）及 Scherer（1980）等所做的战略性内容研究推导而来的。基本上，《航空日报》针对航空公司竞争性行动所做的报道均已被归入这些类型之中，而这 21 种类型的行动也涵盖了 Levin（1987）全面评论航空公司解除管制后之竞争态势，所辨识出来的所有重要竞争性行动。对照 Levin 所列的名单，我们仅删除"计算机订位系统的使用"，因为在我们的数据中，这类行动的报道并不可靠，而且它跟内部操作实务比较有关系，而这已经在我们的假设范围之外。

　　我们的总样本包含 963 个竞争性行动，这些行动由本研究的一个作者，以及三个战略领域的博士班学生，划分成 21 种一般的行动类型，如附录 7A 所列。另外，我们还请了航空业的 106 位专家对 7 个最模糊的竞争性行动进行归类，这些归类结果与我们分类的平均确认比率是 84%。附录 7B 是这些专家回复者样本的描述。

为了确认《航空日报》所报道信息的全面性与可信度，我们做了一些努力：先从附录7B所列的航空公司高层主管和专家中抽出一组人来做调查；129位被抽出的高层主管中共有58位在二次跟催后回复，回收率为45%。这个调查结果显示，85%的回复者认为《航空日报》在报道航空公司竞争性活动上相当全面或非常全面；至于可信度，仅有不到8%的回复者认为它的报道不够可靠。附录7C列示了这个调查的全部结果。

接着，为了进一步确认《航空日报》所报道信息的正确性，我们从研究样本中随机选取20个竞争性行动与其他商业期刊和报纸做比较，结果发现17个行动（85%）的细节一致。由于《航空日报》是一本比较专业的产业期刊，因此，它对航空公司的竞争互动做比较详尽的报道是十分正常的（Chen，Smith，and Grimm，1992）。

7.4.3 变量操作性定义

1. 竞争惯性

如前所述，我们关心的是一个组织在某一年度之市场导向行动上所呈现的整体惯性，它必须根据各种不同类型之市场导向决策的平均数目差异来进行加权调整。例如，定价决策通常远比建立航站决策频繁，因此，权数比较低。同时，它也必须考虑一家航空公司的营运规模，所以，我们必须估计每一家航空公司在每一类型活动上的相对惯性，再将这些估计值加总起来，计算整体的指标。

这个指标根据第 i 家航空公司（$i=1, \cdots, 32$）第 t 年（$t=1979, \cdots, 1986$）采取某 j 类型行动（$j=1, \cdots, 21$）的决策数目来计算，即 $x_{i, j, t}$。由于每一 j 类型行动的平均决策数目是不同的，为了避免经常采用的类型权重过大，因此，我们将所有航空公司所有年度的每一 j 类型行动分数标准化。这些标准化分数（$z_{i, j, t}$）给予那些比较少做的决策（如建立航站）比较大的权重；至于那些经常做的决策（如降价）权重则比较小。举例来说，每年降价三次可能算很少，它的标准化分数会小于 0；但建立三个航站可能算非常多，所以，它的标准化分数就会是很大的正值。

活动指标（activity index）根据每一 j 类型行动的标准化分数（$z_{i, j, t}$）来加总计算，将它除以付费乘客里程（RPM），一种航空业常用的产业营运规模衡量方式）的对数值后，将使不同规模企业的指标具有可比较性。然后，我们加入一个足够大的常数将这个商数转换成正值，借以进行自然对数运算，并使这个变量呈现常态分配：

$$活动指标 = \ln[(\underset{j}{sum}\, z_{i,j,t})/\ln(RPM_{i,t})]$$

经计算这个指标所包含的 21 种竞争性行动类型的相关系数后，它们的信赖系数 Cronbach's α 为 0.79。最后，我们颠倒活动指标的符号，以便衡量竞争惯性而非活动水平。

2. 战术性行动与战略性行动

为了检验假设 1 和假设 2，我们将行动区分为战术性行动与战略性行动。一个行动若牵涉到固定资产、人力与结构的重大投资，我们就把它定义为战略性行动。在某些案例中，战略性行动所代表的是严重地偏离了产业规范。例如，购并、建立航站、供应商与跨产业的联盟、提供新服务、飞航常客方案（frequent flyer programs）以及购买新飞机等行动，均牵涉到相当长的时间范围、重大的财务支出，同时也代表了重要且难以回归现状的决策，因此，都属于战略性行动。战术性行动则定义为未牵涉到固定资产的长期、重大投入的行动，对企业的影响也不长远。依此定义，由三个评比者分别将这 21 种一般性行动类型划分为战略性或战术性行动。结果显示，这些评比者的分类完全一致。

为了确认这些分类的效度，我们对六位专精于竞争战略与航空产业的管理学者进行问卷调查，要求他们依据上述定义将各种类型的竞争性行动划分为战略性或战术性行动。分类结果，20 个项目的评分者间信度（interrater reliability）为 1.0，1 个项目为 0.83。在这项作业中，仅有一个项目被归类错误。

3. 绩效

绩效以乘客的每一个座位的飞行里程营收来衡量，即 R/ASM，它不仅反映一家航空公司的承载因素，即载客率（或乘坐率），也反映它所产生的营收。除此之外，它还能避免将不当地牺牲营收所产生的高载客率视为好的绩效。由于大部分航空公司的高层主管经常可以得知每一个座位的飞行里程营收的最新信息，并据以快速调整战略，因此，使用这个指标来分析是非常适当的。再者，由于航空公司很少计算净资产收益率或资产收益率，同时，这些指标也受到利率、负债比率、异常税赋、折旧政策，以及其他与我们衡量惯性行动不直接相关的因素影响，所以，我们并没有使用这些方式来衡量绩效。另外，由于本研究仅审视外在的、市场导向的行动，而非排程、成本管理或报酬等内部营运决策，因此，采用获利能力或成本作为绩效指标也不恰当。

4. 环境与组织

一家公司竞争经验的广度以该公司前一年度的竞争惯性来评估，这种衡量方式可以全面检验该公司过去的活动水平。为了更加周延地衡量，我们另以企业前一年度所采取的竞争性行动类型数目来评估竞争经验；分析结果显示，根据这个衡量方式得到的结果与我们以下要报告的研究发现几乎完全一致。至于市场多样性，则是根据每家航空公司所服务的不同机场数目，以及它所面对的竞争者数目的复合（composite）指标来评估。这些信息均来自美国运输署出版的 *Airport Activity Statistics of Certified Route Carriers*。事实上，这些数字指出了航空公司所服务的各种不同市场和乘客，借此显示出航空公司必须面对的竞争条件与客户需求多样性（Levine，1987）。市场成长性以整个产业的业务量成长水平来衡量，这个指标呈现了新市场或利基正在开展的程度（Levine，1987），它根据所有航空公司国内载客业务之乘客里程总营收的年变动率来衡量。最后，企业的年龄以年数衡量，企业的规模以正职员工人数的自然对数值来评估。

7.4.4　分析方法

多元回归分析被用来检验这些假设。由于本研究采用加总的（pooled）横断面数据，因此，针对数据中可能存在的自相关与异方差现象进行校正相当重要（Sayrs，1989）。为了进行校正，我们将 Kmenta（1986：618–622）的自回归异方差模型运用在这些加总的时间序列横断面数据上。Kmenta 的模型为：

$$Y_{it} = b_1 X_{it,1} + b_2 X_{it,2} + \cdots + b_k X_{it,k} + e_{it}$$

式中，$i = 1, 2, \cdots, N$；$t = 1, 2, \cdots, T$；$k = 1, 2, \cdots, K$。K 为解释变量的数目，N 为横断面的单位数（18），T 为时间区间的数目（7）。

由于这个模型要求每家航空公司有相等的观察值，我们必须将任一年度有遗漏信息的航空公司排除在样本之外，因此，我们一共得到 18 家航空公司的 126 笔观察值，这些航空公司在七年间的每一年均有完整数据（由于我们将某些变量采用滞后一期的方式衡量，因此，八年间漏失了一年的资料）。

我们将 Kmenta 模型应用到已校正自相关与异方差的资料上。为了校正第一阶自相关，我们转换 Cochrane-Orcutt，并个别地应用在每一个单位（企业）。接着，再对校正自相关后的数据做回归，然后将自变量和因变量除以回归产生的企业专质误差变异，以便校正异方差现象。随后的残差散布图显示，自相关与异方差现象已经不存在。最后，将这些经过两次转换的数据加总，并使用 OLS 回归进行分析（此程序亦可参见 Buse，1973；Judge et al.,

1988：Sec.11.5）。

表 7-1 及表 7-2 列示出这些经过加总的时间序列模型，同时，也纳入了 $t-1$ 期惯性及 $t-1$ 期绩效，这两个变量均是滞后的内生变量。接着，为了确认估计值没有误差，我们使用其他衡量变量来替代这些滞后的回归因子，然后对照原来的结果。就滞后的惯性来说，我们使用 $t-1$ 期的竞争性行动数目作为衡量工具。至于绩效，我们则是将绩效对其他当期的和滞后的自变量做回归，借此计算出一个衡量变量（Doran，1989：296-299；Greene，1990：448）。然后，我们将这个衡量变量的滞后预测值（lagged predicted value）代入加总的时间序列分析之中。由于这个程序计算得到的结果和表 7-1、表 7-2列示的结果极为相似，因此，得以确认我们原先的估计值具有相当的一致性。

表 7-1　竞争惯性对绩效以及组织和产业特质的回归分析结果

变量名称	标准化 β 系数		
	所有行动	战术性行动	战略性行动
$t-1$ 期的 R/ASM	0.20****	0.24****	0.16**
市场多样性	−0.27***	−0.43****	−0.18*
市场成长性	−0.16***	−0.04	−0.38****
惯性			
$t-1$ 期的所有行动	−0.07		
$t-1$ 期的战术性行动		−0.11*	
$t-1$ 期的战略性行动			0.04
企业的年龄	−0.12*	−0.07	−0.12
企业的规模	−0.22**	−0.03	−0.12*
R^2	0.42	0.36	0.25
F 值	14.6	11.3	6.5
p 值	0.000	0.000	0.000

所有方程式的自由度：6，119

* $p<0.10$。
** $p<0.05$。
*** $p<0.01$。
**** $p<0.001$。

表 7-2 主要检视的是多样性对绩效的干扰作用，因此，在相乘之前，我们先将交互作用项标准化，以便排除它们与主作用项的多重共线性（Smith and Sasaki，1979）。其中，交互作用项的显著水平根据所有其他变量均已加入模型后，额外增加的解释变异来做推导。

表 7-2 绩效对惯性及组织和产业特质变量的回归分析结果

变量名称	标准化 β 系数		
	所有行动	战术性行动	战略性行动
惯性			
$t-1$ 期的所有行动	0.04		
$t-1$ 期的战术性行动		0.04	
$t-1$ 期的战略性行动			0.08**
$t-1$ 期的绩效	0.63****		
市场多样性	0.05	0.04	0.08
市场成长性	0.19****	0.20****	0.20****
企业的年龄	−0.18**	−0.21**	−0.21**
企业的规模	−0.07	−0.13	−0.13
交互作用项：市场多样性 × 惯性			
$t-1$ 期所有行动惯性	−0.12***		
$t-1$ 期战术性行动惯性		−0.12***	
$t-1$ 期战略性行动惯性			−0.09***
R^2	0.60	0.58	0.58
F 值	24.8	23.5	23.6
p 值	0.000	0.000	0.000

所有方程式的自由度：7，118

** $p < 0.05$。
*** $p < 0.01$。
**** $p < 0.001$。

在这项回归分析中，多重共线性唯一的潜在重大来源是，一家航空公司的规模与多样性指标之间的相关程度（这些变量的共同变异达到67%）。于是，我们将规模因素删除再重做回归分析，结果显示，不仅所有的主要发现均相同，研究假设甚至获得更强烈的支持。因此，在研究发现相当稳定的情况下，我们报告完整回归模型（full equations）的结果。

7.5 研究结果

表 7-3 所列为描述性统计量，表 7-4 为变量间的相关系数。

表 7-3 描述性统计量

变量名称	平均数	标准差	全距
竞争惯性（自然对数）			
t 期的所有行动	−0.31	0.66	−2.1～0.97
t−1 期的所有行动	−0.46	0.70	−2.7～0.88
t 期的战术性行动	0.77	0.34	−0.55～0.98
t−1 期的战术性行动	0.01	0.34	−0.64～0.98
t 期的战略性行动	−1.19	0.56	−1.9～0.05
t−1 期的战略性行动	−1.30	0.51	−2.0～−0.16
组织与环境			
企业的规模（自然对数）	9.24	1.23	5.3～10.9
市场多样性	21.3	8.24	2～35
企业的年龄	28	17	2～45
市场成长性	3.96	7.84	−5.9～17.4
经验的广度	3.90	2.61	0～10
绩效			
t 期的 R/ASM	0.083	0.016	0.044～0.14
t−1 期的 R/ASM	0.082	0.017	0.036～0.140

表 7-4 皮尔森相关矩阵*

变量名称	1	2	3	4	5	6	7	8	9	10	11	12
惯性												
1. t 期的所有行动	—											
2. t-1 期的所有行动	0.49	—										
3. t 期的战术性行动	0.90	0.47	—									
4. t-1 期的战术性行动	0.44	0.92	0.45	—								
5. t 期的战略性行动	0.69	0.27	0.39	0.23	—							
6. t-1 期的战略性行动	0.31	0.69	0.28	0.44	0.19	—						
7. 企业的规模	-0.53	-0.55	-0.51	-0.53	-0.30	-0.28	—					
8. 市场多样性	-0.55	-0.60	-0.49	-0.53	-0.39	-0.41	0.82	—				
9. 企业的年龄	-0.48	-0.51	-0.48	-0.50	-0.30	-0.28	0.61	0.62	—			
10. t 期的绩效	0.40	0.33	0.40	0.29	0.17	0.18	-0.34	-0.27	-0.15	—		
11. t-1 期的绩效	0.30	0.19	0.33	0.23	0.10	0.06	-0.24	-0.11	-0.15	0.65	—	
12. 市场成长性	-0.24	-0.26	-0.08	-0.17	-0.36	-0.22	-0.03	0.23	0.01	0.13	0.18	—

* 针对最小的样本数，所有大于 0.19 的系数均达 0.05 显著水平，大于 0.24 的系数均达 0.01 显著水平。

7.5.1　竞争惯性的来源

表 7-2 列示的是以惯性作为因变量的多元回归分析结果。正如假设 1a 所预测，过去的良好绩效会导致战术性行动的惯性水平提高（$p<0.001$）。在不同的分析中，我们也发现当期绩效与战术性惯性显著关联。类似地，假设 1b 也获得支持，但并没有那么强烈的关联。我们惊讶地发现，滞后的绩效与战略性行动惯性有关联，但关系仅达到些微（modest）显著；我们也发现，当年前度的绩效与战略性行动惯性无关联。换言之，这些结果正如原先所预期的：绩效对战术性惯性的影响大于对战略性惯性的影响。

假设 2a 及 2b 也得到确认。对于战术性行动来说，市场成长性与惯性无关联；但对于战略性行动来说，市场成长性与惯性呈负相关（$p<0.001$）。这显示出，市场扩大真的会促使企业投入重大的、新的组织资源。

假设 3 预测市场多样性与竞争惯性呈负相关。一般来说，当企业的客户与竞争对手包含广泛多样的成员时，企业似乎会被鼓励去采取竞争性行动，且相较于战略性行动，这种倾向对战术性行动似乎更加明显。

假设 4 并未得到充分支持。前一年度的竞争经验与战术性行动惯性仅呈现微弱的负相关，与战略性行动惯性则无关联。这些结果显示，竞争惯性似乎大多由当前的企业与环境状况所驱动，而非历史经验或既往因素，同时，由于战略性行动具有相当的独特性，彼此之间相当不同，因此某一类型的行动经验并不容易转移到其他类型的行动上。

假设 5 并未得到支持。主要原因或许是企业规模、年龄和多样性具有显著的相关性，也就是说，这两个变量在本模型中并非预测竞争惯性的良好因子。事实上，规模和惯性，尤其是战略性惯性，甚至呈现些微负相关，显示在航空业中，某些大型的、基础稳固的企业可能具有强势的市场地位，因而成为非常活跃的竞争者（Haveman，1993）。再者，规模、年龄也很可能与组织偏狭性、官僚化、僵化这三个和惯性更直接相关的预测因子仅有微弱的关系。尽管本研究未能衡量这三个因素，但对照以往研究的结果（Hannan and Freeman，1984），组织年龄与规模和结构惯性的关系似乎大于和竞争惯性的关系。

7.5.2　竞争惯性与随后的绩效

为了评估惯性对未来绩效的冲击，我们将过去的绩效与组织和环境变量当作控制变量，然后进行多元回归分析。表 7-2 即为以年度绩效（R/ASM）作为因变量的分析结果。

在假设 6 中，仅有战略性行动惯性被确认：当竞争性行动牵涉到资源的大量投入或政策的重大改变时，这些行动似乎会侵蚀绩效。这个发现与人口生态学家（population ecologists）主张要特别留意重大改变的风险是一致的（Hannan and Freeman，1984）。但是，这种关系没有出现在战术性行动中，因为战术性行动普遍被认为比较没有风险，因此对绩效的冲击比较小；而且某些战术调整的市场风险可能会被其他行动产生的营收利益所抵消，而这些利益在战略性行动中几乎不会那么快实现。

表 7-2 的研究发现也显示，假设 7 比假设 6 得到更强烈的支持。滞后的惯性与竞争多样性的交互作用对全部行动、战术性行动与战略性行动的绩效均产生负面影响，而且这些结果若采用两年平均的惯性值来计算（未列在表中），结果也相同。如同预期的，当企业所面对的市场包含各式各样的顾客需要与竞争挑战时，对惯性最具有破坏性。由此可见，惯性的规范性意义似乎与竞争环境息息相关。

7.5.3　研究发现的周延性

为了确认研究发现的周延性，我们另外做了一项分析，亦即将表 7-1 与表 7-2 所分析的因变量，分别改为惯性的年变动率与绩效的年变动率。结果显示，这些分析的实质研究发现与前面得到的发现均相同。同时，我们也使用 OLS 方法，以 32 家航空公司共 167 个观察值的完整样本，重新进行表 7-1 与表 7-2 的回归分析，结果也再次得到确认。由于 OLS 方法通常不适用于横断面的时间序列数据，所以我们先执行诊断侦测，以确保数据中不存在异方差或自相关现象。然后根据 Sayrs（1989）建议的方法，观察残差与估计值、残差与所有自变量，以及残差与横断面和时间等关系的散布图，结果显示，这些残差并未出现系统性的形态，也没有变异数不齐的现象。为了避免使用动态的回归因子（stochastic regressors），OLS 分析使用一家航空公司在 $t-1$ 期所采取的竞争性行动类型数目作为滞后惯性的代理变量，并以绩效变动率取代绩效这个因变量。这些分析的研究发现，与我们采用 Kmenta 自回归异方差模型得到的结果均相同。

7.6　讨论与结论

本章所探讨的内容可说是文献上最早尝试从组织竞争观点来评估惯性的研究之一。本章专注于企业所采取的市场导向决策，根据具体的行动而非管理者的印象，来提供比较可靠的惯性指标。组织变革、学习与决策的文献指出，竞争惯性是行动诱因、管理者察觉之各种行动方案与行动限制的函数，而我们的研究结果也显示，以诱因和察觉两个层面为基础的惯性来源确实获得了重大支持。

由于以往关于惯性影响结果的论点相互冲突，因此，我们认为在研究竞争惯性时，有必要区分战术性行动与战略性行动。我们发现，战术性行动的调整会受到不佳绩效的驱动，而战略性行动的调整，由于可能会威胁经理人的自尊与声望，因此不易受到绩效影响。再者，虽然结果显示战术性行动与市场成长性的关联性很低，但在充满乐观的成长市场中投入重大资源于战略性行动似乎相当合适。我们也发现，战略性惯性对绩效具有某种程度的正面意义，只不过对于所有类型的行动来说，行动的惯性利益会随着市场多样性的增加而递减。

值得一提的是，我们的研究对象是解除管制后的美国航空业。在那段时间出现了非常多的竞争对抗，也有许多企业正摸索、尝试了解并适应奇特的新环境。我们的研究结果正好显示出，在这种情境下，企业的竞争性决策组合如何受到不佳的绩效与市场挑战的冲击。但是，结果也显示，航空公司的年龄与规模对惯性的影响似乎不大。惯性本身潜在的危险在这个环境中，也没有非常清楚地呈现出来。这些结果和解除管制后企业之间密集的竞争对抗情形相当符合：当时的许多企业一直致力于战略调整，以期获得成功，并满足市场新的需求。相反地，在比较稳定与成熟的环境中，惯性可能比较不会受到短期绩效或竞争挑战的影响，而比较容易受到组织年龄与规模等传统上与自满相关的因素所左右。

7.6.1 竞争惯性与组织学习

很明显地，我们的研究结果有许多可能的解释，但是，我们发现许多结果可以利用两个迥然不同的组织学习模式来解读。虽然本章的焦点是企业的竞争性行动而非管理思维，然而研究发现却指出，竞争性决策组合可以结合所谓的"反应式"（reactive）学习与"实验式"（experimental）学习来形成（March，1991；Miller et al.，1994）。

反应式学习建立在奖惩之上，而奖惩驱使管理者去知觉行动的需要性。行动的结果主要根据组织绩效来推断，组织绩效会冲击抱负与成就之间的落差，进而影响竞争惯性。反应式学习和 Lindblom（1959）、Cyert 与 March（1963）、Starbuck（1985）以及 March（1991）等学者所探讨的问题驱动适应模式（problem-driven models of adaptation）相互呼应。与这些模式一致的是，战术性行动惯性有一大部分是组织成功的函数；当绩效不彰显示有采取行动的需要时，战术性调整是比较常见的（Cyert and March，1963；Levinthal and March，1981；Lant and Montgomery，1987）。因此，战术性行动的激活，至少有一部分，似乎是试图维持一个组织的生存，并且督促组织步上轨道，但是这些行动在企业的兴盛时期往往消失无踪。然而，反应式学习模式并不能有效预测战略性行动惯性，反倒是组织的政治性与管理者的自我防卫可能使战略性行动（至少在短期内）不会受到近期绩效的影响。

实验式学习并非源自绩效问题或危机，而是受到刺激性信息、市场多样性与获取商机的企图心所激励。这种积极性的学习是借由鼓励性而非威胁性的力量，去驱使经理人采取行动。例如，市场或客户的多样化可能使经理人警觉到还有其他更优越的竞争方法。同样地，丰富的市场机会，以及它们所预告的光明前景，可能激励经理人打破惯性，去从事比较有雄心的战略性行动。这种响应方式呼应了 March（1991）主张的实验式学习，也和 Collins 与 Moore（1970）、Lant 与 Mezias（1992）以及 Mezias 与 Glynn（1993）主张的探索式嬉戏（exploratory playfulness）和创业式侵略（entrepreneurial forays）一致。

7.6.2　迷信学习

研究组织学习的学者发现，过去的成功会形塑管理者的行为（Lant and Montgomery，1987）。然而，许多人认为，这样的反应代表一种充满危险的非理性程序（Milliken and Lant，1992）。例如，Levitt 与 March（1988）探讨十分盛行的迷信学习（superstitious learning），在这个观点下，经理人通常将成功归因于那些实际上跟绩效没有什么关系的政策或行动。如此，经理人在失败时所做的变革是否为适当的作为，令人一点把握也没有。同样地，尽管市场多样性、市场成长性或以往的实验知识似乎是竞争活动的主要动机，但因之所产生的竞争性行动，也可能遗漏掉真正的重点。

　　总而言之，或许是因为竞争性行动失败的可能性很大，因此，对战略性行动来说，惯性还不至于使企业的绩效变差；即使是战术性惯性，在本研究中也未出现负面作用。然而，必须谨记在心的是，惯性的绩效意义似乎与环境息息相关，亦即竞争多样性越大，不活动（inaction）的结果越不利。同时，在那些普遍不会去重新形塑竞争性决策组合的产业中，惯性的危险将更加明显。

| 附录 7A |

本研究探讨的竞争性行动类型

降价   进入航线时降价（entry price cut）

涨价   特殊费率广告

新的促销活动   机票购买规定

异业联合促销   飞航常客方案（frequent flyer program）

改善服务   费率结构

提供新的服务   购买新飞机

代理商的佣金比率变动   建立航站

增加每天起飞班次   供应商联盟（feeder alliance）

减少每天起飞班次   同业合作

退出某一航线   产业内购并

进入某一航线

| 附录 7B |

问卷调查回复者的部分特征

群体	职衔	平均产业经验（年）	回复者人数（$N=178$）
主要航空公司	资深副总或以上	25	44
地区航空公司	CEO 或董事长	24	34
旅行社	CEO 或董事长	27	20
飞机制造商	资深副总或以上	28	6
顾问师		32	36
证券分析师		21	16
政府官员	经理人	15	4
学术界	教授或研究人员	3	18

这些调查对象来自数个工商名录，而其中最主要的来源是1989年冬季版的《世界航空名录》（*WAD*）。我们选择的高层主管和专家来自下列八个类别。

（1）每年营运收入超过1亿美元的所有主要航空公司的副总经理以上主管（CEO 除外）。

（2）*WAD* 所列的所有地区性航空公司的 CEO 或董事长。

（3）*WAD* 所列的航空公司顾问师。

（4）1989年版的《尼尔森投资研究名录》（*Nelson Directory of Investment Research*），以及1989年10月版的《机构投资者》所列负责航空业的证券分析师。

（5）美国营收前65大旅行社（年营收均超过2000万美元）的 CEO 或董事长。

（6）波音和麦克唐纳－道格拉斯飞机制造公司的资深副总或董事长（CEO 除外）。

（7）美国联邦航空管理局的资深经理人。

（8）1986～1991 年发表航空业相关文章于《管理学会学报》《管理科学季刊》《管理科学》《组织科学》（*Organization Science*）及《战略管理学报》等期刊的第一作者及第二作者，或者所撰写的航空业相关个案出版于《哈佛教材目录》（*Harvard Business School Catalogue of Teaching Materials*）的作者。

我们总共发出 430 份问卷，收到 178 份回复（回收率为 42%）。

此外，我们又分发了一份补充性问卷给这 178 位参与者，用以确认本研究对抽样的竞争性行动类型所做归类的效度，总计有 106 人回复（回收率为 77%）。

| 附录 7C |

针对《航空日报》的问卷调查

1. 阅读次数

响应者被要求根据一个 5 点尺度来回答下列问题：你阅读《航空日报》的频度是什么？① 每天（60.7%）；② 每周至少两次（16.1%）；③ 每周一次（8.9%）；④ 一个月一次（1.8%）；⑤ 一点也不（12.5%）。平均值为 1.89，标准差为 1.38。

2. 重要性

响应者被要求根据一个 5 点尺度来回答下列问题：你认为航空公司依赖《航空日报》来取得产业信息的程度有多大？① 无（0%）；② 很有限（18.5%）；③ 中度（35.2%）；④ 大（40.7%）；⑤ 非常大（5.6%）。平均值为 3.33，标准差为 0.847。

3. 全面性

响应者被要求根据一个 5 点尺度来回答下列问题：你认为《航空日报》涵盖产业竞争信息的全面性如何？① 一点也不全面（0%）；② 不够全面（3.8%）；③ 中度全面（9.4%）；④ 相当全面（50.9%）；⑤ 十分全面（35.8%）。平均值为 3.189，标准差为 0.761。

4. 可靠性

响应者被要求根据一个 5 点尺度来回答下列问题：一般来说，你从《航空日报》读取的信息可信度如何？① 完全不可信（0%）；② 不是很可信（7.8%）；③ 中度可信（41.2%）；④ 相当可信（47.1%）；⑤ 十分可信（3.9%）。平均值为 3.47，标准差为 0.703。

第四篇

总体层次：多点竞争

第四篇关注动态竞争的总体层次。本篇将动态竞争从对偶（dyad）层次、决策组合（repertoire）层次与企业（firm）层次，延伸至总体（coporate）层次。

第8章说明，企业可以通过本身的战略性资源转置（resource diversion），来形塑一个能提升其影响范畴的竞争局势，并且改变竞争者的总体资源分配。三个军事概念，即攻击（thrust）、伪装（feint）与谋略（gambit）被运用于此，以展现企业的资源转置战略，同时结合多点竞争的文献，来显示这三种战略在市场利益、竞争强度、资源承诺等不同的情况下，对竞争者重新将资源分配于不同市场的可能影响。另外，本章也显示出，在评估一家企业的资源分配行为时，如果没有涵盖竞争性观点，可能无法完整地了解企业的动机与目标。

| 第 8 章 |

资源转置战略

原题 不确定影响范畴的多重市场谋略：资源转置战略[⊖]

原文出处 McGrath Rita G., Chen Ming-Jer and MacMillan,
Ian C., 1998, "Multimarket Maneuvering in Uncertain Spheres
of Influence: Resource Diversion Strategies," *Academy of
Management Review*, 23(4): 724-740.

在多重市场从事竞争的企业，通过影响范畴（spheres of influence）与相
互忍让（mutual forbearance）能够达到均衡；然而，不完全的竞争信息却会
使企业产生影响竞争者行为与揭露信息的诱因。本章指出企业可以借由本身
的资源分配来转移（divert）竞争者的资源分配，因而提升企业本身的影响范
畴，而不致引发一场毁灭性的全面战争。我们定义了攻击、伪装与谋略三种
战略，并且指出，如果不考虑竞争性互动，将难以全面了解总体的战略决策。

8.1 绪论

本章的焦点在探讨，企业如何能够战略性地利用总体层次（corporate-

⊖ 我们非常感谢 Laura M. Brown、Donald C. Hambrick、Kathryn R. Harrigan、John Michel、
Danny Miller 与 Keith W. Weigelt 等，对本文稍早的初稿提供建设性的意见。同时，我们
也非常感谢 *AMR* 三位匿名审查委员对本文所提供的深度而周全的评论。最后，本文的
完成也得到沃顿商学院施奈德创业中心的 ACE® 项目及哥伦比亚大学商学院的一部分赞
助，在此一并致谢。

level）的资源分配，来重新建构多重市场竞争（multimarket competition）中的影响范畴。借由引导竞争者转移资源，企业可以增加本身的报酬。战略性扩张（strategic amplification）是我们创造的一个用词，用来反映一个企业采取行动以形塑其竞争的战略范畴，而非仅专注于企业本身的战略属性（McGrath，1997）。我们在此检视，一个企业如何通过一种称为战略性资源转置（strategic resource diversion）的程序，来影响其他竞争者的资源分配，进而影响竞争范畴。

8.2　理论回顾

8.2.1　总体战略与多点竞争

多点竞争文献直接关注的焦点为，当相同的一组企业在不同的市场及不同的产品上相互对抗时，其所造成的相互依赖性（Karnani and Wernerfelt，1985）。当企业与其他企业在多重市场相互竞争时，通过资源分配可以重新建构竞争局势。例如，Baum 与 Korn（1996：286）观察到"企业进入与退出彼此的市场，重大地改变了影响它们竞争行动的竞争结构"。这一多点竞争的观点引领了我们探究将总体资源分配的决策作为积极重新建构竞争局势之机制的潜力。

一般而言，评估企业总体战略有效性的关键衡量方式为，企业能够持续、稳定地产生优于正常利润（或称为"租"）的整体能力（Alchian，1991；Bowman，1974）。这一建议隐含着总体战略必须针对两项前提加以考虑。首先，最重要的目标是使公司整体达到最佳的且能够长期持续产生租的地位，而非最大化任何个别子公司的事业绩效。其次，为了达成此目标，公司必须主动协调与整合不同子公司间的相互依赖性（Kim and Hwang，1992）。因此，基本的关注焦点是，企业如何利用它在某一个市场的地位，来提升它在另一个市场的地位（Kogut，1985）；抑或企业如何通过它的多重投资，在某一项投资突然失败或遭受攻击时，仍有其他的选择（Aaker and Mascarenhas，1984：77）。

竞争者相互对抗的点代表竞争性行动和竞争性响应的场域[⊖]。竞争场域可以是共有的地理区域市场（Caves and Porter，1977）或业务范围（Feinberg，1985）。当竞争者彼此交战于多重竞争场域，竞争性响应不尽然会在竞争性行动发起的同一时点发生（Karnani and Wernerfelt，1985）。竞争者彼此拥有在多重市场还击对手的能力创造了一个复杂的博弈，对于任一个别参与者而言，博弈的结果与其他参与者所做的战略选择相互交织（Gimeno and Woo，1996）。

8.2.2　多点竞争与相互忍让假设

当企业考虑在某一市场采取竞争性行动时，往往因现实中相互依赖的特性，而会顾虑到引发竞争者在其他市场采取竞争性报复的可能性（Amit，Domowitz，and Fershtman，1988），如此，将产生相互忍让（Edwards，1955）。相互忍让的假设主张，跨市场报复的潜在性可能会阻止竞争者在任何既定市场采取侵略性的攻击（Barnett，1993；Ma and Jemison，1994）。

在一个重要的理论论述中，Bernheim 与 Whinston（1990）检视一个简化情境下（两家企业、两个市场）的成本结构差异。他们证实了，在适当的折扣条件下，将出现下列结果：①当成本优势为对称（symmetric）时，企业可以将其每一个市场的销售转移至该市场较具成本效率的企业，以最大化其利润；②如果一个企业具有绝对的成本优势，则两家企业可以分配销售给高价市场中缺乏效率的企业，但在同质市场提供不同的定价，借以最大化它们

⊖　在此，我们广泛地定义竞争场域包含产品与顾客基础的概念，诸如产品形态、地理区域市场以及产业区隔。

的利润。

这一论点支持了企业在多重市场的情况下，会倾向于发展影响范畴；在影响范畴内，"每一家企业都会非正式地认可其他企业在其重要市场中的重要利益，借此期望，该企业本身的重要利益也会得到其他企业类似的尊重"（Bernheim and Whinston，1990：11）。一个特定企业与其影响范畴调和的程度，取决于该企业在每一个竞争市场的特定优势（或该特定优势的缺乏）。如此，影响不同参与者最终的影响范畴结构，最重要的因素是它们的相对成本（或价格／质量）优势。虽然实证结果尚无一致性的定论（Baum and Korn，1996；Scott，1982），然而这一理论主张已经得到一些研究的支持，参见 Mueller（1977）所做的全面评论。

企业实行相互忍让是可以理解的。然而，在一些情况下，忍让的执行具有困难，例如，当先前所建立的影响范畴瓦解，当企业试图创造新的杠杆点，或当企业彼此的目标不对称时，分别说明如下。

8.2.3 相互忍让的压力

1. 先前均衡状态的瓦解

当一个竞争场域中的竞争条件发生重大改变，因而瓦解相互忍让的均衡时，企业会寻求建立一个新的均衡点。这种因均衡条件改变而瓦解现存产业的例子不胜枚举。例如，被高度期待的新产品特质出现，诸如饮料产业中的翻盖汽水与易拉罐啤酒；崭新的低成本制程的发展，诸如全球厚玻璃板产业的浮化玻璃；市场的重新建构，诸如成衣零售（当越来越多的女性专业人员进入职场）或医疗照顾（随着人口老化）；新配销渠道的出现，诸如银行业的自动提款机或宠物食品的专业连锁；原物料来源的新开发，诸如使用塑料来取代木材与金属的包装；抑或产业管制的设立或解除，诸如美国航空业及电信业。上述每一种新发展皆使现存的影响范畴陷入混乱局面，迫使产业参与者必须调整步伐加以应对。

在缺乏能够合理计算相对优势的信息情况下，为了取代无知的运作，企业会随着它们在新环境之目标和期望的转移，而展开竞争性行动与响应（Cyert and March，1963；March and Simon，1993）。随着重复互动的累积，参与者将逐渐收敛至一个新的均衡点。

2. 开创新的杠杆点

企业为了强化未来的影响力，可能选择进入先前未进入的竞争场域。例如，柯达进入日本国内的照相胶卷市场，为它日后制衡富士胶卷创造了使力点$^\ominus$。虽然这一竞争性行动在利润上可能没有直接的报酬，但它给予柯达许多机会，能够在一个竞争者先前无须面对竞争的场域中，掌握对付竞争者的强制权。

3. 不对称的目标

虽然相互忍让假设企业有相似的共同目标，但它未必一体适用。举例而言，来自不同国家的企业因为不同的动机，可能追求不同的目标（Yip，1995：50）。例如，日本企业常常将营收成长和雇用稳定性置于追求利润之前。对于一个成长导向、利润中立的参与者而言，净利构面的相互忍让可能无甚意义。事实上，日本企业可以将相互忍让运用得非常好，它们在某一竞争场域满足地获取营收利得，即使竞争者对其他场域采取竞争性行动损及它们的利润。同样地，私人企业与政府管控的企业，常常有一些目标显示它们愿意牺牲利润，因此，它们表现出来的行为方式，也不见得完全适用相互忍让的情境。由于许多国家的家族企业与国营企业主导着整个经济，因此不对

$\ominus$　我们感谢匿名审查委员对此点所提供的洞见。

称目标的观念极为重要。

我们的结论为何？首先，对于在多重市场竞争的企业来说，遵循 Parkhe（1993：802）所称的"私有秩序"（private ordering），是有利且十分合乎逻辑的。私有秩序意指由于第三者的管制与裁决无法强制达成自愿性的合作关系，因此，参与者达成自我强制的协议（self-reinforcing agreements）。然而，不管多么理性，私有秩序并非总是能达成；当现存的影响范畴瓦解，缺乏完全的信息将使情况变得十分复杂。在复杂的多重市场或多重产品状况下，战略家所偏好用来形成行动选择的许多信息是得不到的；拥有诸多参与者的全球产业尤其脆弱。如同 Phillips（1962）指出的，竞争者的数目越多，彼此间的权力分配越平均。再者，参与者的价值（value）越不同质，则越难弄清博弈中的真实参数，这是因为不同的价值将降低其他参与者得到的信息的质量与相互预测性。

换言之，一家公司常常无法获知竞争者的真实成本或质量函数，亦无法得知创新如何影响这些函数；需求与市场将如何改变也常常难以预测。总之，没有直接而详细的信息分享（通常是不被允许的），一家公司将很难了解何种影响范畴的安排最为适当。建立企业间正式的组织网络是解决信息分享问题的一个方式（Astley，1984；Phillips，1962；Warren，1967）；一旦缺乏这样的协调机制，企业将会面临极大诱惑，尝试以其他方式取得信息或投机地采取行动；袭击（foray）竞争者的场域就反映了这种诱惑。

8.2.4 周期性的袭击

错综复杂、模糊不清的竞争环境，使企业有强烈的诱因去取得比竞争者更正确的信息。因此，当一个参与者意识到环境状况的改变可能对它有利，或逐渐转变成对它有利的局面时，企业可能会采取一些稍微偏离目前相互忍让状况的做法（Williamson，1975），而采取周期性的投机袭击，以探究竞争者现阶段的成本或质量结构。竞争者对这些袭击的响应，可以帮助企业取得关于竞争者目前能力与意图的信息。

Kreps（1990：55）指出，企业会使用这些响应信息做长期的改善，或更新短期竞争性行动与响应的模型。哪些因素可以阻止或避免这种袭击陷入全面开战的状态？Bendor、Kramer 与 Stout（1991）的实证研究提供了一些线索，他们以囚徒困境为例来说明，在缺乏完整信息之下，局中人会避免完全惩罚性的响应，而改以较为宽大的态度来面对竞争者的偏离合作行为⊖。因此，如果企业的竞争者缺乏相关信息，它们可能将周期性的袭击（偏离合作行为）视为竞争下相互妥协的一部分，并且觉得不需要做出重大的惩罚性响应。相反地，竞争者会以中度范围（midrange）的响应，诸如散播信息（signaling）（Porter，1980），以及改变某些（而非全部）场域的承诺，使竞争朝新的相互忍让态势移动，而不致使博弈处于全然不稳定的状态。

公司资源的路径依赖性与累积性的本质（Barney，1991；Dierickx and Cool，1989；Nelson and Winter，1982），进一步抑制了不稳定的报复性响应，因为对企业而言，快速地变换竞争方式往往对长年累积，而且相当有价值的 know-how 与能力，形成沉重的压力与毁坏。这项事实具有两项含义：①决策者比较可能偏好维持既有的竞争场域态势，而非移至一个全新的场域；②竞争性行动与响应对一大群竞争者的影响具有异质性（Amit and Schoemaker，1993）。某一个企业的战略家可能知觉到一个能够创造优势或掌握商机的独特机会，但其他企业未必有此知觉。

8.2.5 战略性资源转置

我们现在开始探讨战略性资源转置的观念。当一个企业采取竞争性行

⊖ Axelrod 与 Dion（1988）指出，在情况不明的状况下具有抵换的关系，因为不必要的冲突可以借由大方的行为（将风险的承担转移至有雅量的参与者）予以避免。

动，使竞争者将资源从原先对其具有独特利益的场域中转向时，与竞争者持续其目前的资源承诺形态相比较，企业可以用较低的成本提升其本身的报酬。有一点必须了解的是，在资源与动机具有异质性的情况下，这样的战略性行动不需要是零和的，也不需要使任何企业面临激进的报复。

换句话说，采取一种竞争者也受益的方式来重新建构影响范畴是可能的（Brandenburger and Nalebuff，1996）。当竞争者的资源可被转移至能够加强其影响范畴的竞争市场时，则可谓双赢的局面。在新的影响范畴建立后，相互忍让的情境再度奏效，结果是所有企业的利润均得以提升，这种影响范畴的相互调整，将使企业能从事更多敏锐灵巧的竞争，而非 Parkhe（1993：819）所称的"一报还一报"。相反地，它们可以寻求 Parkhe（1993：819）所说的"在追求个别竞争优势下，进行跨企业的合作"。

我们将于下节更深入地延伸这个想法，并且提出新的思维，将用以达成战略资源转置目的而执行的资源分配决策纳入考虑，以延伸总体的战略理论。为达此目的，首先回顾竞争性对抗的相关文献，然后应用这些文献提出三项基本的资源转置行动的相关命题。

8.2.6 竞争性对抗理论的启示

竞争性对抗的相关文献已经提出了两个与战略性资源转置密切关联的观念：①研究竞争性行动与响应的互动，有助于分析竞争性对抗（Porter，1980；Smith，Grimm，and Gannon，1992）；②竞争性行动属性、行动企业承诺的程度，与受攻击的市场对防御者的重要性（Chen and MacMillan，1992），可以用于预期竞争性响应行为（Chen，Smith，and Grimm，1992）。

Chen 与 Miller（1994）已经提出三项构成竞争局势的要素，这三项要素交互作用形塑了竞争者对任何竞争性行动采取响应的可能性。首先，需要了解企业进行竞争性响应的能力（Porter，1980）。不管企业的意图如何，如果因为缺乏资源或有限的资源另有用途，而无法采取行动，则其不太可能从事一项有意义的竞争性响应。第二项构成要素为动机（Porter，1980）。如果企业有充足的资源能采取竞争性响应，但没有动机，则无法期待一个有意义的竞争性响应。最后，一个企业必须察觉到竞争者行为才能采取响应的动作。

由于能力和动机与响应倾向有关，企业必须了解这些要素，才能针对一个目标竞争者采取特定的竞争性响应。实际上，企业如果想要洞察任何能达到资源转置目的的机会，必须以竞争场域类别为分析基础，逐一评估每个场域中主要参与者的能力与动机。我们认为，每一个参与者（包括焦点企业）都能考虑本身在每一个竞争市场中的两项主要特质，来分析资源转置的机会。首先是参与者在一个特定产品／市场竞争场域中的竞争强度（competitive strength）。竞争强度来自市场力量（market power）或先占者优势（Lieberman and Montgomery，1988；Montgomery，1985）等因素。它代表一个参与者在一个既定竞争场域中的能力；其次为参与者的市场利益（market stake），这反映了参与者承诺及依赖该竞争场域的程度。对于决策者而言，已投入相当的财务、社会或心理承诺的场域（Chen and MacMillan，1992；Ghemawat，1991），可能比先前仅投入些许承诺的场域更为重要。同样地，企业越是依赖该竞争场域作为收入与利润来源，对决策者产生的影响可能越明显。参与者在一个特定竞争场域中的市场利益越大，则在该竞争场域采取行动的动机越强，尤其在防御层面上。

竞争强度与市场利益不必然具有相关性。一个企业可能发现它具有相当大的竞争强度，却没有相对的高度利益，如同一个庞大的集团在一个它视为不太重要的市场，拥有很高的市场占有率。在这样的状况下，公司可能会将这些事业单位分割出来，例如，通用电气公司把电视事业部分割出去，换进来法国汤姆森公司的医疗摄影事业部。同样地，企业可能高度承诺于一个它们并没有强力地位的市场——尤其是当它们进入新市场（AT&T 进入信用卡事业）或新兴产业（孟山都进入生物科技业）的时候。

下一节，我们利用竞争强度与市场利益的观念，来发展一些结合战略资源转置考虑理论的初步命题，并显示一个企业如何利用总体战略，来形塑一个能提升其影响范畴的竞争局势。

8.3　战略性资源转置

战略性资源转置的观念指出，一个企业资源分配的程度影响某个焦点竞争者的资源分配决策，并且重新塑造它的影响范畴。战略来自军事思想，战略想法在军事中孕育，在管理文献上也具有悠久的传统。例如，Yip（1995）和 Hout、Porter 与 Rudden（1982）建议，全球竞争的本质是，在某个国家针对一个竞争者采取竞争性行动，以便引出其配置于另一个国家的资源。Brandenburger 与 Nalebuf（1996）近来也应用博弈论讨论这些观念。我们试图将这些资源转置的一般性概念联结至特定的战略性行动。根据军事的模拟，以下将探索三种战略：攻击、伪装与谋略。[⊖]

攻击牵涉到在一个竞争场域采取明显的直接攻击，其目的在于让竞争者撤回资源，使它们了解到投入更多承诺在那个竞争场域将非常困难且成本高昂。伪装是一个企业攻击一个竞争者认为重要的焦点竞争市场，但该市场对攻击者而言不那么重要，非其真正的目标市场。伪装通常紧接着或伴随着企业将资源的承诺投注在真正的目标场域。为了避免竞争者将资源投注在目标场域，企业从事伪装，试图迫使竞争对手将资源转置来防御它的焦点竞争场域。

　⊖　推论自（但不尽相同）正面攻击、侧面攻击及战略性撤回等军事战略，这些战略反映了军事战术。

第三种战略被西洋棋手称为"谋略棋"（gambit）。一个企业明显地牺牲它在一个焦点竞争市场的地位，清楚地表达出它希望竞争者将资源转置那个市场，增加其在那个市场的影响范畴，然后，执行该谋略的企业即可将资源专注在增加本身目标市场的影响范畴（在目标市场中，竞争对手可能正在降低资源承诺）。谋略的结果若可被接受，则双方参与者最终会增加彼此的影响范畴，因此博弈的结果不必然是零和的。

8.3.1　资源转置命题

基于理论精简的主张，我们刻意从一个简化的情况开始，即两个参与者（A和B）在两产品／市场竞争领域（X和Y）从事竞争。在每一个资源转置行动与下面将提出的相关命题中，A是竞争性行动的发动者，其意图将竞争对手B的资源转置，而X则为A希望借由转移B的资源来提升其影响范畴的目标市场。A的基本目标是辨识出可能影响B资源分配的主要因素。对于两个企业而言，它们的预期目标是在它们选择竞争的所有市场中，发展出一个优异的赚取租的地位。

对于任何既定的竞争性互动，A渴望的结果为：强化它在一个目标市场（在本情境中即为X）的影响范畴。A将会通过竞争性行动，将竞争者资源转移到该竞争者的焦点市场（在本情境中即为Y），以达到上述效果。因此，B资源转置的程度是任何既定竞争性互动的因变量，且最终的结果为A在X的影响范畴再度调整与改善（即增加在那里获利的潜力）。

8.3.2　战略一：攻击

图8-1呈现了在一个竞争性场域采取攻击的图示。此情况为A意图在竞争场域X扩张其影响范畴，并发动一个直接攻击，强烈地施压于B，使其将资源从X转移，甚或完全地从X撤出。一个解释攻击战略极佳的例子为，

日本半导体制造商在 20 世纪 80 年代中期进入英特尔（Intel）公司的动态随机存取内存（DRAM）事业。日本企业利用它们所谓的 10% 法则，意指它们将针对每一个目标顾客在 DRAM 价格上降价 10%，直到英特尔放弃这些顾客（Grove，1996）。这些攻击组合的最后结果是，英特尔从 DRAM 市场完全撤出。英特尔随后将其资源转移至微小的微处理器芯片事业，但后来极为成功。

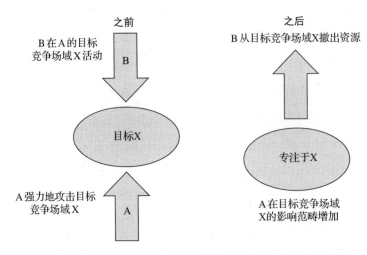

图 8-1 攻击

在攻击中，当 A 的竞争者将资源移至其他竞争场域从事竞争时，A 即达成其目的，此时 A 将在目标竞争场域 X 增加其影响范畴。在直接攻击下能够产生预期的资源转置效果的情况，可以更正式地以三项驱动因子的函数加以说明。

第一项驱动因子为两个参与者的相对竞争强度。任何拥有比攻击者低之竞争强度的目标竞争者，在该竞争场域上都不可能拥有与其相似水平的能力，因此，比较有可能去寻求别处的机会（Chen and Miller，1994）。第二项驱动因子为两个参与者的相对市场利益（Chen and MacMillan，1992）。B

在 X 所拥有的市场利益越大，则越不可能转移资源；A 在 X 所拥有的市场利益越大，则显示出其进入该市场的承诺越强。第三项驱动因子为攻击的可靠性（credibility）⊖。由于动机常常含糊不清且信息不完全，使竞争者 A 的意图可能变得相当不明确（Nemeth，1972）。因此，在攻击中投入的资源越多，则该行动的明显程度及可靠性越高（Robertson，Eliashberg，and Raymon，1995），该公司所显现的承诺也越高（Ghemawat，1991）。

一家企业是在一个交织着决心、随机与目的性的战略选择行为的复杂情境中，观看其他企业的竞争性行动的（Child，1972）。因此，攻击者的竞争性行动的真实目的，对其攻击对象而言可能不尽明确，而其攻击对象所实行的竞争性响应，对攻击者而言也可能不清楚。没有任何保证可以确定 B 所采取的行为必然为 A 所喜好的。然而，我们可以提出某些命题。以下命题以概率的术语呈现，因为在不完全信息的环境中，无法保证竞争者的反应是否会和我们所预期的一致。

命题 1a：当 A 在竞争场域 X 采取直接攻击，A 配置于此攻击的新资源越多，则 B 越能察觉到此攻击，且 B 越会认为 A 对此攻击的承诺越高。因此，①B 越有可能将资源从竞争场域 X 转移至他处，以及②B 从该竞争场域转移出的资源数量将越多⊖。

命题 1b：当 A 在竞争场域 X 采取直接攻击，若 A 相对于 B 在竞争场域 X 的竞争强度越大，则 B 越会认为 A 有能力进入竞争场域 X。因此，①B 越有可能将资源从竞争场域 X 转移至他处，以及②B 从该竞争场域转移出的资源数量将越多。

⊖ 高度可靠的攻击常常具有强化竞争者弱势的效果（心理上与实质上），使它们在报复的决心与能力上极度消沉（Kotlet and Achrol，1984）。

⊖ 所有命题皆假设 B 仅为有限程度的冗余，因此当 B 的冗余程度提高，则资源转置的规模和可能性将降低。

命题1c：当A在竞争场域X采取直接攻击，A在竞争场域X的市场利益越大，则B越会认为A对此竞争场域X的承诺越高。因此，①B越有可能将资源从竞争场X转移至他处，以及②B从该竞争场域转移出的资源数量将越多。

命题1d：当A在竞争场域X采取直接攻击，相较于B在其他竞争场域的市场利益，若B在竞争场域X的市场利益越大，则B在竞争场域X的承诺越高，而B将资源从竞争场域X移出的可能性越低。

8.3.3 战略二：伪装

在第二个战略中（见图8-2），A企图在两个涉入的竞争场域采取谋略以增加其影响范畴。首先A的目标是竞争场域X，它试图保护或加强其在X的影响范畴。另外，对B而言，Y为其竞争场域的焦点。A为了强化其在目标竞争场域X中的影响范畴，会攻击B的焦点竞争场域Y，以强迫B转移资源。假设B的资源有限，则这些资源可能就是原先B配置在目标竞争场域X的资源。经过一番伪装战略交战后，将演化出另一个新的相互忍让结构。

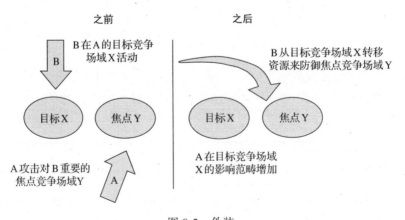

图8-2 伪装

伪装战略有数种变化。一种是 A 企业可能攻击 Y，并且等待 B 采取响应。另一种是，A 可能同时攻击 X 和 Y，且只有当 B 从 X 转移时，才会减弱对 Y 的攻击。还有一种是，即使 B 已从 X 处将资源转移，A 仍持续施压于 Y。这些战略变形的基本概念都是导引 B 将资源从 X 转移至 Y，而同时 A 能在 X 建立或保护它的影响范畴。以下宠物食品产业的个案揭示出第三种变化状况。

美国宠物食品产业在 20 世纪 80 年代后期经历了剧烈的转变（Liesse，1992）。一个崭新的市场区隔出现：富裕而"重视饮食"的宠物拥有者——这些人很富有，同时对他们的宠物具有强烈的情感依恋（Turcsik，1995）。Ralston 公司（宠物食品市场的主导者，拥有 30% 的市场占有率及颇知名的 Purina 品牌）忽略了这个新的市场区隔（Liesse，1992）。其他制造商则专注于这个新的市场，引进了诸如 Iams 与 Hill's Science Diet 品牌，这些食物一开始在宠物专卖店或通过兽医销售（Liesse，1992）。

同时期，宠物食品的大宗市场正面临改变。宠物超级商店如 PetSmart 与 Petco，侵蚀了传统宠物食品超级市场渠道的市场占有率，这些企业将自己定位为"以较低的价格提供相同或较佳的产品"（Turcsik，1995），甚至储备由 Iams 制造商所制造的精致产品（Liesse，1995）。

在 Ralston 的观点中，超级市场代表目标的影响范畴 X，其他销售渠道代表竞争者，如 Iams，可能的焦点竞争场域是 Y。对于 Ralston 而言，其渴望的结果是避免高档竞争者进入超级市场，且巩固其在那里的地位。毕竟，大部分的宠物拥有者仍倾向于一星期至少逛一次超级市场，而到宠物超级商店的次数则不那么频繁。

Ralston 的竞争性行动为，研发并直接部署它的专业计划（Pro Plan）产品线于宠物店和专卖店。这类产品被定位为高档宠物食品，其定价仅稍微低于 Iams 与 Hill's Science Diet（Liesse，1993）。Ralston 的伪装战略引起了

Iams 与 Hill's Science Diet 采取重大的防御反击，它们在专业渠道上导入全新和更高质量的产品线，并针对宠物主展开店内促销（Liesse，1995）。换句话说，这些竞争者将资源转移至它们的焦点竞争场域。虽然这些行动巩固了 Iams 与 Hill's Science Diet 在这些竞争场域的地位，但它们也创造了其超级优质产品无法于超级市场购得的形象（Liesse，1995）。因此，在防御竞争场域 Y 时，为了避免危害到它们的品牌形象，它们关闭了在超级市场大宗商品的渠道（Ralston 的 X）。

在伪装战略成功后，Ralston 接着执行一项攻击战略。它在大宗市场导入一项称为 Purina O. N. E.（Optimun Nutrition Effectiveness）的产品，此为一种高级品牌宠物食品，其质量几乎与 Ralston 的 Pro Plan 产品线一样，且价格更低（Liesse，1993），这项产品塑造了 Ralston 兼顾产品高级与成本低廉的形象，并能够与宠物超级商店竞争。这一连串竞争性互动后产生的均衡，让 Iams 与 Hill's Science Diet 保住了超级优质产品的渠道，但关闭了 Ralston 所在的传统渠道，而 Ralston 在优质产品渠道上却仍保有其立足点（Liesse，1993）。目前 Ralston 在优质产品市场（包含超级市场与其他渠道）拥有主导性的占有率，并提升了质量的形象。

在揭示了伪装战略的概念后，我们现在将焦点转移至相关的命题。就 A 的观点而言，无论 A 是否采取任何行动进入该焦点竞争场域，成功的战略将是让 B 为了防御其焦点竞争场域而转移其资源。上述要能成立，必须存在三项条件：①此突袭必须能吸引 B 的注意；②焦点竞争场域必须对 B 有重大的利益；③B 必须知觉到 A 的行动具可靠性。

任何在 B 有重大市场利益的竞争场域中的竞争性行动，都很可能吸引 B 的注意并被解读为一个重大威胁（Chen and MacMillan，1992）。在这种情况下，防御企业可能愿意全力奋战或"完全投入以维持强势"（Ohmae，1982：141）。然而，一个在 B 具有重大竞争强度的竞争场域上展开的行动，可能被视为比较不具有威胁性。至于 B 对 A 可靠性的认知，则视其对 A 的承诺与意图的知觉而定。A 投入的明显程度越高，则此攻击将被视为越可靠（Robertson et al.，1995）、越明显（Chen and Miller，1994）、越具敌意（MacMillan，McCaffery，and Van Wijk，1985）以及越强烈（Chen et al.，1992）。这些观念可由下列命题呈现。

命题 2a：当 A 在竞争场域 Y 伪装时，若 B 在竞争场域 Y 的市场利益越大，则 B 越会察觉到此伪装战略，且 B 越致力于防御 Y。因此，①B 越有可能将资源转移至竞争场域 Y，且②B 将有可能转移较多数量的资源至竞争场域 Y。

命题 2b：当 A 在竞争场域 Y 伪装时，若 B 在竞争场域 X 的市场利益越大，则 B 越致力于防御 X。因此，①B 越不可能将资源从竞争场域 X 转移出，且②B 可能将资源从竞争场域 X 转移出的数量越少。

命题 2c：当 A 在竞争场域 Y 伪装时，若 B 在竞争场域 Y 的竞争强度越大，则 B 将越有能力防御 Y。因此，①B 将资源转移至竞争场域 Y 的可能性越低，且②B 可能将资源转移至竞争场域 Y 的数量越少。

命题 2d：当 A 在竞争场域 Y 伪装时，若 A 配置于竞争场域 Y 的新资源越多，则 A 越显示出进入竞争场域 Y 的承诺，且 B 越会察觉到此伪装战略。因此，①B 越有可能将资源转移至竞争场域 Y，且②B 将有可能转移较多数量的资源来防御竞争场域 Y。

命题 2e：当 A 在竞争场域 Y 伪装成功后，若 A 在竞争场域 X 的市场利益及竞争强度越大，则 B 越会觉得 A 有能力且高度承诺进入竞争场域 Y。因此，①B 越有可能持续支持竞争场域 Y，②B 越不可能将资源转移至竞争场域 X，以及③一个新的影响范畴兴起的可能性将越大。

8.3.4　战略三：谋略取得优势的开局棋法

在西洋棋的游戏中，谋略意指竞棋者为了建立较强的地位或防御较具价值的部分，而牺牲价值较低部分的一步棋。在竞争上的等同意义是指，为了吸引竞争者转移资源进入竞争场域，而从吸引人的竞争场域中撤出。吸引对手进入竞争者选定的竞争场域的案例广布于各种领域，包括军队与体育运动等。例如，在足球世界杯比赛中，德国队常常使用一个众所皆知的战略，称之为"排阵式战略"（platoon formation）（Garchia-Ruiz，1994），这一谋略是指德国队将大部分球员撤回半场进入防守区域，借此促使其竞争对手采取急促的攻击而暴露出他们防御上的弱点。在商场上，竞争者可能会牺牲较不重要的竞争场域，而在其他竞争场域强化影响范畴。

如图 8-3 所示，显然的谋略就是，为使 B 的资源转移至 Y（B 重要的竞争场域），A 从 Y 撤出资源。A 借由故意且明显地从焦点竞争场域 Y 撤回，以试图吸引 B 将原先投入于 A 所专注的竞争场域 X 的资源转移至 Y。在此个案中，焦点竞争场域 Y 可视为一个谋略，而 B 转移至 Y 的资源量即为 B 无法投入至 X 的资源量。

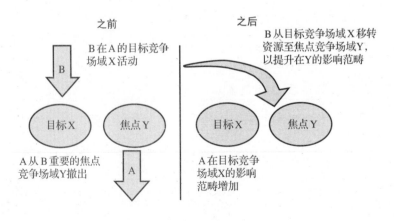

图 8-3　谋略

比克（Bic）与吉列（Gillette）间长期的对抗说明了谋略在竞争互动上的运用。两个企业的竞争场域是抛弃式打火机与刮胡刀。吉列刮胡刀传统的竞争性战略是专注于提升匣式刮削用具的技术。然而，比克发展出相当强的制造廉价抛弃式产品的能力。比克于 1975 年积极地进入抛弃式刮胡刀市场（*The Economist*，1980），也促使吉列进入该市场。令吉列难堪的结果是，比克与吉列的抛弃式刮胡刀同时侵蚀了吉列高获利的匣式刮胡刀的市场（*European Cosmetics Market*，1993）。

吉列与比克在刮胡刀产品交战的十年当中，都处于低获利的情境，之后吉列在打火机产品上执行一项谋略。比克在打火机市场拥有强势的影响范畴，且获得的利润远高于刮胡刀（Daniels，1984）。吉列在 1984 年从打火机市场完全撤出，并将资源转移至刮胡刀上（*Time*，1984）。事实上，比克接受了这一谋略，并将刮胡刀的资源转移至支持其打火机部门。此期间，吉列专注于建立它在刮胡刀市场的影响范畴。两年内，吉列在刮胡刀市场上取得了 50% 的占有率，且将获取的利润用于发展一系列新产品，尤其是在高价产品的市场区隔上（*European Cosmetics Market*，1993）。这种影响范畴与地位的交换持续了 6 年，直到后来吉列成功地推出感应 Sensor 刮胡刀来攻击匣式刮胡刀市场（*European Cosmetics Market*，1993）。

诚如这个案例所描述的，借着从 B 所承诺的市场撤出资源，A 给 B 提供一个赢得影响范畴与立即获利的机会。因此，A 可谓运用了行为学习理论学者耳熟能详的动态过程。诚如 Levinthal 的观察：基于人类学习能力的特性，过去就已经投入拓展某一领域，会使企业倾向于更进一步开拓该领域。然而，持续在目前稳定且有报酬的领域内活动，会使企业倾向于不愿去探索其他可能的利基（1995：29）。

承上推论，进一步投资于焦点竞争场域，将比持续在 A 的目标竞争场域竞争更吸引 B。这意味着 A 在预期竞争者的响应时，A 与 B 的相对竞争强度与市场利益扮演了极为重要的角色，同时也意味着 A 与 B 两者皆可从彼此的竞争互动中取得更有利的地位。

借着提升 B 察觉与确认撤出的可靠性，A 移出 Y 与进入 X 的规模，以及同时发生的程度，将影响谋略的成功。撤出的数量越大，则留给 B 的机会越多。同样地，B 在其焦点竞争场域的地位越强，谋略的有效性越高。在撤出资源时，A 将保护其目标竞争场域使 B 不会越来越感兴趣。

以下，以命题的形式预测这些论点。

命题 3a：当 A 借由撤出资源而利用竞争场域 Y 作为一项谋略时，A 撤出的资源数量越多，则撤出的明显性将越高，且 A 显示出降低其在 Y 的影响范畴的承诺越高。因此，①B 越有可能将资源转移至竞争场域 Y，以及②B 将转移更多数量的资源至该竞争场域。

命题 3b：当 A 借由撤出资源而利用竞争场域 Y 作为一项谋略时，B 在竞争场域 Y 的竞争强度越高，则 B 越感到有能力在此竞争场域扩张。因此，①B 越有可能将资源转移至竞争场域 Y，以及②B 将转移更多数量的资源至该竞争场域。

命题 3c：当 A 借由撤出资源而利用竞争场域 Y 作为一项谋略时，B 在竞争场域 Y 的市场利益越高，则 B 越感到有能力及承诺于此竞争场域。因此，①B 越有可能将资源转移至竞争场域 Y，以及②B 将转移更多数量的资源至该竞争场域。

命题 3d：当 A 借由撤出资源而利用竞争场域 Y 作为一项谋略时，A 从 Y 撤出资源与重新配置，两者发生的时间越接近，则谋略的明显性与可靠性将越高。因此，①B 越有可能将资源转移至竞争场域 Y，②B 将转移更多数量的资源至该竞争场域，以及③收敛至一个新的相互忍让结构的速度将会越快。

命题 3e：当 A 借由撤出资源而利用竞争场域 Y 作为一项谋略时，A 在竞争场域 X 的市场利益越高，一旦 A 将资源转移至 X，B 越感到有能力及承诺进入竞争场域 Y。因此，① B 越有可能将资源转移至竞争场域 Y，② B 将转移更多数量的资源至竞争场域 Y，以及③收敛至一个新的相互忍让结构的速度将会越快。

命题 3f：当 A 借由撤出资源而利用竞争场域 Y 作为一项谋略时，A 在竞争场域 X 的竞争强度越高，一旦 A 将资源转移至 X，则 B 越会觉得 A 有能力及承诺进入竞争场域 X。因此，① B 越有可能将资源转移至竞争场域 Y，以及② B 将转移更多数量的资源至该竞争场域。

命题 3g：当 A 借由撤出资源而利用竞争场域 Y 作为一项谋略时，A 对竞争场域 X 承诺的新资源越高，则越能彰显出 A 对 X 的承诺，且 B 的察觉亦将越高。因此，① B 越有可能将资源转移至竞争场域 Y，以及② B 将转移更多数量的资源至该竞争场域。

8.3.5　战略的结合

攻击、伪装与谋略三项战略可以结合形成更复杂的战略性转向行动。例如，攻击可以与伪装或谋略结合。在一个吸引人的案例中，菲利普·莫里斯（Philip Morris）结合了攻击与伪装而重新取得了某个竞争场域的影响范畴，并且将公司定位为于另一竞争场域中取得主导性影响范畴的位置。这些竞争性行动即为耳熟能详的"万宝路之战"（Marlboro Wars）（*The Economist*，1995）。

在 20 世纪 90 年代初期，雷诺烟草（R. J. Reynolds）在美国通过折扣与低价品牌，侵蚀了整个高端品牌香烟的市场占有率。菲利普·莫里斯发现了他所领导的高端品牌（万宝路）在美国的市场占有率已被侵蚀。1993 年 4 月 2 日［"万宝路星期五"（Marl-boro Friday）］，菲利普·莫里斯在美国宣告万宝路降价 20% 来执行一项攻击行动。两星期后，菲利普·莫里斯并未减少其广告费，反而大量增加。雷诺烟草则在美国采取跟进降价及提高广告量的做法响应（Sellers，1997）。

虽然成本极高，但降价攻击的行动却让菲利普·莫里斯重新获得已经被折扣品牌占有的占有率（一个影响范畴的指标）（Gornov and Malyukov，1993）。当领导降价销售的美国烟草公司对上英美烟草公司，使折扣战似乎难以停息之际，在美国开辟另一个新的影响范畴便显得相当有必要。雷诺烟草采取了第一个行动：1993 年 11 月，该公司宣布提高其高端品牌 10% 的美元价格，三天内，万宝路也提高了相同数目的价格（*Winston-Salem Journal*，1993）。事实上，雷诺烟草释放出停战的信号且建立一个新的影响范畴，在一个妥协的价格点上使万宝路仍有美国市场 30% 的占有率。换句话说，这一攻击已达成了它的目的。

这个发生在美国的攻击对全球竞争格局来说，也有许多伪装的特质。菲利普·莫里斯可以承担在美国所遭受的损失，但雷诺烟草无法承担——这便显示出异质资源禀赋的重要性。在"万宝路之战"前，雷诺烟草一直在东欧的烟草市场建立强势的地位；在 1994 年，它每年在东欧销售约 7000 亿美元的香烟，而且销售成长快速。当时，美国香烟市场约为 5000 亿美元，比过去 10 年下降了 15%。为了防御美国的高端品牌，如云斯顿（Winston）与骆驼（Camel），雷诺烟草将原可用于继续建立其在东欧影响范畴的资源转移至美国。

在 1993 年年末，雷诺烟草裁撤了 10% 的美国员工，相对地，菲利普·莫里斯一直在成长，不但在克拉斯诺达尔、沃尔纳（Gornov and Malyukov，1993）及圣彼得堡（*Captial Times*，1992）完成了工厂兴建，并持续进行一项为期 3 年购并其他俄罗斯工厂的计划（Naryshkina，1997），同时也投资 8 亿美元与各国当地的香烟公司进行购并与合资，包括俄罗斯、立陶宛、哈萨克斯坦、乌克兰、波兰、匈牙利、捷克共和国以及德国（Levin，1994）。因此，当雷诺烟草将资源转置支持其在美国竞争场域上被侵蚀的影响区域时，菲利普·莫里斯正于争议较少且有较高成长的东欧竞争场域上建立其竞争地位。

以上所举出的例子及揭示的命题显示，战略性资源转置的观念可以扩展总体战略理论，并且跟竞争性对抗理论整合。这一战略性资源转置构念，指出了如何利用企业的资源分配决策来形塑竞争性环境（及伴随的竞争选择程序）。下一节将讨论理论和研究的含义，同时提供一些未来研究的想法。

8.4　讨论

我们相信本章所发展的论述，有潜力建构未来的总体战略与多点竞争领域的理论。

8.4.1　研究意义

1. 竞争性情报与私有信息

在一个完美信息的世界里不需要进行资源转移，因为所有参与者都同样清楚地了解对手相关的成本与质量结构信息。企业越知道竞争者的成本函数且越少竞争者知道该企业，则竞争者越容易受到企业战略性运用攻击、伪装及谋略来重塑影响范畴的影响。

现实的挑战在于，了解企业如何创造与形塑信息的不对称性，以及它们如何使用不相等的信息去建立与防御影响范畴。越来越多的人关心多重力量的交互影响，以及在何种情况下能够减少与消除经营疆界的议题（Victor and Stephens，1994）。虽然采取目前受欢迎的形式，如联盟、合资及标准化联盟（standards bodies），可能会增进企业在一个竞争场域中的地位，然而，企业却必须冒着暴露重要信息而损及整体地位的风险。

另一个考虑因素是，如果在多点竞争中，私有的信息具有价值，则其在民营企业中可能具有竞争性价值。民营企业在维持它们的地位及自我意图上，居于一个非常有利的位置。此点对企业如何审视代理成本及交易成本，具有潜在的重要含义。除了需要考虑动机与控制因素外（Eisenhardt，1989），上市公司必须处理公司治理对竞争战略的影响。举例来说，如果企业所有者的利益是采取战略来建立一个长期持续的影响范畴，但在近期内执行该行动却所费不赀，则该行动可能得不到所有利益相关者的认可。

再者，通过组织一个阶级式的官僚体制来保有私有信息可能会比较容易，而以市场为导向所架构的企业组织则较难保有私有信息。在典型的官僚体制中，每一个组织单位都仅能知道与该单位运作相关，以及与其他单位协调所需的信息。信息如何聚集起来，以及有用的信息代表何种意义，都只有那些高层主管才会知道（Burns and Stalker，1966）。反之，市场交易要求较外显化的信息分享，尤其当交易具有合作性及难以明文化时，如战略联盟或整合性的供应关系。这一事实建议企业采用何种组织形式必须考虑其经济性，同时，还应该考虑竞争信息泄露的成本与竞争优势流失的缺失。

2. 进入顺序与牵制效果

本章在此所发展的构念，对于评估相互忍让的效果与进入顺序提供了新的有利观点。借由更多地了解多重市场的竞争，学者可以预期何时以及为何企业会采取行动；这一点从单一市场观点审视并不具有意义。再者，借由探讨资源转置观点的竞争性行动与竞争者响应间的时间落差，我们可以更清楚地了解诸如竞争持续扩大与企图威吓制止（attempted deterrence）等超竞争（hypercompetition）现象（D'Aveni，1994）。

3. 延伸至多重市场的其他利益相关者

本章的焦点是强化影响范畴的地位，以对抗多重市场中的竞争者。这一逻辑亦可应用在与企业相互依赖的利益相关者的资源分配决策上。企业可以寻求采取适合本身的方式，来转移供应商或经销商的资源，例如，使供应商或经销商投入更多（或较佳）资源于企业本身的战略重点。以下为一个招致反效果的实质伪装行动：在 20 世纪 90 年代，一个将塑料用在抛弃式尿布的主要塑料采购商，要求其供应商发展环保材料的技术与程序，因而使供应商将资源转置"绿色"竞争场域。然而，当尿布企业后续的订单比供应商所预期的要少时，供应商对于被要求进行资源转置感到愤恨不平，并把该采购商的行动视为只是讨好社会大众的计谋，以便展示其对环境影响的敏感度和承诺。在此例子中，资源转移可能有一种不稳定的供应链效果，这是个具有丰硕潜力的领域，值得未来进一步的理论发展与建构[⊖]。

4. 黑暗面

资源转置是一项有趣且能引发广泛讨论的观念，但它的效果可能不完全是正面的。很明显地，一项战略多少都会面临某种程度的狡猾、隐匿与操纵的道德两难。这样的战略可能有其人性成本，但迄今在多点竞争的讨论中仅受到相当少的关注。

例如，如果表现出对谋略与伪装行动的承诺，是战略行动成功的重要因素，那么公司基于最高利益不会泄露它的战略，甚至也不会让业务层次的高层主管知道。由于主管的薪酬与事业成就诱因可能与总体层次的结果无关，因此他们可能不愿承担他们察觉不到的风险。此外，他们对战略的忽视将使企业内协调执行变得困难许多。未来在多方探索寻求开创资源转置战略的研究上，可以指出这个战略对个人以及高层主管管理失败时实际的风险（March and Shapirs，1987）。

　　⊖　感谢匿名审查委员对此部分的建议。

5. 实证研究

当然，本章中所呈现的命题值得加以实证检验，或许可以从更多类似于文中所描述案例的个案研究开始。依循 Bendor 等（1991）所使用的囚徒困境模拟或实验方式，也许是另一有用的方法，因为这类研究方法允许研究学者控制"干扰项"，并且将竞争性互动模型化。

6. 多重参与者互动

本章在此仅专注于两个参与者，然而，基本的架构最终必须要能扩展到多个参与者，方能探讨更多延伸的竞争资源转置。在不同时间点及多重市场的观点下，通过攻击、伪装与谋略的结合，一个积极的参与者可以重新引导多重竞争者的资源方向。可以预料到的是，这样的行为将影响一整个产业的发展，当新的科技引入、法令规章改变或新层次的全球竞争出现时，企业面临着在影响场域上的快速挑战与不可预期的改变，使如何达到均衡的问题更加引人注目。事实上，Prahalad 与 Hamel（1994）暗示，启动一种程序来获取"产业先见"是一个关键的战略要素。

在未来的研究中，学者可以提出竞争性资源转置如何影响多重参与者间未来场域建立的方法。再者，对参与者之相互依赖性了解得更多，可以帮助我们更完整地掌握一些目前尚未被完全了解的现象，例如，为何在某些产业中，报酬大幅增长会产生先占者利益并根本地排除后进者（Arthur，1994）。资源转置的观点也可借由标准的建立、特定企业的竞争优势，与主导性设计（dominant design）的出现之间的联结，来延伸创新及技术变革的理论（Tushman and O'Reilly，1997）。例如，主导性设计的出现可能与建立影响范畴的相对稳定均衡具有相关性，而这个可能性就显示了多点竞争理论与技术变革理论之间是有交集的。

7. 限制

值得一提的是，我们必须了解本章所发展的观念无法应用于特定界限以外的情况。本章所提出的并非根据严谨的博弈论，我们并没有发展参与者认同、诱因结构、价值配置以及时间变化等详细议题，我们也假设本章所讨论的企业在资源分配上必须有所抵换，拥有充足的资源并无法免除它们在选择如何配置战略性资源时面临的压力。再者，专注于这三种特定的竞争性响应，并不表示本章已涵盖所有行动。事实上，这些基本的行动可以有很多不同的排列组合，更确切地说，我们选择专注于这些基本的行动是希望未来的研究可以推敲至其他的选择方案，并且更加精进。

8.4.2 结论：高度不确定下的总体战略

本章的目标之一是，在明确地指出不确定性与超竞争日益增加的前提下，延伸多点总体战略的理论。我们认为在高度不确定的情况下，影响范畴不均衡的现象会一再发生。当企业采取一个战略性行动，以给竞争者提供更多关于其真正能力的信息，或使其在一个新的或不同的均衡下占有较佳地位时，都会产生一段不均衡的时间，并干扰相互忍让的行为。

我们相信，从以下三种角度来看，我们的观点应能强化理论与研究。首先，本章显示，在评估一个企业的资源分配行为时，如果没有涵盖竞争性观点，可能无法完整了解企业的动机与目标。我们已经很清楚地了解多重市场总体战略的竞争构面，并且将其与文献长期关心的效率资源分配议题做联结。据我们所知，本章是第一个系统地尝试探讨竞争性互动，并将其联结至特定配置形态的研究。事实上，我们的论述本质是，企业的资源分配不仅受到部门与事业单位如何定位它们的需求所驱动（Bower，1970），也受到企业在多重市场下不同时间所遭遇的竞争者的特定行动影响。

　　这引领我们到第二个理论贡献：发展资源转置的构念。本章的论述是战略家可以使用他们本身的资源分配方式，来影响竞争者如何分配资源，这个概念相对于传统总体战略的效率配置观念，有一些非直觉性的含义。例如，企业可能会因为想要增加对抗某竞争者的实力，而对没有特殊地位或资源优势的产品或市场进行投资。同样地，企业可能会退出众所瞩目的市场，以吸引其他竞争者进入该市场，借此来降低竞争者对其目标市场的注意力。企业也有可能维持某一产品或市场的定位，不做任何新投资，亦不退出，主要是因为目前的市场定位在划分未来影响区域的谈判上，具有潜在利用价值。在评估企业的市场定位时，将市场定位看成企业对未来如何进行竞争所做的一种选择，比将企业视为一种追求利润的事业单位更为恰当（Bowman and Hurry，1993）。

　　至于这些概念的第三点延伸，我们已经详细说明三种企业可以用来达到使竞争者资源转置效果的战略。在两个竞争场域及两个参与者的情况下，本章揭示了转置的效果如何受到攻击者与响应者两者的竞争强度及市场利益的影响，这使我们能够发展出经得起验证的命题。作为研究的第一步，我们已经从一些产业中提供了几个处于混乱状态的影响范畴个案，在每一个个案中，我们揭示企业如何运用攻击、伪装以及谋略的手段，来转移竞争者的资源，以重新建构或建立较佳的影响范畴。

8.4.3　不确定下的总体战略

　　我们从竞争性与不确定性日益增加对总体资源分配有何含义的角度出发，来思考不确定下的总体战略。我们对企业在多重产品与多重市场中与多个参与者竞争时，如何取得战略的主动性特别感兴趣。本章的研究反映出，当某些现存的影响范畴瓦解因而干扰到相互忍让的行为时，企业通过战略性资源转置来采取行动的机会就会增加。在这种状况下，以及缺乏关于竞争对手相对成本结构与企图心的信息时，企业必须制定应对战略；如是，企业会更有兴趣从事作者所谓的攻击、伪装以及谋略的行动，因其不仅可能转移影响范畴，还能释放出较佳的信息。作者希望上述针对这类行动如何影响竞争者资源分配所发展出的概率性命题，能够对了解"新的竞争纪元"中各种日益重要的现象，提供一道有用的曙光（Bettis and Hitt，1995）。

第五篇

动态竞争的整合研究

第五篇关注动态竞争的理论层次。第 9 章为整合了竞争者分析（competitor analysis）与企业间竞争对抗（interfirm rivalry）这两个战略管理的重要论点，并据此建构了一个动态竞争的新理论。第 9 章获得了 1996 年《管理学会评论》的年度最佳论文奖，是战略管理领域颇具影响力的经典论文。

第 9 章先从多点竞争文献发展出"市场共同性"（market commonality）的构念，再从资源基础理论推导出"资源相似性"（resource similarity）的构念，基于这两个构念建立了一个竞争者分析的架构。然后，通过成对比较两家企业的市场共同性与资源相似性，来了解间的竞争张力对企业间从事竞争对抗所展现的竞争性行动与回应的影响。同时，研究者也提出了对市场共同性与资源相似性这两个构念的衡量方法，并且实证确认它们的信度与效度。最后，第 9 章还提出了"竞争不对称性"的概念，显示出两家企业加诸彼此的竞争威胁并不相等，并且探讨它所具有的理论与实践意义。

竞争者分析与竞争对抗

原题　竞争者分析与企业间竞争对抗：理论的整合[⊖]

原文出处　Chen, Ming-Jer, 1996, "Competitor Analysis and Interfirm Rivalry: Toward a Theoretical Integration," *Academy of Management Review*,21(1), 100-134.

　　本章联结了战略领域中两个重要的主题：竞争者分析与企业间竞争对抗。通过细致地建构竞争者分析的概念，本章提出两个企业专质性的且以理论为基础的竞争构念：从多点竞争文献所发展出来的"市场共同性"以及从资源基础理论推导出来的"资源相似性"。本章同时考虑这两个理论构念，以呈现"多点竞争"与"资源基础"这两个对立的重要战略理论间的互补性。事实上，每一家企业都有独特的市场形貌（market profile）与战略资源禀赋（strategic resource endowment），针对每一家企业与其个别竞争者在这两个构面上进行成对比较分析，将有助于阐明两家企业在开战前的竞争张力

⊖　本文要献给 William H. Newman，他是教师、辅导者与学者的典范。作者感谢 Eric Abrahamson、Laura M. Brown、Jane Dutton、Javier Gimeno、Anil K. Gupta、Donald C. Hambrick、Kathryn R. Harrigan、Donald R. Lehmann、John Michel、Danny Miller、Ian C. MacMillan、Paul Schoemaker 及 Kuo-Hsien Su 对本文稍早的初稿所提供的建设性意见。作者也感谢期刊编辑与评审委员的建设性洞见。本文的完成得力于哥伦比亚大学商学院的管理协会，以及达顿商学院 Snider 创业中心的 Crosby-Foggitt 学会提供部分支持。此外，还有苏国贤与 Jaeik Oh 在资料萃取与分析上的协助。本文也受益于塔克学院与 Organization Science 共同赞助的 Whittemore 超竞争研讨会。

（competitive tension），并且预测某一焦点企业会如何跟每一个竞争者进行竞争互动。本章还提出"竞争不对称性"的概念，亦即两个企业加诸彼此的竞争威胁并不对等。为了阐明竞争图像（competitive mapping），本章也提出"市场共同性"与"资源相似性"这两个构念的衡量方法，并且使用一个实例来说明。最后，本章讨论几个研究与实务上的重要意义。

9.1 绪论

在战略领域中，竞争者分析（Porter，1980，1985；Hamel and Prahalad，1990；Porac and Thomas，1990；Zajac and Bazerman，1991）与企业间竞争对抗（MacMillan，McCaffery，and Van Wijk，1985；Bettis and Weeks，1987；Smith，Grimm，and Gannon，1992；D'Aveni，1994）的研究，一直扮演着极重要的角色。因此，针对这两项议题进行个别性与整合性的了解，是刻不容缓的要务。

竞争者分析的主要目的，在于了解与预测企业为寻求产业中的竞争地位时，彼此间对抗或互动的市场行为（Porter，1980；Caves，1984；Scherer and Ross，1990）。据此目的，学者已经检视影响竞争性响应的相关因素，以及后续的绩效意义（Chen，Smith，and Grimm，1994），同时，也探讨了企业进入或退出竞争者市场的模式（Baum and Korn，1996）。然而，针对企业在开战前（prebattle）的竞争关系，以及这层关系能够用来预测市场中的竞争对抗行为的程度等，这些维度的研究却付之阙如。此种遗漏有一部分是因为竞争者分析的概念化处理受限，也就是说，以往的竞争者分析并未充分地将影响企业竞争活动的必要前置因素纳入探讨，更遑论以整合的方式来做考虑。

在 Porter（1980）著名的五力竞争分析中，竞争敌对强度（intensity of

rivalry）目前仍被局限为产业分析层次的理论构念。在分析产业中企业层次的竞争行为时，战略群组（strategic-group）分析法（Barney and Hoskisson，1990；McGee and Thomas，1986）仍是迄今最受欢迎与肯定的方法。然而，应用战略群组方法的研究者，往往忽略了竞争者实际交战所处的市场范畴（market context），也忽略了两个企业彼此直接对抗的程度。虽然营销文献已经认知到市场范畴的重要性，但它们的贡献主要在分析品牌或个别市场（individual-market）层次的竞争者与竞争（Weitz，1985），而非企业层次的分析。此外，其他方法往往非常抽象，或者依赖经理人或研究者的主观知觉来衡量，这些方法通常太过间接，以至于不易与市场中的竞争行为相联结（Zahra and Chaples，1993）。

至今，一些关于竞争者分析的最基本问题仍然未被探讨（Gatignon，1984；Weitz，1985）。例如，研究者如何区别产业中的参与者，以解释个别参与者的市场行为？企业在采取一项竞争性攻击前，如何评估它跟一个既定竞争者的现有关系，以及这一攻击行动引发竞争者采取竞争性响应的可能性？企业如何判断哪个竞争者最有可能攻击自己的市场？战略制定者如何辨识一个竞争组合中的竞争者，以便企业能够对每一个竞争者配置适当的资源及注意力？最后，虽然竞争者分析与企业间竞争对抗的重要性已经获得广泛认同，但没有相关研究系统地尝试将这两个主题加以整合。

本章尝试提出两个具有企业专质性及理论基础的构念，以进行概念性的联结，这两个构念分别是：一对竞争者之间的市场共同性及资源相似性。借着以企业为基本分析单位，研究者认为，每一家企业都有独特的市场形貌及资源禀赋，循着这两个构面跟既定的竞争者进行比较，将有助于解释竞争者间的关系，并且预测它们如何在市场中相互攻击或响应。这种企业专质的概念化也产生了竞争不对称性的观念，亦即，对一组既定的企业而言，彼此加诸对方的威胁未必相等。研究者通过市场共同性及资源相似性提出一系列的相关命题，以预测企业竞争性行动与响应；同时，研究者也提出市场共同性及资源相似性的衡量方法，示范此等衡量如何执行。最后，提出一些相关研究与实务意义，作为本章的结束。

9.2 理论背景

9.2.1 竞争者分析：回顾

某些研究已经直接或间接地探讨过，一个产业内企业的竞争者分析问题。战略研究者广泛地引用产业组织（industrial organization，IO）经济学的概念（Porter，1980；Barney，1986），认为存在于相同产业中的所有企业都是实际的竞争者。然而，这项假设受到战略群组文献的挑战。战略群组学者认为，产业中存在着不同群组的企业，同一群组内企业的战略属性具有同构型，群组间企业的战略属性则具有异质性[⊖]。

战略群组方法指出了辨识战略形貌的重要性，这个战略形貌很可能显示出一个企业如何能在一个产业中竞争。然而，从预测竞争对抗的观点来看，仅强调战略形貌的同构型有其局限性。如果无法检视一家企业在市场中，实际与其他企业互动时的战略属性，则很难了解该企业直接面对的竞争对象是谁。原因在于：不同的企业专注于不同的市场，因此，许多企业可能不是直接的或主要的竞争者。如果两个企业重叠的市场有限，则彼此从事竞争交战的动机将很低。

虽然大部分战略群组的理论学者并不主张去辨识"竞争者"〔Hatten 与

⊖ 除了传统以 IO 经济学为基础的群组外（如 Hatten，Schendel，and Copper，1978；Cool and Schendel，1987；Fiegenbaum and Thomas，1990），近来的研究专注于以认知（Reger and Huff，1993）及社会 - 组织（Anderson and Lawless，1993；Baum and Singh，1992）为基础的群组，其中一些较可能被修正而直接应用于竞争者分析。

Hatten（1987）明确指出这点］，战略群组方法却经常被用于竞争者的分析，使其结果相当令人怀疑。某些研究未经思索地引用下列论点："当一家公司选择进入一个特定的战略群组时，即意味着它选择了该群组中的成员为其竞争者"（Kotler and Armstrong，1989：496）。因此，常可看到研究者将专注于全然不同市场但拥有相似战略形貌的企业，归类为同一群组，并推论它们是直接竞争者。

此种疏忽"市场"的想法是不恰当的，因为早期战略群组文献已经提到一个重要却广被忽略的观点："企业与同一（战略）群组内的其他企业具有高度相似性，而且能更加敏感地认知到彼此间的相互依赖性（mutual dependence）"（Caves and Porter，1977：250）。如果两个企业在相同的市场组合中竞争，它们必然会认知到彼此具有最紧密的相互依赖性。从竞争者分析的目的来看，考虑共同的市场（shared market）是了解两家企业相互依赖性的一个非常基本的方法。

长期以来，营销文献一直强调市场的重要性以及它的竞争意义（Abell，1980；Day，1981；Weitz，1985；Kotler and Armstrong，1989；Lehmann and Winer，1990）。市场上相互竞争的品牌被视为直接的竞争者，并以此作为分析基础。事实上，除了提出市场规模与市场占有率分布等市场层次的变量外，强调市场基础的竞争也指出了每一个市场的独特性。

同样地，在战略文献中，近来的多点竞争研究（Karnani and Wernerfelt，1985；Gimeno，1994；Smith and Wilson，1995）也强调在竞争环境中，共同市场的重要性⊖。然而，如后续章节的说明，共同的市场仅是了解企业间竞争关系的第一步，这一共同市场或市场相依性的概念，并未考虑到不同市场

⊖ 许多经济学的研究已经投入这个主题（如 Bernheim and Winston，1990；Scott，1982），而且 Gimeno（1994）也针对这一脉络的研究做了广泛的回顾。在本文中，研究者主要专注在战略研究的主题上。

间的差异性（如市场的重要性或市场规模），它也没有捕捉到企业间竞争关系的不对称本质。

更重要的是，这些研究的分析层次一般均着重在个别市场层级，而非企业层次（Eliashberg and Chatterjee，1985；Weitz，1985）。如此，除了少数的研究外，如 Abell（1980）及 Day（1981），战略研究者最感兴趣的一些重要议题，诸如整个企业的战略与资源，以及它们对竞争对抗产生的意义，仍然亟待探究。

就企业层级之个别竞争者的分析来说，采用资源基础观点（resource-based view）的研究者（Barney，1991；Peteraf，1993a；Coner，1994）已经试图以战略或资源禀赋来区分企业。这部分文献假设，每一个企业皆具有独特性，如此，意味着竞争者分析也是一种企业专质性的分析。这一观念对本章具有强烈的意义。另一个有趣但尚未被探索的思维则是，企业之间的关系并非对称的。然而，专注于企业本身虽然极有洞见，但这类研究的主要关注焦点在企业的内部，而未将企业竞争所在的市场范畴纳入研究构面之中。例如 Amit 与 Schoemaker（1993）及 Porter（1991）所提，资源基础观点若要成为一个完整的理论，则必须明确地纳入外部竞争环境。

其他战略研究者已经在许多竞争者分析的重要议题上，投入相当多的努力。Porac 与 Thomas（1990）主张，每一个企业对何谓竞争者都有独到的见解。因此，企业在竞争者分析上可以自行选择竞争者，不需要考虑过去甚或未来的市场状况。Porter（1980）则探讨一个竞争者的响应形貌（response profile）。Zajac 与 Bazerman（1991）导入"盲点"（blind spots）的概念并且阐释它的含义，如产业、产能过剩。Amit、Domowitz 与 Fershtman（1988）强调臆测变异性（conjecture variation）的重要性（Bowley，1924）；臆测变异性定义为企业察觉到彼此的相互依存，并根据这一察觉来制定竞争性行动的程度。其他相关研究有 Ghoshal 与 Westney（1991）检视竞争分析系统、

Prescott 与 Smith（1987）研究竞争智能、Strebel（1983）探讨股票市场的
评估，以及 Young（1987）分析竞争数据的来源。

然而，从预测竞争对抗的观点来看，这些研究大致上仍存在着几个限
制。第一，假设竞争者身份为已知，或者假设竞争者具有同构型。第二，几
乎所有的研究都是规范性或描述性的，所提出的构念在观念层次上虽然十分
重要，但在实证研究中难以操作（Zahra and Chaples，1993），而且几乎没
有认知到竞争与对抗的关系本质（Barnett，1993）。更根本的是，仅有非常
少数的研究者（如 Smith，Grimm，Gannon，and Chen，1991；Zajac and
Bazerman，1991）明确地指出竞争者分析与竞争者行为预测间的概念性联
结，而这一点应该是从事竞争者分析最主要的目的（Porter，1980）。

9.2.2　竞争者分析架构：市场共同性与资源相似性

本章将竞争者定义为在相同的产业营运、提供类似的产品以及专注于相
似顾客的企业。类似于资源基础观点的基本逻辑，本章将企业视为竞争者分
析的基础。由于每一个竞争者具有不同的市场及资源（或战略）构面，因此，
企业在面对不同竞争者时会经历不同程度的竞争张力；竞争张力表示一个企
业将某一竞争者视为主要竞争对手的程度。为了呈现这些层面所反映的每一
种竞争关系的独特本质，执行竞争者分析的最佳方式是，研究成对企业之
间的关系，借以进行单一产业内的比较分析。再者，任何企业之间的不对称
关系，仅能从一个焦点企业的观点来评估。因此，这类分析的焦点并不是了
解企业群组或是个别竞争者，而是评估企业之间的竞争张力，以及这两家企
业从事竞争敌对行为的可能性。这种企业专质性的、成对的竞争者分析，是
利用竞争性行动／响应的对偶关系来细致地检视企业间的竞争性对抗（Chen
and MacMillan，1992；Smith et al.，1992），如此弥补了传统上结构分析或
群组方法的不足。只有通过这种微观的分析，才能显示出竞争与对抗的微妙和

细致。

　　同时考虑战略及市场构念是有文献支持的。Harrigan（1979，1985）认为，一个产业通常由多个市场组成，而且每个市场可能呈现不同的战略。Day（1981）提出了一个整合的观点来定义市场与竞争者，这个观点同时结合了以战略能力与资源可转移性来定义市场之由上至下的方法（top-down approach），以及强调顾客市场需求之由下至上的方法（bottom-up approach）。Abell（1980：229）也中肯地指出："重要的是……不仅要辨识出哪些竞争者将你的特殊方式反映到市场上，也要辨识出所有和你在市场上有互动（intersect）但从不同的观点接近市场的其他竞争者。"因此，本章将竞争者分析概念化为研究两项重要的企业专质性因素：市场共同性与资源相似性。

　　组织变革、学习与决策制定的文献已经指出了三项构成组织行动的根本因素：对跨企业间关系及行动意义的察觉（awareness）、行动的动机（motivation）以及采取行动的能力（capability）（Schelling，1960；Allison，1971；Kiesler and Sproull，1982；Dutton and Jackson，1987；Lant，Milliketn，and Batra，1992）。本章所专注的市场及资源两个方面，也指向这三项行为前置因素：察觉与动机主要取决于市场关系，而能力主要视战略或资源禀赋而定。在过去的竞争者分析研究中，这三项决定因素尚未被整合地考虑，虽然它们对企业间竞争对抗的预测十分重要（Miller and Chen，1994）。

　　值得注意的是，市场与资源，以及竞争本身，可以被定义为所有企业都有相同看法的客观现象，也可以被定义为每一个企业对事实的主观诠释（Porter，1980；Fombrun and Zajac，1987；Reger and Huff，1993；Abrahamson and Fombrun，1994；Porac and Thomas，1994）。虽然这两种观点都很重要，而且可能具有互补性，但本章主要专注于竞争的客观观点。同样地，市场共同性与资源相似性在本章被视为概念上截然不同、关联性不高的两种构念。这两个构念的关系（如两个构念可能的因果关系，或者两个构念来自相同的第三构念）则已超出本章的范围。本章强调这两个概念在竞争者分析中的重要性，以及它们在预测竞争对抗中的角色。

1. 市场共同性

多点竞争的研究已经强调，共同的市场与市场相互依赖性在竞争中的重要性；它们使用多重市场接触（multimarket contact）的观念来讨论市场相互依赖性。两个企业之间的多重市场接触程度，决定了它们是否为直接或立即的竞争者。

多重市场接触的典型衡量方式是：一个企业与某个特定市场中所有竞争者进行竞争的平均市场数，但不包括这个焦点（特定）市场（Boeker，Goodstein，Stephan，and Murmann，1994；Gimeno and Woo，1994）。这一研究领域的焦点在于，检视多重市场接触对某个特定市场竞争对抗的影响。然而，如同 Baum 与 Korn（1996）指出的，大部分这类的研究通常都检视诸如平均收费价格、企业绩效以及市场稳定性等变量，而这些变量不是仅间接地与竞争相关，就是仅呈现竞争的结果，而非竞争本身。此外，研究者通常把多重市场接触视为企业（如 Barnett，1993）或市场（如 Evans and Kessides，1994）的集体性质，而且一般也没有注意到企业间竞争对峙或"相互忍让"的情况（Edwards，1995），并不是因"市场"而异，也不是因"企业"而异，而是因彼此间的"关系"而异（Baum and Korn，1996）。

更重要的是，虽然文献专注于多重市场接触，但是研究者并没有完全考虑到，企业之间的竞争张力在它们所竞争的每一个共同市场都有差异。从竞争的观点来看，不同的市场会有不同的竞争者集合，而且每一个竞争者的市场影响力，也会随着市场不同而有差异（Montgomery，1985）。从战略的观点来看，个别市场在每一个企业的整体市场形貌上，扮演着不同的角色（Chen and MacMillan，1992）。总之，每一个市场都有独特性。如果两个企业在许多市场均直接竞争，同时，更根本的是，其中一方在对方重要的市场上均是一个关键的参与者，则双方将是最直接的竞争者，并且感受到极大的竞争张力。

此外，如文献中所提，市场相互依赖性的观念隐含着相互性与对称性。然而，成对企业之间的市场关系（将于后续章节做更完整的说明）却不尽然是对称的。本章所发展的"市场共同性"的构念，代表一个比较严格的市场"相互依赖性"定义：它是一种企业专质的概念，而且是从焦点企业的观点来考虑。这种将相互依赖性的观念细致化的好处在于，能够发掘出普遍存在于企业市场关系中的不对称性。

市场共同性定义为：竞争者呈现出与焦点企业市场重叠的程度。一个特定竞争者与一个焦点企业的市场共同性，决定于这些共同市场对焦点企业的战略重要性，以及这些共同市场中的竞争强度。如 Day（1981）和 Porac 与 Thomas（1990）所提，市场是一个复杂且多层次的构念，需要根据不同的战略目的做不同的定义。为了达到一般化的目的，本研究对于市场的定义较为广泛，包含以产品及顾客为基础的概念，诸如地理市场、市场区隔或品牌等（Day，1981）。当然，在任何产业中，通常都会有一个共同认定的市场观念（Abrahamson and Fombrun，1994）。

2. 资源相似性

从战略的角度来看，以企业的资源基础观点来区分竞争者似乎特别有帮助（Barney，1991；Mahoney and Pandian，1992；Teece, Rumelt, Dosi, and Winter，1992；Amit and Schoemaker，1993）。对于这个再次崛起的战略理论，企业是分析的焦点层级，并且视企业为一个有形和无形资源与能力的独特组合（Penrose，1959；Wernerfelt，1984）。资源基础观点的基本假设为：①不同企业间的资源组合与能力具有异质性；②随着时间推移，企业获取的资源与资产不同，其所发展出来管理这些资源与能力的各式常规不同，致使每一个企业均具有独特性（Teece，Pisano，and Shuen，1991；Barney，1991；Peteraf，1993a）。借由独特的资源组合，定义了企业在产业中的竞争地位与优势（Conner，1994；Rumelt，1984）。更重要的是，资源禀赋具有"僵固性"（sticky），因此可能会限制企业的战略选择（Teece et al.，1991）。Collis（1991：51）将此观点解释得更加清楚："战略受限于而且依赖于目前的资源水平……企业的资产投资整体上是其战略定位的基本决定因素。"

资源相似性定义为：一个特定竞争者拥有能够与焦点企业相较的战略性禀赋（同时涵盖类型与数量）的程度。了解资源相似性对企业的竞争优势非常重要，因为拥有相似资源组合的企业，可能在市场上具有相似的战略性能力与竞争弱势。同样地，拥有多样化资源组合的企业，因为具有独特的战略性资源形貌，可能会有多样化的竞争决策组合可供选择。

总之，将市场共同性与资源相似性概念化为一种从个别企业观点发展出来的企业专质性概念，本质上是源于企业的资源基础理论。然而，在本章中，研究者采用一个不同的观点，主张每一家企业虽然具有独特性，在市场共同性及资源相似性两个层面上，与其他企业有不同程度的差异。企业间的比较不仅是可能的，在实践目的上也有其必要性。根据上述两个层面，研究者提出了一个竞争者分析的架构，如图 9-1 所示。

将这些构念紧临着排列可以产生四个象限，任一特定的竞争关系都可归类于其中。象限 I 显示，一个焦点企业与一个同时具有高度资源相似性与高度市场共同性的竞争者间的关系。图 9-1 中以图形的交集来呈现彼此的关系，其中图的形状代表资源相似性，图的重叠程度代表市场共同性。如前所述，市场共同性构念不仅仅展现了共同市场的概念。因此，该图形所呈现的仅是指示性的，并不具有严谨的代表性。在象限 I 的企业具有类似的形状，而且有高度的重叠，代表双方是明显直接且相互认定的竞争者；反之，倘若

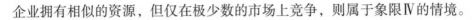

企业拥有相似的资源，但仅在极少数的市场上竞争，则属于象限Ⅳ的情境。

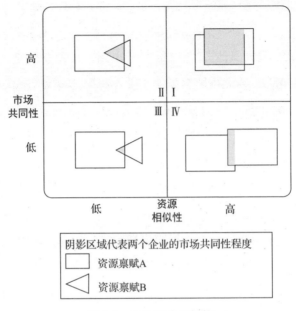

图 9-1 竞争者分析架构

9.2.3 跨企业间的竞争：竞争性行动与响应

近年来，企业间竞争对抗的研究已经产生了一些有用的观念（Mac-Millan，McCafferty，and van Wijk，1985；Chen et al.，1992；Smith et al.，1992；Baum and Korn，1994）。首先，这些研究已经认识到：企业间竞争对抗的概念（强调个别企业的竞争行为）与一般性的竞争概念（专注于产业或市场的结构特质）是不同的（Caves，1984；Hannan and Freeman，1989；Jacobson，1992；Baum and Korn，1994）。其次，使用个别层次的竞争性行动／响应作为分析单位，竞争对抗的分析可以通过行动与响应的互动或行动／响应的对偶性来研究（Porter，1980；Caves，1984；Smith et al.，1992）。

探讨竞争性行动／响应的对偶性是重要的，因为这个层次才是企业竞争性交战（competitive engagements）实际发生之处（Chen et al., 1992），同时，这个层次也最能解释企业在一个产业中战略及竞争的动态本质，以及企业的"相互依赖性"（Porter，1980：17）。在本章中，竞争性行动（或攻击行动）定义为一个企业主动发起的特定竞争性行为，如导入一个新产品或进入一个新市场，这些都可能使行动企业夺取竞争者的市场占有率或降低竞争者的预期报酬（Chen and MacMillan，1992；Chen and Hambrick，1995）。同样地，竞争性响应（或报复行动）是针对竞争者攻击所采取的一项特定反击，以便响应企业能防御或改善它在该产业的市场占有率或获利地位。

竞争性攻击行动的重要性已经在一些广被认同的概念中彰显出来，如先占者优势（first-mover advantage）（Lieberman and Montgomery，1988）以及竞争主动性（competitive initiative）（MacMillan，1982）。这些理论的深层意义是，在不确定的世界里，企业可以借由一些成功的竞争性行动来获取持续的利益（Wernerfelt and Karnani，1987），如同 MacMillan（1982：43）所提："当战略家能掌握并保持主动性时，他们的竞争者将不得不采取响应，因而被迫处于响应的角色，而非主动积极的角色。"

竞争性响应的重要性是基于下列事实：采取竞争性行动很少不用承担后果，一项行动最终的有效性，绝大部分需要视防御企业的响应而定（Chen and MacMillan，1992；Smith et al.，1992）。在竞争激烈的情境中，由于企业的相互依赖性高，而且具有破坏力的反击会很快速地发生，因此，采取攻击行动的企业考虑竞争对手可能的响应特别重要（D'Aveni，1994）。在此种情境下，对竞争性响应的预期将会驱策竞争性决策的制定。如此，竞争对抗的一个关键特征是它动态的与互动的本质（Schelling，1960；Weigelt and MacMillan，1988）。

此外，研究者已经证实竞争性行动与响应会影响绩效（Chen and Hambrick，1995）。研究发现，企业采取的竞争性行动越多，绩效越佳（Young，

Smith, and Grimm, 1994）；攻击企业与早期响应企业可以夺取晚期响应企业的市场占有率（Chen and MacMillan, 1992）；企业采取响应的倾向越高，绩效越佳（Smith et al., 1991）；企业竞争性行动所引起的响应越多，绩效越差（Chen and Miller, 1994）。

辨识出竞争性行动与响应的预测因子，一向是战略领域的重要研究议题。迄今，研究大多专注于使用下列因素来预测竞争性响应：①竞争性行动的属性（Chen et al., 1992）；②行动企业的属性（Chen and MacMillan, 1992）；③防御企业的属性（Smith et al., 1991）。相反地，预测竞争性行动的研究始终付之阙如，同时，也没有相关研究致力于分析企业采取竞争性行动前的结构范畴（structural context）或行动企业与防御企业在开战前的关系。事实上，潜在的敌对关系或结构性的张力，是解释两家企业何以会彼此攻击，以及被攻击企业何以会"备感压力"（feels the pressure）（Porter, 1980：7）而采取报复行动的关键因素。因此，在概念化竞争者分析时，研究者认为，不应该将行动企业与响应企业分开来处理，而应该将防御企业与行动企业整体的市场与资源形貌的比较纳入考虑，才能预测竞争性行动与响应；也就是说，竞争者在与不同的焦点企业做比较时，才会显示不同的强势与弱势（Porter, 1980）。这种方法直接响应了将战略视为一个相对构念的呼吁（Snow and Hambrick, 1980）。

9.3　研究命题：竞争者分析与企业间竞争对抗的联结

本节将利用市场共同性与资源相似性的观念，来预测竞争性行动与响应的可能性，而支撑这些预测的是三项竞争性行为驱动因子：察觉、动机与能力。一般而言，察觉被视为任何竞争性行为的必要前提，它会随着市场共同性与资源相似性的增加而提高。市场共同性影响企业采取行动（或响应）的动机；而资源相似性影响企业采取行动（或响应）的能力。本章将引用一些相关领域的文献来支持这些一般性的预测，主要是多点竞争之于市场共同性，以及企业的资源基础理论之于资源相似性。此外，本章也将导入竞争不对称性的概念，同时讨论它对竞争的含义。

图 9-2 概要地呈现竞争者分析与企业间竞争对抗的联结。市场共同性与资源相似性所建立的竞争者分析区块，将影响竞争性行为的驱动因子，这些驱动因子（察觉、动机与能力）再影响竞争性行动与响应的可能性。图 9-2 也显示出，企业间的竞争对抗会对诸如经济绩效与市场占有率变动等组织结果产生影响，然而这部分不在本章的探讨范围之内。接着，图 9-2 也显示了一个反馈循环，意味着当竞争性行为改变现存的市场共同性及资源相似性状态时，将对下一回合的战役重新建立起崭新的竞争关系。这些关系将在后续做详细的说明与澄清。

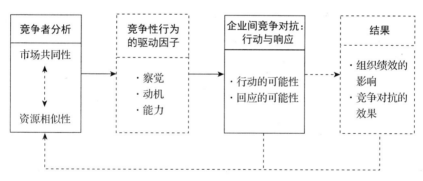

图 9-2　竞争者分析与企业间竞争对抗的整合性架构

最后，以下提出的和市场共同性有关的命题，是假设资源相似性维持不变下的推论。同样地，在呈现资源相似性的命题时，也假设市场共同性维持不变。此外，多点竞争的研究已经指出，进行实证检验时必须控制关键的市场结构变量（如成长和集中度）。竞争性行动与响应的相关研究也显示出，在预测竞争性响应时一些属性的重要性，诸如行动属性（如行动类型）、行动企业属性（如承诺）以及防御企业属性（如竞争者依赖性）。这些因素在后续命题的推论上，均必须假设为不变。

9.3.1　市场共同性与企业间竞争对抗

市场共同性阐释了两家企业在市场上直接竞争的程度，它是竞争者分析的一个主要构念，也是竞争的一个驱动因子[⊖]。多点竞争研究的一个重要延伸，是检验相互忍让的假设（Edwards，1995）。该假设主张，在多重市场互动的竞争者，会因察觉到竞争者跨越多个市场采取报复的可能性，而比较不会有动机在一个市场从事激烈的竞争（Barnett，1993；Gimeno，1994；Ma and Jemison，1994）。因此，"最接近的竞争者可能不是最激烈的竞争对手"（Baum and Korn，1996）（然而，这一主张并未隐含远距离的竞争者会是激烈的竞争对手）。虽然这项假设与实证结果有所冲突（Gimeno，1994），但近年来比较严谨的研究确实普遍支持多重市场接触可以降低敌对效果（Baum and Korn，1994；Gimeno and Woo，1994）。Gimeno 与 Woo（1994）发现，在多重市场接触的企业对彼此倾向于采取比较保守的立场，因而竞争比较少，并随之反映在相对较高的市场价格上。Baum 与 Korn（1994）发现，多重市场接触的增加会降低竞争者进入彼此市场的概率，因此可将激烈的竞争性攻击（incursion）降至最低。

如此，由于牵涉的利益十分巨大，故相较于那些具有低市场共同性的企业来说，行动企业对具有高市场共同性的企业发动攻击行动的可能性会比较低。在涉及重大利益的情况下，决策制定者将倾向于风险规避，这在决策制定的文献上已经颇有着墨（Bass，1983）。

⊖　值得一提的是，除了市场共同性外，可能还有其他影响两家企业直接竞争程度的因素，如差异化（Beath and Katsoulacos，1991；Hotelling，1929）。

命题 1a：假设其他情况不变之下，当 B 与 A 的市场共同性越大，A 对 B 采取竞争性行动的可能性越低。

现在思考以下情境：一个积极的竞争者可能试图增加它的市场占有率，或是要重新自我定位，因而发动了一个竞争性行动。这一情境可以从防御企业的观点来讨论，而采用上述观点将有助于确认，哪些防御企业最有可能针对任何一种特定的竞争性行动采取响应。

Porter（1980：88）曾经提到市场共同性对竞争性响应的行为意义："竞争的一项核心特质是企业的相互依赖性：企业感受到彼此之竞争性行动的影响效果，而且倾向于采取响应。"类似地，提倡资源依赖观点的学者（Pfeffer and Salancik，1978；Pfeffer，1982，1987）也指出市场相互依赖性（一个和市场共同性相关的概念）的重要性，而且当企业面对其他企业行动所产生的不确定性时，一般会倾向于采取响应以管理这种相互依赖性。

Dutton 与 Jackson（1987）认为，决策制定者比较有可能对具有威胁性的议题采取响应。如果一个企业对市场共同性很高的竞争者采取竞争性行动，则毋庸置疑，该行动将被视为具有威胁性。过去的研究发现，防御企业响应的可能性与其竞争者依赖性，或防御企业对受攻击市场之营收的依赖程度，有正相关关系（Chen and MacMillan，1992），这进一步支持了命题 1a 的预测[⊖]。最后，Baum 与 Korn（1996）的研究发现，多重市场接触程度高的竞争者退出彼此市场的可能性比较低，因为这些竞争者对于防御它们的市场地位具有强烈的承诺，因此不容许竞争者采取竞争性行动而能相安无事。

上述的理论与研究发现建议，当企业与攻击者有比较高的市场共同性

[⊖] 竞争者依赖性的观念具有行动的特定性，一旦采取竞争性行动，竞争者依赖性就将视此特定行动而定：不同的竞争性行动会影响不同的竞争者，而且每一项竞争性行动对不同竞争者的影响也有差异，端视所涉及之市场的重要性而定。相反地，市场共同性观念则是阐释市场竞争者之间的攻击前关系。

时，则其采取竞争性响应的可能性会比较高。

　　命题 1b：假设其他情况不变之下，当 A 与 B 的市场共同性越大，B 对 A 的竞争性行动采取响应的可能性越高。

9.3.2 资源相似性与企业间竞争对抗

　　竞争性对抗的动态与持续本质（Amit et al., 1988；Weigelt and Mac-Millan, 1988）建议，对于行动企业来说，防御企业的可能响应是一项非常重要的考虑因素。行动企业可能会犹豫是否将攻击目标锁定在可能采取报复的竞争者。假设所有受影响的竞争者对响应一个攻击行动的动机是相等的，则试图采取竞争性攻击的企业将会评估并且比较，本身采取行动的能力与潜在响应者采取报复的能力。一般来说，当防御企业与行动企业拥有相当的战略性禀赋时，最具有从事竞争性响应的能力，因此，当行动企业要对这类竞争者发动攻击时，将会再三思索。总之，行动企业察觉到它与防御企业的资源相似性程度，以及防御企业采取竞争性响应的能力，在行动企业是否采取竞争性行动的决策中扮演着重要角色。

　　Peteraf（1993b）发现，战略群组内的竞争程度比战略群组间低；这个结果与本研究的预测——企业主动攻击具有相似战略资源之竞争者的可能性比较低，是一致的。

　　命题 2a：假设其他情况不变之下，当 B 与 A 的资源相似性越大，A 对 B 采取竞争性行动的可能性越低。

　　以下再从防御企业的观点来考虑另一个情境：假设一个竞争性行动已经发动，防御企业已经察觉到该行动，而且有动机采取响应，则这类的企业响应（主要决定于响应的能力）有可能受到该防御企业与行动企业的资源相似性程度影响。这一论点是从企业的资源基础理论发展出来的，该理论的提倡者主张，市场中的持续性竞争优势奠基在企业内部的资源与能力（Barney，1991；Conner，1991；Peteraf，1993a）。

　　这个现象涉及企业在市场追求竞争优势时，一个非常根本的议题：一个竞争性行动将被竞争者模仿的程度。这个议题可以从各个防御企业，与启动行动企业相较之下，不同程度的资源与战略异质性看出来。资源基础理论的文献已经提出许多相关的概念与机制，如不完全可模仿性与不完全替代性（Barney，1986，1991；Dierickx and Cool，1989）、模仿的障碍（Reed and DeFillippi，1990）、隔离机制（Rumelt，1984）以及资源定位的障碍（Wernerfelt，1984）［移动性障碍的观念（Caves and Porter，1977；Hatten and Hatten，1987）在此也有关联］。理想上，企业会充分利用它的资源基础优势——或更明确地说，异质性资产基础，来发动一个竞争性行动（Rumelt，1984），以阻止竞争性模仿（Collis，1991），或是至少尽可能地提高竞争者的模仿困难度。

　　在本章的情境中，防御企业与行动企业的资源异质性或不相似性，在界定竞争者的响应能力上，确实扮演着重要的角色；而资源相似性则具有完全相反的效果。实证显示，采取响应所需的组织资源（包括数量及多样性）能够显著地预测竞争性响应：如果这种响应需要重大的资源承诺与大幅度的组织重整，则竞争者采取响应的可能性比较低，而且响应的速度比较慢（Chen and MacMillan，1992；Chen and Miller，1994）。因此，假设其他条件不变之下，相较于那些与行动企业之资源基础差异非常大的竞争者，拥有与行动企业类似之资源基础的竞争者，会比较容易管理采取响应所需要的组织需求。

　　再者，如同资源基础相关研究常提及的观念，企业能力已经从无形资源的概念，延伸至涵盖企业所发展的各式组织惯例（Collis，1991；Winter，

1987）。在竞争中，借着利用预先规划或早已建立的企业内组织常规，企业不仅比较有动机，而且比较有能力去处理那些引发例行性竞争性响应的行动（Allison，1971）。从战略与资源的观点来看，如果一个竞争性行动是由类似的企业发动，则防御企业很可能已经有先前的惯例能够加以利用。总之，与行动企业在战略性资源禀赋上最相似的防御企业，将有最大的潜力与能力来采取竞争性响应。

命题 2b：假设其他情况不变之下，当 A 与 B 的资源相似性越大，B 对 A 的竞争性行动采取响应的可能性越高。

9.3.3　市场共同性与资源相似性的比较

当两家企业在相同的市场竞争，而且发展相当的市场形貌时，它们会清楚地认知到彼此的竞争关系。从竞争观点，市场相互依赖性是影响企业之臆测变异性与相互依存度最重要的因素（Gimeno and Woo，1996）。拥有最高市场共同性的企业，是最直接且最能相互辨识的竞争者（虽然它们未必是最强悍的竞争者）。然而，如上所述，以往战略领域的竞争研究（尤其是战略群组）存在一个问题，就是忽略市场关系，或是假设市场关系不变。这类研究反倒专注在战略上或组织上的相似性，如此仅能反映一个企业采取行动的能力，而无法反映动机。在竞争的情境中，企业必须先有动机去行动或响应，而不是考虑能力。动机是行为的必要与先决条件，而且相较于能力，它在预测企业间的竞争对抗关系上，是一个更直接且强有力的预测因子。

此外，市场的竞争对竞争行为的影响不仅是最直接的，而且是最明显、立即的，它的效果也远大于资源禀赋基础的竞争对竞争行为的影响。企业与有高度市场共同性之竞争者所进行的竞争性互动，对它的市场占有率和获利将有直接且立即的意义（Chen and MacMillan，1992）。再者，对战略家而言，两家企业在市场上的相互依赖程度通常相当明显，然而，战略性资源禀赋却因具有独特性及因果模糊性的本质（Barney，1991），而难以清楚地辨识。由于高度的市场共同性往往伴随着高能见度，因此企业的其他利益相关者也能察觉到所有相关的竞争性挑战，进而在是否及如何采取行动和响应的相关议题上，对企业施压（Pfeffer，1982，1987；Porter，1984）。

命题 3：相较于资源相似性，市场共同性在预期竞争性行动与响应上，为一个较强而有力的预测因子。

9.3.4 竞争不对称性与企业间竞争对抗

Tversky（1977）在早期相似性特质的研究中，正式提出不对称性的观念，他的论点提供了本章考虑企业间竞争不对称性的理论基础。Tversky 针对不对称相似性（asymmetric similarity）提出了实证证据，并且主张两个目标物的相似性不应该被视为对称的关系来处理。无疑地，他的论点挑战了理论上将相似性视为对称性的基本假设。Tversky 显示出，一般接受之以计量距离函数为基础的对称公理，在解释相似性的概念上并不具有效力；亦即，$d(a, b) \neq d(b, a)$。相似性的陈述具有方向性，而且需要视其比较要素是哪一个"主体"（subject）与"参考者"（referent）而定（Tversky，1977：328）。在说明此观念时，Tversky 进一步指出，"A 与 B 相像"和"B 与 A 相像"并不相同（1977：328）。Tversky 所提出的一般化理论已经广泛地应用于个人层次的人类行为，它也可以同样地应用于企业层次的竞争行为。在本章中，一个特定竞争关系的结构会因所考虑的焦点企业不同而有差异，其直接意义就是，A 是 B 的主要竞争者，B 却不必然是 A 的主要竞争者。也就是说，图 9-1 会呈现非常大的差异，需要视两个企业中哪一个是焦点企业而定。

此外，Tversky 对三边不对等关系的挑战，以及因此产生的传递律法则

（transitive law），对竞争者分析也有重要的意义，并且进一步支持竞争不对称性的观念。在竞争中，A 是 B 的主要竞争者，B 为 C 的主要竞争者，而 A 不必然是 C 的主要竞争者：每一个竞争关系，就市场共同性与资源相似性来说，均具有独特性与方向性，而不是对称的。在这种情形下，由于市场共同性与资源相似性构念的差异，每一个企业所定义的竞争者会有所不同，它从每一个竞争者所感受到的竞争威胁也会有所不同。

竞争者与竞争关系的企业专质性观念进一步显示，一对企业间的不对称竞争关系，需要视哪一个竞争者是考虑中的焦点企业而定。换言之，A 对 B 所造成的威胁可能更甚于 B 对 A 的威胁。这种不对称关系很可能出现在大部分的竞争性交战中（Carpenter，Cooper，Hanssens，and Midgley，1988；Lehmann and Winer，1990）。然而，除了少数的例外，这个观念在战略文献中尚未受到关注。虽然目前资源基础相关的研究，一般已经认知到不对称关系的存在，也了解到不对称关系作为持续性经济租来源的潜力（Amit and Schoemaker，1993），但尚未将这样的想法整合到研究议题中，也未将这个基本前提加以延伸来检视竞争情境中的企业间关系。

根据企业的资源基础观点，Collis（1991：51）认为，由于"每一个企业所拥有的资源向量不同（以企业的核心能力表示）"，即使企业处在相同的"外部机会集合"中，每一个企业应对竞争者与竞争的方式也会十分不同。Porter（1979）指出，进入障碍的重要性将视这个企业所采取的特定战略而定。同样地，Hatten 与 Hatten（1987）明确指出，战略群组之间的移动障碍是不对称的。Porac 与 Thomas（1990）利用分类心智模式，也认为企业会通过各式各样的方式来定义它们的竞争者。

让我们通过一些例子进一步说明这个重要的概念。在航空业的竞争中，夏威夷航空（一个规模较小的区域性航空公司）将美国航空及联合航空这两个在太平洋市场积极扩展的大型航空公司视为主要竞争者。然而，一般而言，美国航空及联合航空可能仅将夏威夷航空视为一个在特定市场重叠的竞争者，而非直接竞争者。下列叙述贴切地阐释了一个企业对此现象的观点。

当询问 Sun Microsystems 这家快速成长公司的总裁斯科特·麦克尼利（Scott McNealy），谁是公司的竞争者时，他的回答是："迪吉多设备公司、惠普公司以及 IBM 公司"。那么全美第五大计算机制造商，而且规模为 Sun Microsystems 两倍大的 NCR 公司呢？"我们从来没有把它看在眼里。"他说道（Wilke，1990：A1）。

命题 4a：竞争不对称性可能存在于一对竞争者当中。亦即，任何两个企业彼此之间不可能有相同程度的市场共同性与资源相似性。

遵循 Tversky（1977）的观点，竞争不对称性的重要性在于它对企业间竞争对抗的行为意义。将不对称性纳入考虑，可以协助避免做出危险的假设，误认为特定竞争者的察觉、动机及能力，与任一特定企业都是相同的。例如，强势的竞争对手可能会给予非关键竞争企业比较大的行动空间，而不会施行报复。同样地，弱势的竞争者可能将强势对手视为主要目标，但强势竞争者不会察觉到对方所带来的威胁；即使这类弱势企业可能会带来伤害，它们也不会被认出来，甚至会被忽略。日本跨国公司在过去数十年来逐步入侵世界各地的市场，对这种看似不重要之竞争者的潜在威胁，提供了一个极佳的案例（Hamel and Prahalad，1990）。另一个较近的例子是，许多消费品产业的品牌领导者，在被自有品牌竞争者瓜分了可观的市场占有率后，才学到惨痛教训（Glemet and Mira，1993）。因此，推导出下列命题。

命题 4b：由于市场共同性与资源相似性的竞争不对称性，A 对 B 采取竞争性行动的可能性将异于 B 对 A 采取竞争性行动的可能性；竞争性响应可能性的情况亦同。

9.4 竞争者分析的例证

为了勾勒竞争者图像（competitor mapping）并引导未来的实证研究，本章提出市场共同性及资源相似性的衡量方法，并将它们应用在航空业。为了说明 1989 年的航空业竞争者图像，本章根据上述两个构念，使用公开发行的信息对 17 家美国主要航空公司进行配对比较。同时，本章也采用该产业的关键专家所提供的知觉性数据，来确认这种客观的衡量方式。

市场共同性，或一个竞争者与一个焦点企业所呈现的市场重叠程度，主要决定于两项因素：焦点企业与竞争者所共有的每一个市场的战略重要性，以及竞争者在这些市场的市场占有率。航空业的市场定义为一条航线（Gimeno，1994；Karnani and Wernerfelt，1985），下列方程式可以用来表示市场共同性的衡量方法：

$$M_{ab} = \sum_{i=1}^{200} [(P_{ai} / P_a) \times (P_{bi} / P_i)]$$

式中 M_{ab}——航空公司 b 与焦点航空公司 a 的市场共同性；

P_{ai}——a 航空公司在航线 i 所服务的乘客数；

P_a——a 航空公司在所有航线所服务的乘客数；

P_{bi}——b 航空公司在航线 i 所服务的乘客数；

P_i——所有航空公司在航线 i 所服务的乘客数；

i——衡量前 2000 条重要航线中，a 及 b 同时提供服务的航线。

分析与一个焦点企业所有共同的市场，以衡量每一个竞争者与焦点企业的市场共同性。为了考虑一个特定关系所镶嵌的整体关系形态（Burt，1987），以及竞争相对性的观念（Chen and Hambrick，1995），本章将结果加以标准化，使一个特定企业与其所有竞争者之市场共同性指标的总和等于 1。表 9-1 为两两配对的 17 家航空公司所呈现的市场共同性图像。焦点企业列在表左侧；每一个焦点企业与其他航空公司的相对市场共同性从左至右呈现。

表 9-1　美国国内航空公司的市场共同性图像 [a, b]

	AA	AQ	AS	BN	CO	DL	EA	HA	HP	ML	NW	PA	PI	TW	UA	US	WN
AA		0.00	0.01	0.02	0.08	0.20	0.04	0.00	0.02	0.00	0.08	0.03	0.01	0.09	0.26	0.12	0.02
AQ	0.00		0.00	0.00	0.00	0.00	0.00	0.99	0.00	0.00	0.00	0.00	0.00	0.00	0.01	0.00	0.00
AS	0.18	0.00		0.00	0.02	0.10	0.01	0.00	0.10		0.09	0.01	0.00	0.01	0.33	0.14	0.00
BN	0.14	0.00	0.00		0.10	0.19	0.04	0.00	0.05	0.01	0.11	0.01	0.01	0.10	0.12	0.07	0.05
CO	0.13	0.00	0.00	0.02		0.16	0.06	0.00	0.02	0.01	0.08	0.02	0.02	0.04	0.27	0.13	0.04
DL	0.22	0.00	0.01	0.03	0.11		0.16	0.00	0.03	0.01	0.08	0.02	0.03	0.06	0.10	0.12	0.03
EA	0.11	0.00	0.00	0.02	0.09	0.36		0.00	0.00	0.00	0.04	0.15	0.03	0.06	0.04	0.11	0.00
HA	0.02	0.87	0.00	0.00	0.01	0.02	0.00		0.00	0.00	0.02	0.00	0.00	0.00	0.00	0.00	0.00
HP	0.08	0.00	0.03	0.02	0.05	0.10	0.00	0.00			0.03	0.00	0.00	0.00	0.08	0.16	0.40
ML	0.05	0.00	0.02	0.09	0.06	0.02		0.01			0.25	0.00		0.04	0.08	0.10	0.28
NW	0.16	0.00	0.01	0.03	0.10	0.15	0.03	0.01	0.02	0.05		0.01	0.01	0.07	0.21	0.09	0.03
PA	0.15	0.00	0.01	0.01	0.06	0.08	0.30				0.03			0.16	0.10	0.09	
PI	0.06	0.00	0.00	0.01	0.06	0.12	0.06	0.00	0.01	0.00	0.02	0.02		0.01	0.04	0.58	0.01
TW	0.21	0.00		0.03	0.06	0.13	0.06		0.03	0.01	0.08	0.08			0.17	0.06	0.08
UA	0.28	0.00	0.03	0.04	0.17	0.10	0.04		0.01		0.10	0.02	0.01	0.07		0.13	0.02
US	0.16	0.00	0.01	0.01	0.10	0.13	0.06	0.00	0.06	0.01	0.06	0.02	0.15	0.03	0.15		0.04
WN	0.08	0.00	0.00	0.02	0.07	0.08	0.00	0.00	0.38	0.08	0.04	0.00	0.00	0.10	0.05	0.10	

AA——美国航空	EA——东方航空	PI——皮得蒙航空
AQ——阿罗哈航空	HA——夏威夷航空	TW——环球航空
AS——阿拉斯加航空	HP——美西航空	UA——联合航空
BN——布列尼夫	ML——Midway Airlines	US——全美航空
CO——大陆航空	NW——西北航空	WN——西南航空
DL——达美航空	PA——泛美航空	

a　焦点企业列于表左侧，其所对应的个别竞争者列于表上方。此表从左至右解读。

b　为了区别小数四舍五入的"0.00"与真正的"0.00"，前者以阴影表示。

从表 9-1 中，我们可以发现一些有趣的例子。例如，从环球航空（TW）的观点，美国航空（AA）的市场共同性指标为 0.21（第 14 行，第 1 列），而从美国航空（AA）的观点，环球航空（TW）的指标则为 0.09（第 1 行，第

14 列）。因此，美国航空是环球航空的主要竞争者；反之则不然，此为竞争不对称性之一例。另外一例，从美西航空（HP）的观点，西南航空（WN）的市场共同性指标为 0.40；但从西南航空的观点，美西航空的市场共同性指标为 0.38，由此可知，彼此互为对方的首要竞争者。然而，西南航空（308条航线）与美西航空（454 条航线）仅在 83 条航线相互竞争，显示出，它们虽然在相对较少的市场上竞争，但在这些市场上的竞争却处于短兵相接状态。在另外一个例子中，从美西航空的观点，美国航空的市场共同性指标为 0.08；虽然美国航空是一家大型企业，而且在美西航空所经营的大多数市场均相当活跃（454 条航线中的 415 条），但对于美西航空而言，美国航空在这些市场中几乎都称不上是有力的竞争对手。上述两个案例显示，仅从共同市场的数目可能无法完全阐释两家企业于竞争中，所发展出来的市场张力。

资源相似性，或一个竞争者与一个焦点企业的战略性资源禀赋相似的程度，也是以类似市场共同性的分析程序来衡量。为了说明的需要，本章以航空公司的机队结构这一重要的战略性资源禀赋为示例（Taneja，1989）。不同的飞机有不同的战略及营运用途。根据诸如飞行距离、搭载乘客数及使用引擎类型等关键参数来分类（Mondey，Cook，Hooks，and Chant，1987），1989 年时共有 26 种主要机型在役。对于焦点企业来说，每一个竞争者和它是否具有资源相似性，是从两者共有的所有飞机机型，逐一比对分析来衡量的。可以构建一个类似于表 9-1 的表格来说明这些航空公司之间的资源相似性关系。

最后，如图 9-3 所示，研究者依据市场共同性与资源相似性两个层面，把一个特定企业的每一个竞争者的相对位置描绘出来。很明显地，对于每一个焦点企业而言，这些图标的组合都不相同。例如，达美航空主要的竞争者显然为美国航空；然而，对于美国航空而言，联合航空（而非达美航空）才是最重要的竞争者。这个案例不仅提供了竞争不对称性的初步证据，也凸显出从数个有利的点进行竞争者分析的重要性。每一个竞争性关系都有其独特性及方向性，而且特定企业的竞争者如何看待该企业，与该企业的经理人如何看待这些竞争者，具有同等重要性。

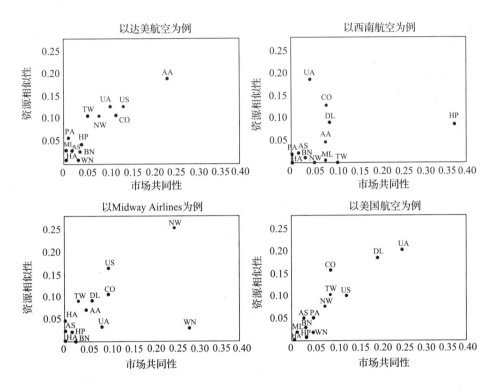

图 9-3　美国国内航空公司的竞争者图像

此外，这种以企业为基础的竞争者分析方法，可以用来探讨传统上以产业或战略群组为基础的分析方法所探讨的议题。例如，如图 9-3 所示，达美航空的竞争者依市场与资源两个方面可以区分为三类竞争者群组。相反地，如果一家企业的所有竞争者均落在图形中的左下角集群，则可清楚地显示出，该企业是利基参与者，因为从市场与资源两个层面都看不出有明显的竞争者。最后，值得一提的是，相似性及共同性在什么时点成为竞争者分析重要的一环，需要视焦点企业的特定要素而定（例如，企业的战略目的，或者企业的资源限制与配置的优先级）。

进一步验证

研究者利用关键产业专家的意见，采取一些步骤来验证本章所提出的市场共同性及资源相似性的衡量指标。这个验证的目的在于确认，这两个客观的衡量方式及其潜在构念，与高层主管或产业专家所认定的每一家航空公司被不同竞争者加诸的竞争张力，是否一致。研究者采用邮寄方式寄出 163 份问卷给航空公司的高层主管（所有主要航空公司资深副总以上）及产业专家（分析师或顾问师），借以探讨 14 家样本航空公司的竞争张力（原先用来建构市场共同性及资源相似性指标的 17 家航空公司，其中有 3 家在问卷调查时已经停止营运）。最后，总共收到 72 份问卷回复（回收率为 45%），其中 71 份为有效问卷，经检验发现，未响应误差的情形并未出现，而且响应者的平均产业经验超过 25 年。

问卷要求每一位受访者从每一家焦点航空公司的观点出发，从 13 家竞争者中依序列出前五大竞争者，然后将受访者所做的竞争者排序转化为分数，焦点航空公司的首要竞争者获得 5 分；排序第二者获得 4 分，依此类推。那些不在排序中的竞争者则为 0 分，最后再将所有受访者的数据加总。如此，每一个加总分数反映出，在受访者眼中，一个特定竞争者加诸焦点航空公司的竞争强度。这些排序可以建构出类似表 9-1 的表格，以说明所有成对竞争关系（总数为 182，即 14 × 13）。

接下来，再将这个调查资料与市场共同性和资源相似性做个别的相关分析。分析的基本数据点取自市场共同性衡量（表 9-1）与资源相似性衡量（本章未提供这一表格）所产生的个别成对数值。结果显示，调查数据与市场共同性的相关系数为 0.74（$n=182$，$p<0.001$），与资源相似性的相关系数为

0.59（*n*=182，*p*<0.001）。如此，产业专家的主观判断与市场共同性和资源相似性的客观衡量方式，虽然数据源不同，却有高度一致性。这一结果对市场共同性与资源相似性两个层面的衡量与基本构念效度提供了初步的支持。

9.5 讨论

本章有两个主要目的。首先，本章借着导入市场共同性及资源相似性两个企业专质性的且兼具理论基础的构念，提出了一个新的竞争者分析概念；这种分析方式可以区别出同一产业的不同参与者。其次，本章对战略领域中两个非常重要的课题，即竞争者分析与企业间竞争对抗，做了理论的整合。通过市场共同性与资源相似性这两个构念，本章也提出了预测竞争性行动与响应的相关命题。

本章对竞争者分析理论的第一个贡献是，专注在一个非常根本却经常被忽略的议题：企业因市场形貌与资源禀赋相似性所造成的直接竞争程度。借着导入市场共同性与资源相似性的观念，本章试图在战略（尤其是资源基础方面）、人口生态学（Barnett，1993）以及网络理论（Burt，1987）等现有的观点之外，从不同的理论角度，以一个比较不同的方法，来描绘企业之间的关系。

市场共同性与资源相似性构念的并同考虑，也显示出两个十分重要但截然不同的战略理论，亦即 Porter（1980）的产业结构理论与资源基础理论（Barney，1991；Peteraf，1993a），在探讨竞争优势与竞争时的互补性。同时，本章也凸显出在概念化竞争者及预测竞争时，同时运用产业结构理论的从外而内（outside-in）与资源基础理论的由内而外（inside-out）观点，是重要且有用的。

更重要的是，市场共同性及资源相似性两个构念和它们的基本理论，可以被用来预测竞争性行动与响应，以反映出竞争对抗的概念。通过本章的命题，我们更清楚地建立了竞争者分析与企业间竞争对抗的观念性联结，这是一个重要的议题，但在过去的文献中始终未被留意。

在例证上，本章以航空业为例，对市场共同性与资源相似性提出了具体的衡量方式。本章所提出的衡量方式，是从公开数据推导而来的，这种衡量方式与产业专家所提供的竞争者知觉排序数据，具有高度一致性。如此，这两种独立方法所得到的结果一致性，也为本章提出的衡量方式与基本构念效度，提供了初步的支持（Campbell and Fiske，1959；Schwab，1980；Dess and Robinson，1984；Venkatraman and Grant，1986）。

9.5.1 研究意义

本章有几个研究意义。首先，本章强调竞争交战中市场的重要性，以及比较企业整体市场形貌的重要性。战略研究学者似乎较少关心市场范畴，反倒专注在产业、战略群组或以企业为分析单位。采取逐一分析市场的方式来检视竞争者，其直接意义在于，将竞争及竞争关系的观念视为一个涵盖数个层次的现象。例如，整体的（global）或企业的层次，或横跨企业从事一般竞争的所有竞争市场；焦点企业或次企业（subfirm）的层次，或一个特定的、正在激烈对抗的市场。相对于多点竞争的概念，"多重层次"（multi-level）竞争的观念对了解及预测竞争行为，可以提供进一步的洞见。

依循着相同脉络，本章确实跨越了各种分析层次：企业、群组、产业、市场以及竞争性行动／响应层次。Porac与Thomas（1990）指出，在定义竞争者时，不同的专注层次及抽象层次是可能的。事实上，分析层次对研究者检视竞争行为具有重要意义，任何竞争研究均应该交代清楚（Nayyar，1993）。本章把企业视为竞争者分析的中心，并且将个别的竞争性行动／响应视为竞争性对抗的构成要素；这两个焦点在联结竞争者分析与企业间竞争对抗时，似乎特别合适且有效。

截至目前，本章的讨论焦点均是在产业内或业务层次的竞争，然而，必须强调的是，本章所发展的观念同样适用于公司的总体层次。本章的架构对探讨单一的、主导性或相关多元化战略的竞争者分析，也经得起考验（Rumelt，1974）。例如，应用相同的想法来检视宝洁与联合利华在图 9-1 中的配对位置时，两者的关系可能会落在象限Ⅰ，因为它们拥有诸多相似的资源禀赋，并且在许多相似的产业中进行激烈的竞争；通用电气与花旗集团间的竞争，可能正从象限Ⅲ移到象限Ⅱ，因为通用电气正增加它在财务金融服务产业上的承诺（类似的方法也可以用来分析迪士尼与西屋电气的竞争关系，两个集团最近正以强势的姿态，试图通过购并进入电视网络产业）。另外，相同的概念也可用来描绘在不同国家市场中的全球竞争者（Franko，1989），或是描绘产业疆界模糊或定义不明情况下的竞争（如多媒体产业），也可以检视国家之间的竞争（Porter，1992）。

再者，以比较资源禀赋的方式来建构资源相似性的概念，并且以航空业示例来提出衡量方式，对于那些采用企业资源基础理论的研究者，也有重要意义。近年来，学者对资源基础论在战略领域中的应用，似乎特别感兴趣。资源基础理论在概念层次上虽已有所进展，但它在概念的可操作化及衡量上有诸多困难，使其面临极大的应用限制（Conner，1991）。本章是最早尝试突破这一限制的研究之一，呼应了 Henderson 与 Cockburn（1994），McGrath、MacMillan 与 Venkartaraman（1995）， 以 及 Reed 与 DeFillippi（1990）等学者所做的类似努力。

由于资源可能以不同的形式呈现，使资源相似性的衡量具有潜在的问题。然而，本章提出依资源类型逐一比较焦点企业与每个竞争者所拥有的资源的想法，对资源的衡量方式提供了一个参考方向。当选定某个焦点企业作为比较基础后，便比较容易断定哪些资源是重大的，以及哪个竞争者与焦点企业最（或最不）相似。企业整体的战略禀赋可以依资源类型逐一加总，如此，企业所拥有的各类资源，诸如人力资源（Schuler and Jackson，1987）、战略性资产（Amit and Schoemaker，1993）、知识基础的能力（Teece et al.，1994）、公司应用性的R&D（Helfat，1994）以及品牌权益等，可以采用比较的基础来评估，借以发展出一个企业层次的、整体的资源相似性衡量方法。举例来说，可以请产业专家先辨识出一个企业整体的战略禀赋，评估每一个战略禀赋的相对重要性，然后依照资源类型逐一比较该企业与其所有竞争者的资源，并且根据比较的结果发展出一个企业层次的、整合的资源相似性衡量指标（市场共同性也可以通过关键的产业专家，以类似的方法来评估）。当然，另一种多变量方法也可以用来衡量相似性（例如Cool and Dierickx，1993）。

本章第一个命题的推理建议，不同的因素驱动着竞争性行动与响应的行为：当攻击者与防御企业拥有高度市场共同性时，会降低攻击者采取行动的积极性；相反地，当防御者与行动企业拥有高度市场共同性时，会增加防御者采取响应的倾向。Chen与Hambrick（1995）发现，企业的竞争性行动与响应形貌并不一致：积极从事攻击的竞争者，面对攻击时不必然积极响应，反之亦然。Baum与Korn（1996）在探讨企业的市场进入与退出行为时，也支持这一逻辑。

竞争性行动／响应的二分法也具有重要意义。例如，竞争研究的一项重要议题是，相似的企业会倾向于较积极地或较不积极地从事相互竞争。Peteraf（1993b）根据Caves与Porter（1977）的理论发现，战略上相似的企业比较不倾向于相互竞争，这一点从企业比较高的平均价格即可看出端倪。这个结果也跟多点竞争文献所强调的隐性勾结（tacit collusion）假设一致。相反地，在控制多重市场接触后，Gimeno与Woo（1996）的研究却显示，高度战略相似性会提高竞争性，并且反映在企业比较低的平均价格上。这个发现与结构相同企业之竞争性比较高的主张一致（Abrahamson and Fombrun, 1994; Burt, 1987)[值得一提的是，根据资源基础观点，资源相似性意味着战略相似性，如此将产生比较高的竞争对抗。然而，这项预测仅以能力为基础（如命题 2 所强调的）；相反地，上述回顾的研究则几乎都专注在竞争决策制定的动机面]。如此，这一显而易见的矛盾应当被进一步探讨。本章认为这个议题并不是探讨"在绝对观点或所有情境下，相似的企业是否会对彼此展现出高度侵略性"，而是探讨"当企业扮演行动者或是防御者的角色时，它们在特定情境中会展现何种作为"。

本章也有一些实务含义。企业可以利用如图 9-3 所示的竞争者图像，根据每一个竞争者所加诸的威胁程度，依比例进行适当的资源分配（时间、金钱、对竞争者的注意力等），并且长期监控竞争者的行动。这个图像也可以协助企业定义理想的攻击目标：企业可以根据市场及资源观点，辨识出最不直接的竞争者，将它视为合适的攻击目标；另外，企业也可以选择挑战主要的竞争对手，正面迎击以获取市场占有率。此外，高层主管也可以利用这个架构在产业中重新自我定位（Porter, 1980）。当企业与危险的或恶劣的竞争者，具有非常高的市场共同性与资源相似性时，企业最好重新定位（Porter, 1985），因为在这种情况下，企业存在高度的风险，而且它所采取的任何行动都会引起强烈的报复。如此，这个议题便成了市场障碍（Caves and Porter, 1977）与资源障碍（Wernerfelt, 1994）两者间的相对权衡议题。类似地，借着整合这两个构念，企业也可以根据各种战略性或竞争性目的，找出可能的联盟伙伴。例如，在图 9-1 中，象限Ⅳ中的竞争者，彼此间虽然具有相似的资源禀赋，却专注在不同的目标市场，因此，在考虑市场扩张时，或许可以产生极佳的互补性。

竞争不对称性也具有重要的意义。企业的经理人应该从每一个竞争者的观点，来分析竞争环境。竞争者如何看待该企业，与该企业如何看待这些竞争者，同等重要。从一个既定企业的观点来看，某一个特定竞争者或许不重要（这种短视的看法常常存在于图 9-1 象限 III 中的竞争者）；然而，该竞争者却可能视这个企业为最重要的单一竞争者，而且是采取竞争性行动与响应的主要目标（有此种知觉的企业往往出现在图 9-1 象限 II 之中）。最后，战略家的一个最重要挑战是，实际地创造出竞争不对称性，并且充分利用它来形成企业优势。

9.5.2 研究限制与未来研究方向

虽然本章的研究开启了重要的第一步，但本章可能会因为仅专注在单一产业中现存的竞争者而受到限制。因此，将目前不在产业中的潜在竞争者予以概念化，并且预测它们可能的进入战略及攻击目标，是研究者当前的重要议题。本章所发展的资源相似性概念应该有助于这类研究。

本章所检视的竞争性行动与响应变量虽然相当重要，但它们只是竞争性行为的一部分。本章的主要目的是探讨市场共同性与资源相似性这两个自变量，而非因变量的选择。针对未来研究，研究者可以探讨这些变量对诸如市场讯号（Heil and Robertson，1991）、战略性承诺（Ghemawat，1991）、虚张声势（bluffs）(Porter, 1980)、决策速度（Eisenhardt, 1989）、升级（或降低）竞争态势（D'Aveni，1994）以及市场进入与退出（Baum and Korn，1996）等的影响。当然，对本章所提出的命题也应该进行实证分析，以检视市场共同性与资源相似性在预测竞争行为上的重要性。

分析层次的议题，以及它对竞争概念的影响，已经在先前讨论过。值得一提的是，虽然专注于对偶的，以及企业层次的成对分析，代表着重要的第一步；然而，本章提出的方法仍应该与考虑竞争的社会本质的群组分析或结构分析方法相辅相成。此外，情境及产业因素在预测企业采取行动或响应的可能性上，或许不会有特别帮助，但在界定广泛的竞争参数上相当有帮助。

也就是说，竞争不仅是市场共同性与资源相似性的函数，也是企业实际竞争时所处之产业结构或市场情境的函数。竞争性行动/响应的启动，不仅要常常留意它们对每一个竞争对手的意义，也要留意它们对整体竞争局势的影响（如图 9-3 所示，联合航空为美国航空的主要竞争者，美国航空为达美航空的主要竞争者，依此类推，形成一种"连锁性"的竞争关系。如此，联合航空的任何行动皆将对这一连锁中所有其他竞争者产生一连串渐进性的影响）。因此，学者未来若能将上述考虑与诸如市场占有率的稳定性，或竞争者间先前的社会条件等变量相结合，将使这一领域的研究更加丰富。至于共同性与相似性在不同的需求情况下有多重要？在何种情况下，它们变得更加重要，或更加不重要？将情境因素纳入考虑，将能增加本架构的复杂性与丰富性。

研究者若能进行跨产业的纵断面研究，以便更充分地了解长时间下市场共同性与资源相似性的关系，也会有所帮助。这两项竞争驱动因子的收敛或发散，或许可以呈现出总体产业层次上，不同程度的竞争对抗现象。同样地，如图 9-2 的反馈环所示，由竞争对抗和它的结果可以回溯去分析竞争者间未开战前的关系。如此，若能长期追踪企业间的结构张力如何影响实际的竞争交战，以及重复的竞争交战如何转而影响这些企业间的竞争关系，将会非常有帮助。这一类研究可以促进微观与宏观之间的联结，而这一点是过去社会科学理论未曾留意的（Coleman，1987）。

此外，研究者应当更严谨地探讨竞争不对称性这个重要却经常被忽略的现象。无疑，竞争不对称性对理论学者分析任何两个企业的战略性谋略与竞争性互动，均有重大的意义。

最后，探讨主观与客观之竞争观点的关系，这两个观点的关联性，以及这个关联性与绩效的相关程度，也都有所帮助。一般均假定，知觉会激励并解释行为，即便行为也经常可能被客观的竞争事实影响。然而，知觉与客观事实的相对重要性，可能会因情况而异。例如，一个企业对某个竞争者的知觉可能会膨胀——即使那是一个客观上不重要的竞争者，只因该竞争者在这个企业非常重要的市场中活动。在那些客观的竞争信息可以轻易取得，或者竞争规范已经建立完整的产业中，客观的与知觉的竞争观念应该具有高度一致性。这类已经触及竞争核心的议题，当然值得做进一步的探究。

总之，本章通过引用多方的理论，并且跨越不同的分析层次，提出一系列有助于研究者了解企业间竞争对抗的理论议题。借由导入市场共同性与资源相似性的观念，研究者强调市场独特性与企业独特性在阐释竞争关系时的重要性。同时，市场共同性的概念也精练了管理文献中极为盛行的市场相互依赖性概念。此外，本章所介绍的竞争不对称性观念，不但提供了一个有助于理论学者更深入了解竞争本质的独特观点，也触发了一个非常基本的议题：主观与客观的竞争观点。最后，本章采用微观观点，专注于企业专质的竞争关系与个别的竞争行为，对于建构一个微观竞争行为之预测理论的终极目标，也有显著贡献。

第六篇

动态竞争的知觉研究

第六篇关注动态竞争的知觉研究。前述五篇的动态竞争研究集中在实际竞争行为上，但其中隐含竞争行动发起者和响应者的动机与认知，这些都与人类知觉有关（Miller and Droge，1986；Staw，1991）。AMC（察觉－动机－能力）模型本身以及 AMC 模型中的每一要素都有重要的知觉成分：察觉涉及知觉，动机由知觉驱动，能力也只有在一定的知觉条件下才能引发行动。动态竞争中知觉相关研究的有趣之处就在于它是联结宏观视角与微观视角的一座桥梁（Staw，1991）。企业领导者的知觉与倾向（Miller and Droge，1986）以及他们与高层管理团队其他成员的互动有可能决定企业的竞争行动（Dutton and Jackson，

1987）。久而久之，这一系列的决策组成了总体层面的战略——一个典型的宏观组织现象（Mintzberg，1978；Mintzberg et al.，1976）。

第 10 章探讨竞争张力，即焦点企业与某个可能发动进攻的对手之间竞争关系的紧张程度。竞争张力概念的重要性，可以借由它所影响的行为清楚地呈现；即使在控制客观的结构张力下，竞争张力知觉也会影响企业对于特定竞争者的对抗行动，故 AMC 理论观点的价值，在于其整合性地考虑了三个影响竞争张力知觉的前因。AMC 模型的三个因素都增强了知觉到的竞争张力，也因此增加了企业攻击其某一竞争对手的可能性。

第 11 章探讨竞争者换位思维，即能够理解对手知觉以及从对手的立场看待问题的能力。竞争者分析强调了识别和理解竞争对手的重要性，若要真正地了解竞争对手，企业必须站在对手的处境进行思考。竞争者换位思维的概念着重于焦点企业对于特定竞争对手对其竞争者评估的知觉，以及该竞争对手对于自身的评估，两者的比较（Venkatraman and Ramanujam，1987）。这种比较的方法能够强化并拓展动态竞争与竞争者分析所强调的"相对性"观点（Chen，1996；Chen and Hambrick，1995）。对于竞争对手知觉的洞察之必要性在于，竞争对手对于其竞争者的知觉会驱动它如何进行竞争性行动（Dutton and Jackson，1987）。

第 12 章关注在超竞争环境下，高层管理团队（top management team，TMT）的社会行为整合（socio behavioral integration）对于企业竞争行为的影响。TMT 社会行为整合是指 TMT 成员团队合作的程度（work together as a team），系指团队成员之间的心理依附（psychological attachment）（O'Reilly，Caldwell，and Barnerr，1989），它具备社会互动和凝聚力两项团队关键历程（Smith et al.，1994）。此章认为，在超竞争环境中，暂时性优势是一种常态，体现着超竞争环境的本质。而在超竞争环境下，若要通过积极地发动竞争性行动来有效竞争，企业需要一个高度社会行为整合的高层管理团队。

| 第 10 章 |

竞争张力

原题 从察觉 – 动机 – 能力观点论竞争张力⊖

原文出处 Chen, Ming-Jer, Su, Kuo-Hsien, and Tsai, Wenpin, 2007, "Competitive Tension: The Awareness-Motivation-Capability Perspective," *Academy of Management Journal*, 50(1): 101-118.

本章旨在探讨竞争张力，并将其描绘为一种可能导致焦点企业采取行动反制某一竞争者的紧绷情势。借由察觉 – 动机 – 能力观点，本章以经理人及产业中利益相关者对竞争者的知觉来衡量竞争张力，这一知觉的竞争张力分别受到三种因素及其交互作用的影响：相对规模（relative scale）、竞争者攻击量（rival's attack volume）以及竞争者的竞争能力（rival's capability to contest）。本章提供了一个研究竞争者，以及竞争者分析与企业间竞争对抗关系的新途径。

⊖ 本章受惠于 Amy Hillman 与三位匿名评审委员的洞见。作者在此感谢 Donald Hambrick、Adelaide King、Theresa Cho、Javier Gimeno、Jerry Goodstein、Jinyu He、Samuel Kotz、John Michel、Danny Miller、Charles Tucker、Ron Wilcox、Zoe Bower 与 Tieying Yu 对本章稍早的初稿提供具有价值的评论。本章的完成，受惠于弗吉尼亚大学达顿基金会的财务支持。Hao-Chieh Lin 与 Jaeik Oh 协助资料萃取与分析，谨此致谢。

10.1　绪论

在科学里，稳定的状态来自相反力量的彼此牵制，但是当这个张力（tension）增强到足以将彼此的静态关系转为动态的交互作用时，稳定就不再存在。这个临界点就像钢索断裂的瞬间、气阀因气压而被打开的一刹那，或是某种心理上的压力凌驾了其他压力时。在商场上，也有类似的现象存在，如竞争者持续地施压于其对手，因而引爆了敌对双方的市场战争。

竞争者分析是战略与组织的研究核心（Porter，1980；Hitt，Ireland，and Hoskisson，2005），过去的文献已经探讨过许多重要的议题，包括猜测变异模型（conjecture variation）（Amit，Domowitz，and Fershtman，1988）、竞争者辨识（competitor identification）（Porac and Thomas，1990）、竞争盲点（blind spots）（Zajac and Bazerman，1991）等；竞争者分析与企业间竞争对抗（interfirm rivalry）在理论上的整合有很大的突破（Chen，1996）。一些基本问题，如谁是焦点企业的竞争者，企业面对每一个对手的竞争程度各有多少等，已经在不同的研究中或隐含或明确地被提出（如 Reger and Huff，1993；Smith，Ferrier，and Ndofor，2001），这些研究虽然拥有某些共同的想法，但在概念发展与分析重心上仍有很大的差异。

以个别的市场行动来分析竞争的动态竞争研究（competitive dynamics research），已经从对偶企业的视角，检视了企业间竞争的决定因素与影响效果（Chen and MacMillan，1992；Ferrier，2001）。这些研究进而产生了以"察觉 - 动机 - 能力"三个企业间竞争对抗之重要驱动因子为主的各种组织与战略变量（Smith et al.，2001）。然而，这些研究几乎完全仰赖可被观察的市场因素或结构变量，而忽略了企业间竞争的知觉层面。强调知觉（或者认知）取向的研究对竞争者、战略群组（Reger and Huff，1993）与竞争群组（Porac et al.，1995）的概念化（Porac，Thomas，Wilson，Paton，and Kanfer，1995）、辨识（Clark and Montgomery，1999）与分类（Hodgkinson and Johnson，1994）已经提供了不少贡献，但是这种观点仍然倾向于将企业面临的所有竞争者视为同质的，同时也没有尝试区别企业可能感受到各种竞争者不同程度的压力（Porter，1980），更不用说这些压力对于攻击（Ferrier，2001）与报复（Chen and MacMillan，1992）等企业间竞争对抗的关键层面的内涵。更重要的是，过去的文献经常将竞争张力与其他相关的概念如竞争强度（Barnett，1997）、竞争威胁（Michell，1989）与竞争压力（Sinha and Noble，1997）混为一谈，交替使用，缺乏对竞争张力做系统性的概念化与可操作化。由于研究者经常使用这些概念，因此，这是一个相当有问题的研究缺口。

为了处理这些议题，本章建构竞争张力这一构念，并将其定义为可能引发焦点企业采取行动对抗竞争者的一种竞争者之间的紧张局势关系（strain）。虽然本章的概念化包含主观与客观的考虑，但本章的实证重点是以主观知觉到的竞争张力为主。首先，作者探讨源自察觉 - 动机 - 能力观点的三个对偶层次变量，即相对规模、竞争者攻击量与竞争者的竞争能力，是否可以用来预测企业所知觉到的竞争张力。然后，为了呈现这一构念的重要性及其行为内涵，本章检视竞争张力知觉对于企业随后采取对抗性竞争行动的影响。

通过竞争张力的探讨，作者重新概念化 Chen（1996）所提出的竞争者分析与企业间竞争对抗关系；经由研究 AMC 观点的实证应用，并且探索 AMC 这三个不同变量间的交互关系，本章得以丰富、扩展与建构这一理论观点。另外，借由分析影响竞争张力知觉的客观性因素，本章进而联结了竞争者分析文献中两种相异的研究取向，也响应了 Reger 与 Huff（1993）及 Jayachandran、Gimeno 与 Varadarajan（1999）的论点。

10.2 理论背景

战略文献长期以来不断强调竞争者分析的重要性，早期主要从产业组织经济学（industrial organization economics）（Bain，1956；Porter，1980）进行产业层次的竞争研究，这些研究的假设为：同一产业内的所有企业，彼此之间都是实际上的竞争者。后来的研究则重新定义竞争者，将产业内企业异质性（intra-industry heterogeneity）纳入考虑，进而探讨同一产业中不同群组的形成（Cool and Schendel，1987），并应用营销学者所提出的品牌及产品层面（Clark and Montgomery，1999）来分析竞争者。采用战略群组取向的学者认为，同属于一个"主要竞争群组"（Porac et al.，1989：414）的企业是十分同质的，也有人将这些企业广义地归类为直接竞争者（Peteraf and Bergen，2003）或核心竞争者（Porac et al.，1995）。这一研究取向假设，同一战略群组（或称竞争群组）内的企业，因所面临的竞争程度相当，而有相似的竞争行为。虽然产业经济与战略群组研究提供了竞争者分析的理论基础，但忽略了竞争双方在竞争行为与竞争知觉上，因差别关系（differential relationships）及不对称性所造成的复杂性（Chen，1996）。因此，近期的动态竞争研究已经开始区别一个企业所面临的不同竞争者的不同竞争强度，并提出针对特定竞争对手的行动内涵。

10.2.1 动态竞争

将企业间竞争视为竞争行动与响应的交替，动态竞争的研究发现竞争性行动的特质（Ferrier，2001）、攻击者的特质（Chen and MacMillan，1992）与防御者的特质（Smith et al.，1991）皆与企业的响应可能性及响应速度有关，而后者则与组织绩效有正向关联（Young，Smith，and Grimm，1996）。在过去的研究中，构念的发展已有所进展。为了了解竞争的关系层面，研究者已经开始从焦点企业的观点，以对偶方式进行竞争者分析（Chen，1996）。
此种对偶层次的分析可以区别在个别的竞争关系中，竞争双方的差异竞争程
度，可以说是弥补结构（Porter，1980）与群组（Cool and Schendel，1987）
研究取向不足的一种细致的分析方法。

文献亦指出，竞争者分析若能用于预测企业间的竞争对抗（即企业彼此
通过竞争行动交战的情形），这样的分析会更加有意义（Chen，1996）。这一
看法不但对竞争者分析（企业间关系的静态描述）与企业间竞争对抗（企业
与竞争者在行为方面的交互影响）的区别相当重要，更是这两种理论在概念
上的联结。

为达成此目的，目前文献已指出竞争行为的三种驱动因素：对竞争关系
（或竞争者的攻击行动）的察觉、行动或响应的动机，以及执行行动的能力
（Smith et al.，2001）。近来的研究有些探讨一系列的行动（Ferrier，2001），
有些针对某种特定行动，如进入／退出市场（相对于以往针对所有的行动进
行研究）（Baum and Korn，1996），有些探讨在多重市场情境下的企业间对抗
（Gimeno，1999）。这些研究结果共同指出，企业若能同时以多种竞争性行
动攻击对手，且攻击时间够久，就可以压制其对手，使其陷入无力回击的状
态（Ferrier，2001）。

虽然已经有这些进展，但是动态竞争研究的焦点仍停留在可观察的市场
变量与竞争的结构要素上，以致诸如公司高层经理人与产业利益相关者，对
于竞争的主观感受与意见及竞争本身有何关联等重要议题，皆未曾被探讨
过，例如，两家面对相同市场情境的企业，可能对竞争者与企业间的竞争关
系有不同的评估（Chen，1996）。少数学者开始认为有必要以企业对竞争环
境的主观评估，来补充客观指标的不足（Jayachandran et al.，1999；Ferrier，
2001），此主观评估可借由经理人（Reger and Huff，1993；Porac et al.，
1995）或是其他重要的产业利益相关者（如财务分析师）（Chen，Farh，and

MacMillan，1993），如何看待每一个特定的竞争关系来进行分析。但截至目前，尚未有研究以系统化方式来探讨不同竞争关系下的竞争知觉之来源、意义与所造成的影响。

10.2.2 竞争张力

虽然竞争张力有可能发生在某一产业或群体层次中[⊖]，但是本章采取动态竞争研究的观点，认为竞争张力是一种企业对偶层次（firm dyad-level）的构念，因竞争交战常发生在这一层次中，且这一层次亦可用来推论群体层次的现象（Chen，1996）。在竞争者分析的研究中，竞争张力提供了对于竞争者主客观考虑下的深入探讨，这是一个尚未被检视但十分重要的概念。

基于几个理由，本章选择使用"张力"这一名词，而非威胁、强度或其他名词[⊖]。最重要的是，本章用竞争张力来描述一种可以爆发成公开竞争行动的潜在压力。因此，竞争张力被定义为可让敌对双方的静态关系转为动态的交战行为的一种累积压力。它可以被想象成一种能量储存媒介：一旦增加到足够程度（可能因为企业过去的交战历史，或是管理与产业心理因素所造成），竞争张力可能因此被引爆，致使企业间产生对抗的竞争行动。

竞争张力同时涵盖主观与知觉的考虑。张力是一个广泛用于自然科学与社会科学的名词，因而既有客观的定义（如物理学、流体力学、电子学），也有主观或知觉上的应用（如心理学、精神病学）。以物理学为例，张力被用来描述相对于动能的一种静态潜在能量；而在心理学上，张力则被用来传达

⊖ 例如 Porter（1980）提出，竞争群组中的企业可能会联合起来斥责一个恶意的竞争者。

⊖ 以下澄清这些相关名词的细微差异。威胁是一个企业对另一个企业所呈现出的特定与重大挑战；强度表示存在于两家企业间的压力、威胁或紧张的程度。与威胁相比，压力表达的程度较低，而且本质上更加普遍。威胁与压力两者均可产生竞争者间张力的存在状态。换句话说，借由竞争张力的研究，本章本质上是在评估企业所能感受到的威胁与压力汇总（包含客观与知觉两者），以便预测未来的竞争行动。

一种恐惧和期待的感觉，或是用来表达一种反面心理力量的累积。

在本章中，竞争张力知觉意指公司经理人与产业利益相关者认为特定竞争者被焦点企业视为主要对手的程度；相反地，客观结构张力则与竞争者所处之瞬息万变的产业结构或市场条件有关。客观结构张力的不同维度已被许多研究直接地或间接地验证，如市场共同性（Chen，1996）、多点竞争（Baum and Korn，1999）以及相互威胁（Gimeno，1999）。虽然主客观的竞争张力考虑皆有其重要性，但是本章着重于主观竞争张力的层面。

尽管过去的研究对于主观竞争张力如何影响企业间的竞争并未做探索，但这个概念因为具有管理行动内涵，因此有其重要的影响性（Dutton and Jackson，1987；Reger and Huff，1993）。本研究认为，决定一家企业是否会与另一家竞争者发生敌对的交战行为之关键因素，在于该企业的管理者与产业顾问及财务分析师等产业专家是否认为双方具有很强的竞争张力。事实上，决策者与产业利益相关者对于竞争情势的观感，即通过观察、过滤并根据竞争情报做出响应，所得到的对于竞争程度的了解或预期，会决定该企业如何根据这些观察采取战略性或竞争性的行动。由于产业利益相关者对企业的竞争展望，可能会与企业经理人有较不同的看法（公司经理人的看法比较容易受内部管理问题的影响），故两者的知觉同样重要。

10.2.3　察觉－动机－能力观点

若欲厘清主观张力知觉在竞争者分析中所扮演的角色，则必须先找出影响主观张力的主要因素。根据 AMC 的观点，三个影响企业是否采取竞争性行动或响应的行为驱动因子为：察觉、动机与能力（Chen，1996）。在动态竞争研究上（Smith et al.，2001），AMC 要素在很多不同变量中都可以找到。例如，以行动的可见度与企业规模（Chen and Miller，1994）呈现"察觉"；以企业涉入不同市场领域的兴趣（Gimeno，1999）来表达"动机"；以战略执行难度与信息处理能力（Smith，Grimm，Gannon，and Chen，1991）来衡量"能力"。另外，还有其他变量包含一个以上的 AMC 要素，如高层管理团队特质（Ferrier，2001）。虽然 AMC 观点已被运用于企业间竞争的研究上（Chen，1996），但是尚未被用于交战前的竞争者分析，也未验证本章的研究目的——竞争者间的主客观关联。

　　为了将 AMC 观点扩展于企业对偶层次的竞争者分析（与竞争张力的探讨），本章将重点放在焦点企业及其竞争者之一对一的比较。我们主张在企业对偶层次下，每个 AMC 元素皆会影响经理人与产业利益相关者对竞争张力的知觉。在本章研究的情境中，我们以企业间的相对规模来表示"察觉"[依照 Baum and Korn（1999）的定义，以焦点企业与竞争者的营运规模相对比来衡量]，相对规模捕捉到两家企业在规模上的显著差异，而这个规模差异会影响经理人和产业利益相关者对焦点企业与特定竞争者之间关系的知觉；动机则由竞争者的攻击量来反映[依照 Ferrier（2001）的定义，指焦点企业的市场遭受特定竞争者攻击的程度]，这个测量强调公司经理人与产业利益相关者，会以过去的竞争行动来判定该竞争者是否会与其直接竞争；能力可由竞争者的竞争能力来表示（在此定义为敌对企业在市场中挑战焦点企业的营运能力），这个概念描述竞争者相对于焦点企业的资源部署能力，而这样的能力影响了公司经理人与产业利益相关者对竞争关系强度的衡量。

10.3　假设

　　本节首先应用 AMC 观点检视相对规模、竞争者攻击量与竞争者的竞争能力，对主观竞争张力知觉的个别效果与交互作用效果，接着探讨竞争张力知觉对企业间竞争的影响。图 10-1 汇总了本章研究的模型。如图 10-1

所示，竞争张力为竞争者分析与企业间竞争在概念上的重要联结（Chen，1996）。

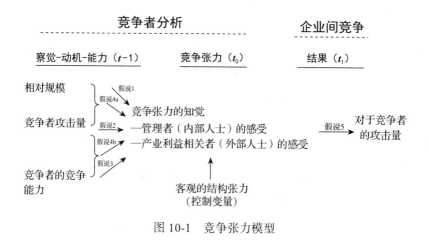

图 10-1　竞争张力模型

10.3.1　竞争张力的 AMC 决定前因

1. 相对规模

企业的大小，特别是组织营运规模，长期以来已被视为影响企业战略与结构的最重要情境变量（Hambrick，MacMillan，and Day，1982）。大型企业的规模通常与市场影响力（Hambrick et al.，1982）、市场能见度（Smith et al.，1991）有关。动态竞争研究已指出，大型企业或有较大规模营运能力的企业比相对小型的企业，在产业中更容易被辨识出来，并且在竞争行为特性上与小型企业有所差异（Chen and Hambrick，1995）。例如，大型企业较容易对竞争者发动大规模攻击，并且当它们遭受攻击时，也会尽全力捍卫自己的声誉。

传统战略理论认为，规模是竞争考虑的主要来源（Baum and Korn，1999），并且在竞争的情境中，它经常是引起焦点企业的经理人与产业利益相关者注意的第一个组织特征（Chen and Miller，1994）。因此，相对规模有可能与企业内部经理人与外部产业利益相关者的竞争张力知觉呈正相关。

假设1：特定竞争者相对于焦点企业的规模越大，竞争张力知觉越高。

2. 竞争攻击量

市场中企业之间的关系，或者市场相互依赖性（Porter，1980）是影响猜测变异与影响范畴（sphere of influence）的重要因素。若两家企业在许多市场里直接相遇，它们一般容易变成强劲的敌人，且有诱因针对对手采取竞争性行动（Baum and Korn，1996；Gimeno，1999）。同时，它们会采取许多直接影响占有率与绩效的攻击与响应行动（Chen and Miller，1994）。

竞争者对焦点企业采取进入新市场或扩张现有市场的攻击战略，将会被经理人与产业利益相关者视为对焦点企业的直接挑战（Ferrier，2001）。从竞争张力中的动机要素层次来看，当某敌对企业攻击焦点企业所重视的市场时，会使公司经理人与外部利益相关者认为这家敌对企业对于焦点企业施以极大的竞争压力，致使焦点企业采取行动（或反抗）来保护其既有的市场（Chen and MacMillan，1992）。Baum 与 Korn（1999）的研究则提供了另一个证据，他们发现市场重叠程度较高的竞争者，较不容易轻言退出彼此的市场。

研究者已经发现不同的攻击特征，如攻击量与攻击持续期间（Ferrier，2001），而本章的研究则专注于攻击量，并以行动的数目来衡量。一个企业的经理人与外部利益相关者，对于近期在焦点企业的市场中已发动许多重大攻击的竞争对手会较为敏感，且会有较高的竞争动机。因此，竞争者的攻击量越大，越容易产生较强的竞争张力知觉。

假设 2：竞争者在焦点企业市场中的攻击量越多，竞争张力知觉越高。

3. 竞争者的竞争能力

竞争者营运能力对于焦点企业的潜在威胁（发动攻击或是响应焦点企业的行动）程度，是影响两个企业间竞争张力知觉的重要因素。焦点企业的每一个竞争者都具有不同类型与数量的营运相关资源，所以在双方交战时，经理人与产业利益相关者会认为它们各自具有不同的竞争能力⊖以及与竞争和营运攸关的重要资源，包括诸如银行产业中的自动提款机（ATM），或是折扣零售业中的物流和作业集散中心系统。

竞争者的竞争能力，主要有两种高度相关但不同的情形。第一种情形是竞争者与焦点企业有高度相似的资源组合，本研究称之为资源"相似性"（similarity）；第二种情形是，在焦点企业认为重要的资源上，竞争者被焦点企业视为一个十分重要的对手，本研究称之为"显著性"（salience）。当竞争者的资源组合与焦点企业的资源非常相似，或竞争者对于焦点企业的营运资源具有显著的重要性时，企业经理人与外部利益相关者将认知到这会对企业的营运能力形成极大的挑战，因而会产生极大的竞争张力。在概念化能力这一构念时，将相似性与显著性同时纳入考虑的做法，与 Porac 和 Thomas（1990：225）的看法一致，"若两个组织在重要属性上具有共通性而投入相同资源于任务环境中，则这两个组织是十分相似的。由于重要的资源往往十分稀少，因此相似的组织通常在竞争上彼此相互依存"。

⊖ 这些基本观念在资源基础观点（Barney，1991）与动态能力观点（Teece, Pisano, and Shuen, 1997）中有着理论根源，这些理论专注于企业层次，并强调诸如独特性与异质性等观念。本章基于动态竞争观点，这一观点专注于探讨企业对偶层次，强调相似性（Chen, 1996）和相关性（Chen and Hambrick, 1995）。以上这些观点并非互相矛盾，只是因为理论重心与分析层次不同而已。

进一步来看，拥有相似资源组合的企业可能具有不相上下的能力与相同的竞争立场（Miller and Shamsie，1996）；当竞争者有相似的战略与结构时，也会造成彼此之间的竞争压力（Heil and Robertson，1991）。因此，焦点企业的经理人与产业利益相关者，较可能将具有相似营运资源组合的企业视为直接竞争者。这样的论点与 Gimeno 和 Woo（1996）的研究一致，他们发现战略相似性与竞争程度呈现正相关。同样地，Chen（1996）也指出资源相似性越高时，敌对竞争者攻击（或报复）焦点企业的可能性将越高。

另外，在一个产业中，与营运及竞争是否成功攸关的资源，通常是有限且稀少的（Barney，1991）。竞争者攻击焦点企业的能力则取决于该竞争者所拥有的资源是否也对焦点企业有着同样重要性。因此，竞争对手的竞争能力需要同时满足两个条件：特定资源对于焦点企业营运的战略重要性；竞争者在该资源中的优势。当两家企业正面竞争对抗时，如果它们依赖相似的资源来营运，或者如果企业在对彼此均十分重要的资源上是举足轻重的参与者时，内部与外部利益相关者的心里都将感受到较大的张力（Chen，1996）。

> 假设 3：特定竞争者的竞争能力越强，竞争张力知觉越高。

4. 交互效果

AMC 的每一个因素除了对竞争张力知觉存在独立效果之外，它们之间也可能存在交互效果。Chen 和 Miller（1994）引用 Vroom（1964）的期望理论（expectancy-valence theory），证实了不同竞争反应的诱发因素（即本章所指 AMC 的各个因素）之间存在正向的交互作用，他们希望未来的研究可以针对交互效果进行更严谨的探讨。为了检视存在三个 AMC 变量之间的交互效果，本章强调 AMC 观点中动机要素（即竞争者攻击量）的调节角色（moderator），主要是因为动机是行为的必要条件，相较于能力或察觉，动机是一个更强的竞争关系预测指标（Chen，1996）。

市场中的敌对竞争关系是影响猜测变异模型与市场互赖的重要因素（Gimeno and Woo，1996）。在本章中，竞争能力隐含使竞争者得以与焦点企业在营运上抗衡的潜在能力，相对规模则是一种规模或大小差异上的静态考虑。相反地，竞争者攻击量则直接涉及 AMC 观点的动机要素，因为当竞争者大量攻击焦点企业的市场时，经理人与产业利益相关者更容易察觉此竞争者对焦点企业所施加的竞争张力。规模大小与竞争能力对竞争张力知觉的影响，因焦点企业的经理人与产业利益相关者的动机不同而有所差异，而这一动机主要受攻击量大小所影响。事实上，当经理人与产业利益相关者经历过敌对企业的大量攻击时，他们对敌对企业的相对规模与竞争能力会更加敏感。因此，竞争者攻击量将会加强相对规模与竞争能力对竞争张力知觉的正向影响。

假设 4a：相对规模与竞争张力知觉之间的关系强度，会受到竞争者攻击量的影响，即竞争者攻击量越大，相对规模对竞争张力知觉的影响也会越大。

假设 4b：竞争者的竞争能力与竞争张力知觉之间的关系强度，会受到竞争者攻击量的影响，即竞争者攻击量越大，竞争能力对竞争张力知觉的影响也会越大。

10.3.2　竞争张力与行动的内涵

竞争性行动在动态竞争研究中具有重要的地位。有些学者发现，企业对于自己市场中的显著竞争者，或威胁自己重要市场的其他竞争者，倾向于采取较具攻击性的行动。学者也指出了多点竞争对于市场进入（Baum and Korn，1996）与定价（Gimeno，1999）等行为的影响。其他研究也显示经理人与外部利益相关者对于竞争关系有十分相似的评估（Chen，Farh，and MacMillan，1993），且此种评估可以用来预测产业内的敌对行动（Chen and MacMillan，1992）。

本章中所发展的对偶企业间的主观竞争知觉，对于竞争的结果有很大的影响。如果经理人与产业利益相关者认为企业与某一对手之间有较强的竞争张力，这家企业很可能攻击它对手的市场，以获取（或收复）它的相对优势，并减轻对手所施加的竞争张力（Chen and MacMillan，1992）。因此，竞争张力知觉会导致持续性竞争对抗行为，且对产业稳定性有长期的影响（Porter，1980）。

强烈的竞争张力知觉会增加企业对竞争对手市场的攻击量。为了能精确地衡量出竞争张力知觉对于后续竞争性行动的影响，从实证观点而言，控制客观结构的张力或者市场结构动态的影响是很重要的。Reger 和 Palmer（1996：22）指出：“为了勾勒出不断变动环境的正确、可靠的地图，经理人必须从许多不同的来源小心翼翼地纳入新的信息，并且放弃不合时宜和习惯性的想法。”

假设 5：控制了客观结构张力变量后，竞争张力知觉越大，焦点企业对竞争者市场的攻击量将越大。

10.4 研究方法

10.4.1 样本与数据搜集

本研究的样本包含 1989～1992 年，在前 10 000 条航线中相互竞争的13 家主要航空公司。航空产业是一个十分理想的研究情境，因为这个产业有丰富的公司信息、完整的市场定义，以及主要对手间彼此激烈的竞争

（Smith et al.，1991；Gimeno，1999）。本章选择 1989～1992 年进行研究，是因为这段时间先是有频繁地进出市场及扩张航线的竞争行为，随即又发生一连串的合并与收购（Morrison and Winston，1995），这些市场的变动使我们得以观察竞争张力与企业间竞争的变化。

本章同时使用档案数据与问卷调查数据。为了定义每一家航空公司的特定市场，我们从美国运输署的航空旅客起讫点（Origin-Destination）的交通调查获得资料。为了衡量特定航空公司从每一家其他航空公司感受到的竞争张力知觉，我们在 1991 年利用邮寄问卷的方式调查航空公司的高层主管与产业利益相关者，包括 44 位内部人士（资深高层主管）与 72 位外部人士（其中包含 16 位证券分析师、36 位产业顾问与 20 位大型旅行社的高层经理）。这些受访者曾经参与过先前关于评估航空公司的不同竞争行动的研究（Chen and MacMillan，1992；Chen et al.，1993）。原始样本中的受访者名单整理自不同资料，主要以 1989 年冬季刊的《世界航空名录》为主，辅以其他来源的数据。样本中的航空公司内部高层主管均为资深副总裁或以上头衔的主管（但不包含 CEO）。样本中的外部人士是从下列几个不同来源选取的：① 1989 年《尼尔森投资研究名录》内所有列名的证券分析师；②所有列名于《世界航空名录》的顾问；③依营业额排名的全美前六十五大旅行社。问卷经过前测、专业的编制与发送，并包含两阶段的追踪催收。在问卷回收率方面，内部人士为 36%（16 位填答者代表着 9 家航空公司），外部人士为 47%（34 位填答者）。每家公司的内部回复者的人数从 1 人到 4 人不等，每家公司的外部回复者的人数则是 26 人到 33 人。进行比较后发现，回复者与未回复者在如企业规模、产业与公司经验等属性上，并未有明显的差异；其中超过 70% 的回复者有 20 年以上的产业经验。

10.4.2　因变量

1. 竞争张力知觉

　　为了衡量竞争张力知觉，研究者请内部与外部填答者评估哪些特定航空公司会被焦点企业视为主要竞争者。受访者被要求从每一家焦点航空公司的角度，依序列出其他 12 家航空公司中这一焦点航空公司的前五大竞争者[⊖]。被评为最大竞争者的航空公司给 5 分；第二大竞争者给 4 分，依此类推，而所有未被选入前五名的公司则给 0 分。之后再将所有受访者的分数加总后取平均，每一个分数代表在经理人与产业利益相关者心中，焦点企业感受到的来自另一敌对企业的竞争张力。我们在分析问卷与建构竞争张力的衡量变量时，进一步区分内部人士（航空公司高层主管衡量自己的公司）与外部人士（分析师、顾问与旅行社）的观点。

　　因为主观知觉的衡量，是由很多个对偶企业间的分数取平均汇总而成的，所以这种平均分数能不能用来代表焦点企业对每一个竞争者的主观知觉，是值得进一步检验的问题。为了检验受访者衡量的内部一致性，我们遵循 Shrout 与 Fleiss（1979）所建议的程序来检验这 13 家航空公司的组内相关系数（ICC）。ICC（1）的平均值为 0.26，显示从其他 12 家航空公司的立场，对个别公司所做的衡量彼此之间具有很高的一致性（James，1982）；ICC（2）的平均值为 0.77，这表示竞争者评分的群组平均值是相当稳定的

　　⊖　依照已有的网络分析方法，本章的问卷使用名册（roster）格式设计，提供受访者所有可能的完整名单来进行排序（Wasserman and Faust，1994）。另一种替代方式是自由回想（free recall）格式，通过询问受访者来产生他们自己的名单，再加以排序。虽然自由回想格式干扰程度较低，但很可能因为受访者无法准确地回想所有公司与相关信息，而呈现出近期影响作用（有关问卷设计的信息准确性与意义的详细讨论，请参考 Bernard，Kilworth，Kronenfeld，and Sailer，1984）。

（Bliese，2000）。因此，以汇总的平均分数来代表企业对每一个竞争者的知觉的方法没有问题[⊖]。

2. 焦点企业的攻击量

为了延伸之前针对各类市场行动的动态竞争研究，本研究仅针对一个关键行动进行深入的探索，即进入新市场的行动。我们以 1991～1992 年的前 10 000 条航线中，焦点企业进入既有企业之市场航线的总数，作为焦点企业对于该既有企业之攻击量的测量。当一家航空公司在一条航线的占有率超过 1% 时，即被本研究视为该航线的既有企业（Baum and Korn，1999）。

10.4.3 自变量

1. 相对规模

本章将相对规模量化为：在同一时期内，竞争者的规模除以焦点企业的规模。规模以航空产业中常用的可乘载的座位里程数（available seat-miles）衡量（Tanejia，1985）。

2. 竞争者攻击量

我们以 1989～1990 年，竞争者进入焦点企业航线的总数量表示竞争者对焦点企业市场的攻击量。如上述，当一家航空公司在一条航线的占有率超过 1% 时，即被视为该航线的既有航空公司。

⊖ James（1982）描述 *ICC*（1）的值一般介于 0 与 0.5 之间，对应的中位数为 0.12。本章的 *ICC*（2）分数类似于一些时常被引用的心理计量研究发现，诸如 Kirkman、Rosen、Tesluk 与 Gibson（2004）（分数介于 0.68 与 0.79 之间）。在这些研究中，它们的 *ICC*（1）介于 0.10 与 0.13 之间。

3. 竞争者的竞争能力

在竞争者的竞争能力衡量上，由于不同类型飞机的添购与机队结构的发展，对航空公司的营运与竞争而言是十分重要的（Taneja，1989），所以，本章利用航空公司的机队结构数据（从 1990 年航空机队的 TPFS 调查取得）来区别竞争能力的两个不同方面，即资源相似性与显著性。

相似性用来测量两家航空公司在机队结构上相似的程度。我们首先计算两家航空公司的几何距离 D_{ij}（参见以下公式）。当几何距离 D_{ij} 为 0 时，代表两家航空公司在不同飞机种类的数量分配上是完全一致的；相反地，当 D_{ij} 数值很大时，代表两家航空公司有十分不同的机队结构。然后，我们将 D_{ij} 进行反向转换，以便得到相似性衡量。

$$D_{ij} = \sqrt{\sum_{m=1}^{n}[(A_{im} / A_i) - (A_{jm} / A_m)]^2}$$

式中　A_{im}——航空公司 i 营运的 m 型飞机总数；

　　　A_i——航空公司 i 营运的飞机总数；

　　　A_{jm}——航空公司 j 营运的 m 型飞机总数；

　　　A_m——所有航空公司营运的 m 型飞机总数；

　　　m——航空公司 i 与航空公司 j 均有营运的飞机类型。

显著性则是衡量在对焦点企业营运而言是重要的机型上，竞争者是这些机型的主要使用者的程度。它可以借由以下的指标来计算得出：

$$S_{ij} = \sum_{m=1}^{n}[(A_{im} / A_i) \times (A_{jm} / A_m)]$$

式中　A_{im}——航空公司 i 营运的 m 型飞机总数；

　　　A_i——航空公司 i 营运的飞机总数；

　　　A_{jm}——航空公司 j 营运的 m 型飞机总数；

　　　A_m——所有航空公司营运的 m 型飞机总数；

m——航空公司 i 与航空公司 j 均有营运的飞机类型。

在计算显著性指标 S_{ij} 时，第一项 A_{im}/A_i 捕捉特定的飞机类型对焦点企业 i 的战略重要性；第二项 A_{jm}/A_m 反映特定竞争者 j 在这一类型飞机的占有率。研究者将这一数值加以标准化，使特定企业的所有竞争者的显著性指标总和等于 1。

10.4.4　控制变量

本章也加入了几个控制变量，以便排除其他可能的解释（参见 Baum and Korn，1996，1999）。在预测竞争张力知觉时，我们控制了企业年龄、过去绩效、资源冗余性与客观结构张力等变量（假设 1～4）。企业年龄以航空公司成立至今的年数计算；过去绩效以航空公司前一年的载客率衡量；除了这些企业的属性，研究者同时也控制企业的资源冗余性，因为企业的资源越充裕，越有可能从事竞争行动（Ferrier，2001），因而越有可能影响竞争张力知觉。我们采用流动比率来衡量资源冗余性。

在本章中，客观结构张力是一个重要的控制变量。它控制了竞争者在焦点企业的市场中所增加的营运量，控制了焦点企业对竞争者的竞争张力知觉与攻击量的影响。我们采用 Chen（1996）所提出的市场共同性变量，算出两段时间（1989～1990 年与 1990～1991 年）市场共同性的变化，作为表 10-1 与表 10-2 的控制变量。

在焦点企业的攻击量模型（假设 5）中，本章也控制了数个重要的企业及航线层次的特征。由于企业制定进入新航线的决策，可能受到前一年其营运航线的市场状况影响，因此，本章分析了 1991 年焦点企业所营运的航线之平均企业密度（航线中竞争者数目的平均值）。一个企业的市场进入决策，也会受到焦点企业目前尚未提供服务的航线数目与这些航线的航线密度影响。除此之外，遵循 Baum 和 Korn（1996，1999）的研究，本章纳入了企业年龄、过去绩效、资源冗余性以及相对规模等企业层次特征作为控制变量。

10.4.5 资料分析

为了让因变量（竞争张力知觉）能在企业对偶分析层次下进行正确的统计分析，我们特别使用针对对偶数据的观察值之间具有自相关问题（auto-correlation）而设计的 MRQAP（Multiple Regression Quadratic Assignment Procedure）回归分析技术［请参照 Krackhardt（1988）对这一方法的详细解说，与 Tsai（2002）近来利用这一方法检视竞争类型的应用］。为了检验交互作用效果，我们首先将自变量减去其平均值来进行线性转换，然后将转换过的自变量相乘作为交互作用项。为了检查结果的稳定度，我们另外以一般线性回归（GLS）的随机效果模型与固定效果模型［即最小平方虚拟变量模型（least squares dummy variable model）］进行回归分析。这些额外分析的结果与 MRQAP 分析是一致的。

因为本章的第二个因变量（企业对竞争者市场的攻击量）是一个计数变量（count variable），所以我们考虑两种专门为计数变量设计的分析模型：一个为泊松（Poisson）回归模型，另一个为负二项回归模型（negative binomial regression model）。由于泊松回归模型经常会低估因变量数值的分散程度，所以我们以负二项回归模型调整过度分散的问题（overdispersion）。我们以统计方法来检验过度分散系数（α）是否等于零（Greene 2003；Long and Freese，2003），发现 G^2 检验统计量十分显著，表示资料因变量的确有过度分散的问题，因此用负二项回归模型比泊松回归模型更适合。依循 Baum 和 Korn（1999）的建议，本章也控制了几个企业层次的重要特征，以减少关系性资料在统计分析上可能产生的问题（Lincoln，1984）；再者，由于企业间彼此的误差项也有可能相关，因此本章使用稳定标准化误差（robust standard errors）估计所有模型。

10.5 分析结果

表 10-1 显示了所有因变量与自变量的平均值、标准差与相关系数。本研究包含 13 家样本航空公司，理论上表 10-1 应有 156 对竞争张力知觉的观察值（13×12），但由于只有 9 家航空公司的高层主管回答问卷，所以内部人士的竞争张力知觉的观察值总数减少为 108 组（9×12）。如表 10-1 所示，内部高层主管受访者所衡量的竞争张力知觉与从外部人士受访者所测量到的竞争张力知觉高度相关（相关系数 =0.88，$p<0.01$），提供了竞争张力知觉构念的效度证据。表 10-1 也显示，竞争能力的两个层面（相似性与显著性）彼此之间也呈现显著相关。

我们以方差膨胀因子（VIF），来判断分析是否有多重共线性问题（multicollinearity）。竞争张力知觉的方差膨胀因子介于 1.22 与 2.16 之间，平均值为 1.58，显示这方面的分析没有严重的多重共线性问题。事实上，本章采取的 MRQAP 分析方法，也可以在有多重共线性之下得到稳定正确的估计［参见 Dekker、Krackhardt 和 Snijders（2003）借由模拟结果，如何用此模型在多重共线性之下得到无误差的结果］。在分析焦点企业的攻击量的模型中，方差膨胀因子介于 1.05 与 3.93 之间，平均值为 2.14。深入检视方差膨胀因子后发现，自变量之间的相关系数的确有偏高的现象，但问题仅限于部分控制变量。然而，无论是否加入控制变量于分析中，本章结果的显著水平都不受影响。因此，多重共线性并不影响整体模型的适配度与假设的验证。

表 10-2 显示了影响竞争张力知觉之因素的回归分析结果。我们估计了几个不同的模型，模型（1）～模型（3）预测内部人士的知觉，模型（4）～模型（6）预测外部人士的知觉，模型（7）～模型（9）预测以上两者加总的知觉。这些模型可用来检验假设 1～假设 4。

表 10-1　平均值、标准差与相关系数

变量		平均值	标准差	1	2	3	4	5	6	7	8	9	10	11
1	竞争张力知觉（内部人士）	1.24	1.65											
2	竞争张力知觉（外部人士）	1.19	1.33	0.88**										
3	对竞争者市场的攻击	81.98	95.96	0.37*	0.56**									
4	相对规模（1990年）	2.89	4.90	0.27+	0.34**	-0.16*								
5	相对规模（1991年）	3.75	7.06	0.26+	0.32**	-0.18*	0.96**							
6	竞争者的攻击量	82.69	113.50	0.29*	0.36**	0.58**	-0.24**	-0.23**						
7	显著性	0.08	0.07	0.46**	0.57**	0.52**	0.29*	0.27**	0.33**					
8	相似性	0.60	0.15	0.31*	0.34**	0.47**	-0.08	-0.10	0.48**	0.57**				
9	结构张力（1989～1990年a）	0.22	1.15	0.18	0.16	0.14	0.26*	0.24*	-0.03	0.16*	-0.01			
10	结构张力（1990～1991年）	0.26	1.60	0.20+	0.15	0.27+	0.07	0.00	0.11	0.10	0.06	-0.03		
11	j航空公司在i航空公司未服务之航线上的平均航线密度	4.18	1.02	0.11	0.19	0.05	0.37*	0.36*	-0.13	0.25+	0.04**	0.03	0.02	
12	i航空公司提供服务、j航空公司未服务的航线数	2126.8	2106.1	0.43*	0.53**	0.32	0.72**	0.65**	-0.08	0.57**	0.13**	0.27**	0.18*	0.47*

注：除了竞争者市场的攻击量（132）与竞争张力知觉——内部人士（108）外，样本数 $N=156$。
+ $p<0.10$。
* $p<0.05$。
** $p<0.01$。
a 为了便于呈现，此处结构张力的尺度灵敏度原来的100倍。

表 10-2 竞争张力知觉的 AMC 效果

变量	竞争张力知觉								
	内部人士			外部人士			全部加总		
	(1)	(2)	(3)	(4)	(5)	(6)	(7)	(8)	(9)
航空公司 i 的年数	0.003*	-0.004	-0.001	0.005	0.003	0.007	0.005*	0.003	0.007
航空公司 i 的过去绩效	-1.424+	-3.443*	-3.499*	-1.344	-1.423+	-1.520	-1.329	-1.435+	-1.537
航空公司 i 的资源冗余	0.384**	1.102**	1.008*	0.495*	0.960*	1.255*	0.499*	0.965*	1.265*
航空公司 j 的年数	0.026*	0.014	0.007	0.031+	0.019	0.014	0.031+	0.019	0.014
航空公司 j 的过去绩效	1.607	2.397	3.616	0.353	0.652	0.939	0.374	0.654	0.950
航空公司 j 的资源冗余	2.891*	1.298	1.612	2.621+	1.008	1.033	2.634	1.017	1.044
客观结构张力（1989~1990 年）	0.449*	0.193	0.089	0.310*	0.125	0.003	0.309*	0.125	0.002
相对规模		0.086*	0.484**		0.073**	0.284**		0.073*	0.285**
竞争者的攻击量		0.004*	0.014*		0.004	0.009**		0.004*	0.009**
显著性		4.163+	5.037		5.813*	6.871*		5.772	6.848*
相似性		0.208	-0.800		-0.834	-1.590		-0.822	-1.580
相对规模 × 竞争者的攻击			0.005*			0.003*			0.003*
显著性 × 竞争者的攻击			0.072**			0.048*			0.049*
相似性 × 竞争者的攻击			-0.030*			-0.022+			-0.023+
常数	-2.236	-1.215	0.016	-1.694	-0.992	-0.357	-1.723	-0.998	-0.361
样本数	108	108	108	156	156	156	156	156	156
R^2	0.183	0.317	0.417	0.278	0.483	0.571	0.277	0.481	0.569

+ $p < 0.10$。
* $p < 0.05$。
** $p < 0.01$。

假设 1 认为，当特定竞争者相对于焦点企业的规模越大时，焦点企业的竞争张力知觉越高。如同表 10-2 所示，企业相对规模与张力知觉间的系数呈正相关，且在统计检验中，内部人士的知觉（$p < 0.05$）、外部人士的知觉（$p < 0.05$）和两者加总的知觉（$p < 0.01$）皆达显著水平。因此假设 1 得到支持。假设 2 认为，竞争对手对焦点企业市场的攻击量越高，焦点企业的竞争张力知觉会越高。结果显示竞争者攻击量与竞争张力知觉呈正相关，且统计检验显示，无论内部人士的知觉（$p < 0.05$）、外部人士的知觉（$p < 0.05$）还是两者加总的知觉（$p < 0.05$），皆达显著水平。故假设 2 也明显成立。假设 3 认为，竞争者的竞争能力（相似性与显著性）越强时，焦点企业的竞争张力知觉越高。显著性与内部人士知觉的相关系数，在统计上呈现正相关关系，但仅达边际显著水平（$p < 0.1$），而外部人士知觉与两者加总知觉的相关系数均是正相关，且达到显著水平（$p < 0.05$）。然而，相似性在各模型中均未达到显著水平，因此，假设 3 中只有竞争能力中的显著性维度之影响得到支持。

假设 4a 预测，相对规模与竞争张力知觉之间的关系，会受到竞争者攻击量调节。相对规模与竞争者攻击量彼此间交互效果的系数与内部人士知觉（$p < 0.05$）、外部人士知觉（$p < 0.05$）以及两者加总的知觉（$p < 0.05$）均有正相关关系，且达到统计上的显著水平。这一结果指出，竞争者的攻击量越高，相对规模对竞争张力知觉的正向影响越大，故假设 4a 获得支持。假设 4b 预测竞争者的竞争能力（使用显著性或相似性变量）与竞争张力知觉之关系，会受竞争者攻击量调节。结果显示，显著性与竞争者攻击量间的交互作用项系数是正值，且统计上达显著［分别是内部人士（$p < 0.01$）、外部人士（$p < 0.05$）与两者加总（$p < 0.05$）］，表示竞争者攻击量越大时，显著性对竞争张力知觉的正向影响就越大。然而，相似性与竞争者攻击量间的交互作用系数却是负值，与本章预期的结果相反。整体而言，假设 4b 中关于竞争能

力的影响，只有显著性获得支持，相似性未获得支持。

　　为了更清楚地呈现上述分析所得到的交互作用结果，我们以正负一个标准差来划分竞争者攻击量的高低，并绘制图 10-2 来呈现高低竞争攻击量的交互作用影响。

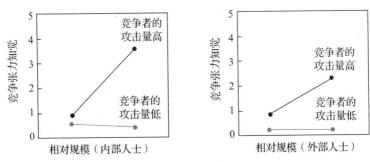

a）相对规模与竞争者攻击量间的交互效果

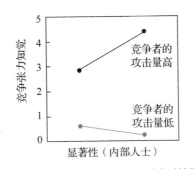

b）显著性与竞争者攻击量间的交互效果

图 10-2　交互作用结果

　　表 10-3 显示了预测焦点企业对竞争者攻击量的负二项回归模型结果，我们以不同模型来检验假设 5。模型（1）是仅包含控制变量的基本模型；模型（2）衡量内部人士的竞争张力知觉之影响；模型（3）显示外部人士的竞争张力知觉之影响；模型（4）是结合内部人士与外部人士的竞争张力知觉来检验加总后的效果。

表 10-3 回归分析结果：竞争张力知觉对攻击量的影响

变 量	模 型			
	（1）	（2）	（3）	（4）
航空公司 i 的年龄	0.034	0.025	0.019	0.019
航空公司 i 的过去绩效	−23.45	−16.645	−14.439	−14.566
航空公司 i 的资源冗余	1.067	1.364	1.216	1.221
航空公司 i 的平均航线密度	2.241**	2.253**	2.009**	2.018**
航空公司 j 的年龄	−0.01+	−0.021**	−0.023**	−0.023**
航空公司 j 的过去绩效	14.466*	17.733**	15.738**	15.711**
航空公司 j 的资源冗余	1.568**	0.902*	0.476	0.474
j 航空公司在 i 航空公司未服务之航线的平均航线密度	0.653+	0.64	0.581+	0.583+
j 航空公司提供服务，i 航空公司未服务的航线数	0.001**	0.000+	0.000	0.000*
结构张力（1990~1991 年）	0.143*	0.150*	0.143*	0.140*
相对规模	−0.088	−0.067	−0.085	−0.085
竞争张力知觉				
内部人士		0.300*		
外部人士			0.492**	
所有加总				0.487**
常数	−7.507	−12.895	−11.152	−11.119
样本数 [a]	132	108	132	132
对数似然比	−594.03	−464.54	−582.37	−582.42
似然比检验	121.85**	11.31**	145.16**	145.06**

a 由于 Pan Am 与 Midway Airlines 两家航空公司于 1991 年宣布破产，所以样本大小由 156（表 10-2）减少到 132，减少 24 个观察值。
+ $p < 0.10$。
* $p < 0.05$。
** $p < 0.01$。

假设 5 指出，在控制客观结构张力下，主观竞争张力知觉将增加焦点企业对竞争者市场的攻击量。如表 12-3 所示，内部人士的知觉（$p < 0.05$）与

外部人士的知觉（$p<0.01$）与加总两者的知觉（$p<0.01$）都具有正向的显著影响，因此假设 5 获得支持。此外，客观结构张力这个控制变量，也对企业的攻击量具有显著的正向影响（$p<0.05$）。

10.6　讨论

本章从动态竞争观点出发，将竞争张力加以概念化，并试图以这一构念来拉近战略研究与竞争者分析两者间的明显差距（Hodgkinson and Sparrow，2002；Hitt et al.，2005）。对偶层次之竞争张力的概念，与一般将直接竞争者（Peteraf and Bergen，2003）与核心竞争者（Porac et al.，1995）视为同质的做法有很大的不同。借着区别每一个竞争者加诸焦点企业不同程度的竞争张力，本章提供了一个精致的竞争者分析架构。竞争张力概念的重要性，可以借由它所影响的行为清楚地呈现；即使在控制客观的结构张力下，竞争张力知觉也会影响企业对特定竞争者的对抗行动，故 AMC 观点的价值，在于其整合性地考虑了三个影响竞争张力知觉的前因。AMC 观点是从动态竞争研究中自然发展而成的，且 AMC 中的每一个组成要素，皆已在实证上被证明，在解释企业之竞争行动中的交互往来上，具有一定的解释能力（Chen，1996）。

本章延伸这一理论观点，并在竞争者分析的情境进行实证检验。不同于过去应用这一观点所进行的竞争行为研究，本章专注于竞争者分析，特别是内部人士与外部人士的竞争张力知觉。此外，除了检验 AMC 中每一个要素对竞争张力知觉的独立影响外，本章还进一步分析这些要素彼此之间的交互作用影响。借由呈现 AMC 三个要素之间的交互作用，和指出动机要素所扮演的核心角色，即调节其他两项要素对竞争张力知觉的影响，本章提升了这一具有发展性的理论观点。不仅因为 AMC 观点有助于竞争者分析与企业间竞争之研究，还因为它启发了我们对企业间行动（竞争或合作）与关系的了解。更有甚者，如同 Dutton 和 Jackson（1987）与 Chen 和 Miller（1994）早期的目标，它可能创造了微观与宏观两种组织理论文献之间的重要联结。

最后，通过将竞争张力视为一种受客观 AMC 的三个要素影响的主观现象，本章也联结了动态竞争与知觉群组这两种寻找竞争者图像的不同研究取向（Porac and Thomas，1990；Reger and Huff，1993）。本研究发现，在无法以主观方法衡量对竞争者的知觉时，在分析时可以用三个由理论推导而获得的客观指标来替代。此外，本章也指出在研究竞争张力知觉时，产业利益相关者的看法十分重要。这个发现，加上内部人士与外部人士对竞争张力评价的高度一致性，共同指出以"社会建构观点"来研究竞争是十分重要的课题（White，1980；Zuckerman，1999，2000）。整体而言，本研究为竞争者分析与企业间竞争两种研究取向，提供了一个在理论与实证上能融合的AMC 观点，以及能同时考虑竞争的主客观层次的一个关键概念，即竞争张力。因此，本研究证明了客观 AMC 指标可以用来预测竞争者间的竞争张力知觉，这一知觉又会影响企业在市场中可被观察到的行为。

10.6.1　管理意义

本章的研究有多重意义。第一，相对于过去以产业或群组进行的分析，企业对偶层次的分析是十分重要的，因为即便是两家直接竞争的企业，对于竞争的看法也有明显的差异。企业从其每一个竞争者均感受到不同程度的张力，因此从每一个企业的观点来看，每一个竞争者都是十分独特的。本章的发现指出，企业感受到来自竞争者较强的竞争张力，是促使企业入侵竞争者市场的肇因。这一议题有助于战略群组（Reger and Huff，1993）、多点竞争（Baum and Korn，1996；Gimeno，1999）、竞争性侵略（competitive aggressiveness）（Ferrier，2001）与组织间关系（Oliver，1990）方面的研

究。在 AMC 的三个要素中，竞争者的竞争能力具有重要的意义。竞争能力
的构念所包含的相似性与显著性两个维度，指出了资源基础观点（Barney，
1991）、动态能力（Teece et al.，1997）与产品市场竞争（Porter，1980）等
研究取向中，一个被疏忽探讨的研究范畴。虽然本研究未发现相似性与竞争
者攻击量之间有正向交互作用，但是交互作用呈现负向的结果似乎暗示相互
忍让（mutual forbearance）(Gimeno，1999）可能是形成竞争张力知觉的重要
影响因素之一，未来研究可以针对这一议题做进一步探讨。

第二，竞争张力的主观知觉建构与三个 AMC 预测因子的客观处理，指
出了战略研究的一个基本问题：在何种程度上，主客观两种不同的观点具有
一致性。事实上，这两种不同观点已经被用来检视一些重要的战略构念，如
环境（Boyd，Dess，and Rasheed，1993）、战略群组（Reger and Huff，1993）
与市场结构（Baum and Korn，1996）。本章则提供了这两个观点在竞争者
分析中具有一致性的实证证据，同时也延伸了近来有关知觉分类（cognitive
classification）（Reger and Palmer，1996）与动态竞争（Jayachandran et al.，
1999；Ferrier，2001）的探讨。

第三，由于内部人士认知信息的敏感性缘故，造成了解公司战略制定者
如何对其竞争者进行排序及评估每一个竞争者的竞争张力十分困难。本章的
研究指出，在缺少航空公司经理人的内部观点时，外部人士的看法可以用来
指出一个企业如何区分其直接竞争者。更进一步地说，我们认为，从内部人
士的看法中可以了解经理人的想法，而外部人士的意见反映出有影响力的产
业利益相关者对企业所面对的竞争（Chen et al.，1993）与战略（Zuckerman，
1999，2000）现实的看法。在不同情境下，这两种看法到底会不会一致的
问题，可能会引发对下列问题的讨论，即在建构企业的主观感受时，究竟
是经理人还是外部人士的看法比较重要？本研究的发现呼应产业重要利益
相关者对于竞争性行动的看法在某些成熟产业中是十分重要的（Chen and

MacMillan，1992）。尽管如此，由于本研究在调查时内部人士的样本相当少，因此我们还是十分谨慎地诠释对内部人士看法的发现。此外，本章也引发一些在竞争者分析中尚未触及，但值得讨论的问题，例如，竞争张力知觉是否可以被视为经理人与市场期待所共同创造的现实？如果是，这个集体创造的现实，在何种程度上可以用来解释市场结果（Zuckerman，1999，2000）与企业间的竞争形貌（Porac et al.，1995）？

虽然本章的研究焦点是主观的竞争张力知觉，但竞争张力的概念中亦包含客观结构张力。在分析中，本章将客观结构张力视为控制变量，发现它对竞争行动有独立的影响，不但与过去的研究发现一致，也直接或间接地显示这个概念在经验上的重要性（Baum and Korn，1999；Gimeno，1999）。重要的是，有别于过去的研究将客观结构张力当成静态结构变量，本研究的客观结构张力考虑了市场结构的动态性，即竞争者与焦点企业之间的市场共同性的长期变化（Chen，1996）。事实上，市场结构的静态与动态层面对客观结构张力的概念化同样重要。

本章也具有重要的实务意义。首先，AMC 观点在直觉上很容易被决策者理解，他们可以很容易地根据客观的指标，衡量来自每一个竞争者的竞争张力，并依此来配置企业的资源。例如，经理人可以依据竞争张力来分配他们的注意力与情报搜集的努力。其次，由于竞争张力对于未来竞争行为深具影响，所以它也有重要的组织绩效意义。持续这方面的研究，将有助于这一构念的未来进展。

10.6.2　研究限制与未来研究方向

本章对于以主观知觉来区别竞争者的研究，向前迈进了重要的一步，但本研究也受限于仅专注于产业内现有竞争者的分析。未来的研究可以考虑将潜在或未被发觉的竞争者，或产业的外部企业（Porter，1980），即边陲的竞争者（Porac et al.，1995）纳入分析。竞争发生在多重层次中，本研究仅专注于企业在对偶层次上所感受到的竞争张力，未来的研究可以针对产业层次或群组层次的竞争张力进行分析，以对此重要构念进行全面性的了解。除此之外，为了进一步彰显竞争张力知觉的重要性，除了本章所探讨的市场进入行动外，有必要研究更广泛的其他竞争性行动类型。

　　因为航空产业中的信息是相对公开的，所以主观与客观的事实，或内部人士与外部人士的看法，都有较高的一致性。但其他产业也许不是如此，故本章的一些衡量方式应可加以精进。虽然利用排序方式衡量竞争张力知觉，可以给受访者提供一个清晰的架构来比较焦点企业的竞争者，但这种排序不代表焦点企业与每一个竞争者之间的真实距离。同样地，本章要求受访者排列前五个主要竞争者，选取几家来排序可能会影响分析结果，因而需要更周详地考虑。当受访者被要求排序的竞争者数目很多时，受访者有一致看法的概率将会降低。另外，使用机队结构来衡量竞争能力虽然在航空产业是适当的，但可能无法触及企业资源与能力的复杂或过程的核心维度（Barney，1991），这是另一个未来值得探究的问题。未来的研究也应该以长期追踪调查的研究设计，以及在不同产业脉络下，分析 AMC 三个变量间的相互关系之细微差别与复杂性，并且延伸这一观点，发展一个不仅适用于竞争性行动，更适用于一般性组织行动的预测理论。

　　最后，本章一个隐含的前提是，对偶企业间的竞争关系可以是非对称的，即竞争者加诸焦点企业的竞争张力，不必等于焦点企业对竞争者的张力（参照 Chen，1996，本书第 9 章）。后续的研究可以针对企业之间相互看法的不对称性进行分析。

　　总之，本章检视了竞争者研究中一个重要但被忽略的要素——竞争张力构念，来了解企业经理人与外部利益相关者如何从规模或能力、市场行动与资源组合的角度看待竞争张力，这将有助于理解企业间竞争的察觉、动机与能力。

| 第 11 章 |

换位思维
以竞争对手为中心

原题 从竞争对手的角度思考问题：竞争对手知觉的竞争者换位思维[⊖]

原文出处 Wenpin Tsai, Kuo-Hsien Su, and Ming-Jer Chen. 2011. "Seeing Through the Eyes of a Rival: Competitor Acumen Based on Rival-Centric Perceptions," *Academy of Management Journal*, 54(4): 761-778.

本章旨在探讨竞争者换位思维（competitor acumen），亦即焦点企业在评估某一特定竞争对手对其竞争者的排序时，有多大程度是从该竞争对手的角度来思考。我们提出，焦点企业嵌入市场竞争关系（embeded within market-engagement relationship）的方式会形塑其竞争者换位思维。我们采用美国航空业的数据进行假设检验，实证了具有竞争者换位思维的企业，能够取得相较于竞争者更高的市场占有增长率，进而阐述竞争者换位思维的重要性。本章的研究发现对动态竞争研究提供了理论贡献，并且提供了一个以竞争对手角度来思考竞争者分析的新方法。

⊖ 作者在此感谢 Donald Hambrick、Jinyu He 与 Kai-Yu Hsieh 对本章稍早的初稿提供具有价值的评论。本章的完成，受惠于弗吉尼亚大学达顿基金会和宾夕法尼亚大学 Smeal 研究基金的财务支持，谨此致谢。

11.1 绪论

> 知己知彼，百战不殆。
>
> ——《孙子兵法》

竞争者分析是战略和组织研究的核心议题（Hitt，Ireland，and Hoskisson，2007；Smith，Ferrier，and Ndofor，2001）。学者已经探讨了各种定义竞争者的方式（Porac，Thomas，Wilson，Paton，and Kanfer，1995；Reger and Huff，1993）。定义或辨识竞争者是一件相当重要而又复杂的任务，它涉及谨慎评估焦点企业与每一个竞争者之间的竞争张力（Chen，Su，and Tsai，2007）。如果缺少这样的评估，企业很有可能低估竞争者所带来的威胁，或者无意识地疏忽某些竞争者（Zajac and Bazerman，1991）。过去的文献对于如何定义与辨识竞争者已经累积相当的成果与贡献，然而这些文献局限于以焦点企业为中心的方法。焦点企业在辨识竞争对手，以及评估这些竞争对手可能带来的张力或威胁时，大多都是从自身单方面的角度出发，再考虑一些客观指标（如隶属于哪个产业或集团、企业规模或市场占有率、客户重叠度）（Ang，2008；Baum and Korn，1996；Baum and Lant，2003），或者从自身战略的认知或想法（Reger and Huff，1993）进行判断。几乎未曾有研究是从竞争对手的情境出发，或是从竞争对手的观点来评估彼此的竞争关系。即使学者已经提出，竞争者分析在战略制定时的重要性，但是对于焦点企业能否将竞争对手的知觉纳入战略制定的考虑之中，以及如此考虑的结果，皆尚未被系统地探讨。正如 Bloodgood 与 Bauerschmidt（2002）的建议，研究企业战略的学者应当投入更多心力确保焦点企业在辨别其竞争对手时，有更精准的基本假设。

长期以来，从竞争对手的角度思考问题（Lamb，1984）被视为竞争者分析的终极目标，也是获得竞争优势的关键要素。从对手的角度看问题有助于焦点企业理解竞争对手的各种意图，以及这些意图的优先级，并能够提高焦点企业战胜竞争对手的可能性。事实上，为了有效地竞争，焦点企业有必要了解自己的竞争对手对于其竞争者的看法（Porter，1980）。例如，卡特彼勒在与小松集团竞争时，因为了解小松集团被三菱集团视为在日本的主要竞争对手，所以与三菱集团结盟共同打击小松集团。类似的案例也出现在惠普与戴尔的竞争，惠普认识到戴尔将联想视为主要竞争对手，这有助于惠普决定攻击戴尔的最适当时机。虽然这些例子只是一些商业逸闻，却也显示出从竞争对手的视角来看待竞争，确实有可能影响后续的竞争结果。

某些学者已经开始强调以知觉而非客观资料来刻画每个焦点企业对其竞争对手的各种理解（Porac et al.，1995；Reger and Huff，1993）。在近期的一项研究中，Chen 等（2007）提出，企业的主观认知能够在客观市场指标的基础上，为不同的战略行为提供额外的解释力。因此，企业若是希望知道竞争中会发生什么，且采取必要的行动去战胜对手，那么了解对手的想法至关重要。然而，战略管理文献并未针对这一战略问题进行科学化的探讨：企业如何才能洞察对手对于竞争者的认知，以及这些从竞争对手角度来思考的方法有多大的有效性。除了一些零星的理论上的努力试图用揣测或推测对手的意图来体现这个概念（Amit，Domowitz，and Fershtman，1988），现有竞争者分析的文献仍然缺乏基本的架构和概念，来解释企业如何洞察竞争对手对竞争的看法。

本章提出了一个新的构念——竞争者换位思维，并希望借由此构念来精进竞争者分析的研究。我们将竞争者换位思维定义为，焦点企业在评估某一特定竞争对手对其竞争者的排序时（即竞争对手赋予其竞争者的相对重要程度），有多大程度是从该竞争对手的角度来思考。理解竞争对手对其竞争者的先后排序，对企业有效制定竞争战略的能力有着关键性的影响（Porter，

1980）。我们认为，企业的竞争者换位思维会受到它如何嵌入与其他同业内企业的市场参与关系（market-engagement relationships）的影响。本章试图检验市场参与关系的结构形态如何形塑企业的竞争者换位思维。具体而言，我们以竞争性嵌入观点（competitive embeddedness perspective）（Gimeno，2004；Gnyawali and Madhavan，2001）为基础，呈现焦点企业的市场参与关系如何影响其对某一竞争对手的换位思维。我们也借由实证数据来显示，竞争者换位思维如何使焦点企业获得相较于对手更高的市场占有率，进而阐述竞争者换位思维的重要性。

　　本章提出的竞争者换位思维构念，也许是首次从理论的角度来阐述并可操作化这个最基本的战略与竞争概念，且通过市场相对占有率来验证它对竞争结果有实质的影响。我们采用一个相对性或比较性的观点来看待竞争知觉（Chen and Hambrick，1995），并提出了一种崭新的方法，来进行竞争者分析，亦即焦点企业将自己置于竞争对手的处境，以竞争对手的知觉为基础来看待竞争。由此，我们说明如何比较与分析竞争对手的知觉，以提高企业对竞争对抗的理解（Porac et al.，1995；Reger and Huff，1993），从而在理论上和实证上更好地理解了竞争者分析的研究。

11.2　理论背景与假设

　　了解"竞争者"这个概念是竞争者分析研究的核心议题，过去的研究已经对于这个概念提出了各种不同的定义方式。早期的研究多从产业和战略群组的角度来定义竞争者（Porter，1980），而近期的研究则开始将企业间的个别差异纳入考虑。因此，解释竞争者与竞争的观点相当多元（Calori，Johnson，and Sarnin，1994；Hodgkinson and Johnson，1994）。例如，有一系列的研究认为，即使处于同一产业内的企业，决策者也可能因不同的战略考虑和优先排序，对该产业有不同的评估（Reger，1990）。Porac 等（1995）提出以认知性方法（cognitive approach）来分析竞争，他们认为焦点企业会基于自己的预期和考虑赋予竞争者定义，并决定其优先排序。Baum 与 Lant（2003）则提出组织特征的相似性（如地理位置和企业规模）是决策者识别竞争者的关键因素。同样地，Zajac 与 Bazerman（1991）认为，决策者对于竞争情境的错误假设会导致决策出现盲点或者各种误判，可能导致忽略潜在竞争对手的出现。近期这些强调企业个别差异来定义竞争者的研究，进一步引发学者开始检验每个竞争者的独特本质。例如，Chen（1996）采用成对（pairwise）比较法，比较企业两两之间的资源和市场情况，并检视企业间的竞争不对称性。

此种以企业专质性来定义竞争对手的方式，为那些试图与不同对手交战的企业是一大挑战，因为每个竞争对手都根据自己对于竞争者的优先级来开展竞争。企业对于竞争者的排序相当关键，因为它不但反映了企业的战略思维（Porter，1980），也直接影响企业的资源分配以及如何与竞争对手交战。当然，当某个特定对手评估它的竞争者时，其他企业很难观察到它是如何进行评估的。因此，焦点企业的决策者不仅需要问"我们和谁竞争"（正如之前的研究所强调的），更重要问题是"我的竞争对手在和谁竞争"以及"对于我的每一个竞争对手来说，它们最重要的竞争对手是谁"。

过去企业或企业对偶层次的竞争研究，已经针对每一个对手进行了不同的分析，似乎（在不同程度上）已采取了以对手为中心的观点。例如，动态竞争研究（详尽的文献回顾可以参见 Ketchen、Snow 与 Hoover，2004）强调了竞争对手的响应是决定竞争行为有效性的重要因子。然而，截至目前，除了少数研究例外，如 Bloodgood 与 Bauerschmidt（2002）探讨了直接竞争者之间对彼此相似性和差异性评估的一致性程度，大部分文献尚未全面地探讨竞争对手的观点和思考。这样的疏漏是有待商榷的，正如 Montgomery 与 Weinberg（1979）提出的，理解对手的意图是企业制定战略时最主要的考虑因素。类似地，Porter（1980）认为，掌握竞争对手对于竞争的前提假设能带来竞争优势。竞争对手的假设前提决定了它的管理知觉，知觉又直接影响攻击量（Chen et al., 2007：104-107）。现有文献已经阐明了知觉的重要性，接下来，更重要的问题自然就是，焦点企业如何理解竞争对手的知觉。如果不能精确评估竞争对手对其竞争者的知觉，则任何关于竞争对手及竞争行动的推断或预测都很有可能是不精确的。

11.2.1　竞争者换位思维

开展一个有效的竞争者分析，企业除了需要搜集高质量的竞争情报（Ghoshal and Westney, 1991），还需要构建一个所处产业中所有企业间竞争关系的认知地图。然而，每个企业在理解个别的竞争问题及其竞争对手的优先排序上，所具备的能力不同。为了描绘企业在此能力上的差异，并反映焦点企业能够准确理解其对手的程度，我们提出竞争者换位思维这一构念。

我们对竞争者换位思维的概念化，包含了竞争对手对其竞争者的考虑，同时也扩展了现有文献中的概念，如揣测。揣测是对竞争对手的意图和可能采取行动的一种预期（尚未通过严谨的验证）（例如，Amit et al., 1988），通过"未雨绸缪"来"了解竞争对手的想法"。不同于Amit等专注于竞争对手对焦点企业行为的揣测，本章专注于竞争对手对其竞争者的优先排序（包含焦点企业和该产业内的其他所有参与者）。同时，本章借由在理论中正式提出竞争者换位思维的构念，为那些尚未而亟须被实证检验的战略方针，开启了一个研究的方向。

为了评估竞争者换位思维，有必要先确立一个基准以作为比较的基础（Venkatraman and Ramanujam, 1987）。为了评估焦点企业的竞争者换位思维，我们采用某一特定竞争对手对其所在产业中竞争者的相对重要性认知，作为比较的基准。当焦点企业对于某一特定竞争对手有着较高程度的竞争者换位思维，则较能够有效地判定该竞争对手对其竞争者的优先排序。我们将焦点企业对某一特定竞争对手竞争关系的知觉，与该竞争对手对自己竞争关系的知觉进行比较。举例来说，如果 A 企业认为 X 和 Y 是竞争对手 B 的主要竞争者，同时 B 也将 X 和 Y 视作自己的主要竞争者，我们就可以说 A 企业对其与竞争对手 B 之间的竞争关系，有着高效的知觉。因此，A 企业对竞争对手 B 有着较高程度的竞争者换位思维。

与动态竞争观点一致，我们认为每一对竞争关系都是独特的，且企业两两之间存在着竞争不对称性（Chen，1996）。我们主张焦点企业与所交手的每一个竞争对手之间，都存在着特定的竞争者换位思维。焦点企业可能对某些特定竞争对手具有较敏锐的换位思维，而对于某些竞争对手则相对缺乏。此外，由于焦点企业对每一个竞争对手的知觉准确性也可能存在差异，因此我们试图从对偶层次来分析竞争者换位思维。例如，虽然 A 企业对其与竞争对手 B 的竞争关系有高效的知觉，但 A 企业对其与其他竞争对手的竞争关系不一定能够具有同等效用的知觉。每个竞争对手对其与产业内其他企业（也包括焦点企业在内）的竞争关系，均有其各自的评断方式。我们从对偶层次上提出这个概念，有助于检验焦点企业评估各个竞争对手的精确程度。因此，以对手为中心的竞争者换位思维这一构念，增进了竞争者分析的研究者对知觉作用的理解（Reger and Huff，1993）。

提出竞争对手知觉的重要性给竞争者分析的研究提供了一个相当重要的理论贡献。动态竞争学者对于竞争性响应（或竞争对手对某一竞争性行动的响应）的概念化（Smith et al.，2001），也为这一研究领域的推进提供了相当大的帮助。本章强调企业和竞争对手之间比较性与相对性的知觉，这在竞争者分析中也起到了决定性的作用。它有助于将竞争者换位思维这一个相当关键的构念，正式化与可操作化，并增强了企业知觉与企业行为之间（Dutton and Jackson，1987），以及竞争者分析与动态竞争之间（Chen，1996），在概念上与实证上的联结。

更重要的是，竞争者换位思维的概念是，将焦点企业置于特定竞争对手的处境下思考，以及以该竞争对手对其竞争者的优先排序作为比较的基础，这两者不仅有助于精练既有竞争者分析的研究，更明确了竞争者分析是以竞争对手为中心进行的。

竞争者换位思维对于市场也有重要的意义。因为它有利于企业在竞争交战中做出明智的决策，提高企业战胜对手的可能性（Smith et al.，2001），进而帮助企业提升市场地位。此外，竞争者换位思维反映了企业在竞争情境中的知识和能力，有利于保护其市场地位。

11.2.2　竞争性嵌入作为竞争者换位思维的来源：管理市场参与关系

为了说明如何发展竞争者换位思维，我们应用嵌入的概念，并将这个概念扩展至企业间的竞争情境。继 Polanyi（1957）的研究之后，许多学者开始应用嵌入的概念来解释经济行为（如 Granovetter，1985；Uzzi，1977）。近期，Gnyawali 与 Madhavan（2001）和 Gimeno（2004）皆提出竞争行为上的嵌入观点，并指出市场参与者并非原子式的实体（atomistic entities），可以自由地采取竞争性行动，而是受到企业之间的关系网络限制。过去的研究（如 Kilduff and Tsai，2003；Tsai，2002；Tsai and Wu，2010；Wasserman and Faust，1994）提出，网络理论已经被广泛应用于不同形式的关系（包括合作和竞争关系）。而在企业间竞争的脉络下，最重要的关系是市场参与关系（market engagement），它反映了企业和竞争对手相互涉足对方市场的程度，以及这些市场对企业自身以及其对手的战略重要性程度（Chen，1996）[⊖]。正如很多研究提出的，两个企业能够通过在不同市场中的竞争互动来

⊖　市场参与允许我们比较焦点企业与特定目标对手的整体市场组合。为了提高与对手的市场参与程度，焦点企业不能简单地在所有市场进行扩张或执行多样化，反而在竞争交战中谨慎地管理其市场组合，并强调那些对竞争对手有战略性意义的市场。

了解对方，更重要的是，它们涉足对方市场的方式会影响各自对该竞争市场的知觉和行为（如 Baum and Korn，1996；Gimeno，1999）。

在本章中，我们将探讨竞争性嵌入方式如何形塑竞争者换位思维。其中，竞争性嵌入的定义是，焦点企业与竞争对手，以及竞争对手的竞争者在不同市场上互动的程度。竞争性嵌入反映了，企业如何以对偶性和结构性上的考虑，来管理其市场参与关系。我们认为，企业间的竞争发生在相当复杂的市场参与关系网络中，企业与其竞争对手无一例外地嵌入该网络中。为了理解企业间竞争互动以及对该竞争互动的知觉，我们需要检视企业是如何嵌入这个错综复杂的市场参与关系系统中的。

因此，我们将竞争性嵌入区分为关系型竞争性嵌入（relational competitive embeddedness）与结构型竞争性嵌入（structural competitive embeddedness）。这种区分方式响应了 Granovatter（1992：33）对嵌入性的概念化，他认为行动者之间的对偶（成对）关系，以及这个关系网络结构中的所有参与者，皆会影响其经济行动和结果。关系型竞争性嵌入反映了彼此关系的强度或密度，而结构型竞争性嵌入则强调了该网络的结构构造（Moran，2005；Rowley，Behrens，and Krackhardt，2000）。这种区分显示，焦点企业如果要战略性地进入某个特定市场以了解特定竞争对手并建立自己的竞争者换位思维，以加强其与某个竞争对手的市场参与关系，可以采用两种方式：一是关系型竞争性嵌入，亦即焦点企业积极参与竞争对手战略性盘踞的市场；二是结构型竞争性嵌入，亦即焦点企业进入竞争对手之竞争者的战略性市场。这两种竞争性嵌入方式的考虑，让我们不仅检视两个企业如何通过市场参与直接建立联系，并且检视它们如何与产业中的其他参与者建立联系，以及其他参与者如何在这个错综复杂的市场参与关系中产生联系。

关系型竞争性嵌入。之前关于企业间联盟和交易的研究已指出，关系型竞争性嵌入包括信任、信息转移和协同解决问题（Uzzi，1997）。企业通常很难在相互竞争厮杀的情况下，与竞争对手建立起信任关系，更难以协同合作解决问题。然而，它们仍然可以通过在市场上的互动来了解彼此，并熟悉彼此的思维方式和行为模式。关系型竞争性嵌入聚焦企业间的对偶市场参与关系，反映了焦点企业与某一对手在市场上的互动强度，并从企业自身和竞争者的角度揭示市场的战略意义（Chen，1996）。显然地，对于在同一市场竞争的企业而言，它们的竞争结果是相互依存的。正如 Gimeno（2004）指出的，竞争性嵌入是在竞争关系网络中通过利基或市场的重叠表现出来的。两个企业在这些市场中交手越频繁，它们的关系型竞争性嵌入越紧密。

焦点企业若与某一特定竞争对手有较高度的关系型竞争性嵌入，则较有可能深度地了解其竞争对手，并预测它的竞争行为（包括它是否会采取某些竞争行动）。这种预测能力来自先前在不同市场中与该竞争对手打交道的经验。过去的研究发现，企业在多个市场互动的程度很可能影响它们竞争行为的模式（Baum and Korn，1999；Gimeno，1999）。较高程度的关系型竞争性嵌入，显示了焦点企业与该竞争对手有较丰富的交战经验（Chen and Miller，1994）。这些经验使企业能够更深入地了解对手，有利于企业更好地理解对手的战略和目的（Porter，1980）。正如之前的研究所揭示的，企业在多个市场中交手所产生的高度联结关系，能够增加它们对彼此的了解（Boeker，Goodstein，Stephan，and Murmann，1997）。因此，当焦点企业与竞争对手的关系型竞争性嵌入增强时，其对该竞争对手的换位思维更加敏锐。

假设 1：焦点企业与特定竞争对手的关系型竞争性嵌入，与焦点企业对该竞争对手的竞争者换位思维呈现正向相关。

结构型竞争性嵌入。与关系型竞争性嵌入这种聚焦于对偶企业两两之间对彼此直接的影响，结构型竞争性嵌入超越对偶关系，检视所有参与者之间的互动模式。换言之，结构型竞争性嵌入包含了焦点企业与某一特定竞争对手周围所有竞争关系的网络结构。正如许多学者指出的，网络结构会影响该网络中个体行动者的知觉（如 Ibarra，Kilduff，and Tsai，2005；Kilduff and Tsai，2003；Kcrackhardt，1990）。竞争者换位思维涉及对企业间竞争的知觉，从而可能受到网络结构的影响。企业所处网络的结构布局会形塑它理解竞争对手之竞争优先排序的能力，而该竞争的优先排序也是企业所处网络的一部分。尽管每个企业都有其独特的理解能力，然而对某一特定竞争对手的换位思维代表一种对偶层次的能力，这种对偶层次的能力由企业和该竞争者在该网络中的联结，亦即企业在该网络中的相对结构位置所决定。

结构型竞争性嵌入与参与者彼此如何联结有关（Burt，1992；Coleman，1990；Granovetter，1992）。学者曾采用参与者两两之间重叠接触（overlapping connections）的形态来检验结构型竞争性嵌入。例如，Burt（1992）描绘了"自我"（ego）与周围每一个"他我"（alters）限制自我的程度。在一个市场参与关系的网络中，随着焦点企业提高参与某一特定竞争对手之竞争者所在市场的程度，结构型竞争性嵌入不断增强。如果焦点企业与某一竞争对手的结构型竞争性嵌入程度很高，可以推断它们在相互关联之市场参与关系的系统中，有很多共同的竞争者。焦点企业和其竞争对手一样，在多个市场中与这些共同的竞争者互动，能够促进其使用战略性的观点来积极模拟竞争对手的考量。由于与竞争对手面临相类似的情境，企业更能理解该竞争对手的弱点与意图。其原因在于，当焦点企业需要从对手的立场考虑问题时，它能够借鉴自己所经历的竞争情境。此外，之前的研究已指出共同接触能够为重要的信息提供一个渠道（如 Ahuja，2000；Burt，1992）。正如 Granovetter（1992：35）指出的，"企业与对手之间共同接触的联系程度决定了两两之间信息传递的有效性"。通过各种重叠的、间接的接触，企业能够三角验证不同来源的信息，评估信息的准确性（Echols and Tsai，2005；Rowley，Behrens， and Krackhardt，2000），进而发展出一套认知，有效地判断某特定竞争对手的思维及其竞争者优先排序。因此，焦点企业和某一竞争对手之间的结构型竞争性嵌入程度越高，越有机会通过与该竞争对手有直接互动的其他企业，来了解该竞争对手，并进行有效的评估。

在关系型竞争性嵌入的情况下，焦点企业能够通过与竞争对手在共同市场上第一手的互动，建立一套关于该竞争对手的可靠评估。相对之下，结构型竞争性嵌入说明焦点企业以远距离观察竞争对手如何在市场中与各种不同的竞争者打交道，来验证与调整对该竞争对手已经形成的知觉。

事实上，当焦点企业高度地与竞争对手的各种竞争者打交道时，其所获得的丰富经验有助于自己置身于对手的处境思考问题。这有助于焦点企业更好地理解竞争对手的处境，并且有效预测对手可能采取的战略决策或攻击性行动。通过与竞争对手建立高度结构型竞争性嵌入，焦点企业能够获得与竞争对手的竞争者打交道的机会，从而再基于自身的经验更好地理解竞争者的想法和立场，因此，更容易建立对于该竞争对手的准确评估。

假设 2：焦点企业与特定竞争对手的结构型竞争性嵌入，与焦点企业对该竞争对手的竞争者换位思维呈现正向相关。

11.2.3　竞争者换位思维与市场结果

过去许多学者探讨维持市场领导地位的议题（Banbury and Mitchell，1995；Robinson，Fornell，and Sullivan，1992），然而，却很少有研究探讨竞争者分析对企业间竞争，以及后续市场占有率变化的影响。厘清竞争者换位思维对市场面成果的影响，有助于展示竞争者换位思维这一概念的潜力，并强化竞争者分析与动态竞争两者的理论联系（Chen，1996）。由于我们的分析聚焦于企业对偶层次，我们对企业两两之间的竞争结果特别感兴趣，亦即焦点企业与特定竞争对手在某个市场中相对占有率的变化。为了与过去探讨市场结果的研究保持一致（例如，Ferrier, Smith, and Grimm, 1999），我们以年度为间隔，检验焦点企业的竞争者换位思维对下一年度相对市场占有率变化的影响。具体而言，我们分析焦点企业当前年度的竞争者换位思维会如何在下一年度扩大其与较小竞争对手（之前比焦点企业市场占有率小的竞争者）的市场占有率差距，以及缩小其与较大竞争对手（之前比焦点企业市场占有率大的竞争者）的市场占有率差距。

竞争者换位思维较为敏锐的企业，较能够理解竞争对手的意图，且能够对未来的行动做出可靠的预测。这样的企业更能够有效地发动攻击，以及灵活地采取行动阻止（或响应）对手的攻击。对于企业来说，具备快速发现新战术或者推迟对手响应的能力是十分重要的（Smith et al., 2001）。当企业具有较高水平的竞争者换位思维时，它较能够辨别竞争对手的主要竞争者以及了解其潜在弱点，进而发动合适的竞争行动以削弱竞争对手。懂得如何采取竞争行动对于提高市场占有率十分关键（Ferrier et al., 1999）。我们认为，在其他条件不变的情况下，竞争者换位思维较为敏锐的企业，更可能取得有利的位置并获得相较于竞争对手更多的市场占有率。显然地，在预测焦点企业的竞争者换位思维对其相对市场结果的影响时，也应考虑竞争对手的竞争者换位思维，因为对手也尝试通过其换位思维的能力来理解焦点企业。因此，我们在提出假设与实证分析时，控制了竞争对手的竞争者换位思维。

假设3：当竞争对手的竞争者换位思维不变时，焦点企业对某一特定竞争对手具有较高水平的竞争者换位思维，较可能获得相较于该竞争对手更多的市场占有率。

焦点企业是否能够比竞争对手提高更多的市场占有率，取决于企业的能力，以及其竞争者换位思维；实质上，企业的竞争者换位思维与其潜在的动态管理能力有关（Adner and Helfat，2003；Eisenhardt and Martin，2000）。过去，学者运用各种以能力为基础的观点，来解释企业之间的绩效差异（Leonard-Barton，1992；Teece，Pisano，and Shuen，1997）。例如，Sirmon、Gove 与 Hitt（2008）探讨职业棒球队间两两对偶竞争的研究发现，此种竞赛的结果取决于球队如何管理以及运用它们的资源。

我们将竞争者换位思维进行概念化时，一个相当重要的前提是，每一个竞争对手都是异质的。与先前主要关注于企业层次能力的研究不同，如前文所述，本章所研究的竞争者换位思维着重于企业对偶层次的能力。据此，本章拓展了传统以能力为基础的研究，提出了一个更精练的、相对的概念，有效地联结动态能力与动态竞争的研究。本章除了考虑竞争者换位思维，这一反映焦点企业理解特定竞争对手对其竞争者优先排序的能力，我们还纳入了企业在市场上竞争时的资源部署能力。

资源部署能力，亦指焦点企业调动现有资源至某一竞争对手所在市场的速度，也反映了焦点企业利用现有资源在特定市场中与竞争对手展开对抗的敏捷度。以美国航空业为例，一家在某个城市有多个入境和出境航次的航空公司，通常有能力通过资源部署的方式，包括在该城市开设新的航线，来对抗另一家航空公司，因为它能够快速地调度飞往该城市的航班与空勤人员，来支持新航线的需求。然而，除非焦点企业对上述对手具有竞争者换位思维，否则这种"企业－市场－专属能力"的竞争模式不会奏效。了解竞争对手对其竞争者的优先排序能够帮助企业更好地预测对手的资源流动，及其在多个直接竞争市场的进入和退出行为（Baum and Kohn，1996）。事实上，竞争者换位思维为企业提供了其在特定竞争情境中所需要的知识和理解能力。

当企业制定不同市场间调配资源的决策以有效地与竞争者对抗时，竞争者换位思维尤其重要。焦点企业如果不知道竞争对手对其竞争者的优先排序，就难以成功地将资源从其他市场调度至目标市场，来与竞争对手展开对抗。我们认为企业资源部署能力对市场结果的影响取决于企业的竞争者换位思维。了解某一竞争对手对其竞争者的理解程度和优先级，能够帮助焦点企业制定出最佳的资源分配和调度决策，来对抗该竞争对手；也就是说，企业的竞争者换位思维有助于加强其资源调配能力对市场结果的有利影响。具体而言，我们认为，竞争者换位思维和资源调配能力的交互效果对企业获取相对市场占有率有正向作用。

假设 4：焦点企业的竞争者换位思维正向调节其资源部署能力与相对市场占有率之间的关系。

11.3　研究方法

11.3.1　研究背景与数据搜集

我们以美国国内的航空公司为研究对象，以检验所提出的假设。选择该产业主要的原因如下，首先，航空业中的市场可以由两个城市之间特定的航线来明确界定。每家航空公司所运营线路的信息易于取得，这使界定某一特定市场相对容易。其次，之前有关竞争的研究多集中于该产业（例如，Baum and Korn，1999；Fan，2010；Gimeno，1999），这有利于我们对比其研究结果，同时彰显本章的核心构念（如竞争者换位思维和竞争性嵌入）如何对现有文献进行补充。

我们利用美国运输署的"航空乘客出发点与目的地调查"（Origin-Destination Survey of Airline Passenger Traffic）来界定每家航空公司的市场及它们在这些市场中与不同对手的接触状况。我们向 13 家主要航空公司（约占该产业 92.2% 的市场占有率）的 44 名高层管理人员邮寄了调查问卷。其中，共有 16 名高层管理人员参与了该调查，给我们提供了企业竞争关系之管理人员知觉的信息[注]。虽然我们试图邀请每家航空公司的多位管理人员，但是最后只有 4 家航空公司包含两名或两名以上的参与者。我们利用二次指派程序（quadratic assignment procedure，QAP）相关系数来检验多位参与者间的一致性，得到的相关系数分布在 0.65～0.83。我们让每位参与者评估自己与其他多家竞争公司的关系，以及这些竞争公司与它们的竞争对手之间的关系。在分析过程中，我们剔除了有遗漏值的样本，只保留同时包含焦点企业和目标对手完整回答的对偶样本。最终的样本包含 72 组成对的竞争关系，我们从企业对偶层次来预测竞争者换位思维[注]。

　　每个企业都在不同的市场集合中竞争，它们所面对的竞争对手也随着市场的不同而有所不同（Chen，1996）。因此，为了将此种市场异质性纳入考虑，我们以对偶市场层次来检验竞争者换位思维的效果（假设 3 和假设 4）。为了筛选市场，我们参照过去的研究（Chen et al.，2007），首先选择 1991 年年乘客量达到或者超过 1000 人的航线（城市配对，这些线路约占 95.8% 的市场占有率）。接着我们关注在研究期间焦点企业发动攻击行动的航线，更确切地说，焦点企业在 1990～1991 年发动降价行动且其收益变动百分比小于 0 的航线[注]。对于每条选中的航线，只要竞争者换位思维的信息是完整的，我们都会检验其所有可能的对偶关系（或者成对企业）。最终样本包

○　我们的抽样覆盖了 1989 年版《世界航空名录》所包含的所有主要航空公司的高级副总裁或更高职位的管理人员。这些参与 1991 年航空业竞争研究（Chen and MacMillan，1992）的高层主管，皆为具有 25 年以上工作年资的战略决策者和产业专家。

◎　因为有 4 家航空公司并未提供内部高层主管的评分，因此我们最后的样本包含 9 家航空公司的高层主管，共有 72（=9×9-9）组成对样本。然而，其中有两组成对样本没有提供竞争者换位思维的评分，导致其中企业 i 对其特定对手 j 的评分（A_{ij}）有两笔遗漏值。因此，表 11-2 中的样本数为 70。其他所有变量皆有 72 个观测值。

◎　付费乘客里程数（RPM）被广泛用于测量航线的定价。在航空业中，定价越低表示越具攻击性的竞争性行动（Chen and Miller，1994）。为检验稳定性，我们尝试测量降价行动的不同方法，得到的结果与本章所报告的结果一致。

含 26 485 条对偶航线。

11.3.2　因变量

竞争者换位思维。我们将焦点企业 i 对目标对手 j 的换位思维定义为，焦点企业 i 的高层主管能够准确判断目标对手 j 之主要竞争者的程度。测量竞争者换位思维的过程主要包括两个步骤：第一，在问卷调查中，我们请高层主管从每一家航空公司的角度，辨别该航空公司（包括自己的公司）的前五大竞争者并且进行排序⊖；第二，我们通过比较焦点企业与目标对手对于对手主要竞争者的排序，来评估准确性。

为了比较这些排序，我们将原始的排序数据转换为实际的分数：被焦点航空公司评为头号竞争者的航空公司得分为 5；列为第二号竞争者的航空公司得分为 4，依次类推。那些没有被列入前 5 大竞争者的航空公司得分为 0。这一转换方式假定所有排序都是等距的（例如，头号竞争者在第二号竞争者前面一位，相同地，第三号竞争者在第四号竞争者前面一位），以便我们检验其排序差异的相似性（或差异性）。

接着，我们以焦点企业 i 对目标对手 j 的竞争者的评分，与 j 自身对于竞争者评分的差距，为两者间不一致性，再将其转成反向评分，来代表焦点企业 i 对于 j 的竞争者换位思维。也就是，以 $V_{i,j} \to k$ 为一列向量，表示焦点企业 i 如何排序目标对手 j 的其他 k 家竞争对手，而 $V_{j,j} \to k$ 为另一列向量，

⊖　本章使用等级次序（rank-order）的方式进行评估，主要是因为我们所感兴趣的是企业对其前几名竞争者的优先排序。等级次序是竞争者分析中常用的测量方法，它具有构念上的意义。也许是简单分类的结果，决策者在考虑和分析对手时只投入有限的注意力，而且通常只能关注某一组有限的竞争对手（如 Porac et al.，1995；Reger and Huff，1993）。事实上，根据我们的前测结果，这也是我们要求参与者仅对前五位竞争者进行排序的原因。虽然企业在评估前几位对手时，会比评估排名靠后的竞争对手更加准确，但它们在评估前几位竞争者时，依然存在差异。通过进一步检验，我们发现 34% 的企业对它们前两位对手的评估是不一致的，这显示即使我们仅关注前两位竞争者，评估差异仍然存在。

表示目标对手 j 自身对其 k 家竞争者的排序（即真实得分）。两种评分之间的差值如下表示：

$$d_{ij} = \sqrt{\sum_{k=1}^{12} (V_{i,j\to k} - V_{j,j\to k})^2}$$

如果焦点企业 i 对目标对手 j 的竞争者排序与 j 自己所做的评估是完全一致的，此差值 d_{ij} 则等于 0。接着，我们通过线性变换对此差值进行了转置和调整，使换位思维得分 A_{ij} 的取值范围在 0 与 1 之间：

$$A_{ij} = \frac{\text{Max}_{d_{ij}} - d_{ij}}{\text{Max}_{d_{ij}} - \text{Min}_{d_{ij}}}$$

式中，A_{ij} 的值越大，表示焦点企业 i 越能准确估计目标对手 j 的竞争者，当 d_{ij} 逼近 0 的时候，则 A_{ij} 近似于 1。附录 11A 展示了 A_{ij} 的具体计算方法。

相对市场占有率。我们在对偶市场层次测量相对市场占有率，以检验假设 3 和假设 4。参照 Ferrier 等（1999）的研究，我们通过计算焦点企业 i 与目标对手 j 市场占有率差距的变化，来测量在某特定市场焦点企业 i 的相对市场占有率：

$$市场占有率差距的变化 = \ln\left(\frac{M90_{目标对手j}}{M90_{焦点企业i}}\right) - \ln\left(\frac{M91_{目标对手j}}{M91_{焦点企业i}}\right)$$

式中，$M90_{焦点企业i}$ 表示焦点企业 i 在 1990 年的市场占有率，$M90_{目标对手j}$ 表示目标对手 j 在 1990 年的市场占有率，而 $M91_{焦点企业i}$ 和 $M91_{目标对手j}$ 分别代表它们在 1991 年的市场占有率。目标对手 j 与焦点企业 i 在某一年的市场占有率的自然对数，代表两家企业在该年度的市场占有率差距。上述计算公式反映了 1990 年和 1991 年市场占有率差距的变化。当 1991 年的市场占有率差距比 1990 年小时，上述公式结果为正值，表示两种情况：一是原先较目标对手拥有较少市场占有率的焦点企业缩小了与目标对手的差距；二是原先较目标对手拥有较多市场占有率的焦点企业扩大了与目标对手的差距。两种情况均显示焦点企业相对于该对手获得了较大的市场占有率。当上述公式结果为负值时情形相反。

11.3.3 自变量

关系型竞争性嵌入。为了测量关系型竞争性嵌入，我们参照 Chen（1996）的研究，为每对航空公司计算一个指标，来表示焦点企业 i 与目标对手 j 的直接市场参与情况：

$$Z_{ij} = \sum_{k=1}^{N} [(P_{ik} / P_i) \times (P_{jk} / P_k)]$$

式中 Z_{ij}——焦点企业 i 与目标对手 j 的市场参与程度；

P_{ik}——焦点企业 i 在 k 航线的服务乘客数；

P_i——焦点企业 i 在所有航线的服务乘客数；

P_{jk}——目标对手 j 在 k 航线的服务乘客数；

P_k——k 航线上所有航空公司的服务乘客数；

k——焦点企业 i 和目标对手 j 均运营的航线。

Z_{ij} 取决于两项因素：焦点企业与竞争者共享的市场的战略重要性，以及竞争者在这些市场上的市场占有率。（P_{ik} / P_i）表示 k 航线对于航空公司 i 的相对重要性；（P_{jk} / P_k）表示航空公司 j 在 k 航线的市场占有率。当航空公司 j 作为一个强有力的竞争者出现在焦点企业 i 的某重要市场时，Z_{ij} 的取值较大。考虑到"竞争相对性"（Chen and Hambrick，1995），我们利用焦点企业 i 的市场总参与对原始关系值 Z_{ij} 进行标准化，得到（$Z_{ij} / \sum_j Z_{ij}$），因此焦点企业 i 对其所有对手的市场参与指数之和等于 1。这一转换提高了不同企业间的可比性，消除了参与度大小的差异。

从焦点企业的角度，关系型竞争性嵌入捕捉了焦点企业 i 与目标对手 j 竞争关系不对称的本质，亦即焦点企业 i 对目标对手 j 的对抗程度并不一定

等于目标对手 j 对焦点企业 i 的对抗程度（Chen，1996）。

结构型竞争性嵌入。为了测量结构型竞争性嵌入，我们首先将样本中所有可能的成对企业建成一个市场参与关系的网络。接着，我们参照 Burt（1987，1992）的方法，考虑两个企业之间的直接联系如何与各自其他的直接联系联结起来，来衡量结构型竞争性嵌入。我们使用 UCINET 软件（Borgatti，Everett，and Freeman，2002）来计算，对于与焦点企业 i 有直接联系的目标对手 j，有多少焦点企业 i 的其他对手也与它有联系。具体来说，目标对手 j 与焦点企业 i 之其他联系企业的重叠程度，表示为 $P_{iq}m_{jq}$，其中 P_{iq} 表示焦点企业 i 与另一竞争对手 q 直接接触的比例（即 i 与 q 的直接接触除以 i 直接接触的总和），m_{jq} 表示焦点企业 j 与 q 直接接触的边际强度（j 与 q 的直接接触除以 j 与任何公司最强的直接接触）。当焦点企业 i 的网络与目标对手 j 的接触很多时，结构型竞争性嵌入的取值较大。

资源部署能力。我们通过分析焦点航空公司相比某特定对手在一条航线两端（出发地和目的地机场）的主导性或活跃性，来代表该航空公司的资源部署能力。在航线的两端拥有大量乘客、活跃的航空公司，较容易投入更多的资源与其他服务于该航线的航空公司进行竞争（Borenstein，1989；Gimeno，1999）。当一家航空公司在一条航线的两端均拥有较大的市场占有率时，表明这家航空公司有多趟航班是从该起讫点机场去往其他目的地（或者从其他目的地飞往该起讫点机场）。因此，这家航空公司较能够快速地重新部署航班去往这些目的地，同时运用在起讫点的空勤人员去支持这些航班。为了测量资源部署能力，本章采用焦点企业起讫点平均市场占有率与对手起讫点平均市场占有率之比率的自然对数来表示。

11.3.4　控制变量

为了预测竞争者换位思维，我们纳入了一些反映组织特质差异的变量，作为控制变量，因为我们认为组织特质差异，可能会影响企业相互留意对方的市场地位，以评估自己相对处境的动机和能力⊖。我们聚焦于四个在研究中被视为企业决策关键因素的组织特质（包括企业年龄、绩效、规模和冗余资源）（Fiegenbaum，Hart，and Schendel，1996）。我们以航空公司成立至今的年限来衡量企业年龄，以可乘载的座位里程数来衡量企业规模（Chen and Miller，1994），以飞机满载率（或座位里程数营收／可乘载的座位里程数）来衡量企业绩效，以流动比率来衡量冗余资源。接着，我们以竞争对手与焦点企业在这些特质上的得分的比率来计算其差异分数。此外，我们控制了企业在市场参与关系网络中的中心性。中心性是一个重要的社会结构特质，它能够说明某参与者在网络中与其他参与者的关系（Freeman，1979；Gnyawali，He，and Madhavan，2006）。企业在市场参与关系网络中的中心性反映了企业在产业多重市场关系中的参与程度。位于中心的企业与其他对手有更多的接触，从而能够清楚地了解某一对手的竞争者是如何看待该竞争对手的。参照 Freeman（1979）的中心性公式，我们通过加总其他所有企业与焦点企业的市场参与度得到该企业在市场参与关系网络中的中心性。此外，我们控制了高层主管的产业从业年资，即在航空业的从业年资⊖。

在预测市场占有率差距的变化时，我们使用了同样的差异方法测量上述四个组织特质作为控制变量。我们认为经验更丰富、规模更大、冗余资源更

⊖ 由于差异分数（different scores）的分布问题，以传统的回归技术进行分析会存在一些局限性（相关的文献回顾，请参见 Edwards 与 Parry，1993）。本章所采用的分析技术并不受限于差异分数的分布问题。我们还做了额外的分析，将控制变量更换为非差异分数，与我们所报道的结果一致。

⊖ 在我们的问卷中，参与者被要求提供于该产业的从业年资的区间信息。我们以区间的中位数为具体年数，亦即编码为"小于 10 年"＝5 年；"11～20 年"＝15 年；"21～30 年"＝25 年；"大于 30 年"＝35 年。

多和历史绩效更好，意味着企业的竞争力更强，因此更有可能获得相较于对手更大的市场占有率。此外，我们控制了航空公司之间的运营相似性，亦即其机队结构。它测量两家航空公司在机队结构上相似的程度（详细描述请参见 Chen 等，2007）。

由于企业获得相比对手更多的市场占有率的能力，会取决于二者起初的市场占有率差距，因此我们还控制了航线市场占有率差异，具体的计算方法为焦点企业与目标对手在 1990 年的市场占有率差异除以二者在当年的市场占有率之总和。

11.3.5　分析

我们使用基于 MRQAP 的回归分析技术，以便竞争者换位思维能在企业对偶分析层次下进行正确的统计分析。MRQAP 是专门针对对偶数据的观察值之间具有自相关问题（autocorrelation）的回归分析技术（Krackhardt，1988；Tsai，2002）。为了检查结果的稳定度，我们再以一般线性回归（GLS）的随机效应模型进行额外的分析。结果显示，以一般线性回归技术得到的结果与使用 MRQAP 的分析结果是一致的。

为了衡量相对市场占有率，亦即任何一组成对企业在不同航线的市场占有率差距的变化，我们聚焦于对偶市场的分析层次。由于我们的数据包含焦点企业在某特定航线上的多次观测，所以残差项可能存在相关的问题。例如，若焦点企业与其他三家企业（或对手）皆在一条航线运营，在这种情况下，同一条航线上的同一家企业就有三笔资料。为了处理这一问题，我们使用固定效应模型，控制企业专质和航线专质未观察的异质性（unobserved heterogeneity）（Green，2003）。所有关于企业与航线特质的变量都没有被纳入模型，这些特质并不会因为航线的变化有所差异，且这些企业专质和航线专质的预测指标，在每一家焦点航空公司的多次观测中都是同样的值。此外，我们纳入了一系列的对偶变量来控制与对偶观察有关的统计相关性。我们还进行了随机效应模型估计，所得结果与固定效应模型的结果非常相似。然而，Hausman 检验建议固定效应模型更加合适，所以本章呈现的是固定效应模型。

11.4　分析结果

表 11-1 列出了本研究主要变量的平均数、标准差和相关系数。如表 11-1 所示，关系型和结构型竞争性嵌入与竞争者换位思维均呈现正向相关，为本研究的观点提供了初步的支持。表 11-2 展示了以企业对偶变量预测竞争者换位思维的 MRQAP 回归分析结果。如表 11-2 中模型 4 所示，关系型和结构型竞争性嵌入的系数均为正且皆达到 0.05 以上的显著水平。这些结果显示，焦点企业与特定竞争对手的关系型和结构型竞争性嵌入，皆与焦点企业对该竞争对手的竞争者换位思维呈现正向相关。因此，假设 1 和假设 2 得到了支持。

表 11-1　描述性统计和 QAP 相关系数 [a]

变量	平均值	标准差	1	2	3	4	5	6	7	8
1. 焦点企业竞争者换位思维	0.57	0.20								
2. 关系型竞争性嵌入	0.04	0.04	0.35[*]							
3. 结构型竞争性嵌入	0.30	0.20	0.36[*]	0.38[†]						
4. 中心性	0.45	0.34	0.20[*]	0.17[†]	0.10					
5. 年龄差异	1.65	1.74	-0.10	0.02	0.01	-0.03				
6. 规模差异	3.21	5.69	0.01	-0.08	-0.13	-0.51[**]	-0.07			
7. 绩效差异	1.00	0.08	0.10	0.02	0.14	-0.08	0.01	-0.14		

（续）

变量	平均值	标准差	1	2	3	4	5	6	7	8
8. 冗余资源差异	1.10	0.50	−0.10	−0.20†	−0.09	−0.08	−0.26	0.37†	−0.09	
9. 高层主管的航空业从业年资	21.11	9.94	−0.04	0.18†	0.09	0.09	0.17	−0.11	0.14	−0.11

a　$n=72$，除了变量"1. 焦点企业竞争者换位思维"之外，只有 70 组成对样本的原因是存在遗漏值。

†　$p<0.10$。

*　$p<0.05$。

**　$p<0.01$。

表 11-2　竞争者换位思维的 QAP 回归结果 [a]

变量	模型 1	模型 2	模型 3	模型 4
年龄差异	−0.011	−0.010	−0.011	−0.010
规模差异	0.008†	0.007	0.009*	0.008†
绩效差异	0.359	0.351	0.252	0.272
冗余资源差异	−0.071	−0.043	−0.064	−0.047
高层主管的航空业从业年资	−0.001	−0.002	−0.002	−0.002
中心性	0.180†	0.145†	0.166†	0.145†
关系型竞争性嵌入		1.532*		1.051*
结构型竞争性嵌入			0.317**	0.244*
常数项	0.228	0.189	0.246	0.215
R^2	0.11**	0.20**	0.22**	0.25**

a　$n=70$。

†　$p<0.10$。

*　$p<0.05$。

**　$p<0.01$。

表 11-3 展示了预测企业相对市场占有率的一系列一般线性回归分析结果。该表中的模型 1 为基础模型，包含本章所有的控制变量。模型 2 至模型 5 则是在控制变量的基础上，再加入竞争者换位思维和资源部署能力对相对市场占有率的影响。其中，模型 4 显示，在控制竞争对手的换位思维与焦点

企业的资源部署能力之后，焦点企业竞争者换位思维的回归系数达到统计上的正向显著（$p<0.001$）。这一结果表示，如果焦点企业对竞争对手的竞争者优先排序具有更准确的知觉，那么它将可能获得相对较多的市场占有率。因此，假设 3 得到了支持。模型 4 同时还显示资源部署能力对企业相对市场占有率有正向的影响。进一步，模型 5 显示焦点企业的竞争者换位思维与资源部署能力的交互作用项，达到统计上的正向显著（$p<0.05$）。图 11-1 描绘了交互作用。如图 11-1 所示，当焦点企业具有较敏锐的竞争者换位思维时，其资源部署能力对市场相对占有率有更强的预测力。因此，假设 4 得到了支持。

表 11-3　固定效应回归分析结果：竞争者换位思维对市场占有率变化的影响 [a]

变　　量	模型 1	模型 2	模型 3	模型 4	模型 5
航线市场占有率差异	0.227***	0.265***	0.233***	0.267***	0.267***
年龄差异	−0.087***	−0.090***	−0.076***	−0.080***	−0.080***
规模差异	−0.008	−0.005	−0.019	−0.017	−0.013
绩效差异	1.415***	1.127***	1.344***	1.089***	1.082***
运营相似性	0.371*	0.344	0.470*	0.446*	0.453*
冗余资源差异	−0.117*	−0.166**	−0.009	−0.057	−0.050
关系型竞争性嵌入	−1.343***	−1.208**	−1.640***	−1.512***	−1.527***
结构型竞争性嵌入	1.160***	1.175***	1.163***	1.174***	1.183***
资源部署能力		0.053***		0.047***	0.052***
焦点企业之竞争对手的竞争者换位思维			−0.092†	−0.081	−0.089†
焦点企业竞争者换位思维			0.280***	0.267***	0.270***
资源部署能力 × 焦点企业竞争者换位思维					0.066*
常数	−1.567***	−1.237***	−1.726***	−1.427***	−1.246***
F 值	145.18***	129.51***	117.31***	107.01***	98.27***

（续）

变　量	模型1	模型2	模型3	模型4	模型5
Hausman 检验（χ^2）	241.92	269.48	266.57	303.02	297.69
似然比检验（与模型1相比）		40.97	86.49	118.71	129.26

a　$n=26\,485$，所有模型都采用稳健标准误进行估计。

†　$p<0.10$。

*　$p<0.05$。

**　$p<0.01$。

***　$p<0.001$。

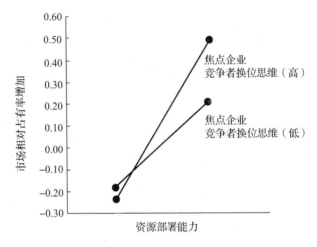

图 11-1　竞争者换位思维与资源部署能力的交互作用

11.5　讨论

竞争者分析着重强调识别和理解竞争对手的重要性。不少学者通过探讨企业对竞争对手的知觉（Porac et al., 1995；Reger and Huff, 1993）来理解这一个议题。然而，若要真正地了解竞争对手，企业必须站在对手的处境思考来理解它是如何思考，以及如何考虑其竞争者优先级的——也就是说，企业需要了解自己的竞争对手对竞争的看法。虽然过去关于企业间竞争的研究也采用了此种对偶方法，考虑到企业的每一个竞争对手都是不同的（例如，Chen et al.，2007；Derfus, Maggitti, Grimm, and Smith, 2008；Ferrier, 2001），本章进一步检视每个竞争对手对其关键竞争者的知觉，并将其视为所分析的焦点企业在制定竞争战略时的基础。将竞争对手对竞争者的优先排序纳入分析中，能够揭开竞争对手的神秘面纱。

11.5.1　竞争者换位思维架构的前景

本研究提出并检验了竞争者换位思维架构，对于竞争者分析和动态竞争的研究做出了理论贡献（Derfus et al.，2008；Ferrier，2001；Smith et al.，2001），同时，强化了这两个相关但又有所差异的理论之间的联结（Chen，1996）。具体而言，竞争者换位思维这一构念强调知觉在竞争者分析中的作用。过去关于竞争性知觉的研究主要关注于焦点企业对其竞争对手的知觉（例如，Porac et al.，1995），或者比较两两直接竞争对手之间的差异（例如，Bloodgood and Bauerschmidt，2002）。虽然这些知觉的研究能够为竞争者分析提供一些有利的基础信息，但这样的研究仍存在主观性误差的疑虑（Zajac and Bazerman，1991）。更重要的是，过去的这些研究没有进一步考虑竞争对手对于其自身竞争对手的知觉。

竞争者换位思维的概念化着重于焦点企业对特定竞争对手对其竞争者评估的知觉，以及该竞争对手对自身的评估，两者的比较（Venkatraman and Ramanujam，1987）。这种比较的方法能够强化并拓展动态竞争与竞争者分析所强调的"相对性"观点（Chen，1996；Chen and Hambrick，1995）。通过一并考虑焦点企业与特定竞争对手的认知，以及检验它们之间的知觉差异，能够更完善且更有效地理解每一个竞争对手各自对竞争的评估。

事实上，竞争者分析的终极目标在于使企业换位思考，能够透析竞争对手的竞争顺序与意图（Amit et al.，1988）。我们认为，如果想有效评估竞争对手，需要理解该对手对其主要竞争者的知觉，以及在该对手心中每个竞争者的相对重要性。有别于过去的动态竞争研究，主要关注竞争对手行动的动态竞争研究（Chen and MacMillan，1992；Derfus et al.，2008），竞争者换位思维的核心在于探究竞争对手的知觉。企业若要敏锐地预测竞争对手的攻击和防御行动，需要先洞察对手的知觉，即使这种知觉的评估可能会有偏差或者与实际情况有差距。对竞争对手知觉的洞察还是必要的，因为竞争对手对其竞争者的知觉会驱动它如何进行竞争性行动（Dutton and Jackson，1987）。

根据本章的研究结果，竞争者换位思维对每一组成对企业市场占有率动态变化的影响，展现了竞争者换位思维这个概念的前景。具体而言，本章的研究结果指出，市场占有率较大（或较小）且对目标对手有高水平竞争者换位思维的企业，更容易增大（或缩小）与该目标对手的市场占有率差距。此研究发现更加证明了竞争者换位思维在竞争者分析和动态竞争研究的重要性。本章的实证结果显示，对于对手的竞争者优先排序的合理判断有助于企业在竞争中获得胜利。我们认为，当焦点企业对特定竞争对手有高水平的换位思维，意味着其对该竞争对手有较深度的了解，且能够较准确地预测该竞争对手的竞争性行动（或者不行动），因此有利于焦点企业战胜该对手。但是，以上所汇报的分析结果并未真正测量企业预测特定对手行动（或者无行动）的能力。为了解决这一疑虑，我们进行了额外的分析，预测一个二分变量（dichotomized variable）：价格行动（若焦点企业发动一个降价行动⊖，且这个行动没有引起目标对手的降价响应，则我们编码为1）。我们发现竞争者换位思维对这个新的二分变量有显著的预测力（$p < 0.01$）。这个额外分析的结果显示，当企业对某特定对手有较高水平的换位思维，则较容易辨别那些"正确"的市场，也就是说，焦点企业较能够辨别在哪些市场中，可以以

⊖ 我们尝试了多个价格行动的定义，从焦点企业小幅度降价到降价10%或更多，得到的结果皆非常接近。

降价行动攻击对手且不会招致对手的报复。这一分析结果为我们的观点提供了更进一步的支持。未来的研究或许可以探讨降价行动以外的竞争性行动 / 无行动，从而建构企业预测对手行动能力（或无行动）更完善的测量方法。

此外，本章显示了市场参与关系如何代表一个重要的网络来影响竞争者换位思维，对社会网络的文献做出了理论贡献。近期的社会网络研究呼吁，应该朝向网络与认知联结的实证研究发展（例如，Kilduff and Tsai，2003）。网络结构影响网络中每一个参与者的知觉（Ibarra et al.，2005；Kilduff, Tsai，and Hanke，2006）。虽然本章关注企业间层次，所处的情境与之前的研究存在很大的差异，但是与之前人际层次的认知性网络研究（Krackhardt，1990）结果一致，结构型竞争性嵌入影响的结果展现网络结构对于形塑知觉的重要性。通过展示网络结构是解释竞争者换位思维形成的一个重要因素，我们揭示了网络嵌入对企业间竞争的影响，并丰富了社会网络的研究（Gnyawali and Madhavan，2001）。

最后，本章联结了动态能力和动态竞争的研究，从对偶层次提供一个相对的，且更为完善的概念，进而拓展传统的能力基础观（Adner and Helfat，2003；Eisenhardt and Martin，2000；Teece et al.，1997）。我们发现，焦点企业的竞争者换位思维有助于增强其资源部署能力对市场相对占有率的影响。我们还强调竞争者换位思维在每一组"企业－对手"对偶关系中皆是不同的。本章与 Sirmon 等（2008）的研究发现，共同为管理的动态能力（例如，Adner and Helfat，2003）对于企业间竞争的重要性，提供了支持。本研究展示了潜在的网络或嵌入效应，而 Sirmon 等（2008）的研究揭示了了解竞争者与资源管理的重要性。这两个互补的研究联结了动态竞争和动态能力文献，强调了资源部署能力在对偶层次竞争的作用。

为了进一步说明此种对偶层次能力的独特性，我们将换位思维得分的误差项拆解为企业间和企业内的差异，并且计算组内相关性（Shrout and

Fleiss，1979），以评估同一家企业相对于其他企业观察值的"紧密性"（closeness）。组内相关系数为 0.0036，说明企业层次影响造成的变异占总变异的比例低于 1%。这一结果显示，企业对不同竞争对手的换位思维存在显著的差异，也就是说竞争者换位思维是一种对偶层次的、针对特定对手的能力。

在本章中，我们将竞争者换位思维视为企业的资源部署能力与相对市场占有率之间的调节变量。从方法论的角度来说，竞争者换位思维与资源部署能力的交互效果，也可以视为资源部署能力调节竞争者换位思维与相对市场占有率的关系。但是，考虑到我们提出的竞争者换位思维是一个新的构念，且过去的研究已经表明，航空业中企业资源部署能力对端点市场占有率的重要性（Borenstein，1989；Gimeno，1999），因此，本章的理论模型是将资源部署能力与相对市场占有率的关系视为基础，将竞争者换位思维作为调节变量。

11.5.2　研究限制与未来的方向

本研究以对偶层次来分析竞争者换位思维，其样本数相对较少，主要原因在于，从资深高层主管取得涉及自己公司对于直接竞争对手的看法，以及与直接竞争对手的关系等较为敏感的信息，是相当困难的。因此，我们仅能获得少数负责企业战略决策且愿意分享此种敏感信息的参与者。此外，我们仅关注一个时点的竞争者换位思维。未来的研究可以进行多次调查，以建立有关竞争性知觉变化的纵向数据库，并发展竞争者换位思维的动态模型。尽管我们的样本是经过一番努力取得的，但距今已有一段时间，要搜集新的知觉资料实有很大的困难。不过，本章所关注的议题，其相关性与重要性并不会随着时间而降低。即使焦点企业对特定竞争对手的换位思维会随时间增强或减弱，但竞争者换位思维对市场结果的影响不会改变，甚至有更强的影响；我们相信，竞争者换位思维在今日此种高度动荡的竞争环境下将更为重要（Thomas and D'Aveni，2009）。

此外，竞争者换位思维的核心是将特定的知觉与一个参照基准进行比较。Chen 等（1993）的研究说明了如何将外部专家的评分与内部高层主管的"真实"评分进行比较，从而评估外部专家"专业性"的程度。在本章中，我们将特定竞争对手的竞争者知觉作为参照基准，主要目标是理解竞争对手对自身竞争者的优先排序。未来的研究可以利用客观指标或产业专家的评估来作为参照基准。

事实上，本章一个相当重要的价值在于，我们取得了竞争企业高层主管所提供的竞争者排序这样高度敏感的信息。这些信息让我们能够以业内人士的真实知觉作为竞争者换位思维的测量指标。现实中，从竞争企业的内部高层人员直接取得第一手信息，是很具挑战性的或者说几乎是不可能的。然而，仍有可能利用其他不同的信息来源，来评估每一个竞争对手对其竞争者的知觉。许多可能的信息来源有助于洞察竞争对手的知觉，例如，Chen 等（1993）的研究，他们以焦点企业高层主管的意见为基准，比较不同外部专家对焦点企业的认识。这些信息来源包括，竞争对手的离职员工和 / 或关键决策者，竞争对手现任 CEO 或者其他高层主管的前同事，以及了解该竞争对手的资深观察家，如分析师或者顾问师、关系密切的供应商和经销商以及合作伙伴。值得注意的是，正因为取得内部人员的知觉信息有着高度的挑战性，才使竞争者换位思维这一构念更有吸引力。假如这些信息很容易取得，那么竞争者换位思维这一构念则没有存在的必要，因为管理者能够很容易地根据这些信息来展开行动。本研究显示，不同企业在理解竞争对手的知觉上确实存在着差异，这也就是竞争者换位思维的重要性所在。本研究的主要管理意义并非要管理者计算自己的竞争者换位思维分数，而是强调理解竞争对手知觉的重要性，且我们建议管理者通过管理企业在市场参与中的竞争性嵌入，培养敏锐的换位思维。

在本章的基础上，未来的研究可以朝几个方面继续拓展。例如，学者可以检验竞争者换位思维如何影响竞争行为与企业之间的对抗。另一个极具潜力的研究议题是，探讨企业两两之间竞争者换位思维的不对称性如何影响其竞争性行动与响应的可能性和速度；或者检验竞争者换位思维如何塑造后续的市场参与关系网络的结构发展。换位思维还可以拓展到不同知觉的研究，例如，学者可以应用竞争者换位思维，探讨企业理解竞争对手对自身战略目标以及对不同功能领域（诸如制造、营销、技术开发和新产品上市）优先排序的准确程度。这样的延伸探讨皆有助于我们理解认知准确性（cognitive accuracy）在商业情境中的应用，具体来说，认知对于战略形成的作用。

我们将竞争者换位思维视为企业的一种独特能力，且此能力能够随着时间培养累积，进而提高自己预测对手的准确性。本章通过关注竞争性嵌入，以此作为竞争者换位思维的前因变量。我们认为，企业可借由与特定竞争对手以及与该对手的竞争者打交道，来提高自己对该竞争对手的换位思维。当然，非市场面的因素也可能影响管理者特征（如决策制定者的专业化程度和人际关系）和内部流程（如培训、学习和社会化），而这些因素也有助于企业培养竞争者换位思维。未来的研究可以加入这些因素，以深化对如何培养竞争者换位思维的理解。此外，信息不完全也可能影响竞争者换位思维的形成。然而，在一个只有少数参与者的市场中，如航空业，企业的技术和市场促销信息，其他参与者都可以公开取得。未来的研究可以探讨在信息不完全的产业，对竞争者换位思维形成的影响。再者，竞争者换位思维是一种对偶层次、针对特定竞争对手的能力，意味着企业可能对某些对手有敏锐的理解，而对其他对手则不然。很有趣的是，未来的研究可以探讨为什么企业在应对某些对手时是"明智的"（intelligent），而在应对某些对手的则不然；或者在某种情况下是"聪明的"（smart），而在其他相似情况下则不是。

　　总而言之，借由在理论上和实证上精进对竞争者分析的了解，竞争者换位思维这一构念反映了企业在竞争情境中对偶层次的能力。关系型和结构型竞争性嵌入共同塑造了竞争者换位思维，进而影响两个企业间市场相对占有率的变化。我们的研究拓展了现有竞争者分析的研究，并为动态竞争与战略的知觉研究之间建立了联结的桥梁。

| 附录 11A |

竞争者换位思维计算的说明

在表 11-4 中，第一行表示大陆航空（Continental Airlines，CO）的前五位竞争者，由其管理者评价得出。UA 列下的数字 5 表示 CO 认为联合航空（United Airlines，UA）是其头号竞争者；AA 列下的数字 4 表示美国航空（American Airlines，AA）被认为是 CO 的第二号竞争者。第二行显示了西南航空（Southwest Airlines，WN）的管理者对大陆航空的前五位竞争者的排序。换言之，第一行表示大陆航空自身对其前五位竞争者的评价，而第二行表示西南航空对大陆航空前五位竞争者的评价。接下来我们计算这两个评价对应值的平方差。差异性测量指标（即欧几里得距离）的计算方式则是计算平方差总和的平方根。西南航空越准确地识别大陆航空的前五位竞争者，这个值越小。

表 11-4 还说明了差异性测量指标在不同假设情形中可能的取值。当某企业无法识别大陆航空任何一个前五位的竞争者，我们将得到最大值 10.488，如表 11-4 中企业 A 的情况。虽然企业 B 成功地识别了大陆航空的前五位竞争者，但是它没能分配正确的排名，导致了中等水平的差异性测量得分。仅在两个评估均完全正确时，差异性测量指标才会得到最低值 0，如表 11-4 中企业 C 对大陆航空竞争者的评估。

我们从样本中实际得到的差异性测量得分最大值和最小值分别为 7.483 和 1.027。我们接下来采用一个线性转换对，即（7.483− 距离）/（7.483−

1.027），对每个差异性得分进行转换和调整以获得换位思维得分。例如，西南航空对大陆航空竞争者的换位思维得分为（7.483-2）/（7.483-1.027）=0.849。得分区间为 0~1，反映了竞争者换位思维的变化程度。

表 11-4　大陆航空评估自己和其他公司的前五名竞争者

评估者	AA	AS	CO	DL	HA	HP	ML	NW	PA	TW	UA	US	WN
1. 大陆航空	4	0	0	0	0	0	0	2	0	1	5	0	3
2. 西南航空	5	0	0	0	0	1	0	2	0	0	4	0	3
3. 企业 A	0	0	0	5	0	1	2	0	3	0	0	4	0
4. 企业 B	2	0	0	0	0	0	0	4	0	5	1	0	3
5. 企业 C	4	0	0	0	0	0	0	2	0	1	5	0	3

西南航空 – 大陆航空差异性测量值 $=\sqrt{\sum (行1-行2)^2}=\sqrt{1+0+0+0+0+1+0+0+0+1+1+0+0}=2$

企业 A – 大陆航空差异性测量值 $=\sqrt{\sum (行1-行3)^2}=10.488$

企业 B – 大陆航空差异性测量值 $=\sqrt{\sum (行1-行4)^2}=6.325$

企业 C – 大陆航空差异性测量值 $=\sqrt{\sum (行1-行5)^2}=0$

第 12 章

高层管理团队社会行为整合

原题 应对超竞争环境：竞争行动积极性与高层管理团队整合的角色[○]

原文出处 Chen, Ming-Jer, Lin, Hao-Chieh and Michel, John, 2010, "Navigating in a Hypercompetitive Environment: The Roles of Action Aggressiveness and TMT Integration," *Strategic Management Journal*, 31(13): 1410-1430.

本章整合了超竞争和动态竞争这两个皆源于"奥地利学派"（Austrian School）且以"暂时性优势"（temporary advantage）为根基论点的研究流派，这两个理论虽然相关，但迄今仍分属不同研究脉络。本章发展一系列关于超竞争环境（hypercompetitive environment）的强度、高层管理团队（top management team，TMT）动态性如何影响企业竞争性行动积极性（action aggressiveness），或竞争性行动之数量与速度的研究假设。本章以中国台湾104家企业为样本，进行问卷调查。研究结果显示，超竞争环境及TMT社会行为整合（TMT sociobehavioral integration）对企业的竞争行动积极性有直接和交互影响。此外，竞争行动积极性是TMT社会行为整合与企业绩效的重要中介变量；尤其在超竞争环境下，此中介效果更为显著。探讨TMT

○ 作者在此感谢 Jinyu He、Marta Geletkaycz、Metin Sengul 与 Wei Shan 对本章稍早的初稿提供具有价值的评论。本章的完成，受惠于弗吉尼亚大学达顿基金和中国台湾科技部门的财务支持，谨此致谢。

社会行为整合和竞争行动积极性，这两个在应对超竞争环境下的重要组织机制，有助于增进对暂时性优势的理解。本章也发现，企业绩效的变异程度在超竞争环境下更加显著，这也反映出暂时性优势确实是超竞争环境中的一种典型特征。最后，在超竞争环境、TMT 动态性和企业绩效三者的脉络下，本章为企业竞争行为提供一个整合性观点，进而对超竞争和动态竞争研究提出理论贡献。

12.1　绪论

战略管理学者和实践界经理人普遍认为，竞争变得越来越激烈且动态，企业再难保有持续性的竞争优势。在学术界，Bettis 与 Hitt（1995）也强调技术变革和战略非连续性（strategic discontinuities）的步伐正在加快。其他学者开始关注"红皇后效应"（the Red Queen effect），意指成功的竞争能够刺激竞争对手以创新的竞争性行动来响应攻击，以提高绩效（Barnerr and Hansen，1996；Derfus et al.，2008）。因此，企业为了跟上竞争对手的步伐，不断升级竞争行动，进而产生了高强度的竞争环境。

超竞争和动态竞争是两个理解商业环境动态性和竞争强度如何产生暂时性优势的主要观点。超竞争是指"竞争优势被快速产生且被快速摧毁的环境"（D'Aveni,1994：2）；它的特点是该环境中充满了激烈和快速的竞争行动，竞争者必须快速采取行动以建立竞争优势，且侵蚀竞争对手的优势（1994：217-218）。虽然已经有许多学者的研究结果显示超竞争的普遍性，但是大部分研究以加总层次（aggregated level），且强调环境面（environmental）情境来着手（Thomas，1996；McNamara，Vaaler，and Devers，2003；Wiggins and Ruefli，2005）。相反地，较少有研究针对企业层次（firm level）来检验企业在超竞争环境中的战略选择、竞争行为与绩效意义。

为了增进对超竞争的理解，特别是从个别企业层次（individual firm level），本章援用了关注竞争者间一来一往之竞争互动行为的动态竞争研究（Smith，Ferrier，and Ndofor，2001）。这类研究体现了竞争性行动和响应属性的重要性，如竞争性行动的数量（Ferrier，Smith，and Grimm，1999）和速度（Yu and Cannella，2007），然而，这些属性产生的环境情境较少被关注（除了一些例外，如 Ferrier，2001；Derfus et al.，2008）。为了控制环境的影响，动态竞争的研究倾向于使用单一产业，一般以美国有限的几个产业为样本，如航空业（Chen and MacMillan，1992）和软件业（Young，Smith，and Grimm，1996）。由于缺乏环境面的考虑，研究结果的一般化（generalizability）受到了极大的限制。虽然一些关键性的研究也开始考虑特定的环境因素，包括产业集中度和成长（Derfus et al.，2008），但是目前的动态竞争研究皆尚未系统地探讨较广泛的环境条件，比如市场波动或者超竞争，以及企业层次之竞争性行为的影响。

虽然超竞争和动态竞争研究在各自的理论脉络上独立推进，但它们都源于奥地利学派。奥地利经济学的市场逻辑是强调"创新契机"（entrepreneurial discovery）与暂时性优势，而非在稳定市场中寻求均衡与定位（Jacobson，1992）。市场机会稍纵即逝，且发现机会需要依靠经理人的主动创新与主动采取竞争行动（competitive initiatives）（Kirzner，1997）。在不均衡的前提下，奥地利学派将企业的竞争优势视为稍纵即逝的，可以利用的时间窗口（temporal window）非常有限（Robert and Eisenhardt，2003）。因此，经理人在市场中持续参与和尝试的决策过程，是一个相当重要但尚未被奥地利学派探讨的要素。

基于同是源于奥地利学派，本章采用超竞争和动态竞争观点，来检视超竞争环境对企业层次的竞争性行动与绩效的影响。超竞争环境的特点是，企业所竞争的任务环境，产生高度的不确定性和波动性（Dess and Beard，

1984）。在这种环境下，暂时性优势是一种常态，丰富多样的竞争活动才可能获利。与 Hambrick、Cho 与 Chen（1996）的研究一致，本研究认为 TMT 是影响竞争行为的一个重要前因变量。为研究高层管理团队，我们聚焦于社会行为整合，亦即 TMT 成员作为一个团队进行合作的程度（Smith et al., 1994；Simsek et al., 2005）。为研究竞争行为，我们聚焦于竞争行动积极性，亦即企业积极与迅速参与对手竞争的程度。最后，本章提出两个关联的研究问题：①超竞争环境和 TMT 社会行为整合如何影响企业采取竞争性行动的积极性？②在联结 TMT 社会行为整合、竞争行动积极性、暂时性优势和企业绩效中，超竞争环境的强度扮演什么角色？

本章以中国台湾 104 家企业为样本来探讨这些议题。除了部分关键的研究之外（见 Yu and Cannella，2007），目前大部分超竞争和动态竞争的研究皆是以美国市场为情境来进行的，实有必要将研究扩展至不同文化与经济情境，而中国台湾正是一个竞争极为激烈且动态的环境，是扩展这两个理论的理想情境。近期，中国台湾的信息技术产业才被评为全球第二大最具竞争力的产业（《经济学人》信息部，2008）。同时，世界经济论坛（World Economic Forum）也在其全球竞争力的调查中，将中国台湾列为全球前 15 大经济体之一。

在超竞争环境、TMT 动态性和企业绩效的脉络中，本章对竞争行为提供一个整合性观点，进而对超竞争和动态竞争的研究做出理论贡献。本章还揭示了高层领导在超竞争和企业间对抗中扮演的重要角色，进而对 TMT 的研究做出了理论贡献。更重要的是，本研究在考虑竞争的前提下，将人的因素与领导力重新带回了竞争战略研究的核心（Montgomery，2008）。

12.2 理论背景

图 12-1 呈现了本章的研究模型。此模型强调了竞争行动积极性和 TMT

动态性，在暂时性优势与绩效波动为常态的超竞争环境中，所扮演的重要角色。竞争行动积极性和 TMT 社会行为整合被视为，使企业能够在超竞争环境中灵活行动以建立暂时性优势的关键属性。图 12-1 同时也概述了本章提出的一系列假设，这些假设会在下一节中详细阐述。

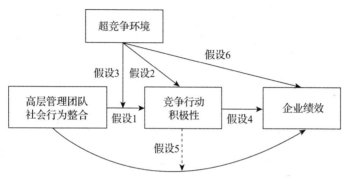

图 12-1　研究模型

注：对于假设 6，企业绩效指的是绩效变动程度而非指绩效高低。

12.2.1　竞争行动积极性和 TMT 动态性

动态竞争理论的一个重要前提是，竞争优势是时间依赖（time dependent）且短暂的，企业通过竞争行动获取的任何优势都会因为对手的响应而消失。因此，动态竞争早期的研究关注预测竞争对手的响应（Chen and MacMillan，1992；Chen and Miller，1994）。快速和 / 或具有积极的竞争行为，是以暂时性优势为特征的产业的一个显著特点（Thomas and D'Aveni，2009）。在本章中，我们将竞争行动积极性和 TMT 社会行为整合视为组织响应暂时性优势的现象。为了应对只有短暂优势才有意义的竞争现实，企业需要借由迅速地采取大量的行动提高参与竞争的积极度（MacMillan，1989）。同等重要的是，为了在市场中开展高强度的竞争活动，企业需要高效率且有效用的内部结构。我们认为，高层管理团队是协调、调配组织资源及积极投入竞争性行动的关键（Hambrick et al.，1996）。

1. 竞争行动积极性

动态竞争研究已经界定了一系列变量来描述竞争性行动的属性，其中行动的数量和速度是学者最感兴趣的关键变量，因为这两个属性能够一致性地预测绩效的意义（Smith et al.，2001）。竞争行动积极性反映企业如何在超竞争环境中与竞争对手交战。它是一个企业层次的构念，勾画了企业采取竞争性行动的倾向性和行动的灵活性。如果一个企业快速地采取了大批量的竞争性行动，那么可以说其竞争性行动具有高度的积极性。综合考虑数量和速度对揭示超竞争和暂时性优势的微妙之处至关重要。竞争行动积极性代表着对微观企业行为层次的细致分析，有助于弥补过去产业层次中的研究（例如，Wiggins and Ruefi，2005）。

我们认为，暂时性优势使企业需要积极地采取竞争行动以获得持续性的竞争优势。然而，在暂时性优势情境下，竞争行动积极性是必要但非充分条件。某些竞争性行动也许能够延长暂时性优势，某些则不能。能够确定的是，那些没有积极采取竞争性行动的企业注定将沦为平庸，因为它们现阶段所具有的任何优势都会随着时间递减或因竞争而消失。如果一个企业能够将一系列的暂时性优势串联起来，那么它将持续表现出高绩效（MacMillan，1989）。但需要了解的是，这样的高绩效是一系列暂时性优势累积的结果，而非因为持续性优势的永存。

2. TMT 社会行为整合

动态竞争研究已经建立了 TMT 动态性与竞争行为之间的联结。Hambrick 等（1996）发现，TMT 的人口统计学异质性（demographic hetero-geneity）会促进企业主动采取竞争性行动，但会抑制竞争性响应，因而导致显著的响应滞后。从察觉 – 动机 – 能力的观点而言（Chen，Su，and Tsai，2007），TMT 的动态性相当关键，因为它关系着企业采取竞争性行动的能力。与 TMT 的人口统计学特质相比，除了近期少数的几个研究（比如 Ling et al.，2008），TMT 动态性对组织过程和结果的影响甚少受到关注。采用高阶理论的视角（upper echelons perspective）（Hambrick and Mason，1984），本章将 TMT 社会行为整合视为企业在评估所处环境和战略选择时的一个关键因素。企业为挑战对手而发起的行动显然是一种战略选择，而 TMT 动态性如何塑造企业所处的竞争环境及与对手的交战，都将对后续的绩效有所影响（Hambrick et al.，1996）。

TMT 社会行为整合反映，企业高层管理者在一起工作的社会性和团队性程度。社会整合（social integration）指团队成员之间的心理依附（psy-chological attachment）（O'Reilly，Caldwell，and Barnerr，1989），是具备社会互动和凝聚力的团队关键历程（Smith et al.，1994）。过去的研究发现，TMT 行为整合对于预测团队行为和绩效至关重要（Ling et al.，2008；Ensley and Pearce，2001）。本章专注于此构念也响应了目前 TMT 文献对此构念的高度关注（Simsek et al.，2005）。本章对此构念的概念化，同时包含了团队整合中社会面（social）和行为面（behavioral）两个元素，相较原始构念的定义更加完善。因为我们认为这两个元素皆相当重要且难以区分（Zaccaro and McCoy，1988）。

12.2.2　超竞争环境和暂时性优势

在超竞争研究中，明确考虑环境，或者焦点企业与竞争对手交战的竞争情境是非常重要的。过去的研究已经提出了一些导致超竞争的因素，包括全球化竞争导致进入障碍降低（Bettis and Hitt，1995）。超竞争研究的相关实证结果更是莫衷一是。McNamara 等（2003）在一项关于业务部门资产收益率、死亡率和产业动态性的研究中，几乎没有发现关于超竞争的证据。Makadok（1998）在一项关于货币市场共同基金的研究中，也没有发现支持超竞争的证据，尽管看起来在这种条件下创新是非常容易模仿的。反之，Thomas（1996）发现了超竞争加剧的证据，随着时间推移，股票市场估值的成长会呈现更高程度的产业内变异，而营销和研发等资源投入则在后期更能凸显正面效益。近期的一些研究发现支持超竞争的证据，例如，企业无法长期保持超额收益、产业内收益率异质性的增长，以及企业长期绩效波动的加剧（Thomas and D'Aveni，2009）。

超竞争是一个多构面（multifaceted）的构念，本研究专注于外在面、情境面的表现，将超竞争环境的强度定义为：焦点企业在所竞争的产业内，一些基础领域，如顾客需求和生产方式等的波动程度。超竞争关注不确定性的程度，而这些不确定性会导致"缺乏辨别和理解因果关系的信息"（Sirmon，Hitt，and Ireland，2007：275）。不均衡是一种常态，有些管理者忽视了自己所不了解的信息（Kirzner，1997），而积极参与市场竞争努力获取暂时性优势。虽然信息不足导致察觉不同产业参与者的变动速度和活动范围有所差异，但这些差异反而经常为"具潜在高收益的创新性行动创造机会"（Koka，Madhavan，and Prescott，2006：724）。那些采取一系列竞争性行动以争取暂时性优势的企业，为自己创造了成功和获得高绩效的机会（MacMillan，1989；D'Aveni，1994）。

此外，尽管现有探讨环境与绩效关系的研究结论尚未达成共识，但这个关系的探讨一直备受关注（Keats and Hitt，1988；Datta，Guthrie，and Wright，2005；Misangyi et al.，2006）。我们认为，这种不一致是因为忽略了环境和企业绩效之间潜在的战略与组织因素。本研究与 Sirmon 等（2007）的观点一致，认为竞争行动积极性（以及它的前因变量：TMT 社会行为整合）对研究超竞争环境与绩效关系至关重要，且有助于解释先前研究不一致的结果。

最后，许多研究强调对于竞争的衡量，以知觉评估来补充客观指标的重要性（Reger and Huff，1993；Jayachandran，Gimeno，and Varadarajan，1999）。相对而言少有研究运用超竞争和动态竞争观点，来检验竞争情境下 TMT 知觉的来源、意义和结果。同样地，环境自身也存在客观（Ferrier，2001）和知觉（Reger and Huff，1993）两种考虑方式。虽然两种衡量方式对全面性评估企业环境都很重要，但本研究聚焦于超竞争环境的知觉面。正如 Cyert 与 March（1963：325）指出的，"只有管理者注意到环境的某个方面，环境才能产生影响"。我们认为决策者对企业竞争和环境的评估，是影响企业与对手实际交战及最终绩效的关键决定因素（Chen et al.，2007）。

12.3 假设

图 12-1 展示了本章的研究模型。我们提出了两组研究假设。第一组假设检验社会行为整合和超竞争在影响企业的竞争行动积极性中所扮演的角色（假设 1～假设 3）。第二组假设探究了竞争行动积极性对企业绩效的影响，及其在 TMT 社会行为整合和企业绩效之间的中介角色（以虚线标示）（假设 4～假设 5）。最后，为了充实暂时性优势的观点，假设 6 将环境中的超竞争程度与绩效变动联结起来。

12.3.1 预测行动积极性

1. TMT 整合

社会行为整合有助于促成彼此的信任关系和促进信息的共享（Ensley

and Pearce，2001），且提高团队内的互动（Smith et al.，1994）。高度社会行为整合的 TMT 有能力在与对手交战的情境中，及时地采取大量的竞争性行动。过去的研究已显示整合的 TMT，能够较快速地解决认知冲突（Ensley and Pearce，2001），并在模糊的情境中表现得更好（Eisenhart and Bourgeois，1988）。尤其是在高风险且缺乏规则的情境中，发起那些具有创造性和新颖性的竞争性行动，可能会产生大量的团队冲突（Hambrick et al.，1996），更需要团队内成员高度的协调与合作（Smith et al.，1994）。整合的 TMT 有助于降低成员间的沟通和监督等组织成本，正好满足这样的要求（Smith et al.，1994）。因此，高度社会行为整合的 TMT 有助于组织和团队提高坚决且快速攻击竞争对手的能力。

相反地，整合程度较低的 TMT，成员需要将注意力集中在团队的维护，而非任务导向的行为（Eisenhart and Bourgeois，1988），因而降低了行动倾向。这样的 TMT 不太有能力采取行动以挑战对手，其原因在于它通常不能"进行整个企业的内部交流、协作和相互调整，而这对于制定和执行关系着全企业的竞争性行动是至关重要的"（Hambrick，1995：116）。

　　假设 1：TMT 的社会行为整合与企业的竞争行动积极性呈正相关。

2. 超竞争环境

超竞争环境导致产业内各竞争者产生不确定性和认知差异，它们倾向于对变化的本质、范围、速度（Sutcliffe，1994）以及长期变动性（Dean and Sharfman，1996）进行不同的解读和理解。它们对各种成长机会与方式也有着截然不同的认知。事实上，随着超竞争环境强度的增加，各企业在产业中取得成功的诀窍越来越不管用（Koka et al.，2006）。在这种环境中竞争的企业被迫持续且快速地行动，以赢得一系列的暂时性优势（D'Aveni，1994）。超竞争环境也许发挥了变化机制（variety mechanism）的作用，激励企业快速采取行动，以改变其在产业中的位置（Koka et al.，2006）。因为此种高度波动性（Thomas and D'Aveni，2009），暂时性优势需要通过积极的市场参与（而非计划）才得以发现和获取（Roberts and Eisenhardt，2003）。Hambrick 与 Finkelstein（1987）认为，产业动态性会扩展企业在战略性调适的视野和选择。高强度的超竞争环境升级了竞争的程度，进而促使企业主动采取行动，并丰富其竞争性决策组合（Sirmon et al.，2007；D'Aveni，2010）。Miller 与 Chen（1994）发现，市场波动性与企业竞争惯性的减少有关。

　　假设 2：当环境的超竞争性越强时，企业的竞争行动积极性越强。

3. 超竞争环境的调节角色

　　TMT 社会行为整合和超竞争对于竞争行动积极性除了具有直接效果，二者之间还存在着交互效果。更明确地说，我们认为，TMT 整合与竞争行动积极性的关系在超竞争环境中更加显著。高阶理论的核心观点是，高层管理团队的特质和能力必须与其所处环境相称（参见 Carpenter，Geletkanycz，and Sander，2004）。动荡或超竞争的环境中充斥着各种冲突的讯号和噪声，同时又缺乏足够的信息（Sirmon et al.，2007），这些都将影响企业高层成员对环境形成不同的认知。这样的环境，尤其是缺乏明确的规则、手段 - 目的关系，使 TMT 成员难以对环境的讯号产生一致性的解读（Ocasio，1997）。各种环境的刺激以及暂时性优势下传统产业秘诀和行为模式的失效（Koka et al.，2006；D'Aveni，1994）会增加人际和团队冲突，并降低 TMT 发动创新行动的整合能力（Cho and Hambrick，

2006）。然而，正是在这种情况下，为了获取暂时性竞争优势，企业需要团队整合以获得组织凝聚力，并采取坚决的竞争行动以打败竞争对手。TMT整合对竞争积极性有利，同时，超竞争环境使高层管理团队整合在克服许多环境噪声和意见分歧中变得十分必要。相比之下，由于稳定环境中存在能够被很好地理解的手段－目的关系，高层管理团队整合虽然能促进竞争行为的实施，但不是不可或缺的条件。

假设 3：超竞争环境正向调节 TMT 社会行为整合与竞争行动积极性之间的关系。

12.3.2　预测企业绩效

1. 竞争行动积极性和企业绩效

在超竞争环境中，为了确保生存和成功，企业不得不采取行动以期能创造一系列暂时性优势（D'Aveni，1994）。同样地，动态竞争研究已指出，企业行动的数量（和速度）与企业绩效之间存在一致的正相关关系（Smith et al.，2001）。在市场中频繁且快速行动的企业更可能抓住商业机会，获取先占者优势（Schumpeter，1950）。虽然结果尚未明确，但在暂时性优势条件下，采取行动要比不采取行动有更高的成功概率。过去的研究已指出，比竞争对手更快、更多地采取行动的企业，更可能阻止对手的行动，提高自己的绩效（Hambrick et al.，1996）。竞争行动积极性，以及诸如竞争性行动倾向和竞争响应性等相关的概念（Chen and Hambrick，1995）已被证明与企业盈利（Young et al.，1996）及市场占有率（Chen and MacMillan，1992；Ferrier et al.，1999）呈正向相关。

假设 4：竞争行动积极性与企业绩效呈正相关。

2. 竞争行动积极性的中介角色

近期高阶理论的回顾文献提出，TMT 与企业绩效之间的关系并未取得一致性的结论（Carpenter et al.，2004）。其主要原因在于忽略了 TMT 和企业绩效之间存在着潜在的组织中介变量，"此理论的核心在于高层管理者的特质决定了组织的战略选择，且通过这些战略选择影响企业绩效"（Hambrick and Mason，1984：197）。因此，除了 TMT 与企业绩效的直接关系之外，进一步检验战略选择的中介效果至关重要。虽然部分研究者已经着手探讨 TMT 整合对绩效的影响（Smith et al.，1994；Ensley and Pearce，2001），但他们皆尚未系统地检视战略选择（例如，与竞争对手的交战）在 TMT 社会行为整合和企业绩效之间的中介角色。

过去的研究也提出，TMT 社会行为整合对企业绩效有着正、反两面的影响（Smith et al.，1994）。一方面，高度社会行为整合的 TMT 成员所展现出的高度社会性关系，可能会分散他们对具体任务的注意力，过度关注于人际关系，而非组织的需求，因而可能做出不符合企业利益的非理性决策（Esser，1998）。这些集体趋同的症状（Janis，1972）有可能损害组织绩效。另一方面，高度社会行为整合也可能产生正向的结果，因为 TMT 成员之间能够有效地共享信息，并将其投入建设性的对话和讨论，进而在竞争的情境中做出及时、有效的决策，获取良好的绩效成果（Amason，1996；Hambrick，1994）。

基于这些截然相反的发现，我们预测，TMT 社会行为整合会通过提高竞争行动积极性（假设 2）及坚决投入与竞争对手交战的能力，间接地提高企业绩效。正如假设 3 中提到的，动态竞争研究已经建立了竞争性行动数量（以及速度）与企业绩效间的正向联结关系（Smith et al.，2001）。通过这个正向联结关系，TMT 整合对绩效表现的影响，更能够因竞争行动积极而体现。此外，我们预测超竞争环境的强度将调节竞争行动积极性的中介效果。

基于超竞争环境的易变性和动态性，以及对竞争行动积极性的高度要求，TMT 整合与绩效的间接效果在超竞争环境中会更加明显。那些在此种具有挑战性的环境中运作的企业，更能够受益于 TMT 的整合对积极性竞争行动的效果。

假设 5a：企业竞争行动积极性对 TMT 社会行为整合与企业绩效间的关系具有完全中介效果。

假设 5b：在超竞争的环境下，企业的竞争行动积极性对 TMT 社会行为整合与企业绩效间关系的中介效果会增强。

3. 绩效变动和暂时性优势

超竞争环境的核心特征是动态性和不均衡。在这样的环境中，消费者的偏好高度转变，生产方式剧烈改变，竞争战术快速变化，这些皆使成功的条件变得不明确（D'Aveni，2010）。因为竞争优势被短暂利用后即会消逝，企业绩效不断波动，若稍有战略上的疏忽，即可能迫使企业将领导地位拱手让人。

近期的研究已阐释美国企业的产业波动性和产业内绩效的变异程度均在提高（Thomas and D'Aveni，2009；Comin and Philippon，2006）。这种变异程度在超竞争环境更为明显。实际上，暂时性优势是超竞争环境中的真实写照，在此种环境中竞争的企业将经历绩效的高度波动。因此，我们提出，在超竞争环境中竞争之企业绩效的变异，比在竞争程度较低环境中竞争之企业绩效的变异更大。具体而言，我们预期，在超竞争产业环境中，产业内部的企业绩效变异将会更大，且其波动性会随时间而增加。

假设 6：超竞争环境与企业绩效变异呈正相关。

12.4 研究方法

12.4.1 样本和数据搜集

本章的样本为 2003 年中国台湾前 5000 家企业（按营业额）中随机抽样的 1000 家企业。中国台湾，作为一个高度竞争和动态的环境，在世界经济体中扮演了相当重要的角色。中国台湾的外汇储备全球排名第四，且是美国的第六大贸易伙伴，在芯片铸造、半导体封装和笔记本电脑、LCD 显示器、有线调制解调器、PDA 和无线 LAN 设备制造业中名列第一（Einhorn et al., 2005）。中国台湾在经济、文化的差异性，尤其是对应于美国，是一个非常适合检验超竞争研究在跨国界方面一般化的情境。中国台湾的华人文化特质，强调人际和企业间的关系与联系（Xin and Pearce，1996），为检验 TMT 动态性在超竞争环境中的角色提供了独特的平台。

我们首先针对这 1000 家随机抽取之企业的 CEO 发送邀请信，简要介绍本研究的目的并争取他们同意参与本研究。若企业的 CEO 同意参与研究，我们再将匿名的调查问卷寄送给其高层管理团队成员（包括 CEO 本人，以及由该 CEO 指定直接向他汇报工作的高层主管）。此调查问卷以最专业的方式制作和分发（共进行三次后续催收）。遵循 TMT 研究的惯例（Amason，1996），为了避免单一回应者的误差，我们排除了仅有一位高层主管参与本研究的企业资料，保留有两位或两位以上高层主管参与的企业。最后，本研究所使用的样本，也作为综合性统计验证的一部分，共包括来自 104 家企业的 281 位高层主管⊖。

⊖ 我们的总样本包括参加本次调查的 254 家企业的 628 名高管（企业层次的响应率为 25.40%，个人层次的响应率为 20.69%）。这样的响应率远远高于之前的高层管理团队研究（Hambrick，1995）。由于大量的样本是私营企业，其客观的绩效信息无法取得，为了保证我们研究发现的效度，这里使用的样本只包括上市企业。之前基于问卷调查的高层管理团队研究的样本通常少于 100 家企业（如 Simon，Pelled and Smith，1999）。

本章的样本企业平均资产为 2.7341 亿美元，平均年龄为 25.68 年。TMT 成员的平均年龄和年资分别为 47.45 年和 13.42 年。由于 TMT 的平均人数为 10.6，而本研究的平均人数为 2.7[⊖]，因此，我们比较参与和未参与的 TMT 成员在年龄与年资上的差异，以检测是否存在潜在的响应者误差。结果发现，二者在年龄（$\chi^2=0.31$，$df=1$，$p=0.71$）和年资（$\chi^2=2.31$，$df=1$，$p=0.13$）上皆不存在显著差异。

我们还比较了先填写问卷者与后填写问卷者在本研究的关键变量评分上是否有差异，以检测是否存在潜在的未响应误差（Datta et al., 2005）。t 检验的结果皆是不显著的（$p>0.05$）。此外，我们采用卡方检验来分析本章的样本和母体在诸如员工人数（$\chi^2=1.47$，$df=1$，$p=0.23$）和公开化（是否为上市公司）（$\chi^2=0.08$，$df=1$，$p=0.77$）等方面的组织特性，并没有发现显著差异[⊖]。

12.4.2　变量衡量

本章的问卷题项主要发展自既有文献，以及与六名中国台湾不同产业高层管理人的深度访谈。问卷最初以英文设计，而后由两名精通中英双语的管理学者翻译成中文。为避免文化误差且确保题项的效度，中文版本再由两名语言学专业人士译成英文，我们特别检查、核对以避免因翻译导致语意上误解。我们再邀集另外 20 名战略学者和高层主管进行前测，评估研究变量的定义及其对应的题项，以确认本研究测量的准确性。

⊖　高层管理团队的响应率相对低是因为从高层管理者处收集信息的困难度很高（Hambrick, 1995)，并且，在中国台湾让同一企业的多位高层管理者参与问卷调查也是一项巨大的挑战（Jaw and Liu, 2003）。

⊖　虽然这些发现表示我们的样本中不存在显著的未响应偏误，但响应和未响应的企业仍有可能在其他未测量的变量上存在差异，而这些未测量的变量也可能与我们研究的变量相互关联。我们也不能排除高整合度 TMT 响应，而低整合度 TMT 没有响应的可能性。

1. 超竞争环境

我们采用 D'Aveni（1994）的四个题项来评估超竞争环境。这些题项（Cronbach's $\alpha=0.92$）询问填答者的同意程度，采用 7 点李克特量表，从 1（完全不同意）到 7（完全同意），问题诸如："在本企业所处的产业中，正面对抗是很普遍的"和"在本企业所处的产业中，很难识别环境中的因果关系"。因为团队成员个人的回答将被加总为企业层次，我们采用了三种检验方法测试评估者间信度，分别是 ICC、$r_{WG(J)}$ 和 ANOVA（Kirkman et al.，2004）。ICC（1）和 ICC（2）的结果为 0.43 和 0.67，显示来自同一团队的成员回答具有一致性，因此平均至团队层次的值具有稳定性[一]（Bliese，2000）。各团队的 $r_{WG(J)}$ 平均值为 0.95，显示具有高度的组内一致性（James，Demaree，and Wolf，1993）。ANOVA 分析的结果（$F=3.06$，$p<0.001$）也进一步提供了支持。

2. 竞争行动积极性

竞争行动积极性意指，相较于直接竞争对手，企业在一段特定时间内在不同类型的竞争中，所采取的竞争性行动的相对数量和速度。过去的研究发现，企业最常采用的行动类型包括市场扩张、推入新产品、提供新服务、促销活动、降价、与产能相关的行动和讯号传递[二]（Smith et al.，2001）。我们采纳前三种类型的行动，因为根据我们在前测的调查结果，这三种竞争性行动能够代表中国台湾企业的主要竞争行为，且这三种类型的行动皆需要

[一]　Jame（1982）指出 ICC（1）的值一般在 0 和 0.50 之间，中位数为 0.12。反之，Glick（1985）则认为 ICC（2）的值可以比 0.60 高。我们的 ICC（1）和 ICC（2）的值在可以接受的范围之内（也可以参见 Bliese，2000）。

[二]　应该指出的是，因为中国台湾缺乏不同产业间一致的报告和涵盖竞争行为的可信记录，所以我们不能像之前主要在美国做的动态竞争研究一样，通过档案资料来确认各项竞争行动。

整个 TMT 成员共同参与。我们采用自陈式量表来衡量这一变量，分别使用了三个题项来测量竞争性行动的数量和速度。这六个题项（α=0.96）采用从 1（远少于、远慢于直接竞争对手）到 7（远多于、远快于直接竞争对手）的 7 点李克特量表，此题项修改自 Smith 等（2001）和 Ferrier 等（1999）的研究。竞争性行动的数量和速度的相关系数为 0.84。检验结果也支持以加总方式进行后续分析［ICC（1）=0.43，ICC（2）=0.68；$r_{WG(J)}$ 平均值 =0.94；F=3.06，p＜0.001］。

为了验证竞争行动积极性衡量结果的有效性，我们同时搜集产业专家对特定企业相比其竞争对手的行动数量和速度的评分（Chen，Farh，and MacMillan，1993）。16 名与我们有直接联系的产业专家参与了评分。这些专家在该产业的从业时间都在 10.5 年以上，平均为 16.3 年。我们请这些专家针对他们最了解的 4～5 家企业的行动数量和速度进行评估。最后的样本共包含 64 家企业，每一家企业分别得到 2～6 名专家的评分。评估者间信度在可接受范围内［ICC（1）=0.26，ICC（2）=0.59；$r_{WG(J)}$ 均值 =0.83；F=2.42，p＜0.001］。产业专家的评分与我们初始的高层主管回答的相关性是显著的（p＜0.05）。整体而言，竞争行动积极性的测量具有良好的构念效度。

3. TMT 社会行为整合

参照 Smith 等（1994）、Simsek 等（2005）及 Tsui 与 Farh（1997）的研究，我们使用两个子量表来测量这个变量：其中三个题项测量人际互动，五个题项测量任务相关的互动。采用 7 点李克特量表，从 1（完全不同意）到 7（完全同意）。例题诸如："本企业的高层管理团队成员愿意彼此帮助以完成工作和赶上截止时间"（针对任务相关的互动）和"本企业的高层管理团队成员乐于建立彼此间的私人联系"（针对人际互动）。这一量表的 Cronbach's α 系数为 0.93。检验结果也支持以加总方式进行后续分析 [ICC（1）=0.35，ICC（2）=0.60；$r_{WG(J)}$ 均值 =0.92；F=2.48，p＜0.001]。

4. 企业绩效

我们采用两个被广泛接受的财务绩效测量指标：营业利润率和净资产收益率（Venkatraman and Ramanujam，1986）。数据来自中国台湾最具权威的工商信息机构——中华征信所。营业利润率定义为营业利润除以营业收入，而 ROE 定义为净收益除以股东权益。为了控制暂时性波动（temporal fluctuations）（Subramanisam and Youndt，2005），我们使用调查时间之后三年的平均净利率和平均 ROE 作为衡量企业绩效的指标[⊖]。

5. 控制变量

我们控制了 TMT 几个主要的人口统计变量，如团队规模、平均年龄和教育程度异质性 [我们使用 Herfindahl-Hirschman 指数，$H = 1 - \sum_{i=1}^{n} p_i^2$，其中 H 为异质性的测量，p 是 TMT 中某一教育水平成员所占的比例（n=3）（Hambrick et al.，1996）]。我们还控制了企业特质的变量，如企业规模（取企业资本额的自然对数值）和年龄（取企业成立至今的年数的自然对数值）（Miller and Chen，1994）。此外，竞争行为可能因企业资源的可用性而有所差异，我们控制了三个测量组织冗余资源的变量，分别是流动比率，即流动

⊖　我们也使用了知觉性的绩效数据来检验假设。在本调查中，我们请每位回答者比较其所在企业和直接竞争者在三年间的绩效。5 个从 1（远低于直接竞争对手）到 7（远高于直接竞争对手）范围的李克特量表题项，改编自 Garg、Walter 与 Priem（2003）的研究，包含获利能力、销售成长率、市占率成长率、资产收益率（ROA）以及企业总体绩效（α=0.95）。检验结果也支持以加总方式进行分析 [ICC（1）=0.62，ICC（2）=0.82；$r_{WG(J)}$ 均值 =0.92；F=5.48，p＜0.001]。这些结果与那些使用客观绩效数据检验得到的结果是一致的。

资产除以流动负债；资产负债比，代表未使用的借贷能力的潜在冗余；前一期（$t-1$）的绩效，代表近期的获利能力（净利率或 ROE）（Hambrick and D'Aveni，1988）。

12.4.3 测量性质和分析

我们使用 AMOS 5.0 进行验证性因素分析（CFA）以评估所有调查题项，将三个潜在变量（TMT 社会行为整合、超竞争环境以及竞争行动积极性）同时纳入一个多因子验证性因素分析模型中。参照 Anderson 与 Gerbing（1988）的分析程序，模型取得了良好的配适度；各配适指标都在可接受的范围内（χ^2=183.99，df=127，χ^2/df=1.45；$RMASEA$=0.07；$SRMR$=0.06；$NNFI$=0.96；CFI=0.97）。同时，所有题项在其各自潜在构念上的负荷量均达显著，显示具有良好的聚敛效度。

为了建立构念的区别效度，我们计算了平均变异萃取量（AVE）和每个构念的组合信度（Fornell and Larcker, 1981）。平均变异萃取量的值介于 0.68 与 0.84 之间，高于 0.5 的临界值，且在所有可能的构念两两之间，平均变异萃取量的值均大于构念间的共享变异值（Anderson and Gerbing, 1988）。此外，各个构念的组合信度介于 0.92 与 0.96 之间，均高于 0.7 这个可接受水平。

考虑到本研究中的某几个变量是采用自陈式测量，我们采取了一系列的措施以降低同源误差（CMV）的潜在影响（Podsakoff and Organ，1986）。首先，我们在问卷中采用了不同的测量尺度和格式，在发放前进行了一系列的测量验证，同时邀请了内部专家（高层管理者）评估测量题项。其次，我们针对每一家企业搜集多份响应资料，并确保评估者间信度。最后，我们在模型中控制了一些潜在的影响因子（Podsakoff et al.，2003）。

为了进一步检测同源误差的潜在效应，我们首先对所有测量题项进行探索性因素分析。转轴后成分矩阵显示所有测量题项均落在相应的因素上，为构念效度提供了有力的佐证（Stam and Elfring，2008）。其次，如前所述，从产业专家得到的评分与竞争行动积极性测量的评分之间有显著的相关性。最后，企业绩效的测量指标的数据源是一家金融报告机构的客观资料，进一步降低了同源误差的可能性。

为了检验我们的研究假设，我们采用阶层回归分析。为了检验交互作用，我们首先将 TMT 社会行为整合和超竞争环境进行中心化（mean-centered），然后计算这两个中心化后变量的乘积$^{\ominus}$。我们使用了一系列回归来检验模型的假设是否得到支持。同时，Kolmogorov-Smirnov 检验也支持本研究的数据符合单变量常态性（univariate normality）假设。

12.5 分析结果

表 12-1 列出了本研究所有变量的平均数、标准差和相关系数。该表为后续的分析提供了初步的有利证据。例如，超竞争环境和 TMT 社会行为整合，分别与竞争行动积极性显著相关（$p<0.01$）。两个绩效指标也分别与 TMT 社会行为整合、竞争行动积极性呈现显著相关（$p<0.05$）。同时前期 ROE 和资产负债比这两项控制变量高度相关，相关系数为 0.71。为了判断是否有多重共线性的潜在问题，我们对所有回归模型进行了变异数膨胀因素（VIF）检验。所有回归中，变异数膨胀因素的值介于 1.02 与 1.93 之间。这些结果均在可以接受的范围之内，显示在本研究中并不存在严重的共线性问题。

⊖ 我们也考虑了使用结构方程模型（SEM）来检验假设的可能性。然而，为了控制同源偏误，我们要求企业有公开可得的财务数据，这限制样本数量到 104 家企业，这使 SEM 在统计意义上并不适合（Ding，Velicer，and Haelow，1995）。我们在一个不包括客观财务数据的更大样本上，使用 Lisrel 8.3 对模型中的关键因素进行了 SEM 分析，得到的结果在很大程度上与这里汇报的回归结果一致。

表 12-1　平均数、标准差和相关系数 [a]

变量	平均数	标准差	1	2	3	4	5	6	7	8	9	10	11	12	13
1. TMT社会行为整合	5.64	0.74													
2. 竞争行动积极性	4.62	0.85	0.27**												
3. 超竞争环境	4.77	1.00	0.30**	0.43**											
4. 营业利润率	4.41	18.56	0.22*	0.20*	0.14										
5. 净资产收益率	5.71	16.94	0.28**	0.30**	0.12	-0.01									
6. TMT成员规模	10.6	6.28	0.03	0.04	0.03	0.17+	0.12								
7. TMT成员平均年龄	47.45	5.33	0.08	0.01	0.32**	-0.03	-0.07	-0.21**							
8. TMT受教育异质性	0.39	0.17	-0.12	-0.04	0.06	0.04	0.07	-0.03	0.02						
9. 企业年龄 [b]	0.16	0.16	0.05	0.04	0.01	-0.06	-0.01	-0.02	0.37**	0.04					
10. 企业规模 [b]	25.68	14.79	0.04	0.20*	0.09	0.01	-0.02	-0.12	0.02	-0.03	-0.07				
11. 净利率 (t-1)	6.08	0.56	0.16+	-0.10	-0.11	0.15	0.04	-0.05	0.15	0.12	0.12	-0.13			
12. 净资产收益率 (t-1)	8.19	15.39	0.27**	-0.01	-0.03	0.12	0.12	-0.06	0.20+	0.05	0.17+	0.18+	0.28**		
13. 冗余资源 (资产/负债)	0.65	0.13	0.12	0.05	-0.01	-0.06	-0.01	0.01	0.16+	0.08	0.07	0.32**	0.57**	0.71**	
14. 冗余资源 (流动比率)	1.10	0.35	-0.04	-0.09	-0.05	0.03	0.04	-0.02	0.06	0.02	0.08	0.44**	0.05	-0.01	-0.19+

a　$N=104$，除了净资产收益率和净资产收益率 $(t-1)$ 变量对应的样本数 $N=91$。

b　取自然对数。

+　$p<0.10$。

*　$p<0.05$。

**　$p<0.01$。

表 12-2 显示了各项前因变量对于竞争行动积极性的回归结果。在这些分析模型中，模型 1～模型 5 控制了前一期（t–1）的营业利润率，模型 6～模型 10 控制了前一期（t–1）的 ROE。这些模型检验了假设 1～假设 3。

假设 1 提出，TMT 社会行为整合与竞争行动积极性呈正相关。如模型 2 和模型 7 所示，TMT 社会行为整合的系数为正且达到显著（模型 2：β=0.30，p<0.01；模型 7：β=0.33，p<0.01）。如模型 4 和模型 9 所示，控制了超竞争环境后，结果依然达到显著（模型 4：β=0.16，p<0.10；模型 9：β=0.17，p<0.10）。整体而言，假设 1 得到了支持。假设 2 提出企业所处的超竞争环境强度越高，竞争行动积极性越高。假设 2 显然得到了支持，如表 12-2 中模型 3 和模型 8 所示，超竞争环境的系数为正且达到显著（模型 3：β=0.48，p<0.01；模型 8：β=0.57，p<0.01）。假设 3 提出，在超竞争性环境中，TMT 社会行为整合与竞争行动积极性的关系表现得更强。如表 12-2 所示，超竞争环境和 TMT 整合的交互项对于竞争行动积极性的系数，在模型 10 中为正且达到显著，在模型 5 中亦达到边际显著水平（模型 5：β=0.17，p<0.10；模型 10：β=0.21，p<0.05）。因此，假设 3 得到了支持。

为了进一步厘清超竞争环境的调节效果，我们用平均数加或减一个标准差来划分超竞争环境强度的高低，并绘制图 12-2 来呈现高低强度超竞争环境的交互作用。如图 12-2 所示，在高度超竞争环境中，TMT 社会行为整合表现出对竞争行动积极性更强的正向影响。相反地，在低度超竞争环境中，TMT 社会行为整合对竞争行动积极性仅有微弱的影响[⊖]。

表 12-3 呈现了针对假设 4 和假设 5a 的回归结果，即企业的竞争行动积极性对绩效的直接效果和中介效果。如表 12-3 所示，假设 4 得到支持，亦即企业的竞争行动积极性与净资产收益率呈现显著的正相关，同时与营业利润率也呈显著的正相关（模型 4：β=0.19，p<0.10；模型 8：β=0.27，p<0.05）。

　⊖　图 12-2 呈现了控制净利率（前期绩效）下的交互作用结果。若我们将 ROE 作为前期绩效的控制变量，依旧会得到一致的结果。

表 12-2 TMT 社会行为整合和超竞争环境对竞争行动积极性影响的回归分析结果 a

变量	模型 1	模型 2	模型 3	模型 4	模型 5	模型 6	模型 7	模型 8	模型 9	模型 10
TMT 成员规模	0.06	0.05	0.00	0.00	-0.02	0.12	0.13	0.07	0.08	0.04
TMT 成员平均年龄	0.00	-0.02	-0.20+	-0.18+	-0.20+	0.04	0.02	-0.19+	-0.17	-0.20+
TMT 受教育异质性	-0.02	0.02	-0.06	-0.04	-0.02	0.03	0.06	0.00	0.02	0.05
企业年龄 b	0.07	0.07	0.12	0.12	0.10	0.03	0.04	0.09	0.09	0.07
企业规模 b	0.22+	0.23*	0.16	0.17	0.20+	0.19	0.21+	0.11	0.12	0.15
营业利润率 ($t-1$)	-0.18	-0.23+	-0.12	-0.16	-0.15					
净资产收益率 ($t-1$)						-0.04	-0.13	0.00	-0.05	-0.05
冗余资源（资产/负债）	0.03	0.04	0.03	0.04	0.08	-0.02	-0.02	0.01	0.01	0.05
冗余资源（流动比率）	0.08	0.08	0.13	0.13	0.14	0.03	0.05	0.03	0.04	0.08
TMT 社会行为整合		0.30**	0.48**	0.16+	0.13		0.33**		0.17+	0.11
超竞争环境				0.42**	0.40**			0.57**	0.52**	0.52**
TMT 整合 × 超竞争环境					0.17+					0.21*
N	104	104	104	104	104	91	91	91	91	91
R^2	0.07	0.15	0.26	0.28	0.30	0.04	0.14	0.32	0.34	0.38
R^2 变化量 c		0.08	0.19	0.13	0.03		0.10	0.28	0.21	0.04

a 标准化后的回归系数。
b 取自然对数。
c 值在必要时近似到 0.01。因为近似值的存在，R^2 变化量可能不完全等于两个模型 R^2 的差值。
+ $p < 0.10$。
* $p < 0.05$。
** $p < 0.01$。

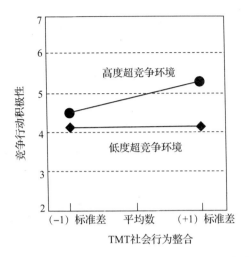

图 12-2　超竞争环境对 TMT 社会行为整合与竞争行动积极性关系的调节作用

　　为了检验假设 5a 提出的竞争行动积极性在 TMT 社会行为整合与企业绩效间的中介效果，我们参照 Baron 与 Kenny（1986）的检验程序。他们提出中介效果的存在应该满足以下三个条件：①所研究的自变量和默认中介变量均对因变量具有显著解释力；②所研究的自变量对默认中介变量具有显著解释力；③当将默认中介变量纳入检验模型中，自变量对因变量的影响将显著降低甚至被消除。表 12-3 显示，TMT 整合和竞争行动积极性都与绩效达到显著相关，条件 1 得到满足。表 12-2 显示，TMT 整合与竞争行动积极性达到显著相关，条件 2 得到满足。最后，表 12-3 中的模型 4 显示了竞争行动积极性的完全中介效果，即 TMT 社会行为整合对营业利润率的影响从边际显著（$\beta=0.17$，$p<0.10$），到加入竞争行动积极性后变得不显著（$\beta=0.14$，$p>0.10$）。然而，表 12-3 中的模型 8 显示了部分中介效应，TMT 整合的系数从显著（$\beta=0.25$，$p<0.05$）到加入竞争行动积极性后变得边际显著（$\beta=0.21$，$p<0.10$）。竞争行动积极性对 TMT 社会行为整合与营业利润率的关系有完全中介效果，但对 TMT 整合与 ROE 的关系只有部分中介效果，因此假设 5a 得到部分支持。

表 12-3 TMT 社会行为整合和竞争行动积极性对企业绩效影响的回归分析结果 ᵃ

变量	净利率				净资产收益率			
	模型 1	模型 2	模型 3	模型 4	模型 5	模型 6	模型 7	模型 8
TMT 成员规模	0.17⁺	0.17⁺	0.17⁺	0.17⁺	0.12	0.13	0.09	0.10
TMT 成员平均年龄	−0.04	−0.03	0.00	0.01	−0.11	−0.09	−0.06	−0.05
TMT 受教育异质性	0.02	0.05	0.04	0.06	0.07	0.10	0.07	0.10
企业年龄 ᵇ	−0.07	−0.08	−0.10	−0.10	−0.02	−0.02	−0.05	−0.05
企业规模 ᵇ	0.02	0.03	−0.01	0.00	−0.02	0.01	−0.05	−0.03
营业利润率 ($t-1$)	0.26*	0.23⁺	0.29*	0.26*				
净资产收益率 ($t-1$)					0.25⁺	0.17	0.25⁺	0.18
冗余资源（资产/负债）	0.02	0.03	0.01	0.02	−0.15	−0.15	−0.15	−0.15
冗余资源（流动比率）	−0.14	−0.15	−0.17	−0.17	0.03	0.05	0.02	0.04
超竞争环境	0.16	0.10	0.06	0.02	0.16	0.08	−0.02	−0.06
TMT 社会行为整合		0.17⁺		0.14		0.25*		0.21⁺
竞争行动积极性			0.21*	0.19⁺			0.31*	0.27*
N	104	104	104	104	91	91	91	91
R^2	0.10	0.12	0.13	0.15	0.08	0.13	0.14	0.18
R^2 变化量 ᶜ	0.03	0.03	0.03	0.03	0.05	0.05	0.07	0.05

a 标准化后的回归系数。
b 取自然对数。
c 值在必要时近似到 0.01。因为近似值的存在，R^2 变化量可能不完全等于两个模型 R^2 的差值。
+ $p<0.10$。
* $p<0.05$。

　　为了检验假设 5b，我们在超竞争环境变量上对样本以平均数为界进行了分割。表 12-4 中的模型 1～模型 4 呈现了企业在高度超竞争环境中的结果，模型 5～模型 8 则呈现了在低度超竞争环境中的结果。在表 12-4 中，模型 2 和模型 3 显示，在高度超竞争环境中，TMT 社会行为整合和竞争行动积极性对营业利润率皆呈正向显著效果（$p<0.05$）。如前所述，图 12-2 展示了 TMT 整合与竞争行动积极性在高度超竞争环境中具有显著关系（$p<0.05$）。最后，如表 12-4 中所显示的，TMT 社会行为整合对营业利润率的影响从显著（模型 2：$\beta=0.36$，$p<0.05$），到竞争行动积极性加入模型后变为边际显著（模型 4：$\beta=0.26$，$p<0.10$），证明了竞争行动积极性部分中介效果的存在。相反地，在低度超竞争环境中，TMT 整合和竞争行动积极性的直接效果均不显著，且没有发现中介关系（$p>0.10$）。假设 5b 得到了支持，并进一步显示出超竞争环境的重要性，以及在此情境下，TMT 整合如何部分地通过影响企业的竞争行动积极性，进而对绩效产生有利影响。

　　为了检验假设 6，即超竞争环境与绩效变异的关系，我们参照 3 位 SIC 码（three-digit SIC code）将 104 家样本企业归类到 40 个产业中，其中的 25 个产业至少包含 3 家企业。我们进行了相关分析，发现当产业中平均认知到的环境超竞争性越高，该产业的营业利润率（$r=0.40$，$p<0.05$，$n=25$）和 ROE（$r=0.46$，$p<0.05$，$n=25$）变动性越大。

　　我们还进一步搜集了 2007～2009 年的绩效资料。对于每家企业，我们计算了 2004～2006 年平均绩效与 2007～2009 年平均绩效的净差值，接着，对这一差值与超竞争环境测量值进行相关分析。结果明显指出，在高度超竞争环境中有较大的绩效差异（营业利润率：$r=0.215$，$p<0.05$，$n=92$；ROE：$r=0.233$，$p<0.05$，$n=80$）。由于产业内的绩效变动程度和随时间波动的程度，皆在高度超竞争环境中更强，据此，假设 6 得到了支持，也展示了暂时性优势。

表12-4 竞争行动积极性在超竞争环境中作为中介变量的回归分析结果 [a]

变量	净利率							
	高度超竞争环境				低度超竞争环境			
	模型 1	模型 2	模型 3	模型 4	模型 5	模型 6	模型 7	模型 8
TMT 成员规模	0.31*	0.27+	0.33*	0.29*	0.13	0.13	0.12	0.12
TMT 成员平均年龄	0.04	0.04	0.02	0.06	-0.10	-0.10	-0.07	-0.07
TMT 受教育异质性	0.15	0.24+	0.18	0.22+	-0.04	-0.04	-0.04	-0.04
企业年龄 [b]	-0.02	-0.07	-0.01	0.06	-0.17	-0.17	-0.18	-0.18
企业规模 [b]	-0.13	-0.04	-0.15	-0.09	0.27	0.27	0.25	0.25
营业利润率 (t-1)	0.32+	0.28+	0.35*	0.34*				
净资产收益率 (t-1)					0.15	0.15	0.16	0.16
冗余资源（资产负债）	0.02	0.10	-0.19	0.08	0.04	0.05	0.05	0.05
冗余资源（流动比率）	-0.08	-0.13	-0.03	-0.19	-0.13	-0.13	-0.14	-0.14
TMT 社会行为整合		0.36*	0.35**	0.26+		-0.01		0.00
竞争行动积极性				0.26+			0.09	0.09
N	54	54	54	54	50	50	50	50
R^2	0.23	0.33	0.34	0.39	0.11	0.11	0.11	0.12
R^2 变化量 [c]		0.11	0.11	0.05		0.00	0.01	0.01

a 标准化后的回归系数。
b 取自然对数。
c 值在必要时近似到 0.01。因为近似值的存在，R^2 变化量可能不完全等于两个模型 R^2 的差值。
+ $p<0.10$。
* $p<0.05$。
** $p<0.01$。

12.6　讨论

虽然超竞争和动态竞争研究都描绘了环境 – 行动 – 绩效的关系链，但动态竞争研究较少关注竞争企业所处的环境，而我们的研究建立了这样的联结。本章强调 TMT 动态性在联结这两个理论脉络中扮演了重要角色，且这个关键角色正是这两个理论皆尚未系统探究的。我们的研究显示，也如这两个理论所倡导的，在超竞争环境中，若要通过积极地发动竞争性行动来有效地竞争，企业需要一个高度整合的高层管理团队。

本章首先对暂时性优势做出了理论贡献，暂时性优势是超竞争和动态竞争理论的核心观点。以奥地利学派（Jacobson，1992）为共同的理论根基，本章强调了暂时性优势在整合这两条研究脉络时扮演的重要角色。暂时性优势体现了超竞争的本质，一直以来，超竞争理论的学者高度关注商业环境中波动性与动态性如何产生暂时性优势（D'Aveni，1994；Thomas and D'Aveni，2009）。

本章借由检验两个相当重要的组织机制，揭示了暂时性优势的重要性和意义。具体而言，我们提出企业的行动和竞争行动积极性，而非防御性位置，塑造了企业优异的绩效结果。我们关注的暂时性优势，非宏观、加总的市场动态（参见 Wiggnins and Ruefli，2005），而是企业层次，以及经由竞争性行动和响应一来一往所产生的短暂优势状态。本章所讨论的暂时性优势观点具体体现在，企业的竞争行动积极性在 TMT 整合和绩效间扮演的中介角色，以及它在超竞争条件下对绩效的直接影响。

在超竞争环境中，暂时性优势是一种常态，因此竞争行动积极性十分重要。为了进一步检验竞争行动积极性带来暂时性优势的观点，我们将竞争行动积极性分别与后三年（2007～2009 年）财务绩效的平均值及变化量进行相关分析。结果显示，竞争行动积极性与未来三年财务绩效平均值的相关性不显著（营业利润率：$r=0.045$，$p>0.05$，$n=92$；ROE：$r=0.075$，$p>0.05$，$n=80$），也与财务绩效的变化量的相关性不显著（营业利润率：$r=-0.074$，$p>0.05$，$n=92$；ROE：$r=-0.035$，$p>0.05$，$n=80$），这显示出，竞争行动积极性所带来的优势是暂时且易逝的。

其次，本章对超竞争的研究也做出了理论贡献。除了将超竞争环境概念化，发展其测量方法，我们还在以下几个方面扩展了这个研究主题。首先，不同于以往的研究，我们没有依赖财务绩效来代表超竞争环境发生的情况。因为在超竞争环境中竞争的企业通常会有较差的财务绩效表现，因此财务绩效并非超竞争环境中的必要或充分指标。我们的研究使用知觉的方式来测量超竞争环境，这与战略行动紧密联结。其次，超竞争的研究主流在于探讨其普遍性，本章则是强调，在不同任务的环境下有不同强度的超竞争环境。采取这一相对性的观点，有助于了解超竞争所带来的结果。最后，尽管D'Aveni（1994）曾在研究中强调企业行动和行为的重要性，但对管理过程和企业行动的实证检验仍相当有限。本章在 TMT 动态性和企业行动的研究发现，有利于弥补此研究缺口。

最后，本研究也拓展了动态竞争的研究。到目前为止，动态竞争研究尚未将关注的焦点放在竞争所发生的环境，且对于决定竞争行为的内部流程和 TMT 动态性的研究也较少。本章通过检验超竞争环境和 TMT 成员间的互动，以及这些因素如何影响后续的竞争行为和企业绩效，弥补了这一研究缺口。同时，相较于过去的研究依赖档案及二手数据，本研究以知觉方式的测量对此进行了补充，并响应了学者建议采用更多知觉方式来进行研究的号召（Reger and Huff，1993）。在客观数据不可得或不可靠的情境下，比如跨国情境，这种知觉的测量方式是很有用的研究方法（Jayachandran et al.，1999），且这样的整合方式，为探讨和揭示外部力量与内部动态错综复杂的关系开启了一个有前景的研究方向（Chen，1996）。基于这样的考虑，本章在一个国际情境下进行跨产业的超竞争环境研究，对最近才刚开始将跨国界、跨文化观点纳入研究考虑的动态竞争研究也做出了贡献（Yu and Cannella，2007）。

12.6.1 启示

整体而言，本章的研究结果支持了研究假设与模型。更重要的是，我们的研究结果将注意力重新导向高层领导及过程要素，而这正是超竞争和动态竞争理论中明显忽略的议题，除了 Eisenhardt and Brown（1996）和 Hambrick et al.（1996）两个显著的例外。这两个理论皆未将注意力放在发起竞争性行动所需的内部流程，并且皆假设制定与执行此种竞争性行动的过程是相对直截了当的。然而，我们的研究发现正好相反。尽管高层主管的社会行为整合有助于竞争行动的积极性，但这在超竞争条件下更为重要，因为这个条件是促使企业展开竞争性行动以获取暂时性优势的主要要素。同时，我们的研究结果也显示，高层管理团队的整合有助于克服大量环境噪声、波动性及高层成员间的分歧，并且能够使他们在竞争优势稍纵即逝的情况下做出果断的竞争决策。具备如此整合性的团队能展开更多的竞争者行动，进而获得优异的绩效。

超竞争，一个源于美国情境的构念，大部分实证研究都是以美国为背景开展的（这也同样适用于动态竞争研究）。在很多方面，这种聚焦于美国情境是有意义的，尤其是世界经济论坛（World Economic Forum）多次将美国列为全球竞争性排名之首位或接近首位。但如今许多产业，特别是全球性的产业，竞争已经迅速改变了传统的以攫取大量租金流（rent stream）为目的的垄断战略，任何竞争优势都必须被视为暂时的（Thomas and D'Aveni，2009）。随着美国以外的经济活动水平的提升，以及全球互动和竞争的升级，在不同文化脉络、历史背景和商业实务的经济体中，探讨暂时性优势的适用性和相关性，是必要且有益的。本研究所使用的中国台湾情境为超竞争和动态竞争的研究提供了一个有吸引力且重要的拓展。

本研究对商业实践也作出了贡献。麦肯锡公司近期对全球管理者的一项调查提出，企业如何与竞争对手互动的探讨是十分重要的，尤其是在暂时性优势的时代（Coyne and Horn，2008）。我们的研究关注竞争行动积极性，提出企业借由关注一些关键的内部管理流程，做好在超竞争环境中竞争的准备，是相当重要的。例如，企业可以通过招聘易相处和善于沟通的高层成员来大幅提高 TMT 整合程度（Lin and Shih，2008）；同时，在管理培训和团队建立中，纳入跨职能互动以及任务相关的人际交流。本章提供了一个整合性的观点，强调高层人员的领导在商业竞争中所扮演的核心角色（Montgomery，2008）。

12.6.2　研究限制与未来研究方向

首先，在涉及组织环境、TMT 动态性、企业间对抗和企业绩效的广泛情境下，本章对于关键竞争性行动属性的概念化和模型化，迈出了第一步。未来的研究应该扩展这一概念，导入竞争行为的其他属性，诸如行动范围（Yu and Cannella，2007）或幅度（Ferrier，2001）以及响应速度（Chen and Hambrick，1995）。行动／响应属性的多维度（multidimensional）扩展，对于动态竞争和超竞争研究在理论上和实证上的推进都十分重要。

其次，本章所使用的样本取自中国台湾。尽管以中国台湾的企业为母体来取样有其优势，但研究结论的一般化，仍有必要在其他地方进一步检验。举例来说，在一个强调社会和谐的集体主义（collective）社会中（Hofstede，1980），高度社会行为整合和低度竞争行为之积极性也许是一种常态，这可能缩小了我们所探讨的自变量的范围，以至于较难侦测它的显著效果。如果是这样，我们是在一个相对保守的平台中，检验暂时性优势的观点，以及联结超竞争环境、竞争行动和 TMT 动态性的假设。另外，也许有人会提出，在一个集体主义文化中，缺乏社会行为整合和／或具有竞争积极性也许会惹来麻烦，因为这违反了社会规范。因此，低度整合和高度积极性的破坏效应，在这样的文化背景下可能更加严重，而我们的研究发现或许有情境依赖性的可能。无论怎样，我们建议未来的研究可以将本研究的结果，应用到其他具有相似和／或相异文化或制度的国家。

　　另一个问题则是从不同产业中进行取样，这可能会使研究发现与特定产业的效应相混淆。未来的研究可借由加入产业结构的指标，将本研究的结果加以延伸。此外，因为本研究的样本取自每一家企业中至少两位高层管理人员，研究资料的准确性和一致性应该超越了任何可能的不足（Chen et al.,1993）。未来的研究应当明确考虑广泛的产业和环境背景，也应当运用纵断面设计来检验关键构念的相互关系。

　　最后，未来的研究可以进一步探讨企业在超竞争环境中追求暂时性优势的组织层次议题（如组织文化和结构）。例如，同时检验 TMT 和董事会在竞争行为中的角色，也许可以为现有理论发展提供新的洞见（Carpenter et al.,2004）。

　　总之，将知觉的超竞争环境视为企业竞争行为的决定力量，以及一系列暂时性优势的主要来源，为不同研究主题和商业实践提供了重要启发。本章强调，在应对超竞争环境时，企业的组织能力和竞争能力的重要性。

第七篇

动态竞争研究方法

第七篇关注动态竞争研究中所运用的研究方法。动态竞争研究的数据来源多种多样，包括记录公司行动的档案资料（Smith et al., 1991 ; Yu and Cannella, 2007）、由企业管理者和资深的行业专家填写的问卷（Chen et al., 2010 ; DeSarbo et al., 2006 ; Marcel et al., 2011），以及详细的现场访谈记录（Lamberg, Tikkanen, Kokelainen and Suur-Inkeroinen, 2009）。这些数据非常详细而且精准度高，使动态竞争研究中的许多发现都有很高的可信度。另外，研究者也使用多种分析方法，从原始模拟（Chen, 2007 ; Chen et al., 2010）和定性分析（Lamberg et al., 2009）到更常用的定量分析和计量经济学方法

（Ferrier，2001）。学者对新研究方法的重视是为了收集有关战略决策及互动模式的动态且精细的纵向数据，因此，也为动态竞争领域乃至整个战略领域的未来研究者提供了很多有前景的例子和典范。

第13章检验了动态竞争研究中，几组外部专家（非研究样本企业内的受雇员工）在评估公司竞争行动属性上的专业性，并比较这些外部专家和公司内部高层主管所做评比的评分者间信度（inter-rater reliability）与评比正确性。其中，股票分析师的评比最正确且信度很高，研究该相关领域的学术界人士的评比也有很高的信度，正确性与顾问师及利益相关者（如供应商及法规人员）大致相当。对于从事实证研究的学者而言，这个发现十分重要，因为过去的组织研究虽然广泛地采用外部专家意见，却鲜有研究评估外部专家的意见究竟具有多少专业性。

第14章探讨决策者如何以某些竞争者为决策参照点，合理化自己在低绩效行动方案上的持续投资，进而影响承诺升级行为的倾向。与此同时，不同规模的竞争者对焦点企业的承诺升级行为有不同影响。规模较大的竞争者的高行动量和规模较小的竞争者的正面绩效都会增加企业的承诺升级倾向；相对地，规模较大的竞争者的负面绩效则会减少焦点企业的承诺升级行为。这一章除了提供承诺升级行为和动态竞争间的概念性联结，也联结了察觉 – 动机 – 能力这一竞争互动研究的核心架构（Chen and Miller，2012）；同时也拓展了竞争相对性和不对称性的概念（Chen，1996；Chen and Miller，2012）。

| 第 13 章 |

外部专家的专业性

原题 外部专家专业性的探讨[一]

原文出处 Chen, Ming-Jer, Farh, Jiing-Lih and MacMillan, Ian C., 1993, "An Exploration of the Expertness of Outside Informants." *Academy of Management Journal*, 36(6): 1614-1632.

　　本章评论在重要期刊所发表的战略研究中的外部专家的功能，这些外部专家指非由企业雇用的专业人士。我们根据外部专家的评分者间信度，以及他们的评比与内部专家对照后的正确性（accuracy）程度，实证探讨外部专家的专业性。我们要求航空业的四组外部专家，即顾问师、股票分析师、利益相关者和学术界人士，以及曾经启动某些竞争性行动的航空公司高层主管，分别评定一些竞争性行动的战略属性，据以作为专业性评估的基础。研究发现，每一组专家的评分者间信度都很高。在外部专家中，股票分析师的评比最正确，信度也很高；学术界人士的信度很高，正确性则与顾问师和利益相关者相当。

　　[一] 我们要感谢 Theresa Cho 和 John Michel 在文献研究方面的协助。我们也要感谢 Edward H. Bowman、James W. Frederickson、Donald C. Hambrick、John Michel 以及 S. Venkatraman 对稍早的初稿提供极有用的评述。同时，两位匿名审查者也提供了极具价值的建议。本文获得哥伦比亚大学商学院研究生院研究基金和沃顿商学院索尔·施耐德创业研究中心提供部分资金支持。Laura M. Brown 提供了编辑评述；Kuo-Hsien Su 及 Franz T. Lohrke 协助分析资料。

13.1 绪论

近 10 年来，随着战略管理领域的蓬勃发展，研究者对衡量（measurement）的议题也提高了敏感度。例如，Venkatraman 与 Grant（1986）希望研究者在检验实质的（substantive）关系之前，多留意衡量的议题。Snow 与 Hambrick（1980）、Hambrick（1980）、Harrigan（1983）及 Ginsberg（1984）等，也深度地描述了战略衡量所伴随的困难性，以及各种衡量方法的相对优点。

许多战略与总体层次（macro-level）方面的研究，采用所谓的具体客观工具来衡量，然而，这类研究中许多有趣的方面，常常受机密性与资料取得不易等因素的限制。因此，战略研究者长期面临一个问题：当缺乏合适的客观衡量工具，而且外部观察家无法取得战略变量信息时，如何衡量战略变量？⊖在这种情况下，研究者通常会依赖见多识广的实务界人士与观察家，亦即本章所称的专家，来评估战略变量（Snow and Hambrick，1980）。

专家可以广泛地分类为内部专家与外部专家。内部专家，如高层主管与经理人，为自己的公司评估战略变量；外部专家，如顾问师与分析师，则评估他们感兴趣之企业的战略变量。内部专家已经被广泛地运用在战略研究之中（如 Fredrickson，1984），某些研究者主张妥善运用外部专家，如 Harrigan（1983）鼓励研究者实地访谈外部专家，增加他们对企业和其竞争者之战略的了解，而 Quinn（1980）与 Hambrick（1981）则运用各种不同的专家组合。

然而，可惜的是，迄今尚无系统性的研究探讨各类外部专家在战略研究中的价值，亦未评估这些外部专家所做之判断的信度与效度。疏于留意这些

⊖ 当研究主题在总体层次而非业务层次时，这个问题将更加严重。这是因为，对于高度多元化的企业来说，产业层次（industry level）的数据通常拿不到，客观衡量工具的数据更是难以获得。

专家的价值将使研究者面临潜在的重大问题；对于那些竞争战略的研究者来说，更是如此。

本章领衔探讨外部专家在衡量竞争战略变量上的价值与专业性。我们的研究目的包括：①评论外部专家在以往战略与总体层次之组织研究中的用途；②实证探讨四组外部专家（学术界人士、股票分析师、顾问师及利益相关者）的评分者间信度与评比的正确性。

13.2　外部专家在战略与总体层次之组织研究中的用途

为了探讨各类外部专家如何被运用在以往战略与总体层次的组织研究中，我们评论1986～1991年发表于《管理学会学报》《管理科学季刊》《管理科学》《组织科学》《战略管理学报》等期刊中，所有与战略管理和组织理论相关的研究。在一项调查研究中，这些期刊被认为是战略领域中刊载实证研究的顶尖学术刊物（MacMillan，1991）⊖。我们的研究包含战略和总体层次的实证研究；这些研究均以整个组织为分析单位，而且作者均依赖外部专家意见。表13-1汇总了这个全面评论的内容。

表13-1　外部专家在战略与总体层次之组织研究中的运用

衡量议题	学术界人士	股票分析师	顾问师	供应商	购买者	主管	其他	总计
	47	11	10	3	11	37	22	141
运用专家的目的								
探索	15	5	5	3	1	12	7	48
确认	7	1	1	0	0	3	3	15
衡量	25	5	4	0	10	22	12	78

⊖　这个问卷调查的回复者均是任职于声誉卓著机构的资深学者，他们有卓越的发表记录，而且广被战略领域的学者同侪所推崇（MacMillan，1991）。

（续）

衡量议题	学术界人士	股票分析师	顾问师	供应商	购买者	主管	其他	总计
专家如何被抽样								
未提供信息	9	8	10	2	4	13	15	61
便利抽样法	38	3	0	1	5	22	5	74
系统抽样法	0	0	0	0	2	2	2	6
信度 [a]								
未提供响应人数信息	1	0	0	0	1	1	2	5
单一回应者	11	2	2	0	3	15	3	36
数个回应者								
未评估信度	6	2	1	0	4	3	4	20
质化评估	3	0	0	0	0	0	1	4
非正式的量化评估	0	0	1	0	1	1	1	4
评分者间信度	4	1	0	0	1	2	1	9
合计	13	3	2	0	6	6	7	37
效度								
交叉验证	1	1	1	0	10	1	1	15

a 针对研究目的为衡量的研究做信度评估。

注：某些文章可能使用了一种类型以上的专家，因此，我们所评估的全部115篇运用外部专家
的实证研究中，有141个个案或研究被列为评估对象。

在我们所评论之 141 个运用外部专家的研究中，包含 47 位学术界人士、11 位证券分析师、10 位顾问师、3 个供应商、11 个购买者、37 位非企业聘用的高层主管、22 位其他产业利益相关者。如此显示，学术界人士显然是最常被运用的外部专家。

运用专家的重要议题和衡量工具息息相关（Snow and Hambrick，1980）。表 13-1 汇总了 4 个与衡量相关的重要议题——运用专家的目的、专家如何被抽样、信度以及效度（Phillips，1981；Venkatraman and Grant，1986）。以下的讨论仅参考表 13-1 最右边"总计"一列的数字。

13.2.1　专家的目的与抽样

在 141 个研究中，有 48 个运用专家来做探索，例如，探索研究的议题与执行衡量工具的前测，15 个运用专家做研究发现的确认。此外，78 个（55%）使用专家的数据来衡量变量，如此高的比率显示出，专家评比在目前的战略研究中的重要性。

专家如何被抽样，是衡量上的一个重要议题，研究者如果不能审慎地选择专家，并且如实地报告他们提供的信息，则以这些专家意见所推导的研究发现的一般化程度，恐会受到质疑（Chen and Smith，1987）。由于有 61 个研究并未报道他们如何选择专家，因此我们仅能假定他们采用便利抽样法。此外，有 74 个研究使用便利抽样法，只有 6 个（4%）研究使用系统抽样法。

13.2.2　信度的议题

1. 单一或数个专家

许多研究者鼓励尽可能地运用数个专家。例如，Quinn（1980）认为，跟一个企业的不同高层主管面谈，可以更丰富地了解企业战略。采用"高阶理论"（upper echelon）视角的研究者（Hambrick and Mason，1984）也主张，应该根据企业之高层管理团队的反应来衡量企业的战略属性。在此，我们仅专注于那 78 个运用专家来衡量战略属性的研究，因此，信度成为一个非常重要的议题。然而，我们发现，78 个研究中的 5 个并未说明是运用单一专家还是数个专家；其余的研究，如表 13-1 所示，36 个仅使用单一回应者，这些研究没有信度评估的问题，只有 37 个依赖数个回应者的意见。

2. 评分者间信度

当一个研究同时运用数个回应者做评比时，即需要评估它的评分者间信度，或者，至少采用其他类似的方式进行评估（Snow and Hambrick，1980；Venkatraman and Grant，1986）。就 37 个运用数个回应者的研究来看，我们发现，20 个未做任何评估，4 个提供质化评估，4 个提供诸如相关分析这类的非正式评估，只有 9 个（24%）正式报告它的评分者间信度统计量。

13.2.3 效度的议题

1. 交叉验证

运用专家来衡量时，将衡量结果和其他信息来源交叉验证是相当必要的（Snow and Hambrick，1980；Venkatraman and Grant，1986）。如表 13-1 所示，只有 15 个（11%）研究尝试使用其他数据源或其他类型的专家，来交叉验证某一类专家的响应数据。

2. 专家的正确性

在我们所探讨的整个研究组合中，没有一个研究尝试评估专家意见的正确性。

上述评论显示，以往运用外部专家的研究不够严谨。首先，在运用专家做衡量的研究中，大多数作者很少注意到信度问题；其次，没有一个研究尝试去评估专家意见的效度或正确性。

针对战略研究中普遍忽略信度与效度议题的现象，可以列出好几个原因。我们首先要呼应 Venkatraman 与 Grant（1986）的批评，他们认为，战略管理是一个新的、发展中的学科，因此研究者比较重视变量间的理论关系，以致对衡量议题未显示出相同程度的关心。然而，随着这个领域的进步，研究者势必会将注意力更专注于研究工具的心理计量（psychometric）正确性，尤其是那些调查性的研究。目前，这个问题在好几个学科中均受到强烈的批评（Schwab，1980）。

上述评论给未来想要依赖外部专家从事战略研究的研究者带来了重大挑战。我们需要更多的研究来说明我们了解，在许多不同类型的外部专家中，哪一类型的专家可能比较适合某个特殊研究主题。本章中，我们评估学术界人士、股票分析师、顾问师以及利益相关者这四组外部专家的评分者间信度与评比正确性。我们将检视两个研究问题：①每一组外部专家的信度为何？②以内部专家的评比为比较基准，哪一组的评比最正确？

13.3 研究方法

我们衡量一些竞争性行动的各种战略属性，借以探讨外部专家的相对信度与正确性，这些研究资料来自一个探讨美国航空业竞争情形的大型研究（Chen and MacMillan，1992），该研究使用数个类型的外部专家，借以估计一家企业在市场中从事竞争性行动时，对企业本身与利益相关者的影响。

13.3.1 竞争性行动

企业实际采取的竞争性行动的属性，由外部专家和内部高层主管分别进行衡量。这些数据包含 9 家主要航空公司在 1989 年所启动的 15 个广为人知且广被报道的竞争性行动。我们通过全面检阅航空业的主要期刊与一般性商业刊物（如《航空日报》和《华尔街日报》），以及新的索引系统（如 ABI/Inform），同时针对熟悉航空业的顾问师、产业观察家与学术界人士进行前测研究，以审慎地选取竞争性行动。针对航空公司每一种最重要的竞争方法（Levine，1987），我们均选择一个代表性行动；同时，我们也设法使这

9 家主要航空公司达到产业代表性的平衡。举例来说，联合航空在杜勒斯国际机场所进行的大规模航站扩充行动，即为我们所探讨的一项竞争性行动。表 13-2 列示了我们所探讨的 15 个竞争性行动。

表 13-2　本研究探讨的竞争性行动 [a]

编号	内容描述
1	Midway 航空公司提供飞航途中电话服务
2	全美航空开始提供费城与亚特兰大之间，以及匹兹堡与芝加哥之间的飞航服务
3	联合航空大幅扩充它在华盛顿杜勒斯国际机场的航站
4	Carriers 航空提高 "最佳省钱"（Maxsaver）方案的票价，整体达 25%
5	联合航空将 Air Wisconsin 纳入 United Express 之中
6	Budget Rent A Car 参加 Pan Am 的飞航常客方案
7	大陆航空给克利夫兰的乘客提供礼券
8	全美航空购并皮得蒙航空
9	Carriers 航空公司降低 "最佳省钱" 方案的票价，整体达 25%
10	美国航空在迈阿密建立一个新航站
11	西南航空增加在圣路易斯的每日起飞班次，由 24 班增为 33 班
12	美国航空给票务代理商提供 10% 的固定佣金
13	东方航空把它在费城国际机场的航站处理掉
14	美国航空暂停明尼阿波利斯／圣保罗与洛杉矶间的路线
15	达美航空减少孟菲斯每日起飞班次，由 48 班减为 25 班

a　这些竞争性行动均发生在 1989 年。

13.3.2　竞争性行动对启动企业的影响

研究者近来已经开始实证检视一些形塑竞争互动的议题（Chen and MacMillan, 1992；Chen, Smith, and Grimm, 1992），这些研究均强调一个重要的竞争驱动力，即一个攻击者在它展开竞争性行动中所隐含的承诺。根据 Caves（1984）、Chen 与 MacMillan（1992）、Ghemawat（1991）及 Staw 与 Ross（1987）等的说法，每一项竞争性行动均与无数的经济、心理、结构和社会议题有关联；这些议题将影响一家企业采取某项竞争性行动的意愿，以及一旦这项行动启动后，企业继续承诺的意愿。某些竞争性行动要求进行员工的全面重新配置；某些要求大规模的跨部门整合；某些则要求主要利益相关者的配合。从上述引用的文献，我们首先推导出本章所检视的竞争性行动对行动企业和利益相关者的 14 个主要影响，此即我们所称的战略属性（strategic attributes），然后把它们明确地套用到航空业（见表 13-3）。

表 13-3　评分者间信度 [a]

战略属性	学术界人士	股票分析师	顾问师	利益相关者
执行行动所需的财务投资	0.72[b]	0.62	0.62	0.53
执行行动所需的管理投入	0.63[b]	0.62	0.55	0.50
执行行动导致人力、制度及程序解构的程度	0.61[b]	0.57	0.57	0.50
一旦行动执行，政府官僚及（或）法律、法令承诺的程度	0.42	0.51[b]	0.50	0.40
员工及（或）工会对撤回该行动抗拒的可能性	0.40	0.51	0.47	0.52[b]
外部团体，如投资银行及管制当局，对执行该行动的支持程度	0.40	0.55[b]	0.38	0.38
高层主管公开宣布该行动的可能性	0.49[b]	0.48	0.49[b]	0.48
该行动获得产业刊物报道的数量	0.52	0.67[b]	0.51	0.46
该行动对主要利益相关者，如供应商及旅行社，约束的程度	0.44	0.47[b]	0.31	0.44
撤回该行动的财务成本	0.61[b]	0.56	0.46	0.46
重新配置人力及（或）设备的必要程度	0.75	0.81[b]	0.71	0.72
需要高层主管一致赞同的可能性	0.44[b]	0.42	0.42	0.31
执行时需要跨部门整合的程度	0.51	0.50	0.55[b]	0.37
万一行动撤回，设备（飞机除外）不能重新安置的可能性	0.50[b]	0.44	0.40	0.45

（续）

战略属性	学术界人士	股票分析师	顾问师	利益相关者
样本数	18	16	36	30
中位数	0.51	0.53	0.50	0.46
平均数	0.55	0.55	0.50	0.47

a　所有评分者间信度以组内相关系数（ICC）计算（Shrout and Fleiss，1979），且在 0.01 的水平下均达到显著。

b　这个统计量代表所有专家群体在某个战略属性上的最高评分者间信度。

13.3.3　航空公司高层主管与外部专家的抽样

本章以 44 个航空公司高层主管为内部专家，100 个产业参与者为外部专家。我们的数据源，主要是 1989 年冬季版的《世界航空名录》中的一系列潜在专家。内部高层主管的头衔均为资深副总以上（CEO 除外）；这些人所任职的航空公司，均至少可启动我们所探讨的 15 个竞争性行动中的其中一个。由于我们的前测研究，以及面谈产业高层主管和专家的结果均指出，航空公司的 CEO 通常不会回复邮递的问卷，因此我们不针对 CEO 做问卷调查。Hambrick（1981）在探讨高层管理团队内的战略认知时发现，高层主管的战略知觉和另一种根据小组（panel）专家评估与客观资料分析的外部衡量方式，具有高度一致性。如是，我们决定以直接位居于 CEO 下面层级的高层经理人为调查对象。

外部专家有四种类型：①学术界人士，他们均是 1986～1991 年曾发表航空业相关文章于《管理学会学报》《战略管理学报》《管理科学季刊》《管理科学》《组织科学》等期刊的第一作者与第二作者，或是 1986～1991 年出版的《哈佛教材目录》中航空业相关个案的作者；②股票分析师，他们追踪这个产业并且名列于 1989 年版的《尼尔森投资研究名录》；③顾问师，包含所有名列于《世界航空名录》的顾问师；④利益相关者，包含波音和麦克唐纳 - 道格拉斯这两家美国国内主要飞机制造商的所有资深副总或总裁、美国前 65 大旅行社（以销售额计算）的 CEO，以及联邦航空管理局的所有资深管理者。

13.3.4　调查

问卷先发给 6 位产业专家，包含顾问师、管制当局官员和《航空日报》记者等，以及 10 位管理教授，以便进行周全的前测。正式问卷经由专业设计，并附上一封保证回复结果绝对保密的信函后，邮寄给参与者，这期间发出两封跟催信函给最初的未回复者。经由这些程序，整体回收率达到 47%，在邮递式问卷调查中算是相当高的比率（Warwick and Lininger，1975）。事实上，产业专家也认为这个比率在航空业中实在是非常高。最终，我们共收到 145 份回复问卷，其中 144 份是有效问卷。

有效问卷中的 44 份来自高层主管，18 份来自学术界人士，16 份来自股票分析师，36 份来自顾问师，30 份来自利益相关者。回复者在航空业的平均年资，高层主管为 25 年，学术界人士为 0.3 年，股票分析师为 21 年，顾问师为 32 年，利益相关者为 26 年。如此显示，除了学术界人士，其余回复者都有非常丰富的产业经验。我们根据 *Dun and Bradstreet Corporate Directory* 的资料进行比较后发现，回复和未回复的航空公司高层主管在一些可观察的特质上，如企业规模、产业年资、年龄与功能背景，并没有显著差异。因此，我们认为本章的航空公司高层主管组合具有母体代表性。

问卷要求每一位回复者使用 5 点尺度（1 表示非常低，5 表示非常高）来评定每一个竞争性行动的战略属性。我们发出题项相同但版本不同的两种问卷，一个版本针对外部专家，另一个版本针对内部高层主管。针对所有外部专家，我们提出的问题是："我们有兴趣了解，航空公司所发起的竞争性行动，对发起企业本身所造成的影响，如投资和必要的努力事项等。"寄给高层主管的版本则是："我们有兴趣了解，贵公司已经发起的竞争性行动，对贵公司本身所造成的影响，如投资和必要的努力事项等。"如此，我们将这些高层主管视为真正的内部专家，因为他们是根据企业本身前一年度实际从事的竞争性行动作答的。本章将他们的评比当作基准，借以比较并决定各个外部专家群体之评比的正确性，比较基准是内部专家评比的平均值。

13.3.5　评分者间信度

我们使用组内相关系数（ICC）来评估专家评比的评分者间信度（Shrout and Fleiss，1979）。我们的焦点是比较各组外部专家所做评比的评分者间信度。由于每一组专家的人数不一，我们选择 ICC（3，1）做评估，以便估计各个专家所做评比的评分者间信度，同时亦免受到样本数不同的影响（Shrout and Fleiss，1979）[⊖]。组内相关系数是一种平均相关的概念，它可以被视为某个评比者对一组竞争性行动的某个战略属性的评比，和另一个评比者对同一组竞争性行动在同一战略属性上的评比，两者之间的平均相关。因此，组内相关系数是评估一组评比者间所做评比是否一致的点指标（James，1982）。我们分别计算每一组专家对 15 个竞争性行动的每一个战略属性评比的组内相关系数。如是，我们的问题可以表述为：每一组专家针对一组竞争性行动的每一个战略属性分别进行评比时，彼此间的一致性程度如何？

13.3.6　评比正确性

评估正确性的一个关键议题是，以什么为比较基准？为了回答这个问题，我们从 Venkatraman 与 Ramanujam（1986，1987）的研究推导出一个架

　　⊖　Shrout 与 Fleiss（1979）描写三个主要的组内相关系数类型。根据他们的观念，ICC（3，1）中的 3 表示组内相关系数第三型，这一型适用于所有目标（targets）均由相同的评比者做评比，而且这些评比者仅包含那些有兴趣者；ICC（3，1）中的 1 表示单一评比者之间的评比信度，这个信度不同于数个评比者之平均评比的信度。

构，他们认为衡量可以依循两个构念进行，即知觉的或客观的，以及初级的或次级的。本章中，我们尝试使用知觉的方法（问卷调查）搜集数据来评估外部专家的正确性。因此，客观数据或初级知觉数据成为潜在的比较基准。由于14个战略属性的涵盖范围很广，从明显程度（visible）很高（如作业的解构）到明显程度很低（如对利益相关者的承诺）都有，因此，搜集客观资料事实上是不可能的。然而，针对那些采取行动之企业的高层管理团队进行问卷调查，借以取得卓有见识的内部专家的初级知觉数据，则是可能的，而且似乎更有意义。

我们要求启动某项竞争性行动之航空公司的两位以上高层主管，对该行动的14个属性做内部评比。我们将外部专家的评比正确性定义为，该专家评比分数与内部专家的平均评比分数（亦即比较基准）间的收敛程度（convergence）。◯我们的调查结构对这种方法提供了基本的支持理由。首先，借着分发问卷给启动行动的航空公司高层管理团队，我们能够确保所有内部专家均是高层主管且对公司相当了解。其次，参与者被要求评估的竞争性行动是企业前一年度所做的重大决策。就职位来说，这些高层主管应该会参与拟定和执行该项决策，因此对该决策的可能影响拥有第一手数据。同样，他们被要求评比的属性是相当客观且可观察的现象，并且对应于特定决策；这样的评比并不要求他们做非常复杂的判断，因此不易受到方法和随机误差的影响（Phillips，1981）。再次，参与者均是自愿的，且得到研究者的保密承诺；同时，我们也表示愿意提供研究结果，借以鼓励他们参与研究。在这些情况下，我们发现他们对这个研究的兴趣相当高，这可由回收率高达44%得到证实。最后，高层主管所做的平均评比的评分者间信度在0.01水平下

◯ 另一种方法，我们应该可以考虑将CEO作为唯一的内部专家。然而，Phillips（1981）指出，CEO的回答在某些战略属性上未必比其他内部专家更有效度。本章中，我们采用与高阶理论视角（Hambrick and Mason，1984）一致的观念，以多功能的高层管理团队来做评比。由于我们的比较基准是平均数，因此，个人评比的随机误差可能会彼此抵消。

均达到显著，平均值亦高达 0.85，如此高的信度表示，他们的评比具有内部一致性，并且间接证实随机误差与独特误差发生的概率很低。这些结果强烈地显示出，高层主管所做的评比十分接近变量的未知实际值，可以作为评估外部专家响应正确性的比较基准。

为了衡量外部专家评比的正确性，我们采用差异化正确性衡量（differential accuracy measure）（Borman，1979；Cronbach，1955）。我们根据每一个外部评比者在 15 项竞争性行动的某一个属性上所做的评比，并以发起竞争性行动之企业的内部专家在相同属性上的评比为比较基准值，计算两个评比值的相关系数，此即差异化正确性衡量的统计量。如此，每一位评比者均有 14 个评比正确性的分数，且在每个属性上均有 1 个。然后，我们将 Fisher r 对 z 转换应用到每一个相关系数，以评比者的 z 分数来评估四组外部专家的相对正确性。

13.4 研究发现

13.4.1 评分者间信度

表 13-3 列示了四组专家在 14 个战略属性上的组内相关系数。所有组内相关系数在 0.01 的水平下均达到显著，表示每一组的专家之间均达到高度一致性，这个结果是令人振奋的。它们显示，虽然外部专家被要求针对一组非常广泛的特质做评比，四种类型的外部专家仍然有显著的评分者间信度。进一步来看，我们发现不同群体之间的组内相关系数差异非常小，如表 13-3 所示，学术界人士和股票分析师的平均信度最高（0.55），紧接着是顾问师（0.50）和利益相关者（0.47）。虽然本章并未针对四个群体的信度差异进行检验，然而，整体来说，学术界人士和股票分析师似乎稍优于顾问师和利益

相关者。表 13-3 亦呈现出每一个战略属性的最高评分者间信度落在哪一组专家之中，结果显示：学术界人士在 7 个属性上的评分者间信度最高，股票分析师有 5 个，顾问师有 2 个，利益相关者有 1 个。

13.4.2 评比正确性

我们利用多变量变异数分析（MANOVA）来检视四个群体在 14 个战略属性上的平均正确性分数是否有差异，结果显示，组间效果达到显著性（$F_{42,192}=1.45$，$p<0.05$），表示四个群体在某些属性上确实有显著差异。接着，我们执行一系列的单因子变异数分析（ANOVA）来了解四个群体在哪些属性上有差异。表 13-4 所列为正确性评比的平均数、标准差与 ANOVA 分析结果，结果显示，四个群体在 14 个战略属性的 7 个属性上有差异；同时，14 个属性整体的平均分数亦呈现显著差异。$^{\ominus}$

当某个属性的 ANOVA 分析结果达到显著时，我们执行事后成对比较（post hoc pairwise comparisons）来确认真正的差异来源。在表 13-4 中，平均数右上方标示的字母即为分析结果，整体的结果显示，股票分析师评比最正确，平均相关系数达 0.73，紧接着依次是顾问师（0.65）、学术界人士（0.63）以及利益相关者（0.62）。就 ANOVA 分析结果达到显著的 7 个战略属性来看，股票分析师在 6 个属性上的评比正确性优于利益相关者，在 4 个属性上优于顾问师，在 5 个属性上优于学术界人士；学术界人士在 1 个属性上的评比正确性优于顾问师，在另一个属性上优于利益相关者；顾问师则在 1 个属性上的评比正确性优于利益相关者。

$\ominus$　评估正确性的另一种方法是检视外部专家评比和内部比较基准的离差分数平方（如 Farh and Dobbins, 1989）。我们利用这项分析得到的结果和本章根据相关正确性（correlational accuracy）得到的发现十分接近，如此使本章的主要发现获得了进一步支持。

表 13-4 评比正确性 [a, b]

战略属性	学术界人士		股票分析师		顾问师		利益相关者		统计		F 值
	平均数	标准差	平均数	标准差	平均数	标准差	平均数	标准差	平均数	标准差	
财务投资	0.83[c]	0.17	0.79[c, d]	0.31	0.76[d]	0.28	0.73[d]	0.36	0.77	0.31	2.78*
管理努力	0.69	0.28	0.73	0.27	0.69	0.27	0.63	0.31	0.68	0.29	1.31
人力结构	0.71	0.26	0.75	0.33	0.72	0.33	0.63	0.27	0.70	0.31	2.46
官僚承诺	0.50[d]	0.42	0.80[c]	0.53	0.66[d]	0.44	0.57[d]	0.37	0.65	0.46	4.29**
员工抗拒	0.53	0.23	0.69	0.27	0.62	0.27	0.62	0.33	0.62	0.29	1.87
外部支持	0.57[d]	0.29	0.77[c]	0.30	0.60[d]	0.36	0.48[d]	0.33	0.60	0.36	7.10**
高层主管宣布	0.53	0.28	0.54	0.25	0.56	0.22	0.55	0.27	0.55	0.25	0.14
产业公开性	0.67[d]	0.27	0.79[c]	0.32	0.64[d]	0.28	0.63[d]	0.27	0.67	0.31	4.28**
对利益相关者的责任	0.54	0.26	0.63	0.24	0.50	0.24	0.52	0.28	0.53	0.26	2.05
财务成本	0.60	0.21	0.71	0.28	0.61	0.29	0.62	0.33	0.63	0.29	1.41
人力重新配置	0.81[d]	0.22	0.90[c]	0.30	0.83[d]	0.30	0.81[d]	0.32	0.84	0.31	4.23**
高层主管一致性	0.40[d]	0.36	0.62[c]	0.41	0.51[c, d]	0.31	0.42[d]	0.23	0.48	0.33	3.20*
跨部门整合	0.67[c, d]	0.25	0.73[c]	0.31	0.71[c]	0.26	0.58[d]	0.38	0.67	0.32	3.29*
专质资产	0.70	0.36	0.62	0.39	0.60	0.38	0.59	0.25	0.62	0.35	1.08
14 项属性平均值	0.63[d]	0.16	0.73[c]	0.19	0.65[d]	0.19	0.62[d]	0.20	0.65	0.20	4.45**

a 正确性指数的推导过程是，先计算差异化正确性的皮尔森相关系数的平均值，然后将 z 平均值及其对应的标准差转换回相关矩阵中。

b, c, d 对每一个属性，使用 Fisher 最小显著差异检测，平均数上没有相同上标则表示该组在 0.05 以下的水平有显著差异。例如，学术界人士与顾问师，以及学术界人士与利益相关者 上的平均评比有显著差异，然而，股票分析师与另外三组外部群体并无显著差异。

* $p < 0.05$。

** $p < 0.01$。

13.5 讨论

随着战略研究的进行，将焦点集中在衡量议题上已有强烈的必要性（Venkatraman and Grant，1986）。由于各类型专家已经被广泛用来提供战略变量的衡量信息，因此，严谨地评估专家的专业性更重要。本章代表这类研究的起源。我们使用大量专家意见来探讨不同群体的外部专家的专业性；研究者第一次有机会评估外部专家评比相对于内部专家评比的信度与正确性。

研究结果显示，我们所调查的四类专家具有高度一致性，他们的评分者间信度相当高；各组专家的信度中位数介于 0.46 与 0.53 之间，这些数字远高于一般所报道的组内相关系数范围[⊖]。

研究结果也建议，股票分析师在我们所探讨的群体中正确性最高，学术界人士与顾问师的正确性略高于利益相关者。本章中，股票分析师表现最佳的可能原因是，顶尖股票分析师通常受过严格的学术训练，使他们能依据一套井然有序的理论架构做判断；同时，股票分析师与企业和利益相关者会有固定的互动，从中不仅可以获得丰富的产业知识，并且能够掌握深度的信息（Cosentino，1990）。然而，研究结果显示，顾问师的正确性并未高于股票分析师和学术界人士，则令人惊讶。我们猜测可能的原因是，顾问师的工作本质比较集中，亦即在顾问业高度竞争的态势下，顾问师通常必须专门化（Jacobsen，1990），以致仅能对客户营运的某些层面有深入了解。另外，研究也发现，学术界人士的信度最高，正确性至少和经验丰富的顾问师与利益相关者相当。由于学术界人士通常较其他群体的成员更容易接近，而且比较乐意回复问卷调查，因此这个结果相当令人振奋。学术界人士所呈现的高评分者间信度显示，他们所做的判断建立在整个学术界共同的理论或训练之上

⊖ 在许多关于组织气候的研究中，信度范围介于 0.00 与 0.50 之间，中位数则为 0.12（James，1982）。

（Snow and Hambrick，1980），至于他们的正确性低于股票分析师，则可归因于他们缺乏随手可得的、深度的产业知识。

就战略属性的评估来说，四个群体在评比某些属性时，其正确性并无明显差异，如必要的管理努力，在这种情况下，征询哪一类专家的意见并不重要。然而，各组专家评估其他战略属性的正确性却不尽相同，显示专家未必在所有方面均具有洞察力，因此，研究者必须十分留意他们在某个研究中所选择的外部专家类型。

即便有这些差异，整体来说，外部专家对某些属性的评比正确性显然高过另一些属性，例如，将四个群体两两配对，分别计算他们在 14 个属性的平均正确性分数的相关系数，其结果从 0.57 到 0.91 不等，平均值为 0.80。进一步检视所有平均评比分数（表 13-4，第 5 行）发现，整体来说，外部专家在一些明显的、具体的、事实的属性上，如人力重新配置，似乎表现最佳；在一些不明显的、模糊的、政治性的议题上，如对利益相关者的责任，似乎表现相当差，而这些明显的、具体的属性的信度也最高，模糊的属性则最低（见表 13-3）。由于所有航空公司从事财务投资的水平与人力重新配置的需要性，很可能具有一致性，因此外部专家可以很容易地评估这些属性。相对地，高层管理者意见是否一致，以及企业对利益相关者责任的认知，可能会随着航空公司以及管理风格与做法的不同而有差别，因此本质上较难估计。这些结果建议，当外部专家被要求评估那些明显的、跨企业一致性的议题时，他们的评比可以用来代替内部专家的判断。

13.5.1　研究意义

本章的发现有几个意义。首先，以往的研究很少将股票分析师作为外部专家，然而本章提出了好几项理由，来支持将他们的观点更广泛地运用在战略研究中。事实上，股票分析师很容易被辨认出来，他们的从业记录和专业水平也可以被客观地评估。然而，运用股票分析师进行研究虽有好处，却也有弊端：他们比较不容易接近，而且可能有潜在的利益冲突问题。

其次，我们的文献回顾指出，学术界人士是战略研究中最常被运用的外部专家。本章选择学术界人士的方式与以往研究的选择程序差异极大。为了确保学术界人士能和其他外部专家做比较，我们选择从事航空公司研究的学界专家，因为这种专长似乎确实有助于他们的评比绩效。基于此，寻找那些熟知被研究产业的学者虽然麻烦，却似乎相当值得。

那么，我们的研究发现对战略研究者到底有何意义？根据以往的研究回顾与我们本身的实证发现，我们建议，使用问卷调查资料进行战略或总体研究时，可以运用下列一般性原则。

第一，由于内部专家在本章的信度很高，而且通常被认为比外部专家正确（Snow and Hambrick，1980），因此，采用内部专家来判断内部变量似乎更合适。以本章来说，我们所探讨的大部分属性均和战略执行与组织变革有关；研究结果隐含，对这些议题有兴趣的研究者最好积极采用内部专家的意见。其原因是，外部专家仅能解释一部分内部专家评比的变异——即使本章中表现最佳的股票分析师，也仅能解释内部专家53%的评比变异（见表13-4）。

第二，当内部专家的评量难以取得而必须单独运用外部专家时，哪些专家的相对信度和正确性比较高，似乎可以辨识出来。然而，Venkatraman与Ramanujam（1986，1987）及我们的研究结果均建议，研究者应该寻求客观的或初级的知觉证据，来评估专家的专业性。此外，研究者也应该充分了解外部专家必须具备何种知识，并且选择那些训练和经验均最合适的专家。

第三，研究者应该尝试采用一种类型以上的专家，以便在目前广被建议的多重方法／多重特质（multimethod-multitrait）分析中，能将每一类型专家视作一种不同方法来分析（Bagozzi，Yi，and Phillips，1991；Venkatraman and Ramanujam，1986，1987）。

第四，不管是内部专家还是外部专家，都应该采用数个响应者，并且报告他们的评分者间信度。虽然这个建议基本上适用于采取问卷调查的战略研究，但它应该同样适用于其他管理领域的研究，包括组织理论、人力资源管理以及组织行为等。

第三，任何研究的正确性与信度，在面临专家的可接近程度与响应可能性等议题时，可能均会被抵消，因为很有可能一个研究根本无法接近信度和正确性都很高的专家，此时，专家的专业性便一点用处也没有。因此，当一个研究能够从少数相当难接近，而正确性与一致性却很高的专家中取样时，应受到鼓励。Weick（1969）指出，任何研究最好都能处理正确性、精简与一般化这三个研究目标的其中两项。然而，我们的文献回顾显示，战略领域迄今似乎比较偏向一般化和精简的研究，研究发现的正确性仍然很少受到注意。

13.5.2　研究限制

本章有几个限制必须被特别提出来。首先，正确性的评比是以实际采取战略性行动之企业高层主管的评比为比较基准来评估的，而非根据客观的衡量工具。本章采用的属性，和其他以专家评比为基础的战略变量一样，并没有相对应的客观衡量工具。我们假设内部专家的判断是正确的（Snow and Hambrick，1980），尤其是我们所问的问题是企业的实际行为，而非过去的信念或意图（Golden，1992）。在这种情况下，我们将面临高层主管无法完全免除回溯性偏差（retrospective bias）（Huber and Power，1985）、发表过度有利的评估内容（Golden，1992）以及基于机密性限制而不愿意揭露真实信息等风险。然而，由于问卷设计具有结构性，而且我们采用相关的，而非绝对的正确性架构，这些误差的可能性应该会降至最低。另外，CEO 被认为是检视战略程序属性最可信赖与最正确的人选（Sharfman，1992），然而，如前所提，由于这个产业的 CEO 不易接近，因此我们无法取得他们的意见。

战略性行动本身，以及它们对专家评比的含义，是另一个值得关注的议题。虽然这些竞争性行动均经过小心选取，但它们所引发的全部冲击，却可能因为研究时间太短而无法被观察到或被充分地分析。这些问卷调查确有必要在采取竞争性行动后实时进行，以便将潜在的回溯性偏差降至最低（Huber and Power，1985）。

其次，本章中股票分析师的优异表现可能无法复制到其他产业。相对于管制比较少、书面化程度比较低的产业，航空公司竞争的高度文书化（documentation）可能使这个产业的分析师具有比较大的优势，其他产业可能因结构的不同，而使不同类别的专家呈现不同的重要性。然而，如果假设所有市场的信息处理均很有效率，我们认为，市场效率性将使所有相关群体均能取得所有必要信息，如此便得以评估一家企业的竞争性行动和这些行动对企业价值的冲击。

上述讨论引发本章之发现能否一般化的课题。首先，我们认为这些结果可以应用在一些敏感性战略议题的研究上，如评估企业的战略执行与组织变革；其次，研究方法与研究发现可能也适用于其他和航空业具有类似管制程度与高度文书化的产业，如金融服务业与制药业。

13.5.3 结论

未来的研究可以朝几个方向延伸本研究的发现。首先，我们基本上提供了多重特质／多重方法的数据：属性是特质，专家是方法，各种不同的竞争性行动可以被视为多重项目。近年来，颇有进展的验证性因素分析已经允许研究者详细检视每一组资料的特质变异（trait variance）、方法变异（method variance）与特定变异（specific variance）（Baggozi et al.，1991）；然而很可惜，由于本章的每一组专家样本过小，以致我们无法有意义地运用这个方法。未来的研究应该取得较大样本，并且使用这个方法进一步检验我们的研究发现。

其次，未来的研究应该尝试将本章的做法复制到其他产业，并且运用可以客观地建构比较基准的战略变量，如企业绩效。未来的研究也可以检测外部专家在总体层次（相对于事业层次）上的运用。如前所述，对于高度多元化的企业来说，产业层次数据和客观衡量工具将更难取得，而且总体层次的分析也更需要依赖专家的意见。

再次，研究者也应该详细地研究专家意见，包括他们的产业知识和背景，因为不同类型的外部专家所拥有的内部知识可能不同。探讨一个外部专家拥有多少内部知识，以及这些知识如何影响该专家的评比，应当十分有趣。类似的问题也可以评估内部专家的外部知识。

最后，这类研究最终应该发展出遴选专家的标准，并能对专家间意见的差异提出理论上的解释。我们同意 Venkatraman 与 Grant（1986：83）的说法："在确定不同专家间缺乏一致性的原因究竟是反映出评分者间信度不佳，还是显示出不同经理人对高度复杂的战略观念有认知差异之前，应该先系统化地研究专家的遴选标准。"未来的研究需要发展理论或方针来对专家的反应与相对的战略属性进行配适。

本章借由探讨专家在衡量中的角色对战略研究做出了具体贡献，根据评分者间信度与正确性所做的专业性评估，应该能够彰显这个重要议题的正面价值。

| 第 14 章 |

竞争承诺的测量

原题 彼人能者，吾岂不能？以竞争者作为承诺升级的参照点

原文出处 Kai-Yu Hsieh, Wenpin Tsai, and Ming-Jer Chen, 2015, "If They Can Do It, Why Not Us? Competitors as Reference Points for Justifying Escalation of Commitment," *Academy of Management Journal*, 58(1): 38-58.

本章强调市场竞争情境是影响承诺升级行为的一个重要结构性决定因素。结合承诺升级行为和动态竞争的研究，我们认为，以某些竞争者为决策参照点会影响决策者能否合理化在低绩效行动方案上的持续投资，进而影响企业承诺升级行为的倾向。为检验该观点，本章运用信息技术产业龙头企业在中国大陆的投资活动的数据。实证分析得出有力证据：较大规模竞争者的高行动量和较小规模竞争者的正面绩效都会提高企业的承诺升级倾向。此外，不同于以往文献忽略外部线索而聚焦于决策者的偏执，本研究发现，较大规模竞争者的负面绩效会减少企业的承诺升级行为。

14.1 绪论

当企业进入一个不熟悉的领域时，例如一个新的境外地区，以循序渐进的方式进行投资使企业能够在后续每个阶段依据前期表现来调整投资计划（Dixit and Pindyck，1994）。如果企业在目标地区的营运绩效并不理想，那

么我们或许会预期它将对后续投资更加谨慎；然而，决策者常常倾向于持续（而非抑制）投资于绩效不佳的行动方案，进而导致所谓的承诺升级（Staw，1976，1997）。以往对承诺升级的研究主要通过实验来揭示参与者个人的承诺偏见（参见 Sleesman，Conlon，McNamara，and Miles，2012），而很少有研究检验企业承诺升级行为的结构性决定因素（少数例外包括 Guler，2007；McNamara，Moon，and Bromiley，2002）。本章强调市场竞争情境是影响承诺升级行为的一个重要结构性决定因素。尽管存在承诺偏见，但当绩效不理想时，企业不太可能在完全缺乏理由的状况下盲目坚持现有进程；市场环境中的某些参照点可能帮助证实决策者能否合理化其持续投资（Adner and Levinthal，2004；Zardkoohi，2004）。然而，迄今我们仍不清楚这些外部参照点如何影响企业对低绩效行动方案的承诺。

在本研究中，我们将竞争者视为主要的决策参照点（Fiegenbaum，Hart，and Schendel，1996；Kim and Tsai，2012）以及经理人合理化承诺升级行为的可能依据。过去的研究已指出，企业是否会采取一项行动方案［例如进入一个新地区（Gimeno，Hoskisson，Beal，and Wan，2005）、采用一项新技术（Rogers，2003）或实施一系列新的组织惯例（Guler，Guillen，and MacPherson，2002）］的初步决策常会受到竞争者行为的影响。延伸这一方向的研究，我们认为，经由透露出持续坚持的可能线索，竞争者同样会影响企业对低绩效行动方案的后续承诺（Bikhchandani，Hirshleifer，and Welch，1998；Lieberman and Asaba，2006）。此外，作为对动态竞争研究的延伸（Chen and Miller，2012；Ketchen，Snow，and Hoover，2004；Smith，Ferrier，and Ndofor，2001），我们提出，较大和较小规模的竞争者对企业的承诺升级行为有不同影响。规模较大、资源较充裕的竞争者常被视为主要参照点，因为它们的消息更加灵通（Haunschild and Miner，1997），并能够施加更强的竞争张力（Chen，Su，and Tsai，2007）。相对于传统的研究往往聚焦于较大规模的竞争者，我们进一步强调较小规模的竞争者也具有重要的影响。这是因为参照资源较不充裕的竞争者，可以更清楚地揭示企业从采取一项行动中获益所需的能力阈值（Terlaak and King，2007）。

近几年来，尽管学者对市场竞争者间的行为互相依赖有了更深入的理解（Hsieh and Vermeulen，2014；Livengood and Reger，2010；Marcel，Barr，and Duhaime，2011；Tsai，Su，and Chen，2011；Zhang and Gimeno，2010），但迄今为止对竞争者究竟如何影响企业的持续性资源承诺仍所知有限（Ferrier，MacFhionnlaoich，Smith，and Grimm，2002）。通过强调将市场竞争情境作为一个影响承诺升级行为的结构性决定因素，本章有助于构建承诺升级行为与动态竞争研究之间的理论桥梁（Sleesman et al.，2012）。我们的分析阐明（可能是这一领域文献首次），以不同相对规模的竞争者为参照点如何能为持续投入低绩效行动方案提供合理化的依据。借此，我们拓展了竞争相对性和不对称性的概念（Chen，1996；Chen and Miller，2012），并为研究不良绩效情境下的动态竞争开辟了一条新的途径。

为检验本章的论点，我们运用信息技术（information technology，IT）业的龙头企业1998~2011年在中国大陆进行投资活动的数据。我们首先辨识出焦点企业在进入中国大陆某一地区后运营持续亏损的情况，进而检验该企业对该亏损地区继续投入资源的倾向。鉴于既有文献尚未深入探讨竞争者如何影响承诺升级行为，我们进行了三轮实地访谈，为理论发展收集更多信息（受访者的背景资料列示于附录14A）。值得注意的是，本研究本质上采用的是演绎法，因此，这些访谈并非用于扎根理论构建，而是为了使我们抽象的逻辑推理与具体的现实更加契合，并且运用实际案例能更清楚地阐释我们的论点（Creswell，2008）。结合访谈内容以辅助我们对档案数据的量化分析，我们探讨了市场竞争情境在塑造企业承诺升级行为中所扮演的角色。

14.2　理论背景

承诺升级包含三项特征：前一阶段投资的负面绩效反馈、后续的资源承诺决策，以及未来成功机会的不确定性（参阅 Brockner，1992；Staw，1997）。这些特征将承诺升级与其他相关现象［如势（momentum）（Amburgey and Miner，1992）、惯性（Broscoe and Tsai，2011；Kumar，2004）和现状偏好（Hambrick，Geletkanycz，and Fredrickson，1993）］区分开来。这些相关现象关注的是不存在负面反馈和目标达成不确定性时的决策连贯性。本章针对企业在海外扩张时的承诺升级行为进行研究。进入一个新的海外地区不仅需要大量的初始投资，还需要持续的资源投入支持当地营运（Johanson and Vahlne，2009）。这些投资往往不能立即带来回报，并且最终的回报率也常在很长一段时间内都难以确定（Zaheer and Mosakowski，1997）。当个别企业在某目标地区的营运绩效不佳，但仍然倾向于继续（而非抑制）后续资源承诺时，此行为倾向可被视为承诺升级的表现。

14.2.1　动态竞争和承诺升级

承诺升级的现有研究聚焦于揭示决策者的个人偏差，例如在结果不尽如人意时维护自己过去的决策（Staw，1976），不愿意运用更新的信息来修正自身成见（Nisbett，Borgida，Crandall，and Reed，1982），或不能将已经无法挽回的初始投入视为沉没成本（Arkes and Blumer，1985）。迄今少有研究探讨承诺升级行为的结构性决定因素（Sleesman et al.，2012）。商业组织需要屈从于竞争选择的压力并受到公司治理机制的监管。因此，当经理人对绩效不佳的行动方案继续投资时，他们将会受到越来越多来自其他利益相关者的审查和质疑，使调动更多的资源来支持低绩效方案变得越发困难（Guler，2007；McNamara et al.，2002；Zardkoohi，2004）。对于意图坚持一项行动方案的决策者而言，他们必须提供令人信服的论据，以有效说明他们在逆境之下的坚持最终能取得成功（Adner and Levinthal，2004）。

当试着合理化投入亏损地区的持续资源承诺时，决策者可参照在同一目标地区进行投资的竞争者。企业常将竞争者视作决策时的外部参照点（Fiegenbaum et al.，1996；Kim and Tsai，2012），因此，在进行海外投资时，相互竞争的企业往往以彼此为标杆（Chan，Makino，and Isobe，2006；Gimeno et al.，2005；Rose and Ito，2008）。这种市场竞争者间的行为依赖性是动态竞争文献的研究重心（Chen and Miller，2012；Ketchen et al.，2004；Smith et al.，2001）；该文献将竞争刻画为一场争夺战，在这场竞赛中，各方都必须保持主动并承担失去现有地位的风险（Chen，Lin，and Michel，2010；Derfus，Maggitti，Grimn，and Smith，2008；Young，Smith，and Grimm，1996）。主动采取一项行动（例如海外扩张）的竞争者可能会获得独特的优势（例如获取当地的客户和生产要素），这使它们能更有力地挑战那些不够积极的企业（Boyd and Bresser，2008；Ferrier，Smith，and Grimm，1999）。因此，当竞争者也呈现在特定目标区域中时，决策者往往担忧落于人后，这样的顾虑会驱使焦点企业增加在同一区域的资源投入（Chen et al.，2007；Livengood and Reger，2010；Yu and Cannella，2007）。

虽然动态竞争文献还没有针对企业在低绩效情境下的资源承诺进行专门研究，但我们预期，该情境下企业的承诺升级行为会受到竞争对手影响。例如，竞争者在目标地区的积极参与暗示那里存在重要机会（Bikhchandani et al.，1998）。此外，如果竞争者在目标地区获得了正面绩效，那么决策者可以推论，如果他们的企业坚持不懈，也能从该地区的营运中获利（Haunschild and Miner，1997）。这些对竞争者的观察为承诺升级提供了合理化的基础：一方面让继续投资的回报形成乐观预期，另一方面将企业置于必须追赶竞争者、把握商机的压力之下（D'Aveni，1994；Knickerbocker，

1973；Lieberman and Asaba，2006）。一位直接向 CEO 汇报的高层主管与我们分享了她的经验。

> 若你试了却失败了，他们（管理高层）对你难免越来越没信心，你想要得到他们的支持也会越来越难。当有人质疑你的判断，或者质疑你的动机，搬出竞争对手多少能给你一些比较客观和具体的立论依据。

14.2.2 不同相对规模的竞争者

作为外部的决策参照点，不同相对规模的竞争者对资源承诺决策有着不同的影响。相对（运营）规模是一种基本的组织特征，常被管理者用于区分竞争对手以及理解任务环境（Clark and Montgomery，1999；Porac，Thomas，Wilson，Paton，and Kanfer，1995）。由于资源禀赋和竞争优势的差异，较大和较小规模的竞争者常采用不同的行为，这也导致企业会针对它们表现出不同的行为倾向（Chen and Hambrick，1995；D'Aveni，1994）。组织的信息处理是选择性的——组织成员会"关注环境的某些方面而忽略其他部分"（Cyert and March，1963：173）。因此，企业间的互动取决于它们如何选择性地处理并解释对不同规模竞争者的观察（Kim and Tsai，2012；Ocasio，1997；Smith，Grimm，and Chen，1991）。

在考虑企业对其他组织机构的选择性关注时，以往的研究往往只强调了较大规模竞争者带来的行为影响，这是因为资源充裕的竞争者消息更加灵通（Haunschild and Miner，1997），并能够施加更强的竞争张力（Chen et al.，2007）。基于此观点，我们认为较大（而非较小）规模竞争者的行动和负面绩效会更强烈地提醒决策者，目标地区存在重要机会或关键障碍，从而影响企业的资源承诺。此外，鉴于以往研究局限于较大规模的竞争者，我们进一步提出，较小（而非较大）规模竞争者的正面绩效更容易引起决策者的关注，因为这会激发他们以下想法："如果较小的对手都能做到，那么我们也应该能做到。"换言之，参照资源较不充裕的竞争者可以更清楚地揭示企业从一项行动中获益所需的能力阈值（Terlaak and King，2007）。借由同时考虑较大和较小规模的竞争者，我们得以阐明不同参照点对制定决策的独特信息价值。

14.3 假设

为了评估承诺升级，我们采用动态竞争研究中以行动为中心的方法（Chen and Miller，2012；Smith et al.，2001），检验企业在绩效不佳的境外地区持续采取新战略行动的倾向（作为本文的因变量）。在动态竞争研究中，"行动"指的是企业为了提升竞争地位所采取的可见的外部导向活动。既有研究将战术行动（如价格变动、新的广告宣传）和战略行动（如扩张产品线、设立新的研究中心）加以区分。相较于战术行动，战略行动发生的频率更低，需要更多的资源支持，并且有更深远的长期效应（Chen，Smith，and Grimm，1992；Miller and Chen，1994）。因此，本章聚焦于战略行动，以其为持续资源承诺的指标。

14.3.1 较大规模竞争者的行动量

为了合理化在亏损地区的持续投入，决策者可以寻求外部线索来阐明目标地区确实存在重要机会，并且公司需要尽快把握这些机会。较大规模竞争者在该地区的战略行动能够提供这类支持性线索。动态竞争研究已经检验了各种行动组合特征（Chen et al.，2010；Ferrier，2001；Rindova，Ferrier，and Wiltbank，2010；Young et al.，1996；Yu，Subramaniam，and

Cannella，2009），这些特征包括行动量（相对于缺乏行动）、简单性（相对于复杂性）和异质性（相对于一致性）。在本研究中，我们将分析重心放在竞争者的行动量上——一个经常检验的基本特征，定义为在一段时间内某竞争者所采取的行动总数。与其他更加复杂的行动组合特征相比，竞争对手的行动量较容易被经理人观测到并加以解读，因此也对企业的互动行为具有较直接而明确的影响。

较大规模的竞争者拥有更充裕的资源禀赋，故有能力在信息搜寻和市场调查方面投入更多（Baum，Li，and Usher，2000；Haunschild and Miner，1997；Rogers，2003）。由于较大规模的对手拥有更好的私有信息，因此它们在目标地区的积极参与可被视为该地具有重要机会的信号（Bikhchandani et al.，1998）。进一步地，较大的竞争者更有能力先发制人，使后来者处于不利竞争地位（Scherer and Ross，1990），因此它们在目标地区的高行动量也给其他企业带来了额外的压力，担心在把握商机的争夺战中落后（Chen and Hambrick，1995；Chen et al.，2007；Lieberman and Montgomery，1998）。一位财务部门的中层经理提供了一个经验阐释。

他（上海地区主管）要求更多的资源来扩张他的领地，讲得像是他的计划是重中之重，公司应该不惜一切代价支持。我们部门有同事批评他对成长率和回报率的预期过于乐观。他翻到一张显示竞争对手投资计划的PPT，拍着屏幕大声回呛："它们（市场占有率领先的竞争者）这么积极（采取很多战略行动）是因为它们知道这有多重要。我们再拖拖拉拉，干脆直接投降，把机会让给它们算了！"

因此我们预期，当较大规模的竞争者在目标地区采取了许多战略行动时，承诺升级尤其容易发生。当决策者将较大规模竞争者的积极参与视为存在重要商机的支持性信号时，所属公司更容易（以采取更多战略行动的方式）做出进一步的资源承诺——尽管它们本身尚未在目标地区获得成功。在这种情况下，决策者更容易认为，把握机会的重要程度要超过采取更多行动来克服障碍所需付出的额外资源成本（Adner and Levinthal，2004）。相反地，当较大规模的竞争者在目标地区不够活跃时，就表明这些竞争者并不认为该地区是有吸引力的。因为这样做不能获得预期收益，企业就不太可能持续投入资源承诺；在这种情况下，决策者很难合理化并且调动更多资源进行后续投资——即使他们个人的主观意愿是坚持到底（Guler，2007；Zardkoohi，2004）。

然而，尽管较小规模竞争者的积极行动也反映了它们对目标地区的良好评价，但是由于较小规模竞争对手的行动中所蕴含的信息量相对较少且不稳定，因此它们的高行动量难以作为判定目标地区具备吸引力的明确信号（Baum et al.，2000；Haunschild and Miner，1997；Rogers，2003）。此外，由于较小规模的竞争对手不太具备阻断后进者的能力（Scherer and Ross，1990），因此它们追求商业潜力所能产生的竞争张力也相对较低（Chen and Hambrick，1995；Chen et al.，2007；Lieberman and Montgomery，1998）。相应地，当决策者试图从外部寻求能体现亏损地区重要性的支持性指标时，参照较小规模竞争者的行动量只能获得有限的信息价值。尽管这种解释并没有完全否认较小规模竞争者行动的潜在影响，但这种影响相较于较大规模竞争者应该更弱。因此，我们强调较大规模竞争者的行动量对企业承诺升级行为的正向影响，因而提出以下假设。

假设1：当较大规模的竞争者在同一地区采取大量战略行动时，企业会更倾向于在自身营运出现亏损的该地区采取新的战略行动。

14.3.2 较小规模竞争者的正面绩效

如同竞争者的高行动量能被视为市场机会的信号，竞争者在目标地区的绩效则可以用于评估自身未来获得成功的可能性。组织研究的文献已指出，竞争者采取一项行动的绩效会影响企业自身采取相同行动的倾向（如Haunschild and Miner，1997；Lu，2002；Schwab，2007）。扩展这一研究脉络，我们将竞争者的正面绩效（能从目标地区的运营获得利润）和负面绩效（在目标地区的运营处于亏损）区分开来。尽管这种区分过去很少出现在文献中，但这是相当重要的，如同下文将阐释的，企业会选择性地受不同相对规模竞争对手的成功或失败经验所影响。

借由参照较小规模竞争者的正面绩效，决策者能推断自身企业未来有可能取得相同的成功。企业进入海外地区会由于缺乏本地嵌入性而受限制，并需要依赖既有优势弥补外来者劣势（Hymer，1976；Zaheer and Mosakowski，1997）。由于较小的规模往往意味着较少的资源禀赋和有限的既有优势，较小规模的企业于海外运营时常遭遇更多困难（Caves，2007）。当发现连较小规模、资源较贫乏的竞争对手都在海外地区成功克服了障碍，较大规模、更有优势的企业的决策者也对将来成功的可能性有了更高的预期，推断自己的公司有足够的实力在该领域竞争（Chen et al.，2007）。一位项目经理为我们描述了以下经验。

> 它们（成功的小型竞争者）有自己的独到之处。这就是为什么它们成功了而我们搞得一团糟。但我们头儿（一位资深副总）仍然压着使我们越投越多："如果它们都能成功，我真不知道为什么我们不行。我们手头的资源是它们的两倍还多，更别说我们有你们这样更优秀的人。"这实在很难反驳——我是说，谁愿意开口说我们不是更优秀的人。

因此，我们预测，当较小规模的竞争者能从目标地区的运营获利时，企业尤其容易出现承诺升级行为。在该情境下，决策者会将较小规模竞争者的成功经验视作他们企业自身成功机会的支持性指标，从而有了调动更多资源来执行更多战略行动的合理性。相反地，如果较小规模竞争者在目标地区并没能成功，那么决策者就会缺乏有效证据来表明自身企业已达到能在海外地区获得成功所需的能力阈值（Terlaak and King，2007）。在这种情况下，采取进一步行动（作为克服障碍的尝试）所能得到的回报将变得更加不确定（Adner and Levinthal，2004）。因此，决策者想持续投入资源时更难找到强有力的理由（Guler，2007；Zardkoohi，2004）。

较大规模竞争者的正面绩效也可视作焦点企业能否在目标地区克服障碍的支持性指标。然而，考虑到较大规模的竞争者拥有更多能投入境外拓展的资源，以及更容易弥补外来者劣势（Hymer，1976；Zaheer and Mosakowski，1997），它们与较小规模的焦点企业相比本来就更容易在境外地区成功（Caves，2007）。换言之，较大规模竞争者的成功经验可以归结为其资源禀赋的优势，而非目标地区的经营条件。因此，决策者很难通过参照较大规模、资源更加充裕的竞争者的获利运营，得出自身企业也有能力取得同样成功的论点。虽然较大规模竞争者的成功经验仍可能会影响承诺升级行为，但这种影响相较于较小规模竞争者应该更弱。因此，我们强调较小规模竞争者的正面绩效对企业承诺升级行为的正向影响，提出以下假设。

假设 2：当较小规模的竞争者在同一地区的运营获得利润时，企业会更倾向于在自身营运出现亏损的该地区采取新的战略行动。

14.3.3 较大规模竞争者的负面绩效

在上文中，我们专注于分析持续行动的支持性线索。这里，我们则考虑预期回报不理想的非支持性线索，以帮助我们更好地理解企业承诺升级背后的行为驱动力。如果企业后续投资的决策主要受到承诺偏见（例如，Arkes and Blumer，1985；Nisbett et al.，1982；Staw，1976）的驱动，那么非支持性线索对后续投资的影响就会很微弱；这是因为决策者会将组织的注意力导向支持性线索，而遗漏（甚至是选择性忽略）反面证据（Cyert and March，1963；Ocasio，1997）。相反地，如果在决策制定过程中有较为理性、客观的拿捏，那么非支持性线索就会获得组织的关注，从而减少企业对低绩效行动方案的承诺。

我们已经解释了较小规模竞争者的正面绩效增强了决策者的持续性，因为决策者获得了取得同样成功的信心。另外，较大规模竞争者的负面绩效则可能会抑制企业的后续投资。当拥有较多资源和优势的较大规模竞争者在海外地区仍表现不佳时（Caves，2007），拥有较少资源、规模较小企业的管理者会警觉目标地区，担心挑战性过高，从而认为自身企业没有足够的能力参与该地区的竞争（Chen et al.，2007），未来取得成功的可能性也不高。如果企业关注到非支持性线索，较大规模竞争者的负面绩效会使它们对后续资源承诺的可能回报怀有较消极的预期，进而降低企业执行新战略活动的倾向。

然而，尽管较小规模竞争者的负面绩效也可能被视为一种非支持性线索，但是这些竞争者没能取得成功的原因可以归咎为资源禀赋不足，而非当地条件不佳。因此，较大规模焦点企业的决策者仍可以推断目标地区是有发展前景的，因其自身企业相比之下更有能力获得正面的结果。此外，较小规模竞争者的失败可能会被资源更加充裕的焦点企业视作一个扩大其领先于较弱竞争者幅度的机会（Scherer and Ross，1990）。这种解读会提高焦点企业对未来回报的预期，从而鼓励（而非抑制）后续投资（Ferrier et al.，2002）。由于较小规模竞争者的失败经验可以有多种解读，因此我们认为其行为影响相比较大规模竞争者更为间接且微弱。因此，本章的第三个假设强调较大规模竞争者的负面绩效对企业承诺升级倾向的负向影响。具体而言，我们做出如下预测。

假设 3：当较大规模的竞争者在同一地区的运营处于亏损时，企业会更不倾向于在自身营运出现亏损的该地区采取新的战略行动。

14.4　研究方法

本研究的样本由信息技术（IT）产业中三个子行业的中国台湾龙头企业所构成，这三个子行业分别为个人计算机、主板和网络设备制造。我们追踪了这些企业 1998～2011 年在中国大陆各地区的投资活动。与邻近国家（如日本和韩国等）的 IT 企业不同（这些国家的 IT 行业主要由大型和多元化的企业集团所构成），中国台湾的 IT 企业相比之下规模相对适中，并且通常专营某一主要产品类别（Dedrick and Kraemer，1998）。在相同子行业内竞争的企业密切关注彼此在中国大陆（境外投资最重要的目的地）的活动。对它们而言，中国大陆不仅提供了有吸引力的生产基地，也是一个日益重要的终端产品市场。随着中国大陆各地区的经济加速发展，对 IT 产品的当地需求也快速上升。因此，本章所研究的企业在进入中国大陆的目标地区时，会同时考虑当地的要素市场和产品市场。虽然 20 世纪 90 年代中期只有少数企业在中国大陆进行大规模投资，但到 2011 年年底，它们在中国大陆的投资占其海外投资总额的比例已经超过 70%。

14.4.1　数据

首先，我们列出在中国台湾的两个证券交易所［台湾证券交易所（针对较大的成熟企业）和证券柜台买卖中心（针对较小的企业或初创企业）］挂牌的全部企业。接着，我们从中找出 60 家企业，这些企业的主要产品（占营业收入比重最高的产品）皆属于三个先前所选定的子行业之一。虽然随着规模的增长，这些企业有时也涉足其他相关产品，但它们普遍在某项主要产品类别上有很高的专业化程度。平均而言，样本企业主要产品的收入占其总收入的比例达 67%。这三个子行业所对应的主要产品分别是笔记本电脑、桌面计算机主板和局域网络设备（包括用户终端设备）。依据信息工业策进会（2011 年）的信息，2010 年台湾地区 IT 行业在这些主要的产品项目占超过全球 90% 的产出。由于样本企业专营的主要产品相同，并且共同占据了全球市场占有率的主导地位，因此它们倾向于将彼此视为最主要的竞争者，同时也是关键的决策参照点。我们的分析将每个子行业中的台湾企业视为彼此的主要竞争者，它们在中国大陆的投资时常以彼此为标杆。我们另外用一个控制变量来衡量存在于目标地区的其他 IT 公司（中国大陆的企业和外国企业），将它们视为潜在或次要的竞争者。

接下来，我们主要通过两个数据源收集台湾地区的 IT 企业在大陆的战略行动和绩效。第一，投资审议委员会（台湾负责境外投资的监管机构）审阅并记载了所有上市公司的对外投资计划书。该数据源描述了企业计划采取的一系列战略行动。第二，台湾上市公司每个季度都会在公开信息观测站（由台湾证券交易所管理的一个信息平台）报告它们在大陆的活动和绩效。该数据源描述了企业何时采取了某项行动，以及在大陆各地区的绩效表现。这两个数据源一共记载了 51 家台湾企业在大陆采取的 1679 项战略行动。两方面的资料相当一致：有 1536 项行动在两个来源都能找到相互对应的记录，而这些行动都被保留下来用于进一步的数据分析。对于仅能在一个数据源中找到的 143 项行动，我们从公司的季度和年度报告中搜集额外的信息，并且保留了这些报告中有所记载的 59 项行动。剩余的 84 项行动则被剔除，因

为它们所反映的可能是未被实施的计划或不重要的行动。至此，我们保留了
1595 项行动的信息，用于下一步的数据处理。

14.4.2 因变量

本研究的因变量是指，企业尽管在境外目标地区的营运绩效不佳，但仍
继续投入资源以采取新战略行动的倾向。我们将中国大陆的一个地区界定为
一个省份（如广东和江苏）或一个直辖市（如上海和北京）。为了分析升级
行为，我们专注于那些自从进入某一地区后运营一直处于亏损状况的企业，
并利用 Cox 半参数模型估算企业在某个特定时间点（以季度为衡量单位）采
取至少一项新行动的风险率（Cox，1975）。事件史分析框架中的"行动率"
表示，若在给定时间段内直到 t 时点还没有行动事件发生，下一瞬间有行动
事件发生的相对概率（即事件发生的瞬时概率）。在我们收集的 1595 项行动
资料中，有 680 项行动是企业在目标地区营运持续亏损的情境下所采取的。
这 680 项行动横跨六种不同类型，包括 164 项进货物流行动（在当地采购原
料或零部件）、222 项产品行动（在当地生产更多类型的产品）、89 项产能扩
充行动（在当地添设制造设备）、108 项出货物流行动（扩建当地的仓储、运
输或分销设施）、59 项技术行动（在当地成立研究部门）和 38 项合作行动
（在当地设立合资企业）。这些行动都是持续资源承诺的重要指标，因为它
们有着深远的战略意义并且实施起来需要大量的资源投入。我们的数据显
示，每项行动相关投资金额的中位数高达 3960 万新台币（大约相当于 130
万美元）。

尽管在目标地区处于亏损运营状态，但样本内的企业仍可能多次采取
新的战略行动。为了分析它们在目标地区重复的行动事件，我们运用了间隔
时间（gap time）模型，在这类模型中，一个"时间段"（spell）指的是上次
事件发生后的持续时间。每个时间段都始于企业在目标地区的上一个行动事

件。企业在目标地区首次行动事件相对应的时间段，始于其初次进入该地区的时间点。为了避免观测左截断（left truncation），对于 1998 年之前就已开始的时间段，我们回溯历史记录到 1992 年（在此之前样本中的企业都未进入大陆），以便能够衡量确切的间隔时间。当企业在目标地区运营持续亏损的情况下仍采取了至少一项新行动时，所对应的时间段即告结束，否则该时间段就终止于右设限（right censoring），诸如企业首次就能在目标地区获利，进而撤离该地区，或者我们的观测期已结束。本研究所运用的数据以季度为更新频率，共包含了 1920 个企业 – 地区 – 季度观测点（基于 51 家企业在 16 个地区的 131 组企业 – 地区历史资料）。在这些观测点中，353 个涉及行动事件的发生，这些事件区分出 464 个时间段。在这些时间段中，75 个时间段因转亏为盈而终止于右设限，另外 13 个因企业撤离目标地区而终止于右设限（附录 14B 举例说明了本研究的数据结构）。若以 $h[t \mid Z_i(t)]$ 表示企业 i 在给定地区内于间隔时间 t 的行动率，并用 $Z_i(t)$ 表示协变量的向量，则我们所用的 Cox 模型可以表述如下：

$$h[t \mid Z_i(t)] = h_{0,k}(t)\exp[\beta' Z_i(t)]$$

该等式中，行动率为基准风险率 $h_{0,k}(t)$ 和协变量自然指数的乘积。我们为企业在目标地区的第一次、第二次、第三次……第 n 次行动设定了不同的基准率。换言之，本章的模型依据一家企业自进入目标地区以来采取的累计行动数量（以下标 k 表示）进行分层估算。使用半参数模型让研究者能够不用设定基准率的精确函数形式便能估算出协变量的影响。因此，分层基准率提供了一个简便但有力的方法来解释后续承诺评估可能受到先前行动累计数的影响。最后，对同一家企业进行多次观测会违背观测独立性的基本假设。为了减少潜在偏差，我们运用了稳健集群估算法（robust clustered estimation）计算标准误，以校正对同一家企业的多个观察值（参阅 Williams，2000）。

14.4.3 解释变量

较大规模竞争者的行动量。第一个研究假设考虑了较大规模竞争者在目标地区行动的影响。我们通过比较两家企业在过去两年内的平均营收来评估其相对规模。据此，一家企业的较大规模竞争者可定义为在同一（产品类别）子行业内营收相对较高的台湾企业。我们识别出较大规模竞争者在大陆目标地区采取的所有行动，并用每个竞争者过去两年内在该地区采取的行动数量总和来衡量每个竞争者的行动量（参阅 Chen et al., 2010；Ferrier, 2001；Yu et al., 2009）。接着，我们用每个竞争者的行动量除以其总体营收规模（对以百万新台币为单位的营收取自然对数）来调整资源禀赋和活跃程度间常见的正相关性（Miller and Chen, 1994；Young et al., 1996）。最后，我们计算两年期移动窗口内较大规模竞争者在目标地区（总体营收规模调整后的）的行动量均值，以代表较大规模竞争者行动量的解释变量。

较小规模企业的正面绩效。第二个研究假设考虑了较小规模竞争者在目标地区成功经验的影响。一家企业的较小规模竞争者可定义为在同一子行业内收入相对较低的台湾企业。较小规模竞争者的绩效用过去两年内在大陆目标地区的投资资产收益率加以衡量。某些较小规模的竞争者可能从目标地区的运营中获利，而另一些较小规模的竞争者则可能蒙受亏损。在我们的主要分析中，我们计算了能够获利的那些较小规模竞争者的平均正收益率作为解释变量（附录 14C 列举了一个范例以做更多说明）。当某企业的所有较小规模竞争者都没能从目标地区获利时，我们将此变量值设定为零，以表示不存在支持性线索。因为以往很少有区分竞争者正面和负面绩效的研究，为检验稳定度，我们还构建了一系列不同的指标。基于这些补充指标的分析结果会在后文中进一步讨论。

较大规模竞争者的负面绩效。第三个研究假设考虑了较大规模竞争者在目标地区不成功经验的影响。与较小规模竞争者的状况相似，某些较大规模

的竞争者可能从目标地区的运营中获利，而另一些较大规模的竞争者则可能
蒙受亏损。为了构建（主要）分析所需的解释变量，我们首先计算了蒙受亏
损的那些较大规模竞争者的平均负收益率。接着，我们去掉了平均数前的负
号；据此，竞争者越大的亏损对应（衡量负面绩效的）此变量越高的正值。
当某企业所有较大规模的竞争者都没有在目标地区蒙受亏损时，我们将此变
量值设定为零，以表示不存在非支持性线索。

14.4.4　控制变量

本研究中 Cox 模型的基准率是依据某企业自进入目标地区至今采取的
累计行动数量进行分层的。除此之外，我们还构建了一个控制变量（焦点企
业的行动量）来衡量企业过去两年内所采取的行动数量，并依据企业规模
（对以百万新台币为单位的营收取自然对数）加以调整。分层基准率并没有将
企业近期的行动和早期的行动区分开来。与之相对，这个控制变量考虑的是
企业近期的行动可能会对后续决策产生额外影响的可能性。

本研究强调较大规模竞争者的行动量、较小规模竞争者的正面绩效和较
大规模竞争者的负面绩效所带来的行为影响。相对地，我们预测较小规模竞
争者的行动量、较大规模竞争者的正面绩效和较小规模竞争者的负面绩效的
影响相对较弱。尽管如此，我们也建构了这三个变量，并将它们作为控制变
量纳入回归分析。

企业总体层次的某些特征可能影响它在目标地区的承诺行为。首先，我
们用企业的总资产收益率衡量其整体绩效，并以企业总营收（以百万新台币
为单位）的自然对数衡量其整体规模。其次，一家企业可能同时在中国大陆
的多个地区经营，而在目标地区的投资可能会受到其他地区经营状况的影
响。因此，我们引入两个变量来控制这种可能性：我们用该企业首次进入大
陆其他地区至今的时间（以年为单位）衡量其在大陆其他地区的经验；并用

该企业在大陆其他地区的平均投资资产收益率来衡量其在大陆其他地区的绩效。此外,企业在其他国家的境外经营可能会影响其在大陆的投资活动。我们用一家企业拥有的海外资产除以其总资产来衡量其国际化程度。在大陆其他地区的经验这一变量的数值在每季度末更新,而以上列举的其他时变变量都用两年期移动观测窗口内的平均值来计算。

我们还控制了目标地区内的竞争者数量,这是以专营相同产品并在相同地区经营的其他台湾企业的绝对数目来衡量的。目标地区的竞争者越多,企业越有可能增加其在该地区的承诺(Knickerbocker,1973;Lieberman and Asaba,2006)。同时,在大陆的多点接触则衡量了企业除了在目标地区遭遇这些台湾竞争者外,在其他地区也和它们碰头的平均地区数量(Gimeno and Jeong,2001)。多点接触可能会导致相互忍耐,进而降低企业的活跃程度(Yu et al.,2009)。这两个控制变量的数值在每季度末更新。此外,虽然台湾 IT 企业倾向于将处于同一子行业的其他台湾企业视为主要竞争者,但它们的行为可能还会受到 IT 产业里的大陆企业以及外国企业的影响。因此,我们引入了一个控制变量(其他 IT 企业)来衡量目标地区所有本土和外国 IT 企业的数目。计算最后一个控制变量所需的数据源自各年度的《中国统计年鉴》。

最后,企业的承诺决策可能会受到与特定子行业、时间或地区相关但无法测度的因素影响,因此,我们在回归模型中引入了一系列子行业、年份以及地区的虚拟变量,以控制这类潜在的异质性。

14.5 分析结果

表 14-1 列出各变量的描述性统计信息。表 14-2 展示了 Cox 回归分析的结果。表 14-2 中的模型 1 包含了所有控制变量。企业自身行动量的作用并

不显著，主要原因在于分层基准率也控制了企业先前行动的影响效果。较小规模竞争者的行动量、较大规模竞争者的正面绩效和较小规模竞争者的负面绩效并没有显著作用，显示这些潜在线索可能并不被运用于决策参照。尽管我们预测在大陆的多点接触会导致相互忍耐，进而降低企业的活跃程度，但它实际上对活跃程度有着正向但不显著的影响。这可能是因为在类似大陆这样充满机会却高度不确定的环境中，决策者特别担忧在竞逐新商机上落后于多次遇到的竞争者（Anand，Mesquita，and Vassolo，2009）。企业的整体绩效、规模和目标地区（台湾）的竞争者数量会提高行动率，而在大陆其他地区的经验带来的则是负面影响，这说明如果企业在其他地区经营，那么就较不会坚持在亏损地区持续投入。

14.5.1　假设检验

与假设 1 相符，模型 2 和模型 5 中较大规模竞争者的行动量都有正向且显著的作用（p=0.021 和 0.003；双尾检验）。考虑到 Cox 模型的乘积结构，解释变量的作用大小是相对的，经由比较不同情境下的行动率乘数而得到（参阅 Cleves，Gould，Gutierrez，and Marchenko，2010）。我们考虑了三个典型情境：较大规模竞争者的行动量①为零、②等于非零观测值的平均数、③等于高出平均数一个标准差的值。以等于平均数的情境为比较的基准。相较于基准情境，当较大规模竞争者的行动量为零时，企业的行动率降低 22%；当较大规模竞争者的行动量偏高时，企业的行动率增长 21%（基于模型 5 的估计结果）。这样的行动率变动幅度（–22%～＋21%）有着重要的经济意义，因为我们资料中的这些行动反映的是非常可观的投资额度（每个行动事件的相关投资金额中位数达 3960 万新台币，或约 130 万美元）。

表 14-1　描述性统计

变量	平均值	标准差	最小值	最大值	相关系数													
					1	2	3	4	5	6	7	8	9	10	11	12	13	14
1. 较大规模竞争者的行动量	0.26	0.33	0.00	1.77														
2. 较小规模竞争者的正面绩效	0.04	0.07	0.00	0.74	0.11													
3. 较大规模竞争者的负面绩效	0.06	0.08	0.00	0.82	0.41	0.08												
4. 自身企业的行动量	0.40	0.71	0.00	7.17	0.29	0.09	0.21											
5. 较小规模竞争者的行动量	0.34	0.56	0.00	4.08	0.22	0.18	0.21	0.07										
6. 较大规模竞争者的正面绩效	0.04	0.05	0.00	0.69	0.46	0.13	0.29	0.15	0.08									
7. 较小规模竞争者的负面绩效	0.06	0.07	0.00	0.80	0.04	0.21	0.14	-0.03	0.31	0.06								
8. 企业整体绩效	0.03	0.09	-0.52	0.31	-0.10	0.12	-0.10	0.07	0.10	-0.19	0.19							
9. 企业整体规模（对百万新台币取自然对数）	9.45	2.06	4.05	13.98	-0.24	0.02	-0.25	-0.24	-0.09	-0.21	0.15	0.35						
10. 在大陆其他地区的经验	4.40	4.02	0.00	19.00	-0.33	-0.15	-0.29	-0.24	-0.20	-0.12	-0.14	-0.04	0.40					
11. 在大陆其他地区的绩效	-0.01	0.06	-0.47	0.26	-0.08	0.04	0.01	-0.07	-0.11	-0.01	0.04	0.12	0.08	0.12				
12. 国际化程度	0.02	0.03	0.00	0.16	-0.03	-0.02	0.04	-0.08	0.03	-0.06	0.02	-0.12	-0.05	0.06	-0.06			
13. 目标地区的竞争者数量	4.78	3.85	0.00	14.00	0.42	0.33	0.42	0.17	0.28	0.49	0.31	-0.04	-0.23	-0.28	0.01	-0.09		
14. 在大陆的多点接触	0.55	0.81	0.00	5.00	-0.14	-0.05	-0.12	-0.14	-0.11	0.00	0.06	0.09	0.57	0.49	0.06	0.00	-0.14	
15. 其他 IT 企业数量（/100）	5.19	3.27	0.36	15.70	0.32	0.15	0.14	0.07	0.13	0.36	0.04	-0.10	-0.18	-0.06	0.00	-0.10	0.51	-0.05

注：$N = 1\,920$ 个企业-地区-季度的组合（基于 51 家企业在 16 个地区的 131 组企业-地区历史资料）。相关系数的绝对值高于 0.05 时达到 5% 的显著水平。

表 14-2　企业行动率的 Cox 模型

变　量	模型 1	模型 2	模型 3	模型 4	模型 5
较大规模竞争者的行动量		0.495* （0.214）			0.574** （0.194）
较小规模竞争者的正面绩效			1.776** （0.572）		1.799** （0.561）
较大规模竞争者的负面绩效				−1.422† （0.818）	−1.645* （0.823）
控制变量					
自身企业的行动量	0.123 （0.080）	0.102 （0.087）	0.110 （0.083）	0.133† （0.074）	0.097 （0.081）
较小规模竞争者的行动量	−0.061 （0.120）	−0.070 （0.124）	−0.105 （0.123）	−0.057 （0.119）	−0.110 （0.127）
较大规模竞争者的正面绩效	0.310 （1.192）	−0.208 （1.282）	0.159 （1.194）	0.420 （1.143）	−0.338 （1.220）
较小规模竞争者的负面绩效	0.238 （0.722）	0.521 （0.702）	0.064 （0.794）	0.205 （0.716）	0.347 （0.756）
企业整体绩效	2.350** （0.785）	2.196** （0.796）	2.502** （0.776）	2.380** （0.794）	2.367** （0.796）
企业整体规模	0.117† （0.069）	0.135* （0.068）	0.101 （0.068）	0.106 （0.069）	0.108† （0.065）
在大陆其他地区的经验	−0.044† （0.024）	−0.039 （0.024）	−0.045† （0.024）	−0.047† （0.024）	−0.042† （0.025）
在大陆其他地区的绩效	0.082 （0.956）	0.060 （0.943）	0.007 （0.958）	0.308 （0.997）	0.226 （0.981）
国际化程度	3.474 （2.379）	3.017 （2.311）	3.430 （2.315）	3.733 （2.435）	3.197 （2.340）
目标地区的竞争者数量	0.104* （0.043）	0.091* （0.043）	0.098* （0.043）	0.112** （0.043）	0.093* （0.044）
在大陆的多点接触	0.287 （0.203）	0.284 （0.207）	0.288 （0.197）	0.290 （0.199）	0.291 （0.195）
其他 IT 企业数量	−0.150 （0.100）	−0.144 （0.101）	−0.155 （0.097）	−0.159 （0.098）	−0.159† （0.095）
子行业、年度和地区的虚拟变量	包括	包括	包括	包括	包括

（续）

变　　量	模型 1	模型 2	模型 3	模型 4	模型 5
对数似然比	−846.9	−844.3	−844.2	−845.6	−839.7
LR $\chi 2$ 对应零模型	147.0**	147.5**	156.3**	150.9**	159.2**
赤池信息量准则	1 757.8	1 754.6	1 754.5	1 757.2	1 749.4

注：重复行动事件的间隔时间模型；基准率依累计行动次数做分层。
　　标注在括号内的标准误是从以企业为集群的稳健估算法获得的。
†　$p<0.1$。
*　$p<0.05$。
**　$p<0.01$；均为双尾检验。

与假设 2 相符，模型 3 和模型 5 中较小规模竞争者的正面绩效都有正向且显著的作用（$p=0.002$ 和 0.001）。同样地，我们也通过参考三个典型情境来解读解释变量的作用大小：较小规模竞争者的正面绩效①为零、②等于非零观测值的平均数、③等于高出平均数一个标准差的值。相较于平均（基准）情境，当较小规模竞争者的正面绩效为零时，企业的行动率降低 17%；当较小规模竞争者的正面绩效偏高时，企业的行动率增长 18%。

最后，与假设 3 相符，模型 4 和模型 5 中较大规模竞争者的负面绩效都有负向且显著的作用（$p=0.082$ 和 0.046）。就作用大小而言，相较于平均情境，当较大规模竞争者的负面绩效为零时，企业的行动率增长 19%；当较大规模竞争者的负面绩效偏高时，企业的行动率降低 12%。

14.5.2　补充分析

成比例风险假定。Cox 模型的一个关键假设就是风险率可以表示为（分层）基准率和协变量自然指数的乘积，故给定两个取特定值的协变量，同一分层中，估测风险的比率是不会随着时间改变的。但某些协变量对行动率的影响可能并不符合成比例风险假定。我们运用 Schoenfeld（1982）提出的局部残差法检验了所有时变协变量，并未发现任何变量违背了此假定。

行动组合的其他相关特征。在论述竞争者行动组合的可能影响时，我们聚焦于行动量，即特定时间内某竞争者采取行动的绝对数量。在主要分析中，我们用营运规模对竞争者的行动量做了标准化调整。作为稳定度检验，我们也使用了未经规模调整的简单计数指标。此外，动态竞争研究也探究过几个与行动量在概念上相似（也在实证上相关）的行动组合特征。因此，我们另外建构了几个变量来测量竞争者的行动规模（与组合中所有行动相关的投资总额，以营运规模做调整）、行动复杂性（反向编码的赫芬达尔指数，反映了竞争者的行动跨越不同类型的程度；见 Ferrier，2001）和行动惯性（反向编码的活跃指数，依据不同行动类型的发生频率做调整；见 Miller and Chen，1994）。这些不同的指标均产生和我们主要分析一致的结果。

竞争者绩效的其他指标。各竞争者在目标地区的绩效表现可能有所不同——有些能够从该地区盈利，而另一些则承受亏损。我们的实证分析区分了正面和负面绩效的竞争者。作为补充，我们还建构了四组不同的指标（附录 14C 列举了一个范例以做更多说明）。第一，我们区分了绩效高于和低于中位值的较大规模／较小规模竞争者，并分别衡量其平均绩效。第二，我们衡量了焦点企业的较大规模／较小规模竞争者中绩效最优和最差企业的绩效。第三，我们计算了所有较大规模／较小规模竞争者的平均绩效，然后将高于和低于零的平均数由零点截断，以分别建构竞争者成功和失败的指标。对于这三组变量，反映竞争者低绩效的指标都进行了反向编码，所以指标的高数值反映的都是低绩效。第四，我们建构了描述竞争者成功的虚拟变量，当焦点企业至少有一个较大规模／较小规模的竞争者能从目标地区盈利时，设定数值为 1，反之为 0。类似地，竞争者失败的虚拟变量也通过类似的方法建构。正如表 14-3 所示，反映较小规模竞争者正面绩效的四种额外指标的作用都是显著的；而反映较大规模竞争者负面绩效的变量中，仅前两种指标的作用是显著的。

表 14-3 运用其他竞争者绩效指标的 Cox 模型

变 量	模型 6 （更好 / 更差）	模型 7 （最好 / 最差）	模型 8 （截断值）	模型 9 （是 / 否）
较大规模竞争者的行动量	0.536** （0.194）	0.505** （0.195）	0.544** （0.194）	0.527* （0.206）
较小规模竞争者的正面绩效（其他指标）	1.493** （0.389）	0.705† （0.382）	3.147** （0.813）	0.315* （0.139）
较大规模竞争者的负面绩效（其他指标）	−1.039* （0.518）	−0.850* （0.431）	−1.730 （1.264）	−0.082 （0.222）
控制变量				
自身企业的行动量	0.089 （0.087）	0.084 （0.082）	0.102 （0.085）	0.080 （0.089）
较小规模竞争者的行动量	−0.093 （0.126）	−0.077 （0.128）	−0.075 （0.119）	−0.073 （0.130）
较大规模竞争者的正面绩效（其他指标）	−0.234 （1.502）	−0.407 （0.762）	−0.766 （1.580）	−0.005 （0.210）
较小规模竞争者的负面绩效（其他指标）	−0.249 （0.625）	−0.270 （0.393）	0.120 （0.841）	−0.358 （0.408）
企业整体绩效	2.432** （0.817）	2.400** （0.828）	2.369** （0.813）	2.152** （0.800）
企业整体规模	0.131* （0.066）	0.109† （0.064）	0.141* （0.070）	0.114† （0.066）
在大陆其他地区的经验	−0.041† （0.024）	−0.042† （0.024）	−0.042† （0.024）	−0.041† （0.024）
在大陆其他地区的绩效	0.151 （1.033）	0.215 （0.999）	0.267 （0.981）	0.052 （0.931）
国际化程度	3.329 （2.333）	3.273 （2.316）	2.875 （2.442）	3.352 （2.338）
目标地区的竞争者数量	0.099* （0.045）	0.103* （0.048）	0.094* （0.043）	0.072 （0.046）
在大陆的多点接触	0.275 （0.205）	0.279 （0.202）	0.281 （0.199）	0.295 （0.198）
其他 IT 企业数量	−0.171† （0.098）	−0.169† （0.097）	−0.170† （0.101）	−0.149 （0.098）
子行业、年度和地区的虚拟变量	包括	包括	包括	包括

(续)

变　量	模型 6 （更好 / 更差）	模型 7 （最好 / 最差）	模型 8 （截断值）	模型 9 （是 / 否）
对数似然比	−840.3	−841.3	−840.7	−842.7
LR χ 对应零模型	161.9**	156.8**	161.1**	160.7**
赤池信息量准则	1750.6	1752.6	1751.5	1755.5

注：重复行动事件的间隔时间模型；基准率依累计行动次数做分层。
　　标注在括号内的标准误是从以企业为集群的稳健估算法获得的。

† $p < 0.1$。

* $p < 0.05$。

** $p < 0.01$；均为双尾检验。

资源转置作为一种替代解释。 我们之前推论，较大规模竞争者的行动量能揭示出它们判断地区吸引力的私有信息。然而，某些竞争者可能对一个地区感兴趣，却在另一个地区伪装得很活跃，目的是将其他企业的资源转置错误的热点，偏离自己真正感兴趣的地区（McGrath，Chen，and MacMillan，1998）。为了评估我们的分析结论确实适用于这类"诱敌活动"出现较少的地区，我们建构了一个仅包括中国大陆四个投资活动最为活跃的地区（上海、江苏、广东和北京）的子样本，而排除了所有其他地区的资料（据此，141 组企业 – 地区历史数据中有 37 组记录被排除）。由于这四个主要地区经济发展迅速，投资者通常确实对这些地区有兴趣。结果指出，较大规模竞争者的行动量和较小规模竞争者的正面绩效在子样本分析中都仍有显著的作用。但我们也发现，较大规模竞争者的负面绩效在这四个地区中并未表现出显著的作用。

基于企业在目标地区经验长短的分层模型。 在目标地区没有经验的新进者对负面绩效反馈的解读，可能与经验丰富的企业有所不同。为了更好地控制这种可能性，我们在模型中将行动基准率按企业在目标地区的经验长短（按年计算）分层，而非按照其在目标地区的累计行动数量分层。在这种不同的模型设定下，较大规模竞争者的行动量和较小规模竞争者的正面绩效仍然呈现显著作用，然而，较大规模竞争者的负面绩效的作用并不显著。虽然这种分层模型并不理想，因为 Schoenfeld 检验（1982）发现其违背成比例风险假定，但这仍显示了较大规模竞争者失败经验的作用不如其他两个解释变量稳健。

14.6 讨论

先前关于承诺升级的研究偏重于探讨决策者的个人偏差（Staw，1997），而对企业升级行为的结构性决定因素着墨甚少（Sleesman et al.，2012）。针对这个研究缺口，本章强调市场竞争情境是一个重要的结构性决定因素。具体而言，我们提出，参照特定竞争对手有助于决策者合理化在低绩效行动方案上的持续投资，进而增加企业的承诺升级倾向。另外，参照竞争者也可能产生非支持性线索，若这些线索能够得到组织的关注，那么企业就会减少其承诺升级行为。本章的实证分析提供了有力的佐证：较大规模竞争者的高行动量和较小规模竞争者的正面绩效都会增加企业的承诺升级倾向；相对地，较大规模竞争者的负面绩效则会减少承诺升级行为。

除了本章所检验的境外扩张活动，其他类型的战略活动（如成立新的合资企业、多元化经营，或者组织重组和变革等）也包含一系列阶段性的投资决策和对未来成功可能性的不确定预期。当企业参照市场竞争者以寻求外部线索时，市场竞争环境可能会将它们锁定在特定的行动方案中，也可能导致它们的撤离。企业不可能在出现不良绩效时只是盲目地坚持现有进程。当决策者试图对绩效不良的行动方案做出进一步承诺时，他们必须找出能说明他们自己和说服其他组织成员与利益相关者的合理解释——否则，他们会越来越难以取得支持并调动后续资源投入（Adner and Levinthal，2004；

Zardkoohi, 2004)。正如我们的结果所示, 当竞争市场环境中存在着支持性线索时, 企业会表现出更高的承诺升级倾向; 而当市场环境中存在着非支持性线索时, 则会减少承诺升级行为。

我们并未将承诺升级视作一种个人偏差的直接行为反射, 而是将"合理化"的需要纳入考虑, 进而揭示了一系列可能性。企业的承诺升级行为可能是理性和客观思维的结果: 决策者仔细地评估各项外部线索, 进而得出了后续投资的预期回报高于逐渐增加的资源成本这一结论。另外, 决策者也可能基于自身利益选择性地利用外部线索的呈现。由于绝大多数决策都同时包含客观思维和私利考虑, 要在实证上把两者清楚地分离是很困难的 (Cyert and March, 1963)。尽管如此, 我们仍可预期, 如果决策由私利考虑主导, 那么决策者就会将组织的注意力导向支持性线索而忽略对立证据 (Ocasio, 1997)。在本研究中, 较大规模竞争者的负面绩效会降低企业的承诺升级倾向, 这表示非支持性线索并没有完全被忽略。然而, 我们的补充分析也显示, 其他两个解释变量对提高企业升级行为的效果在统计上更加稳定, 这可能是因为支持性线索得到了更多关注。这样复杂的现象有赖于学者以更广泛的观点, 进一步研究有限的组织理性如何塑造承诺升级行为。

虽然近来学者对竞争者间行为的相互依赖性有了更多理解 (例如 Hsieh and Vermeulen, 2014; Livengood and Reger, 2010; Marcel et al., 2011; Tsai et al., 2011; Zhang and Gimeno, 2010), 但动态竞争研究还未深入探讨企业在绩效不佳的情境下如何做资源承诺决策。本章除了提供承诺升级行为和动态竞争间的概念性联结, 也联结了察觉 - 动机 - 能力 (AMC) 这一竞争互动研究的核心架构 (Chen and Miller, 2012)。具体而言, 本章对参照点选择的分析将竞争者的行动与绩效、察觉和动机因素联系在一起, 并且指出了相对规模在能力判断时的作用。此外, 我们还揭示了较大和较小规模的竞争者对企业行为的不同影响，补充了以往研究仅将较大规模竞争者视为主要参照点的研究（Chen et al.，2007）。因此，本章也拓展了竞争相对性和不对称性的概念（Chen，1996；Chen and Miller，2012）。

本章的管理意义有助于管理者进行竞争者分析和预测对抗行为（Chen，1996；Tsai et al.，2011；Upson，Ketchen，Connelly，and Ranft，2012）。具体而言，大企业的行动会激发规模较小、资源禀赋较为不足的对手出现承诺升级行为，即意味着经理人需要慎思自身行动有可能会产生目的之外的效应。当一家具备优势的企业在目标地区表现得极具侵略性、试图把绩效不佳的较弱竞争者"挤出"该领域时，可能会招致反效果：竞争者将这种行为解读成当地有重要商机的信号，故反而投入更多资源固守不退。因此，具备优势的企业或许应该避免太过积极，而应耐心等候低绩效对手的竞争地位更加弱化后再出手。如此一来，企业可以避免双方因激化对抗而过早投入过多资源承诺，落得两败俱伤。

研究限制与未来的研究方向

本章的重点在于将竞争者视为企业承诺决策的外部参照点，但并未考虑企业内部的各种组织机制和影响因素。例如，当组织内部的势（Amburgey and Miner，1992）、惯性（Broscoe and Tsai，2011；Kumar，2004）或安于现状（Hambrick et al.，1993）的程度越高，企业越容易忽视现有方案的非支持性线索。此外，诸如高层管理团队（D'Aveni and MacMillan，1990；Marcel，et al.，2011）、政治或人际关系的动态性（Martinko，1995；Tsai，2002；Yin，Wu，and Tsai，2012）和组织惯例（McNamara et al.，2002）等内部因素也可能会增强或削弱管理者个人的承诺偏差，进而改变企业的承诺升级倾向（Guler，2007）。未来对这些因素的探究有利于将对心理偏差的微观研究和对企业行为的宏观研究加以结合。与此相关，内部和外部因素可能会带来不同影响，而迥异结构因素的交互作用可能使企业表现出非线性的行为倾向，以致情境因素的某一微小变化都可能带来突然、非连续性的改变（Gresov，Haveman，and Oliva，1993）。

如果企业决定要在亏损运营的地区投入更多资源，那么下一个议题就是后续投资的战略。继续在目标地区投入资源未必意味着在该地区继续坚持既定战略。负面的绩效反馈可能会激发探索和变革（Cyert and March，1963），也可能会导致封闭和僵化（Staw，Sandelands，and Dutton，1981）。此外，如果企业决定进行战略变革，那么它可以模仿竞争者，也可以扩大差异性。效仿成功竞争者的战略能使企业受益于信息外部性，并且提高行为的合法性（Bikhchandani et al.，1998；Lieberman and Asaba，2006；Miller and Chen，1996）。然而，由于资源禀赋、组织结构和可见度等方面的差异，较大或较小规模竞争者所实行的成功战略可能并不适用于焦点企业（Chen and Hambrick，1995；Haleblian，McNamara，Kolev，and Dykes，2012；Ndofor，Sirmon，and He，2011）。未来的研究可以检验企业如何通过组织学习和替代学习来调整其后续战略。

本研究着重于绩效不佳情境下的承诺决策。在绩效良好的情境下，企业也可以将竞争者视为参照点，但这些外部线索的行为意义可能有所不同。通过对在各地区达成正面绩效的企业样本进行独立分析，我们发现较大规模竞争者的负面绩效会增加（而非降低）企业采取新战略行动的倾向，而较大规模竞争者的行动量没有显著影响。这些观测显示，企业在面对正面绩效回馈时可能会采用不同的决策逻辑。例如，在较大规模竞争者因绩效不佳而弱化的时候，成功企业可能会尝试进一步提升其竞争地位（Scherer and Ross，1990）。此外，除了将较大规模竞争者的活跃程度视作一种商机的信号，由于考虑到自身的成功会吸引外界关注，成功企业也会担心其后续行动极有可能引发竞争者更具侵略性的对抗行动（Chen et al.，2007）。上述补充发现与以往未将负面和正面绩效情境加以区分的动态竞争研究形成一个有趣的对比（Chen and Miller，2012），并能启发后续研究探寻在不同绩效情境下的企业以竞争者为决策参照点时有何不同。

本研究的实证分析聚焦于在中国大陆各地区投资的企业。对于我们所研究的企业而言，中国大陆不仅提供了具有吸引力的生产基地，还提供了不断增长的产品需求。因此，当这些企业在某一目标地区相遇时，它们常常同时在当地的要素市场和产品市场竞争。本研究并没有考虑要素市场和产品市场的竞争可能有不同意义。例如，虽然针对当地客户的竞争有较为明确的地理疆界，但针对当地生产要素的竞争会直接影响企业在其他地区产品市场的竞争，因为企业可以跨越地理界限输送它们的产出。事实上，多数动态竞争的研究仍仅局限于产品市场竞争，而很少考虑要素市场竞争（Markman，Gianiodis，and Buchholtz，2009）。未来的研究可以深入探究这两个竞争场域间的区别和连动。

当进入一个海外地区并进行投资时，企业可以选择不同的进入模式，包括绿地投资、成立合资企业以及并购（Barkema and Vermeulen，1998）。随着时间的推移，当企业增加在目标地区的承诺时，一些合资企业可能会转型成全资子公司（Puck，Holtbrugge，and Mohr，2009）。本研究并未考虑这些复杂的情形。未来的研究可以进一步探究不同进入模式的意义。例如，在亏损运营地区的后续承诺可能与不同的进入模式有关，取决于企业如何将竞争者的进入模式选择作为决策参照点。

总之，本章探究了以某些竞争者为决策参照点如何影响决策者能否合理化在低绩效行动方案上的持续投资。我们的分析强调市场竞争情境是承诺升级的重要结构性决定因素。由此，我们构建了承诺升级行为和动态竞争研究之间的理论桥梁。

| 附录 14A |

受访者的背景信息

职能范围	主要职责	子行业	受访日期
1. 一般管理	企业整体运营	网络设备	2011-05-19
2. 一般管理	区域运营（中国大陆）	个人计算机	2012-04-24
3. 一般管理	区域运营（中国大陆）	主板	2011-10-07
4. 财务	财务规划	个人计算机	2012-04-24
5. 运营	供应链管理	主板	2012-04-26
6. 运营	制造	网络设备	2011-10-04
7. 营销与销售	客户关系管理（OEM/ODM 客户）	个人计算机	2011-10-05
8. 营销与销售	渠道开发（中国大陆）	网络设备	2012-04-25
9. 研究开发	新产品开发	个人计算机	2011-05-16
10. 项目管理	横向协调（现有及新产品线）	主板	2011-10-07
11. 项目管理	横向协调（在中国大陆的投资项目）	主板	2012-04-26
12. 职员	高层管理团队的行政支持	个人计算机	2012-04-24
13. 职员	竞争者和市场分析	主板	2011-05-20
14. 职员	财务分析和预算	网络设备	2012-04-25

注：文中引用的三段陈述分别来自第 12、4 和 11 号受访者。

附录 14B

范　例

一组企业 – 地区历史资料

企业	地区	日历时间	经历时间	事件	时间段	间隔时间	协变量	备注
#7	#9	2001Q3						首次进入
#7	#9	2001Q4	1	0	#1	1	$X(t)$	
#7	#9	2002Q1	2	0	#1	2	$X(t)$	
#7	#9	2002Q2	3	1	#1	3	$X(t)$	第一项行动事件
#7	#9	2002Q3	4	0	#2	1	$X(t)$	
#7	#9	2002Q4	5	0	#2	2	$X(t)$	
#7	#9	2003Q1	6	0	#2	3	$X(t)$	
#7	#9	2003Q2	7	1	#2	4	$X(t)$	第二项行动事件
#7	#9	2003Q3	8	0	#3	1	$X(t)$	
#7	#9	2003Q4	9	0	#3	2	$X(t)$	
#7	#9	2004Q1						右设限

| 附录 14C |

范　例

衡量较小规模竞争者的正面绩效

假设四个较小规模竞争者的收益率分别为 -0.08、0.01、0.02 和 0.03，则它们全体的平均收益率是 -0.005。这个平均值假设所有竞争者的绩效表现有着同等的地位。然而，较小规模竞争者的成功经验可能会受到特别多的关注，因此，我们测量了获得正面绩效的企业的平均收益率，以此为主要解释变量。这里，较小规模竞争者的正面绩效这一变量取值为：

AVERAGE（0.01，0.02，0.03）=0.02

作为稳定度检验，我们还建构了四个其他指标（用于模型 6～模型 9）。以上述的范例而言，四个其他指标取值依次为：

AVERAGE（0.02，0.03）=0.025

MAX（-0.08，0.01，0.02，0.03）=0.03

MAX [0, *AVERAGE*（-0.08，0.01，0.02，0.03）]=MAX（0，-0，005）=0

IF [MAX（-0.08，0.01，0.02，0.03）>0]=*IF*（0.03>0）=1

第八篇

动态竞争理论的发展对管理学科和管理学者的意义

第八篇说明动态竞争理论的发展过程对管理学科和管理学者的意义与启示。经过 30 年的发展，动态竞争研究逐渐被管理学接受，成为一个新兴的、正在成长的学术领域。一个新学术领域的形成是否有迹可循，是否有可依循的"道"，是所有学者都感兴趣的议题，也是大家共同面临的挑战。作为一个"学术创业"成功的典范，动态竞争的发展过程对于管理学者，尤其是中国的管理学者，有重大的意义。

第 15 章检视了动态竞争研究计划的建构过程，和以此为代表的学术创业过程，提供了一些建议给中国的管理学者来发展他们的研究计划，同时期望中国的管理学者更明白学术创业的"道"与"术",对华夏智慧与现代管理理论的接轨更有信心,重新"回归"中华文化的本质来"跨越"既有领域的框架,开创出更多立基于传统中国哲学与当今企业实践的理论和研究领域。

| 第 15 章 |

研究生涯初期的回顾

原题　研究过程的回顾：动态竞争研究的建构[⊖]

原文出处　Chen, Ming-Jer, 2010, "Reflecting on the Process: Building Competitive Dynamics Research," *Asia Pacific Journal of Management*, 27(1): 9-24.

　　本章检视动态竞争研究计划的建构过程，重点集中于我学术生涯初期的工作。在这个过程的省思中，我发现诸如深究基本问题、落实时间管理、整合研究和教学等所蕴藏的效果。本章的目的在于借由我的亲身经验，提供一些建议给研究者和学者来发展他们的研究计划，并且帮助他们处理在美国的一流期刊发表文章的过程中可能遇到的各种难题。

　　　前途不是从眼前的众多路径中做抉择后所产生的结果，
　　而是你自己所创造的舞台，首先你要有想法和决心，接着要
　　采取行动。

　　　　　　　　　　　　　　　　　　　——华特·迪士尼（Walt Disney）

⊖　谨将本文献给 Stephen Carroll，Jr. 和 Kenneth G. Smith，他们是我在马里兰大学进修博士时的论文指导教授，他们引领我进入一个有趣且有价值的学术生涯。感谢 John Michel、Don Hambrick、Sheng-Tsung Hou、Hao-Chieh Lin、M. Debbie O' Brien 与 Charles Tucker 等对本文稍早版本所提供的许多宝贵意见。弗吉尼亚大学达顿商学院的财务支持，在此也一并致谢。

华特·迪士尼的这段话让我想到 20 多年前发生的一件事，这件事对我的学术生涯，甚至生命，都有很大影响。我很清楚地记得，在 1984 年 8 月的一个下午，我到巴尔的摩国际机场去接我的指导教授，也就是已故的马里兰大学弗兰克·T. 佩因（Frank T. Paine）教授，当时他刚从英国讲学回来。在机场时，他给了我两篇文章：一篇是理查德·卡夫（Richard Caves）的著作，另一篇是伊恩·麦克米伦（Ian MacMillan）当时尚未完成的论文。他说："这类的'动态'思维将会是未来战略管理的发展方向。"

之后不到两个月，10 月 8 日，弗兰克·T. 佩因教授在周一早上的教务会议上突然中风，我坐上救护车陪伴他前往附近的医院。两天后，在战略管理学会（Strategic Management Society）于费城举行的年度会议中，前一年才加入马里兰大学的助理教授肯·史密斯（Ken Smith）和我，上台报告了我们最近和弗兰克·T. 佩因教授运用这个新的"动态"方法所做的一项研究。当时，我们仅有一页摘要。

弗兰克·T. 佩因教授从此就没有再出院。而我，作为一个博士生和研究新手，从那时起，套用华特·迪士尼的话，就是"前途"充满了不确定性——因为我必须在"众多路径中做抉择"。不过，有一件事倒是十分确定：弗兰克·T. 佩因教授在那年夏天所说的话激发了我对动态竞争的"想法和决心"，再加上我个人从小对"竞争"的兴趣，25 年来，我从来没有偏离过动态竞争研究这条路。

本章回顾动态竞争研究的建构过程，这是过去 20 年来战略管理领域中发展出的一套新研究体系（Smith, Ferrier, and Ndofor, 2001）。我把重心放在我学术生涯初期（1989～1997 年）的学术活动，分享我个人在建立这个研究计划的过程中学习到的心得。以下先简略地说明我的动态竞争研究，然后回顾我的研究与发表过程。

竞争是战略的核心要素。然而，当我开始从事这个领域的探讨时，当时大多数研究的重点都是探讨简单而静态的竞争特性，而且一直依赖诸如产业结构分析这类的研究方法（例如，Porter，1980），而甚少针对竞争行为的形态进行细致的分析。有别于传统的做法，我的研究源于企业所采取的实际竞争行动（Schumpeter, 1950）[⊖]。我以个别的竞争行动作为研究分析的基本单位，然后整合各个领域的想法和理论来发展新的理论、变量和衡量方法。

从我的博士论文探讨预测竞争响应开始，我在学术生涯初期共计发表了 12 篇有关动态竞争研究的核心论文，分别刊登于不同的主流期刊中（如表 15-1 所示）。我从研究和撰写这 12 篇论文得到的经验与学到的心得就是本章的基础。图 15-1 说明了整个研究计划的纲要，以及四个不同却又紧密相关的研究主题，其中包括行动与响应的对偶关系以及企业（业务）层次的竞争[⊖]。

在许多学者的努力下，动态竞争研究已经有了令人振奋的结果。几年下来，已经有 30 多篇重要论文被刊登出来，所检视的产业总计超过 40 个（Smith et al., 2001）。我在这段时间发表的文章两次获得美国管理学会企业政策与战略部门（2018 年起更名为战略管理部门）颁发的 Glueck 最佳论文奖，并且在 1996 年获得《管理学会评论》(AMR) 的最佳论文奖。

⊖ 需要特别一提的是，在我进行研究的同时，几位马里兰大学的研究者在 Ken Smith 的带领下，也发展了一系列动态竞争的研究。这些著作包括 Smith, Grimm, and Gannon, 1992；Smith, Grimm, Wally, and Young, 1997；Ferrier, 2001。过去 20 年来，动态竞争研究的出现，是我们共同努力的结果。

⊖ 有关这个研究计划的内容与描述，请参阅本书第一篇。

表 15-1　核心论文清单

1. "Organizational Information-Processing, Competitive Responses and Performance in the U.S. Domestic Airline Industry" (Smith, Grimm, Gannon, and Chen), 1991, *Academy of Management Journal*. (82/238 SSCI citations)

2. "Action Characteristics as Predictors of Competitive Responses" (Chen, Smith, and Grimm), 1992, *Management Science*. (70/186 SSCI citations)

3. "Nonresponse and Delayed Response to Competitive Moves: The Roles of Competitor Dependence and Action Irreversibility" (Chen and MacMillan), 1992, *Academy of Management Journal*. (68/210 SSCI citations)

4. "An Exploration of the 'Expertness' of Outside Informants" (Chen, Farh, and MacMillan), 1993, *Academy of Management Journal* (Special Research Forum on Methodology). (29/73 SSCI citations)

5. "Sources and Consequences of Competitive Inertia : A Study of the U.S. Airline Industry" (Miller and Chen), 1994, *Administrative Science Quarterly*. (117/343 SSCI citations)

6. "Competitive Attack, Retaliation and Performance : An Expectancy-Valence Framework" (Chen and Miller), 1994, *Strategic Management Journal*. (55/203 SSCI citations)

7. "Speed, Stealth, and Selective Attack: How Small Firms Differ from Large Firms in Competitive Behavior" (Chen and Hambrick), 1995, *Academy of Management Journal*. (80/428 SSCI citations)

8. "Nonconformity in Competitive Repertoires: A Sociological View of Markets" (Miller and Chen), 1996, *Social Forces*. (1995 Academy Best Papers Proceedings). (12/54 SSCI citations)

9. "The Simplicity of Competitive Repertoires : An Empirical Analysis", 1996, *Strategic Management Journal* (The 1993 Glueck Best Paper Award and Academy Best Papers Proceedings). (40/185 SSCI citations)

10. "Competitor Analysis and Interfirm Rivalry : Toward a Theoretical Integration" (Chen), 1996, *Academy of Management Review* (The 1996 Academy of Management Review Best Paper Award and the 1995 Glueck Best Paper Award ; 1995 Academy Best Papers Proceedings). (103/396 SSCI citations)

11. "The Influence of Top Management Team Heterogeneity on Competitive Moves" (Hambrick, Cho, and Chen), 1996, *Administrative Science Quarterly* (1994 Academy Best Papers Proceedings). (143/710 SSCI citations)

12. "Multimarket Maneuvering in Uncertain Spheres of Influence : Resource Diversion Strategies" (McGrath, Chen, and MacMillan), 1998, *Academy of Management Review*. (21/61 SSCI citations)

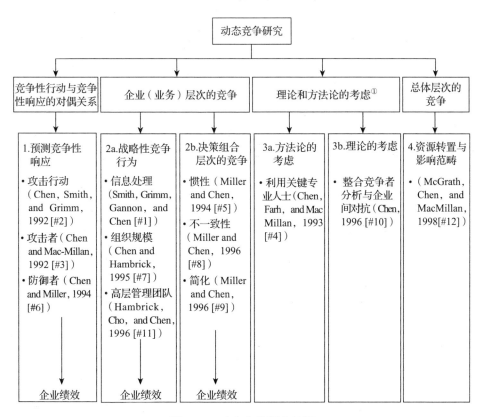

图 15-1　动态竞争研究计划

① 为了显示核心论文的演进过程，在图 2-1 列示的"理论和方法论的考虑"中，先呈现"方法论的考虑"（3a），再呈现"理论的考虑"（3b）；在 2.1.3 节中，先讨论"理论的考虑"，再讨论"方法论的考虑"。

注：# 数字意指表 15-1 内的论文清单编号。

15.1　回顾研究过程

接下来内容是我在发展这些论文的过程中，学到的主要心得。"过程管理"和研究、"撰写或发表"说明了我在研究和发表过程中所采用的一贯做法；"保持专注"和"提出基本问题"是过程中的两项关键战略；"落实时间管理"

和"决心和坚持"强调了执行力的重要性；"整合研究和教学"与"发展以研究为中心的平衡学术生涯"将我的学习和心得延伸到其他专业活动中。

15.1.1　过程管理

表 15-2 是针对 12 篇核心论文的审查、修改和发表时间，所做的详细分析。例如，它报道了每一篇论文从投稿到审查，再到最终刊登，整个发表历程所花费的天数。它也包含了每一篇论文的修改次数，以及被各种期刊退稿的次数。

我对发表论文的过程，有一些观察与心得。一篇论文从投稿到发表，幸运的话，整个过程可能至少要花两年的时间，这和公开的统计数字差不多（请参考表 15-2 的最后一栏）。第四号论文（#4）（Chen，Farh，and MacMillan，1993）比较不同，它刊登在《管理学会学报》（*AMJ*）的专刊研究论坛。由于这类专刊论坛有出版的时间压力，因此，它的时间比较紧凑。

另外，第九号论文（#9）（Miller and Chen，1996）曾经被 *AMJ* 退稿两次，被《管理科学季刊》（*ASQ*）退稿两次，也被《管理科学》（*MS*）退稿一次，最后才被《战略管理学报》（*SMJ*）刊登。请注意，*AMJ* 和 *ASQ* 的两次退稿，都是第一回合审稿就被拒绝，主编并未邀请我修改后再投稿，像这样的论文，我必须在内容上做大幅度的改变，然后把它当作一篇全新的论文，重新送给每一本期刊。在 *MS* 的投稿过程，也很有趣。事实上，在第二回合复审时，三位审稿人均提出了接受刊登的意见，但是副主编把这篇文章送给了第四位新的审稿人审核，并且依照第四位审稿人的意见拒绝了我的论文。当时，我的同事都建议我提出申诉。不过，我与丹尼·米勒（Danny Miller，该文的共同作者）都是受传统学派的洗礼（我呢，曾经是个篮球选手，并不相信"立刻重判"这档事），因此，即使判决有争议，但既然判了，我就把它视为最终的结果。

表 15-2 管理研究进程

论文	期刊	审稿时间（天）					修正时间（天）					结果	出版时间（月）		
		次数	总计	平均	最大	最小	次数	总计	平均	最大	最小		从第一次投稿到接受	从接受到刊登	从第一次投稿到刊登
#1	AMJ	3	206	69	84	57	2	177	89	121	56	接受	13.7	8.1	21.8
#2	MS	2	146	73	79	66	2	322	161	267	55	接受	16.3	9.1	25.4
#3	AMJ	3	138	46	48	40	3	201	67	153	11	接受	13.7	9.4	23.1
#4	AMJ	2	162	81	92	68	2	50	25	39	11	接受	8.2	7.9	16.1
#5	ASQ	2	225	112	125	99	2	47	24	41	6	接受	9.5	1.3	10.8
#6	ASQ	1	146	146									拒绝		
	SMJ	3	258	86	99	66	2	72	36	60	12	接受	13.2	8.5	21.7
#7	AMJ	3	187	62	91	55	3	121	40	76	15	接受	12.5	9.0	21.5
#8	AJS	2	183	92	99	84	1	33	33				拒绝		
	SF	2	156	78	123	43	1	42	42			接受	6.6	12.0	18.6
#9	ASQ	1	120	120	120								拒绝		
	AMJ	1	53	53			1	52	52				拒绝		
	MS	2	360	180	187	173	1	33	33				拒绝		
	ASQ	2	143	72	80	63							拒绝		
	AMJ	1	75	75									拒绝		
	SMJ	2	124	62	83	41	1	80	80			接受	6.8	9.0	15.8
													（1993 年 Glueck 最佳论文奖）		
#10	OS*	1	54	54			0	0				接受	不适用		
	AMR	1	87	87								接受	2.9	9.1	12.0
												（1995 年 Glueck 最佳论文奖；1996 年 AMR 最佳论文奖）			
#11	ASQ	2	186	93	120	66	1	102	102			接受	9.5	5.5	15.0
#12	AMR	2	189	90	93	87	2	167	84	87	80	接受	12.0	11.5	23.5

* OS 的 "超竞争" 专刊研讨会。

有趣的是，那篇以"惯性"（inertia）为主题、发表在 *ASQ* 上的论文（#5）（Miller and Chen，1994），前后仅历时 11 个月。它原本只是第九篇"简化"（simplicity）论文（#9）里面的一个注释而已，但是，丹尼·米勒和我后来觉得，把惯性这一概念埋藏在探讨简化的论文中，实在低估了这两个概念各自的重要性，我们把那篇论文拆成两篇再分别投稿。或许是因为文献里已经有不少论文讨论惯性的概念，这篇论文的整个过程进行得很顺利；相对地，讨论简化的那篇论文（丹尼说，那是他 20 年以来最好的论文），则因为是全新的观念，以至于它虽然很有前瞻性（由获得 1993 年 Glueck 最佳论文奖可以证明），却经历了三年被退稿五次的坎坷过程。

在表 15-2 中，我们还看到了另一项统计数据：我的论文被各个刊物接受的比率，*AMJ* 是 4/6，*AMR* 和 *SMJ* 是 2/2，*ASQ* 是 2/5。虽然我的论文在 *AMJ* 的命中率不如 *AMR* 和 *SMJ*，不过，我却一直以 *AMJ* 为我的标杆刊物。每当我完成一篇可以投稿至期刊的论文时，我都会问自己：这篇论文是否超过 *AMJ* 的标准？即使这篇论文并不是要投到 *AMJ*，我仍然会问这个问题。

迈克尔·希特（Michael Hitt）早期担任 *AMJ* 的主编，他在我的研究生涯中扮演着重要的角色。当时我正辛苦地致力于发展动态竞争研究，以期建立它在战略与管理文献中的地位。当年，迈克尔除了是一位投入程度和专业皆广为人知的超级专业主编外，他对那些挑战现有范式的新思维，也持开放的态度并相当支持［直到我的研究在学术界获得瞩目，而其他战略与管理学者开始使用"动态竞争"这个词汇来表示这类研究著作时，我才使用这个名词。此外，"动态"对经济学家来说，属于时间上的考虑，并非我想要探讨的"竞争互动"（interactive）的本质⊖］。迈克尔一直是激励我的导师，对我

⊖ 一开始，我一直交叉使用竞争互动（或交换）及企业间对抗这些词汇。直到 17 位外部审查者评估我在哥伦比亚大学的晋升时（1995～1996 年），他们才使用"动态竞争"这个名词来谈论我的著作。事实上，我在晋升档案中使用的名词是微观竞争行为。

的研究发表帮助甚巨。事实上，学术出版是一个共同生产、共同演化的过程，它不但要有作者（和共同作者），也要有主编、审稿人，以及其他学术圈成员的共同参与。

　　总而言之，审稿的过程既冗长又富有挑战性，发表一篇论文总需要一段很长的时间，而且顶尖期刊的论文接受率总是很低。然而，这个过程是可以而且也应该被管理的。每个人管理研究发表过程的方式，将对他的论文、个人学习与研究生涯有很大的影响，其中，影响最大的应是个人的学术范式（scholarship）与人文素养（humanity）的形塑；即使被退稿（尤其是被一再退稿），或是在发表之前需要不断地修正，这个过程仍然很有价值。

15.1.2　研究、撰写或发表

　　研究、撰写或发表的过程，是由许多关键步骤和工作所组成的漫漫长路。图 15-2 提供了这个过程的缩影，其中特别点出了形成构想（idea generation）、投稿（submission）、修改（revision）和刊登（publication）四个历程。这一路上，有许多风险会造成一篇论文被某个期刊退稿。很自然地，在过程中精通某个知识领域［或“工艺专家”（craftsmanship）的功夫］并且延伸它的范畴，是一个人在整个学术生涯中需要做的持续努力。回顾我自身的经验，我觉得有几个重要的课题值得提出来分享。

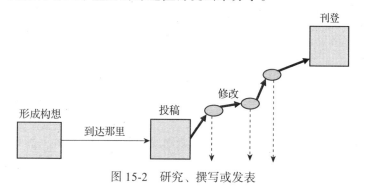

图 15-2　研究、撰写或发表

1. 从构想形成到投稿

撰写和发表的过程牵涉到未知知识的开发，然后使其成为已知的知识。由于隐性知识通常包含逻辑上的不一致性与矛盾，因此，研究和撰写的主要工作即是挑出并修正不合逻辑与相互矛盾的知识。通常，研究者探究某个构想是因为他意识到某个现象的现存解释方式不适当，或察觉到某些理论或实证的论述不公允，或感觉到某些基本的问题还没有被提出来。然而，将模糊的研究构想演进成一份可以投稿的研究论文的过程，则需要通过概念的创新、理论的演绎，以及研究的解释与实证结果，而将内隐的知识转化为外显的知识。

谈到写作，至少有两种思考方式。第一种认为，写作是一种即兴式的过程，只有灵感来时才能写作。另外一种则认为，写作需要纪律，需要日复一日地练习。我自己一直对第二种方式深信不疑。事实上，我曾经非常专注于每天的写作练习，以至于当我的大儿子在小时候被托儿所老师问道"你爸爸的工作是什么"时，他竟然回答："我爸爸是做纸的！"[⊖]

对我来说，写作的过程需要保持专注、有纪律地努力，并且自行设定期限，这中间还牵涉到保持客观和自我评估，如此可以让这个过程减少不确定性（Thompson，1967），显现出洞察力，并且把直觉转变成清晰的构想与具有理论基础的论述。耐心和自信是必要的，最终你将"看到光明"。正如墨菲定律所言，"过程中会出错的地方，就会出错"。因此，我也经常引用中国的一句格言："谦受益，满招损"。

这些是我对期刊投稿的看法。至于何时可以将论文投稿出去，对我而

⊖　或许，美国管理学会前主席 William Wolfe（1971）的一席话，最能贴切地表达一个学者在学术生涯初期，到底选择做一个学术研究者还是一个习惯性作家的两难。数年前，他在一个学术生涯发展工作坊中特别提到：作为一个资浅学者，你要么就是写，要么就是读，你无法同时既读又写。

言，我只有在当下无法做任何进一步的修改时，才会投稿。我也会确保我的论文符合投稿期刊的要求，但是，这里会出现一个矛盾：一方面，论文审稿的过程并不能被视为一个"修改"的过程，因此，在投出一篇论文时，必须尽可能交出最好的作品；但另一方面，投稿也不代表一切都结束了，这只是漫长过程的第一步。因此，如何平衡这两个维度就成了一个具有挑战性的战略决定。第二个相关的问题是：投到哪一本期刊比较好？我个人从投稿中学到的经验是，尽可能选择优质的期刊，因为在这些期刊发表比较能获得读者同好对我们研究的欣赏，并且在彼此的砥砺切磋中，淬炼出学术的火花。

"何时"和"哪一本"的考虑，也引出了另一个跟研究和论文写作生涯有关的基本问题：在出版的过程中，什么是"时间要素"？在投稿前，我们愿意花多久时间来"玩"自己的论文？我们在面对好几回合的修改与好几页的评论意见时，有多少耐心（与坚持）？在放弃我们锁定的期刊前，我们有多大决心（或者说有多"固执"）？我们在思考这些问题时，应该将晋升的时程考虑到何种程度？

最后，我学会去理解内部审稿人的重要性，以及找到一群观察敏锐且客观（你需要的是批评，而不是附和）、具有多样性（态度、领域、议题及对你研究的熟悉度）以及可信赖（不只愿意花时间审阅你的论文，同时也愿意在时间限制内提出建议）的内部审稿人的必要性。我也了解到在投稿前找出一篇"标杆"文章的重要性。一篇"标杆"文章可以依据下列基准来选择：它是你正在研究的主题的经典著作；它对你的主题有着重大的贡献；它是你锁定期刊中最常被引用的主题文章；文章的作者或写作方式是你所欣赏的……举例来说，当我准备投稿至 AMR 的"竞争者分析与竞争对抗"论文（#10）（第 9 章）时（之后会详细说明），我以 Zajac 与 Bazerman（1991）在同一本期刊所发表的文章为我的标杆。这种考虑方式很自然地就出现了几个简单但重要的问题，诸如：我的论文贡献是否超越了该标杆文章？

2. 修改时的正确心态

在处理论文修改、审稿人和退稿的情况时，最重要的是能够发展并维持一个正向、负责的态度。我学习到，当收到审稿人的意见和批评时，即使内容相当不友善或尖酸刻薄，最好的方式仍是保持尊重和感谢的态度。我的反应永远是：终于有人读了我的文章，现在该是我负责任地加入这个对话的时候了。正因为这样，我不畏惧退稿，并且以谦卑的态度来接受它。

修改（以及退稿）是研究过程的中心。对于从事研究的学者来说，它是一种生活方式。写作和发表是一种社会性的共同生产过程，而审稿人是研究事业的一部分。他们是我们的伙伴，也需要承担风险；他们花了时间，也希望自己的意见能被听见，而说服他们接受我们研究的价值和贡献是我们的责任。

审稿人在过程中协助我们，让我们能够尽可能地完成最好的论文；而且，除非他们满意，否则一篇论文不会被接受。因此，我们必须以各种方式来响应审稿人的所有意见。虽然我们不需要完全认同审稿人的看法或同意他们的意见，但我们必须以专业的方式来响应并处理他们的疑虑。总之，我们应该永远保持客观、合作和专业，不论在任何情况下，我们对审稿人的响应以及与他们的沟通都不应使用防卫和对抗的语气。

学术界是一个以声誉为重的专业，并且是由一群"看不见的精英社群成员"⊖推动着。审稿人通常是某个领域的"守门员"，和审稿人对话的方式可显现出一个人独特的学者性格。我们通过这群"看不见的精英社群成员"来建立自己在学术界的声望和成就。我常被以下的评论所激励："你在本章的答辩与修改，是我到现在为止读过的最完整的响应。"一个人的答辩与修改

⊖　在我的学术生涯初期，我从哥伦比亚大学商学院的同事纳特·勒夫（Nat Leff）口中学到这个名词。纳特是一位备受尊敬的开发经济学学者。他一年与我见面一到两次，不仅在学术上教导我，并且从一个管理门外汉的角度来回馈我的研究。

绝对不会过头，这是我从以前的同事吉姆·弗雷德里克森（Jim Frederickson）身上学到的无价知识。他在我刚加入哥伦比亚大学时，就很好心地告诉我，他如何用细致、周全且负责的方式来面对审稿人。

3. 审稿人的意见不一致

很早以前，我就面临过审稿人对同一篇文章看法不同的情境，而且解决他们的分歧意见相当困难。当两个以上的审稿人对某个论点（或者在很多情况下，是对整篇文章）持完全相反的意见时，作者必须想出方法来解决，这也是在修正论文时最重要的战略决定之一。当然，解决方法有很多，你可以选择听从主编（也就是最终的决策者）的意见，或听从最支持你的审稿人（使其尽可能支持你）的意见，或听从给你最负面响应的审稿人（将反对最小化）的意见，或者听从看起来最有影响力的审稿人（从编辑的信中发觉谁最有影响力）的意见……

我采用的方法是整合所有人的意见来修改文稿。但在采用这个方法前，需要先问自己几个问题：审稿人共同的意见为何？不一致的意见又为何？我如何修改才能让两者（或所有人）都接受我的论点？我能否想出某种观点来整合所有人的意见？以隐喻的方式来说，就是能否用一个大的圆来包住两个或两个以上比较小的圆？在大多数的情况中，这样的"观点"会使论文的架构、定位和结构产生根本的（或剧烈的）改变。这种方式通常不是审稿人所预期的，因此也冒着所有人可能都不满意的风险。但是，如果这个方法成功了，它的高度整合［或者，套用 Schumpeter（1950）的说法就是"创造性的破坏"］是该论文产生重大贡献的基础。

15.1.3 保持专注

保持专注的想法也可以被广泛地应用在管理个人的学术生涯上。由

图 15-3 可以清楚地从主题和理论 / 方法两个层面⊖来呈现一个研究生涯的架构。从研究的观点，你可以选择专注于某个特定研究主题（如动态竞争或购并），也可以选择从事多元的研究主题；同样地，你也可以选择专注于某个特定的理论（如交易成本论或资源基础论）和 / 或方法（如历史事件分析或网络分析）。结合这两个层面，你可以运用多元的理论来探讨一个特定研究主题（这是我的方法），或是你也可以专精于单一的理论和 / 或方法，然后用它来探讨多元的研究主题。我通常建议研究者，尤其是新进学者，避免落入"多元 – 多元"这一象限中，以免产生过于肤浅或"什么都来"的风险；此外，也应避免落入"专注 – 专注"的象限中，以免被批评过于狭隘。

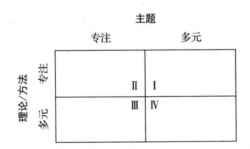

图 15-3 研究生涯的管理架构

我一直把保持聚焦这个想法放在心上。针对论文写作和发表，我仅考虑四或五个主流期刊。我的 12 篇核心论文中的 10 篇实证研究都是使用相同的航空业数据库，当然，这个数据库里的数据已经随着时间的推移而大幅度地扩充与强化。这种精确的专注方式除了可以最大化各个项目的协同作用与效率外，也允许（或强迫）我聚焦于发展原创的理论，同时有助于我致力于运用严谨的研究方法创造出新的构念，并能精准地将这些想法概念化并加以定

⊖ 我已经用这个架构跟许多学者分享了好几年。密歇根大学的乔答摩·阿胡塞（Gautum Ahuja）曾经提到，这是他在博士班期间接触到的两个最有价值的架构之一。

义。事实上，我强烈地信仰"精一"（power of one）的威力。这个观念强调：
除非一个人能够把事情研究得十分透彻，例如，直到只剩下一个值得探讨的
核心观念、一个需要去做的关键任务或一位可供咨询的专家……否则，他无
法清楚地厘清事情的原委。

15.1.4 提出基本问题

运用保持专注这个想法而延伸出来的议题就是：提出简单和基本的问
题。表 15-3 列出了激发这 12 篇文章的核心观念与问题。

表 15-3 提出基本的问题

1. 预测竞争性响应
- 我们能否利用竞争行动或攻击的特质（如明显性和执行困难度）来预测竞争响应（如可能性和速度）（博士论文；#2，*MS*，1992）
- 我们能否利用攻击者（如不可逆转性）和防御者（如竞争者依赖性）的特质来预测防御者的无反应（或延迟反应）(#3，*AMJ*，1992）
- 我们能否利用攻击和攻击者的特质来预测竞争响应（#6，*SMJ*，1994）

2a. 企业（业务）层次的竞争
- 我们能否利用组织的特质来预测防御者的响应（#1，*AMJ*，1991）
- 我们能否解释大公司和小公司竞争行为（行动和响应）的差异（#7，*AMJ*，1995）
- 我们能否利用高层管理团队的特性（如成员的异质性）来解释企业的竞争行为（行动和响应）(#11，*ASQ*，1996）

2b. 竞争战略的决策组合
- 我们能否预测竞争惯性和它的绩效意义（#5，*ASQ*，1994）
- 我们能否预测竞争不一致性和它的绩效意义（#8，*SF*，1996）
- 我们能否预测竞争简化和它的绩效意义（#9，*SMJ*，1996）

3. 理论和方法论的考虑
- 当不同的外部专业人士评估公司的竞争行动时，我们如何比较他们的专业能力（#4，*AMJ*，1993）
- 我们如何重新定义竞争者分析，用它来预测动态竞争（#10，*AMR*，1996）

4. 总体层次的竞争
- 针对两家有着多重事业的企业，我们如何定义它们之间的竞争对抗（#12，*AMR*，1998）

提出简单和基本的问题一直是我研究与教学生涯的重心[⊖]。我将这段时间经由从事聚焦的学术工作所学到的经验，扩大到我的教学和其他专业活动中。例如，当我在准备个案教学时，我不会搜集大量的想法和资料，而只准备一组问题（只有一页）来引导学生的参与和讨论。事实上，在我带领的许多学术生涯工作坊中，我总是会问以下问题：是什么造就了一位伟大的学者、一位伟大的教师和一位伟大的企业领导人？这三者有何共同点？我最常得到的答案是：他们都会提出好的基本问题！

15.1.5　落实时间管理

任何事情到最后都必须转变为具体的行动或活动。在研究过程中，这些行动就是提送论文，更明确地说，就是研究论文的各个稿本。表 15-4 是我在 1989～1995 年每个月的研究活动表（根据 7 年的晋升时刻表列示）。表格里的资料是某个月寄出的稿本，包括新提送至期刊和内部审核的文章。由此表可看出，1 月产出的稿本比其他月份多，这是因为美国管理学会（AOM）有投稿截止日；另外，从我每年所写的文章稿本份数，由 1989 年的 5 份到 1994 年的 13 份，可以清楚地看出我的学习曲线。

由表 15-4 可看出，我的数据点分配得很平均，在暑假不用教书的时候，我的生产力未必会增加，这是因为我从这个过程中已经学到，研究是日复一

⊖　我会执着于在研究和专业活动中提出基本的问题，最开始是受到 ABC 前记者泰德·坎培尔（Ted Koppel）的激励；他是一个非常会问问题的人。抵达美国后，我在博士班的前几年一直是坎培尔的深夜新闻节目"夜线"（Nightline）的忠实观众，我不仅每晚 11：30 到 12：30 准时收看这个节目，同时也花了大部分的研究助理奖助金去购买所有的访谈手稿。

日的工作，而稳定且持续地投入是最有效的方式。为了管理这个流程，你必须计划和预估每天、每月、每年或每五年想要完成什么，而更重要的是，你必须以持续且有效能（和效率）的时间管理来执行你的计划。举例来说，在收到期刊主编要求"修改后再审"的通知信后，我的立即反应和第一个动作便是草拟一个标明截止日期的响应信封面，然后才开始进行修改的工作。尽管我经常更改封面的日期，但我还是会对自己"公开承诺"（依照 Quinn，1980）必须完成的日期。

由于我们都很忙碌，且每天都有很多不同的聚会，然而，我们却不了解，在我们的专业生涯（以及生活）中，最重要的约会就是和自己的约会。在我学术生涯的初期，我一直尽可能地把时间留给自己做研究，直到如今依旧如此。我很保护每日那段心智清晰和专注的"黄金时间"。举例来说，我每天早上 3 点开始写东西，下午 2 点之后才安排上课（但它不会减损我的教学质量和表现），下午 5 点之后才接电话和打电话（由于电子邮件和其他电子通信的入侵，现在要保护"黄金时间"必须更有纪律）。把这些小事加起来所节省的宝贵时间，正好让我可以专心发展研究计划。

15.1.6 决心和坚持

我 1996 年在 *AMR* 的论文（#10）发表经验，对塑造我成为今日的研究者有着非常重大的影响。那篇文章从 1989 年概念的萌芽，到 1995 年投稿至 *AMR*，并在第一回合即被接受刊登，耗时甚久。图 15-4 是这篇论文的时程进展，以及一些重要的里程碑，虽然它经历了一些重大的转折，但这个过程也让我获得了许多学习经验和宝贵教训。

表 15-4 落实时间管理的执行

年份	1	2	3	4	5	6	7	8	9	10	11	12	稿本总数
1989	#2 AOM				#2 INT						#2 MSI 1		5
					#1 AMJ 1						#1 AMJ 2		
1990	#3 AOM（1）			#1 AMJ 3			#3 INT		#3 AMJ 1		#2 MS 2		5
	#3 AOM（2）		#4 ASQ 1	#2 MS 3									
1991	#10 AOM（1）			#3 AMJ 2			#3 AMJ 3			#3 AMJ 3			9
	#4 AOM			#6 SMJ 1									
1992	#10 AOM（2）	#4 AMJ 2		#7 ASQ 1（1）		#9 ASQ 1（1）	#4 INT	#4 AMJ 1	#7 AMJ 1		#6 SMJ 2	#7 MS 1	8
	#6 AOM	#6 SMJ 3		#5 ASQ 1	#4 AMJ3								
1993	#9 AOM				#8 INT	#8 AMJ 1			#7 MS 2		#8 AMJ 2		12
	#11 AOM（1）								#5 ASQ 2				
1994	#7 AOM	#8 AJS 1		#9 ASQ 1（2）		#8 AMJ 4	#8 AJS 2	#9 ASQ 2（2）			#9 AMJ（1）		13
	#5 AOM			#8 AMJ 3		#10 OS 1					#8 SF 1		
	#11 AOM（2）		#9 SMJ 1					#9 SMJ 2					
1995	#5 ASQ3				#11 ASQ 1	#10 AMR					#11 ASQ 2		10
	#10 AOM		#9 SMJ 1										
	#10 AMR1				#8 SF 2								
	#8 AOM												

月份

注：#1 AOM 代表文章 1 投到 AOM 研讨会。
#2 AMJ 1 代表文章 1 第一次投到 AMJ。
#2 AMJ 2 代表文章 2 第二次投到 AMJ。
#3 INT 代表文章 3 内部审稿。
#5 ASQ（2）代表文章第一次被拒绝后，再次投到 ASQ。

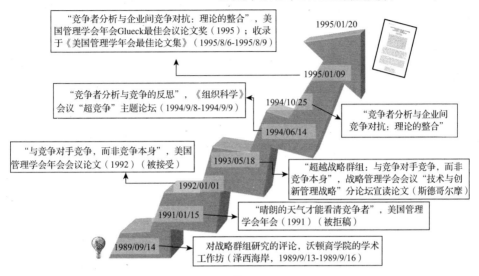

"竞争者分析与企业间竞争对抗：理论的整合"，《美国管理学会评论》第一回合接收（1995/4/7）；AMR，1996，21（1），100-134；1996 AMR 最佳论文奖（1997/8/12）

"竞争者分析与企业间竞争对抗：理论的整合"，美国管理学会年会Glueck最佳会议论文奖（1995）；收录于《美国管理学年会最佳论文集》（1995/8/6-1995/8/9）

1995/01/20

1995/01/09

"竞争者分析与竞争的反思"，《组织科学》会议"超竞争"主题论坛（1994/9/8-1994/9/9）

1994/10/25

1994/06/14

"竞争者分析与企业间竞争对抗：理论的整合"

"与竞争对手竞争，而非竞争本身"，美国管理学会年会会议论文（1992）（被接受）

1993/05/18

1992/01/01

"超越战略群组：与竞争对手竞争，而非竞争本身"，战略管理学会会议"技术与创新管理战略"分论坛宣读论文（斯德哥尔摩）

1991/01/15

"晴朗的天气才能看清竞争者"，美国管理学会年会（1991）（被拒稿）

1989/09/14

对战略群组研究的评论，沃顿商学院的学术工作坊（泽西海岸，1989/9/13-1989/9/16）

图 15-4　让过程引领你向前

　　这篇论文源自 1989 年秋天，我在新泽西海边参加一个由宾夕法尼亚州大学沃顿商学院所主办、未对外开放的学术精英工作坊，当时我才刚开始到哥伦比亚大学任教。我被要求去评论当时很热门的战略群组（strategic group）文献；光是那一年，探讨这个主题的博士论文就有 33 篇。我提出了一个简单又天真的问题，来开启我的分析和评论：战略群组方法对竞争者分析有什么用处？我的结论是：它并没有那么有用，因为它无法预测实际的竞争行为，而这正是竞争者分析的最终目的。

　　我的评论得到了非常严酷的反馈，某个认同我的参与者甚至用"不厚道""刻薄"来形容这些回应，这个经验对我影响深远。当时在座有许多学术界的大人物，而那时我只是个学界新人。后来，为了平复我的心情，我甚至必须要开两小时的车去另一个城镇。在那里，我买了一幅一艘船在狂风怒浪里航行的油画，从此，它就挂在我书房的墙上。我用它来提醒自己，虽然旅途颠簸、过程崎岖，但是如果你步调稳固、方向清楚，终究会到达目的地。

如图 15-4 中各个稿本的标题所示，这篇论文最早仅关心与"竞争者分析"有关的实务问题，包括战略群组通常依市场的不同将企业分群，然后把同一市场中的企业当作互相竞争的对手，以致经常做出错误的分类。最初，我只想把这篇论文当成一个方法论的小文章投至 *SMJ*；然而，经过一些模式的变换后，最后却发展成一篇整合"多点竞争"（MPC）与"资源基础论"（RBV）研究，并且联结"竞争者分析"与"企业间竞争对抗"的理论文章。在当时，由于 RBV 与 MPC 相当热门，而我的主要论文也多在那段期间发表，因此，这三个研究重点很自然地聚合在一起，也为这篇严谨的理论文章奠定了扎实的基础。

另外一个小故事是，这篇论文事实上原本已经被《组织科学》（*OS*）接受，要刊登在它的特刊上；这个特刊汇集了 1994 年的 *OS* "超竞争"会议成果。不过，由于时间紧迫，而且我希望把这篇论文修改得更完美，因此，我决定回绝这本优质期刊的邀请。我还记得，在那年 10 月中旬的周一早上，经过严肃的思考，并和已故的比尔·纽曼（Bill Newman，他是美国管理学会的创始人，这篇 *AMR* 论文就是献给他的）讨论后，我走进了唐·汉布里克（Don Hambrick，我在哥伦比亚大学的资深同事及系主任）的办公室，告诉他这一决定。当时唐劝我要三思，他说："明哲，你还没有成为终身教授呀！"回想我当时的回答依然历历在目，我说："唐，我非常尊敬你，不过，我来这里是要告诉你我的决定，而不是来咨询你的意见。"那时，我其实完全不知道这篇论文的命运会如何，我也没有想到有一天它会在第一回合就被接受，而且还得到两次最佳论文奖。

在发展这篇论文的过程中，我学到了两个重要的经验。第一，发表在哪一本期刊终究是作者的选择。尽管主编和审稿人是重要的决策者，但选择哪一本期刊、何时发表，甚至在什么条件下发表，是个人的决定。写作、研究、发表都需要自己的努力，因此，要为主题而写，为你个人的兴趣和好奇心而写，而不是为主编（或审稿人）而写。第二，如同中国知名军事战略家孙子的《始计第一》中的至理名言——"夫未战而庙算胜者，得算多也"（战未开，胜负已决。胜负的决定因素在于事前的周密筹划），因此，在提送论文到期刊审查之前，你必须严肃地花时间准备，务求完美，即使过度准备，也无大碍，因为发表的压力，我们的研究和写作常会遗漏一些原本应该尽力去完成的事项[○]。

处理 1996 年 *AMR* 论文的经验，让我想起了我来美国之前，我的指导教授姜占魁（他对我前往美国念书的决定，影响甚巨）和我分享的两个词：决心和坚持。我一直把它们牢记在心，也把它们跟我在这篇文章里提到的专注和执行两个观念联结在一起。在我所有的战略管理教学中，我都用下面这句话来总结我的课程："战略之成败，在于专注；执行之成败，在于坚持"（Strategy is about focus, and execution is about persistence）。

15.1.7 整合研究和教学

从研究和教学的整合开始，我一直努力地整合我专业生涯和生活中的各个层面。在学术工作的基础上，我开发了 MBA 和高层主管培训课程；同时，为了教学，我也完成了一些个案和课程备忘录。我的动态竞争研究计划也被用来设计一个进阶的 MBA 动态竞争研讨课程。值得一提的是，Hitt、Ireland 和 Hoskisson（2007）与 Peng（2006）所著的热门战略教科书，更是大量地引用我在动态竞争研究中的一些核心观点。

○ 我一直将我的老师的故事谨记在心。30 年前，他在台湾教导我学习中国哲学与经典（Chen, 2002）。作为一位备受尊重的华人智者，我的老师写了几本能对中国历史与哲学做出重大贡献却未出版的著作。即使内容非常精辟，我的老师（1906—2011）却坚定地拒绝在他有生之年出版这些著作。他希望，倘若在他辞世后这些著作被出版，应让历史根据这些著作的价值自行去决定它们的存续或衰败。

表 15-5 描绘了我的研究与教学整合概况，我一直用它来引导我的写作。它显示出我如何将学术研究作为发展教材（包括个案和课程备忘录，提供个案分析概念上或理论上的背景）的基础，以及如何用我的文章来和企业经理人讨论动态竞争的一些主题（如预测竞争响应、响应障碍以及间接竞争）。最终，我希望在探讨某个特定主题时，均能包含这四种写作的产出，就如同我处理间接竞争的议题一般。然而，值得注意的是，我早期完全专注在学术论文的发表上，直到近几年，我才开始撰写教学个案和其他课程教材。

表 15-5 研究与教学的整合

发表的焦点	预测竞争响应	响应障碍：竞争与合作	间接竞争
学术研究	*AMJ* 1992（＃3）、*SMJ* 1994（＃6）、*AMJ* 1995（＃7）、*AMR* 1996（#10）	*AMJ* 1992（#3）、*AMR* 1996（#10）、*AMR* 1998（#12）	*AMR* 1998（#12）
讲义教材	T1		T2、T3
实务文章			B1
个案	C1	C2；C3	C4

B1："Putting Values into Practice：Competing Indirectly", Inside Chinese Business：A Guide for Managers Worldwide, Ch. 6, Harvard Business School Press（2001）.

C1："The Battle for Logan Airport：American Airlines vs. JetBlue（A），（B），（C）"（UVA-S-0116, -0117, -0118）.

C2："The Battle of the Asian Transshipment Hubs：PSA vs. PTP（A），（B），（C）"（UVA-S-0108, -0109, -0110）.

C3："Embraer: Shaking Up the Aircraft Manufacturing Market"（UVA-S-0135）.

C4："Hainan Airlines：En Route to Direct Competition？" and Teaching Note（UVA-S-0101）.

T1："Competitive Dynamics：Competition as Action-Response"（UVA-S-0123）.

T2："Indirect Competition：Strategic Considerations"（UVA-S-0102）.

T3："Indirect Competition：Resource Diversion"（UVA-S-0103）.

15.1.8 发展以研究为中心的平衡学术生涯

一般来说，一个人的学术生涯初期是最具挑战的日子，然而，这时也刚好是最需要花精力在家庭生活上的期间。确实，平衡每一件事（研究／教学、事业 / 生活、体制 / 专业）是一辈子需要学习的功课。

在这个过程中，我学习到的第一件事就是：如何做自己。我们都有自己的山要爬，而且每个人的山都不一样，毫无疑问，总有个"外在的机制"会评断你的专业成就。不过，更重要的是，你的心里要有个宁静的地方，可以让你不必理会外界加诸你身上的评断。生命的价值真的不在于输赢，而在于全力以赴。若把现今热门的名词"核心能力"套用在个人身上，则"核心"就是指"自我"，这才是我们的注意力与努力应关注的焦点。

同时，当我们把重心放在"自我"时，也绝不能忘记"他人"的重要性。这个"他人"的形式有各种可能。我以前在哥伦比亚大学的同事约翰·惠特尼（John Whitney）是一位很受尊敬的教授，也非常支持我从事动态竞争研究，不过，他总会问我："在你的研究架构中，顾客到哪里去了？"我的回答是：竞争者、顾客和投资者都一样，他们只不过是"他人"的不同呈现形式而已。只要我们在乎"他人"，并且试着从对方的角度去了解"他人"，我们甚至可以将预测竞争响应的方法一成不变地用来预测顾客的反应。同样地，从交朋友的经验里，我们也都知道，"他人"可以帮助我们了解自己。确实，只要能够真正地"解放"自我，我们就可以从任何人、任何地方、任何时间学习到很多事务。

这个"人 – 我 – 合"（self-other-integration）的观念一直是我的学习核心（Chen，2001，2002）。当然，这里所谓的整合，不只适用于人跟人之间的关系，也意味着两个极端或不同时间点之间的平衡，彼此之间共同性和相互关系的辨识，而且可以运用在不同的场合与不同的层次之中。

对我来说，现代的生活变得非常复杂，以致我们似乎很容易忽略那些涵盖我们人生各个层面，以及联结我们的生活与专业生涯各个维度的一般真理，因而使生活变得片片段段，使目标变得不连续，而且相互冲突。我们已经丧失了观察各种情况之关联性的基本能力，也不会把我们从某些情境学到的东西应用到另一个情境。这种切割限制了我们的潜能，也破坏了生活的平衡。

我们必须全面性地检讨我们的专业生涯和日常生活。专业生涯和日常生活是分不开的，通往专业生涯成功的路径与过程和通往圆满生活的路径是相似的；同时，我们也必须在我们的长期目标与短期目标之间取得平衡，在体制要求与个人专业之间取得平衡。作为一个研究者，也要在个人的工作和整体学术领域的发展之间找到平衡。

找到自己的核心（如价值、兴趣、能力等），把它运用在不同层次（包括自我、团体、社会等），以及我们的私人与专业活动的不同层面，将使我们有一个美好的专业生涯和生活（图 15-5 以图形来表示核心的延伸，或是不同情境和层次间的整合）。尽量让你的专业生涯与日常生活在你的核心周遭运转，这有助于你保持专注力和组织力，而这个专注力和组织力将反过来形塑你的核心，并提高你反复推进这个过程的能量。

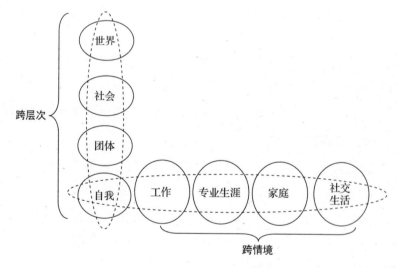

图 15-5 从"核心"延伸

我一直非常幸运地能够整合我的专业与个人兴趣，并看到我对各个专业
活动（学术研究，为实务界、MBA 和高层主管的教学需要写作，以及从事
企业演讲和咨询）的整合与产生的协同作用。如图 15-6 所示，身为一位管理
学者和专业人员，我认为我的利益相关者有四组：①学者/研究者；②学
生/老师；③经理人/实务人士；④一般大众。针对这四个不同层面，我以
学术为驱动的轴心，尽量做到协调一致。我在研究生涯初期学到的经验，为
追求"以研究为中心之专业生涯与生活平衡"这一目标奠定了重要的基础。

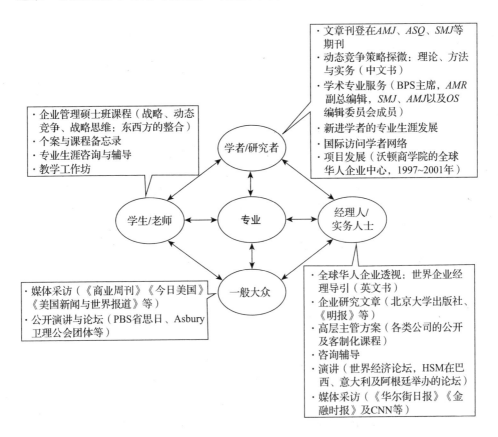

图 15-6　发展一个以研究为核心的平衡学术生涯

虽然本章一直强调过程的重要性，但一切终究要回归到执行力。所有伟大的想法和计划都必须转变成实际的行动与活动。图 15-7 说明了我如何通过时间管理来具体执行我的想法，以及如何借由许多不同的活动来服务我的四类利益相关者。就像我在早期管理我的研究流程一样，现今的我所面对的挑战（也是我的喜乐），就是如何在众多的专业活动中取得平衡。

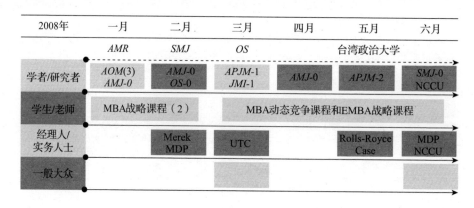

图 15-7　专业活动间的平衡

15.2　结语

1996 年 4 月 19 日，当我第一次在我的母校马里兰大学为教授和博士班学生演讲时，我提到一个最能够诠释我的经验和学习历程的座右铭，从那时开始，我也在各个生涯发展工作坊与课程里，与许多新进学者和经理人分享这个信念，这个座右铭就是："把自己全心投入过程中（研究、发表、工作、专业生涯和人生），这个过程自然会引领你向前。"

回首过去，我认为是弗兰克·佩因教授最后几句智慧之语激发了我的好奇心和想象力,以及"想法和决心"(套用华特·迪士尼的话)。过去 25 年以来,我所从事的"活动"都只在回答一个问题:什么是竞争?我找到了一些答案,并且在这个过程中发现了很多未知的事物。因为这样,我觉得我现在比较有资格去回答我生命旅途中的核心问题:我是谁?我要什么?我可以在哪里做一些不同的事,如何去做?

| 附录 |

发挥学术文章的最大效用

给管理者的实用阅读指南[⊖]

原文出处　Chen, Ming-Jer and Michael Hovick (2020). Optimizing Academic Articles: A Practical Guide for Managers. Technical Note S-Draft. Charlottesville, VA: Darden Business Publishing.

绪论

撰写学术文章的目的在于分享和发展某一特定领域的知识。这些著作展示最新的研究成果，以拓展读者对某一主题的理解。学术文章的内容涵盖了各个领域，从经济学到管理、数学、医学等专业。对于教授和其他学术工作者而言，学术文章至关重要。

顶级期刊只刊登特定领域专家的最佳观点与研究。这些期刊中的文章以数据和分析为基础，并在内容和准确性上经过了严格的审查。要将文章发表在这些期刊上，必须长年投入，且通常还要依照同行专家与期刊主编的评阅意见进行多次修订。

然而，许多管理者认为学术文章抽象且不具有应用性。管理者到底能够从阅读学术文章获得什么？他们如何从学术理论中淬炼出"金矿"，以改进

[⊖]　本文由张国义（东华大学国际企业系副教授）、陈晨（西南科技大学学生）翻译。

企业管理实务，使其获益？本文提供了一个提炼学术文章内容的指南，以便管理者可以从中提取"真实世界"所需的知识，并从中获益。

学术文章的结构

一般来说，学术文章的结构分为六个部分：摘要、绪论、理论背景、方法论、结果以及讨论 / 结论。

摘要（abstract）概述了整篇文章。该部分包含作者（单一或多位作者）试图回答的研究问题以及研究假设，陈述该文章主要的调研范围以及探讨的内容，还简述了分析方法与研究发现。

绪论（introduction）提供了研究问题的脉络，说明此研究问题与作者、读者或行业的相关性。该部分回顾过去的相关文献，指出理论缺口，并说明所探讨的研究将如何填补此缺口。

理论背景（theoretical background）详述了使用某一特定模型来检验研究假设的原因。此处，作者详细说明其他学者既有的解释模型（或理论），并且提出一个新的观点来回答绪论中所提出的研究问题。这些模型可能很复杂，却是能解释研究假设的最佳模式。

方法论（methodology）说明了检验研究假设的方法与过程。在此处，作者描述所使用的数据，并清楚界定分析模型中所使用的因变量与自变量。方法论通常会展示用来检验该研究的回归分析模型（或其他不同类型的模型）。

结果（result）呈现了分析结果，并揭示所提出的研究假设是否获得支持。这部分通常以图表方式来详细呈现，包含与模型相关的各类数据指标（以及可能的不足之处）。通常，结果部分侧重于陈述数据分析，而不做太多的阐释。

讨论 / 结论（discussion/conclusion）贯穿前后文，针对前述分析结果进行评估与深度讨论，并为读者整理出一些要点。在此处，作者详细检视前述的分析结果，审慎讨论各类数据指标的含义。此外，作者会明确指出未来的研究可以填补的缺口，以及该研究的限制，为后续研究提供方向，使其在目前研究的基础上持续精进。

为什么管理者应该关注学术文章

管理者通常认为学术文章是有局限性的、偏技术性和理论性的，无法应用于他们的工作中。但以下四个理由说明了学术文章为什么值得管理者关注。

（1）管理者在做决策时需要考虑因果关系。学术研究针对与管理者工作相关的各领域议题，进行严谨而可靠的因果关系检验[⊖]，这些分析可以提供明确的理由和相关资料来辅助决策。例如，你的企业决定进入一个已有大企业在位的新市场。你可能会提出以下问题：这些企业会如何响应？其他竞争对手会不会做出响应？它们的反应速度可能有多快？以上这些，皆是管理学所探讨的议题。

（2）战略优势。例如，作为管理者，你可能会了解到，在某些情况下，竞争对手不会对你的攻击做出响应。学术研究人员在研究这个问题的各种可能情境后提出的见解，可能会帮助你获得更大的市场占有率。

（3）关于如何发现核心问题、形成逻辑论据以及使用数据来支撑你的推论，学术文章也为管理者提供了良好的指引。管理者经常需要辨识出核心问题，然后说服高层管理者或董事会做出特定决策，而这样的讨论通常需要实际的数据作为参考与佐证。定期阅读学术文章可以帮助管理者培养关键技

　　⊖　因情境状况等因素的不同，实践结果可能并不完全与学术研究得出的结论一致。

能、辨识出核心问题，并熟悉如何使用相关数据支持其观点和论点，进而寻求解答。

（4）学术研究通常使用大量的数据来检验它们的研究假设，使结论立基于数据，而不是道听途说。也就是说，在制订计划或决策之前，管理者有机会先参考数十、数百或数千家处于相似决策情境企业的推行结果。

管理者应如何阅读学术文章

管理者的时间安排已相当紧凑，因此学术文章的阅读必须以最有效率的方式进行。对于管理者而言，很重要的一点是能够快速地认识到每篇学术文章在实践、应用和启发方面的潜力。后文将展示两篇学术文章的阅读示例，一篇是实证性的，另一篇是理论性的，以这两篇文章为示例，向管理者展示如何从学术文章中提取有用的实践信息（本文所提供的阅读指南具有通用性，适用于对任何一篇学术文章的阅读）。

实践：我可以从这篇学术文章中学到什么管理作法来改进我的企业？**摘要**提供了研究发现的概述，**讨论/结论**提供了解决核心问题的深入分析。通过对该研究与其结果的情境性评估，管理者可以从中获得与自身工作和企业管理相关的实务洞见。

应用：身为管理者，如何将研究发现应用到自己的企业中？可以先参考**方法论**中提供的信息，来判断自己的企业与学术文章中被研究的企业的相关性，以及此研究发现是否适用于自己的企业。**讨论/结论**的焦点在于如何将文中获得实证支持的理论运用到实务情境中。

启发：研究发现的应用对于企业的意义是什么？或者说，研究发现的应用会对企业产生怎样的影响？若想了解这样的应用会给企业带来什么样的影响，管理者可以阅读**结果**和**讨论/结论**部分。结果部分明确指出行动与预期

成果之间的因果关系，讨论 / 结论部分则说明了理论观点如何能在真实情境
（如企业所处的环境）中成功运作。

结论

　　学术文章通常提供理论性的、数据密集的信息，其呈现方式可能让管理
者难以理解。本文提供的阅读指南可以帮助管理者最大限度地利用时间，从
学术文章中获取能够应用于决策并且使企业受益的前沿理论知识。

示例：商学院学生的动态竞争理论学术文章阅读

　　商学院的学生应能从每篇学术文章中辨识出核心概念和观点，并思考这
些观点如何应用于各种竞争情境。这里强调的重点是阐释和应用。此处展示
两篇学术文章的阅读示例。

　　首先是实证性学术文章的阅读示例，Chen 和 Hambrick（1995）研究了
竞争速度和时机⊖。通过阅读这篇文章，MBA 学生可以检视不同的行动执行
速度、响应执行速度以及响应宣告速度，聚焦于如何使用这些概念来捕捉或
陈述竞争优势最广为人知的概念——竞争预告、突袭式竞争、市场抢占。此
时阅读的目的并不在于评估或批判该研究发现可能存在的问题，例如在不同
行业或不同时点的适用性问题。亦即，MBA 学生的关注点应放在实践、应
用与启发上，不应该被理论和方法等细节所限制。

　　MBA 学生的研读提纲如下。

　　⊖　Chen, M. -J., Hambrick D. C., 1995. Speed, stealth, and selective attack: How small firms
　　　　differ from large firms in competitive behavior. Academy of Management Journal, 38:
　　　　453-482.（本书第 5 章）

- 本文的核心概念是什么？
- 本文的研究发现是什么？
- 我们如何将这些核心概念和研究发现应用（或拓展）到实务情境中？我们可以向管理者提供什么建议？
- 有哪些实际案例可以用来展示这些核心概念和研究发现的应用？

示例：提炼学术文章的精华供管理者使用

牢记前述阅读指南，按照学术文章结构的六个部分来阅读，能使管理者掌握文中的相关管理实践，了解该学术研究对于企业的适用性以及对经营的潜在影响。在提炼出文章的精髓之后，前述针对 MBA 学生的四个问题可以帮助管理者集中精力研读最相关和最有用的信息。

让我们运用"实践－应用－启发"的方式来阅读 Chen 和 Miller（2015）的一篇理论性文章——"重构动态竞争：一个多维度的框架"⊖，该文章检视了在日益全球化的商业世界中，竞争本质所发生的变化。文章要点如下。

> 在当今的商业环境下，竞争受到两股力量的影响——全球化趋势和利益相关者，因此我们需要以一个更广泛的概念来看待竞争。本文以新的观点来广泛探讨企业之间各种竞争行动的类型，从传统的敌对型（你"死"我"活"的"成王败寇"）到更具适应性的关系型（寻求共赢的"水涨船高"）。
>
> 扩展动态竞争领域的界限和范围，能为企业创造一系列新的行动选择。这就需要以新的方式来思考竞争、行为者和

⊖　Chen, M. -J., Miller D., 2015. Reconceptualizing competitive dynamics: A multidimensional framework. Strategic Management Journal, 36:758-775.

事件，并以更广泛的交互作用来描绘它们。尤其是在全球化和受到体制嵌入影响的竞争环境下，交互作用更显重要。面对竞争时，若企业能考虑更多利益相关者的观点，更加重视为整个社区创造价值，以及构建更具可持续性、可扩展运用到国际联盟和伙伴的关系，则管理者所能采用的竞争工具与手段就更加精进和多元了。

本文考虑了动态竞争的基本要素以及市场参与者之间的各式交战互动，进而提出了一系列竞争性选项，尤其强调了关系型竞争。依据不同竞争情境，企业可能需要将敌对型和关系型竞争模式结合起来，也就是说，企业可能需要在某些竞争领域保持战术性和独立性，而在其他领域采用关系型竞争。

传统动态竞争所采用的敌对性观点通常会引发市场的争夺，这样的竞争观点偏向交易关系，也相对注重短期结果。相比之下，关系型竞争将多个利益相关者聚集在一个更紧密、更共生、更持久的关系之中，从而提高了关系中的监控和协调能力，并使各方之间的利益和信任能保持均衡。在条件允许的情况下，关系型竞争的目的在于努力建立与所有利益相关者的共赢关系。建立这样的共赢关系能带来许多好处，在面对复杂多变的竞争情境时，关系型竞争模式比基于市场争夺和对抗的竞争模式更有成效。

对于管理者而言，本文提出了一个关键问题：考虑到企业"竞争"所处的文化、行业和企业环境，与传统竞争方式相比，关系型竞争能为企业绩效带来什么样的影响？通过阐明新的竞争概念和观点，本文为管理者提供了一种更全面的思考方式，即公司如何与竞争对手、合作伙伴甚至与所有利益相关者互动。